巴蜀文史典籍

方志朝天

粟舜成 编注

图书在版编目（CIP）数据

方志朝天 / 粟舜成编注.--成都：巴蜀书社，2020.11
ISBN 978-7-5531-1385-2

Ⅰ.①方… Ⅱ.①粟… Ⅲ.①区（城市）-地方志-广元 Ⅳ.①K297.14

中国版本图书馆 CIP 数据核字（2020）第 205495 号

方 志 朝 天
FANGZHI CHAOTIAN

粟舜成　编注

责任编辑	白亚辉
封面设计	唐泽俊
出版发行	巴蜀书社
	成都市槐树街 2 号　邮编 610031
	总编室电话：(028)86259397
网　　址	www.BSbook.com.cn
发　　行	巴蜀书社
	发行科电话：(028)86259422　86259423
经　　销	新华书店
照　　排	成都圣立文化传播有限公司
印　　刷	四川西南彩色印务有限公司
版　　次	2020 年 11 月第 1 版
印　　次	2020 年 11 月第 1 次印刷
成品尺寸	185mm×260mm
印　　张	28.75
字　　数	450 千
书　　号	ISBN 978-7-5531-1385-2
定　　价	150.00 元

本书如有印装质量问题，请与本社发行科调换

粟舜成，笔名沧海一粟，1967年4月生，四川省广元市朝天区人。大学文化，中共党员。中华诗词学会会员，中国散文学会会员，四川省作家协会会员，广元市科技拔尖人才，首批广元市文史专家。曾任朝天区作家协会主席、朝天区委宣传部常务副部长。现任朝天区委统战部常务副部长、朝天区民族宗教事务局局长、四级调研员。出版有诗词集注《诗意明月峡》、文化研究专著《大道朝天》等。

序

何开四

方志者,地志之历史化、历史之地志化也,在中国历史与社会发展中一直发挥着"资政、教化、存史"三大功能,实为治国安邦之辅翼。方志是"全面系统地记述本行政区域自然、政治、经济、文化和社会的历史与现状的资料性文献"(《地方志工作条例》),是涵盖一个地域方方面面的"大百科全书",历来被视为文化瑰宝,与国史、家谱一起,共同传承着中华民族繁博丰赡的历史文化财富。

"方志"一词,最早见于《周礼》:"掌道方志,以诏观事。"方志发端于先秦,定型于两宋,至明清达到全盛,民国时期实现由传统方志向现代新志的转型。方志有《山海经》《舆地纪胜》《大明一统志》《读史方舆纪要》等全国性的总志和《四川总志》《四川通志》《保宁府志》等地方性的省州郡府县乡志两类。另外,一些记述地方政治、经济、文化、军事、教育、地理、风物、习俗、掌故等史料的笔记、杂记、游记、日记、野史、谱牒、碑记,亦具有方志的性质。方志分门别类,取材丰富,在中国文化中有着非同寻常的独特地位和深远的文化影响,在世界范围内也显示出超越时空的宝贵价值。

朝天,踞秦蜀锁钥、川北门户,是剑门蜀道起点上第一个县域政治、经济、文化中心,素有"栈道之都、养生朝天"之美誉。作为"秦蜀重镇"以及西秦与巴蜀文化的交融地,朝天因其区位独特、战略位置重要，一直是县治所在地。但是，由于年代久远，加之历代灾祸战事不断、区划隶属调整频繁等原因，能够存世并流传至今的有关朝天的史料百不存一，即使能从有关历代典籍中考辑出书目的志书，也是少之又少。如从新石器时代至西汉这一阶段姑且不论，从东汉建安二十二年（217）到1989年，在接近1800年的历史长河中，古老的朝天曾十次建县。有多少"善可为法，恶可为戒"（司马光语）的大事，有多少名宦良吏信史业绩，有多少珍贵的数据资料，鲜为人知。将这些流传至今或已佚的方志史料辑佚钩沉，对于抢救与保护地方文化遗产，全面真实地展现朝天的历史面貌，弘扬优秀的蜀道文化、民俗文化、养生文化，服务全区经济社会发展，满足人民群众精神文化需求，更好地传承文明、鉴往知来，具有深远的历史意义。

方志史料既要"活下来"，更要"活起来"。让藏书化身千百，广为传播，既是对前贤的纪念，也是传承文明的文化接力。基于这种强烈的历史使命与责任担当，广元朝天文友粟舜成先生，秉承先贤遗风，以文化传承为己任，耗时十载，从历代方志史料中过滤出有关朝天的记录，编年为序，分先秦、汉、三国、晋、南北朝、隋、唐、宋、元、明、清、中华民国、中华人民共和国凡13编，上限起于先秦，下限止于1989年。

该书辑录了108种方志史料，其中包括明嘉靖时的《保宁府志》孤本和新近出土的清代广邑道路碑记。内容涉及建置沿革、城邑变迁、村落兴衰、名人遗踪、文化遗迹以及山川、河流、关隘、道路、寺庙、物产、风景名胜等方面。征引资料极其丰富，具有较高的文献学价值。其中许多记载为最早、最详或唯一者，具有权威性，因而为后世史书、地志屡屡征引。直至当今，凡研究历史地理、地方史和编纂新方志，莫不溯本求源，引用历代古志，以提高其学术性和可行度。

《方志朝天》集先秦以降历代朝天方志史料之大成，填补了先秦至1989年2700多年间朝天区无独立方志的空白。在编注中，粟舜成先生爬梳相关文献，旁征群书，补其脱漏，正其讹谬，力求把

《方志朝天》所引资料的来源、版本梳理清晰，对内容征其实、举其要，对人名、地名、典故、生僻字加以注释，对一些引用过于简略之处加以补充，力求为相关研究者和文史爱好者提供一个较好的校注整理本。

如今，朝天正加快建设广元北向"桥头堡"东出"会客厅"，着力打造川陕结合部区域文化中心、广元城市北部新城，离不开历史文化资源的内动力支持。现今各地县域文化齐头并进，百家争鸣，朝天文化如何保持自身独一无二的精神内核，寻求自身新的发展，这也需要从自身资源中不断地发现新的特质。因此，《方志朝天》的出版，必将为朝天文化大繁荣大发展提供源泉动力。

是为序。

2020年10月于成都

（作者系中国茅盾文学奖评委、中国鲁迅文学奖评委、四川省作家协会名誉副主席、四川省文艺评论家协会原主席、"巴蜀文艺奖·终身成就奖"获得者、著名辞赋家）

凡 例

一、本书辑录先秦至1989年有关朝天区记录的方志史料108种、原文607则。

二、方志史料按其成书朝代排列。同一朝代按作者生年顺序排列。成书时间或作者出生时间不详者，排在该朝最后。

三、方志史料，首为编撰者（校注者）、书名，次为原文、出处，再为作品提要、注释。

四、原文关键词、主要人名、地名附于书名下，并加"[ ]"以示提示。

五、作品提要包含涉及方志史料的主要内容、选文简介以及作品流传版本情况。注释包含人名、地名、典故、生僻字四个方面的注释情况。生僻字加注拼音。

六、原文均照录，并加以标点。改正讹误，脱漏者予以增补，衍生者则予删除。缺主语和实词者（此为引录者所略），依前后语境予以补写，并加"（ ）"以注释。

七、古籍历经传抄、翻刻，致文字有误，以他校法予以校正。为帝王的避讳字，均恢复原貌，并在注释中说明。

八、原文字迹漫漶无法辨认者，以"□"代之，漫漶字数无法计数时，以"阙"字代替。

九、文中繁体字一般改为简体字，但遇到以异体字互释的情况，则保留其繁体字写法。

十、点校参阅底本首选中华书局本，次为上海古籍出版社版本，再为其他版本，从而保证其学术可靠性、文字准确性。

建置沿革

新石器时代 距今7000年前，朝天区中子铺就有先民生息。中子铺细石器遗址被命名为"中子铺文化"。2019年10月10日，中子铺遗址被国务院公布为第八批"全国重点文物保护单位"。

春秋末期 蜀开明氏在昭化置苴国，朝天属苴治。

秦 在昭化置葭萌县，朝天属葭萌县治。

汉 建安二十二年（217），刘备分葭萌县北部，在朝天区沙河镇南华村置昭欢县，辖朝天区全境，这是朝天首次建县。

晋 晋武帝泰始元年（265），为树国威，避晋文帝司马昭讳，改"昭"为"邵"，易名邵欢县。

南北朝 宋时于朝天区沙河镇南华村置华阳县，属梁州华阳郡，西魏废。梁武帝天监四年（505），因邵欢县西嘉陵江畔建有石亭寺，遂以此为名，将邵欢县改名石亭县。陈太建五年（573），废石亭县为戍。北魏正始（504—508）中，于朝天区朝天镇朝天村置三泉县，后废。西魏恭帝元年（554），于沙河镇望云村置嘉川县，取嘉陵江所经为名。

隋 嘉川县先后属绵谷县、利州、义城郡治。唐武德初属利州治。

唐 武德四年（621），于朝天镇朝天村复置三泉县。天宝元年（742），县移至沙溪之东（今陕西宁强县阳平关镇擂鼓台村），属梁州。元至元二十年废。开成四年（839），官驿——筹笔驿建成，踞于朝天镇朝天村一带、明月峡景区北门至朝天城区小中坝之间。

宋 建炎四年（1130），利州宁武军于朝天镇置都统治官。

元 至元十四年（1277），朝天区属广元路绵谷县治。

明 洪武十四年（1381），于中子镇宣河村置广元县神宣驿分司县。正德十六年（1521），置神宣递运所。嘉靖十一年（1532），设神宣行台。

清 乾隆年间，神宣驿丞升为神宣驿巡检司。嘉庆二年（1797），改置广元县神宣驿分县，朝天全境及旺苍县国华镇均属其治。雍正七年（1729），复设朝天镇巡检司，是为水驿巡检。

中华民国 元年（1912），设神宣驿县佐署。民国十六年（1927），改设神宣驿公安分局，民国二十年（1931）废。民国二十四年（1935），于神宣驿设广元第二区署。

1935年 中国工农红军第四方面军于水磨沟镇李家坪建立红坪县苏维埃。

1949年 12月14日，朝天解放。

1989年 8月15日，经国务院批准，建立市辖县级郊区——广元市朝天区。全区幅员面积1613平方公里，现辖12个乡镇，总人口21万。

目 录
contents

1 | 序
4 | 凡　例
5 | 建置沿革

◎ 先秦

2 | 山海经〔潜水〕／〔春秋战国〕佚名撰
3 | 尚书·禹贡〔潜水〕／〔战国〕佚名撰

◎ 汉

6 | 史记〔萧何　栈道〕／〔西汉〕司马迁撰
8 | 汉书·地理志〔潜水〕／〔东汉〕班固撰
9 | 后汉书·郡国志〔明月峡〕／〔南朝宋〕范晔撰
11 | 新斠注地理志〔西汉水〕／〔清〕钱坫撰　徐松集释

◎ 三国

14 | 三国志〔刘备　费祎　出师表〕／〔西晋〕陈寿撰　〔南朝宋〕裴松之注
17 | 补三国疆域志〔昭欢县〕／〔清〕洪亮吉撰

◎ 晋

20 | 华阳国志新校注〔白水县　白水关　张仪司马错伐蜀　萧何〕
　　／〔东晋〕常璩著　刘琳校注
23 | 晋书·地理志〔晋寿郡　晋寿县　邵欢县　兴安县〕／〔唐〕房玄龄等撰

25 | 晋书地理志新补正［邵欢县］／〔清〕毕沅撰
26 | 新校晋书地理志［邵欢县］／〔清〕方恺撰
27 | 东晋疆域志［邵欢县］／〔清〕洪亮吉撰

◎ 南北朝

30 | 宋书·州郡志［邵欢县　昭欢县］／〔南朝梁〕沈约撰
31 | 南齐书·州郡志［邵欢县］／〔南朝梁〕萧子显撰
32 | 水经注［潜水　西汉水］／〔北魏〕郦道元注

◎ 隋

36 | 隋书·地理志［绵谷　华阳郡　龙门山］／〔唐〕魏徵撰

◎ 唐

38 | 括地志辑校［潜水　利州　绵谷县　龙门山］／〔唐〕李泰等著
40 | 元和郡县图志［三泉县　龙门山　西汉水　潜水］／〔唐〕李吉甫撰
42 | 大唐新语［袁天纲　武则天］／〔唐〕刘肃撰
44 | 录异记［深渡　杨谟洞］／〔唐〕杜光庭撰
46 | 旧唐书·地理志［三泉　利州］／〔后晋〕刘昫等撰
48 | 新唐书·地理志［三泉县］／〔北宋〕欧阳修　宋祁撰
49 | 太平广记［唐玄宗幸蜀　徐佐卿　朝天岭　九折　七盘　望云　九井　大小漫天］／〔北宋〕李昉等编
53 | 唐代交通图考［九井滩　五盘岭驿　筹笔驿　朝天岭　龙门阁　漫天岭　深渡　望云关］／严耕望撰
64 | 汉唐地理总志钩沉［石牛屎金　邵欢］／刘纬毅　郑梅玲　刘鹰辑校

◎ 宋

68 | 太平寰宇记［三泉县　龙门山　明月峡］／〔北宋〕乐史撰

| 70 | 元丰九域志［朝天镇　皇泽寺］／〔北宋〕王存撰
| 72 | 舆地广记［利州路　绵谷县　三泉县］／〔北宋〕欧阳忞撰
| 74 | 东斋记事［朝天岭］／〔北宋〕范镇撰
| 75 | 利州绵谷县羊模谷仙洞记／〔北宋〕文同撰
| 77 | 龙洞记／〔北宋〕苏元老撰
| 80 | 鹤林集［龙洞阁　朝天岭］／〔南宋〕吴泳撰
| 81 | 舆地纪胜［邵欢县　朝天岭　杨模洞　筹笔驿　潭毒关　龙门洞　三泉　九井　老君洞］／〔南宋〕王象之撰
| 85 | 方舆胜览［龙门山　朝天岭　漫天岭　五盘岭　龙门阁　潭毒关　明月峡　潜水　望喜驿　筹笔驿］／〔南宋〕祝穆撰
| 90 | 宋史·陈咸传［益昌　鱼梁］／〔元〕脱脱等撰
| 92 | 宋史纪事本末［潭毒山　刘子羽］／〔明〕陈邦瞻撰
| 94 | 宋会要辑稿［利州栈阁　三泉县］／〔清〕徐松撰

◎ 元

| 98 | 大元混一方舆胜览［广元路］／〔元〕刘应李原编　詹友谅改编
| 100 | 元一统志［广元路］／〔元〕孛兰肸等撰　赵万里校辑
| 102 | 析津志·天下站名［镇宁站　朝天站］／〔元〕熊梦祥著　李之勤校释
| 105 | 经世大典［镇宁站　朝天站］／〔元〕官撰
| 107 | 元史·地理志［广元路］／〔明〕宋濂等撰
| 109 | 新元史［广元路］／〔民国〕柯劭忞撰

◎ 明

| 112 | 大明一统志［广元县］／〔明〕李贤等撰
| 116 | 永乐大典［朝天岭　漫天岭］／〔明〕解缙　姚广孝等监修
| 120 | 寰宇通衢［神宣驿　沙河驿］／〔明〕官撰
| 122 | 寰宇通志［广元县］／〔明〕陈循等撰
| 126 | 一统路程图记［七盘关　神宣驿　朝天驿　朝天岭　沙河驿］／〔明〕黄汴撰
| 129 | 士商类要［七盘关　神宣驿　朝天岭　沙河驿］／〔明〕程春宇辑

131 | 五岳游草（节选）/〔明〕王士性撰

133 | 方舆胜略［广元县］/〔明〕程百二等撰

134 | 广舆记［广元县］/〔明〕陆应旸撰 〔清〕蔡方炳增订

136 | （嘉靖）四川总志［广元县］/〔明〕刘大谟 杨慎等纂修

138 | （万历）四川总志［广元县］/〔明〕虞怀忠纂修

141 | 蜀中名胜记［广元县］/〔明〕曹学佺撰

147 | （嘉靖）保宁府志［广元县］/〔明〕杨瞻修 杨思震纂

160 | 明史纪事本末［李自成 朝天阁］/〔清〕谷应泰撰

162 | 明史·地理志［广元县］/〔清〕张廷玉等撰

164 | 天下郡国利病书［沙河军站 神宣军站 神宣递运所 九井驿 朝天驿］/〔清〕顾炎武撰

166 | 明代驿站考［朝天驿 沙河驿 神宣马驿 九井水驿］/杨正泰撰

◎ 清

170 | （乾隆）大清一统志［广元县］/〔清〕和珅等纂修

173 | （嘉庆）大清一统志［广元县］/〔清〕穆彰阿 潘锡恩等纂修

181 | 读史方舆纪要［广元县］/〔清〕顾祖禹撰

189 | 尚书古文疏证［潜水 筹笔驿］/〔清〕阎若璩撰 黄怀信 吕翊欣校点

192 | 蜀　故［朝天关 七盘关 筹笔驿 龙门阁］/〔清〕彭遵泗撰

194 | 乾隆府厅州县图志［广元县］/〔清〕洪亮吉撰

196 | （雍正）四川通志［广元县］/〔清〕黄廷桂等修 张晋生等纂

203 | （嘉庆）四川通志［广元县］/〔清〕常明 杨芳灿等纂修

217 | （道光）保宁府志［广元县］/〔清〕黎学锦 徐双桂等修 史观等纂

228 | （乾隆）四川保宁府广元县志/〔清〕张赓谟纂修

245 | 蜀道驿程记（节选）/〔清〕王士禛撰

248 | 秦蜀驿程后记（节选）/〔清〕王士禛撰

250 | 渔洋精华录集释［七盘岭］/〔清〕王士禛撰

252 | 益州于役记（节选）/〔清〕陈奕禧撰

255 | 使蜀日记（节选）/〔清〕方象瑛撰

257 | 使蜀日记（节选）/〔清〕孟超然撰

260 | 使蜀日记（节选）/〔清〕郭尚先撰

262 | 云栈纪程（节选）/〔清〕张邦伸撰

272 | 入蜀记（节选）/〔清〕李保泰撰

274 | 蜀道纪游（节选）/〔清〕李德淦撰

277 | 蜀輶日记（节选）/〔清〕陶澍撰

280 | 蜀程纪略（节选）/〔清〕张素含撰

284 | 方舆考证［广元县］/〔清〕许鸿磐撰

289 | 增修广邑道路碑记/〔清〕范涞清撰

292 | 星轺日记（节选）/〔清〕沈炳垣撰

294 | 蜀轺纪程（节选）/〔清〕文祥撰

295 | 游蜀日记（节选）/〔清〕吴焘撰

299 | 蜀景汇览［望喜楼　望喜驿　沙河驿　望云铺　飞仙阁　飞仙岭］/〔清〕钟登甲撰

300 | 小方壶斋舆地丛钞［神宣驿　望云驿］/〔清〕王锡祺辑

302 | 栈程随笔（节选）/〔清〕佚名撰

303 | 蜀輶诗记（节选）/〔清〕俞陛云著

305 | 入蜀日记（节选）/〔民国〕陈涛撰

309 | 清史稿［广元］/〔民国〕赵尔巽等撰

312 | 栈云峡雨日记（节选）/〔日本〕竹添进一郎撰

315 | 巴蜀旧影（节选）/〔日本〕山川早水著

319 | 李希霍芬中国旅行日记（节选）/〔德国〕李希霍芬著

◎ 中华民国

324 | （民国）重修四川通志稿［广元县］/宋育仁总纂修

326 | （民国）四川郡县志［晋寿郡　益昌郡　邵欢县　嘉川县　三泉县　朝天镇］/龚煦春纂

329 | （民国）四川新地志［嘉陵江　南栈道　川陕路　筹笔驿］/郑励俭编著

333 | （民国）重修广元县志稿/谢开来等修　王克礼　罗映湘纂

400 | （民国）乙卯入蜀记（节选）/王舫撰

402 | （民国）四川省一瞥［嘉陵江］/周传儒编

403 | （民国）蜀中纪游（节选）/ 张目寒撰

406 | 红四方面军在广元 / 中共广元市委党史研究室编

◎ 中华人民共和国

412 | 川北区志（1950.1-1952.9）/ 川北区志编纂委员会编

414 | 广元县志 / 广元市地方志编纂委员会编

425 | 中国共产党广元市历史大事记 / 中共广元市委党史研究室编著

附：

428 | "筹笔驿"即"朝天驿"——中国蜀道筹笔驿遗址新考

438 | 征引文献目录

443 | 后　记

方志朝天

先秦

〔春秋战国〕佚名撰

山海经

[潜水]

001

浠水出焉，北流注于渭①。清水②出焉，南流注于汉水。

——方韬译注：《山海经》卷二《西山经·汉水》，第30页，中华书局，2011年

【作品提要】

《山海经》，大约是春秋战国时期的楚国和巴蜀地方的人所作，经西汉刘向、刘歆父子编校而成。全书现存18篇，主要记述古代地理、物产、神话、巫术、宗教等，也包括古史、医药、民俗、民族等方面的内容。该书是一部富于神话传说的最古老的地理书。清初纪晓岚编《四库全书》，将《山海经》归入志怪小说一类。

节选部分记述了浠水、清水的源头及其流向。

方韬译注、2011年中华书局出版的《山海经》，是目前学术界和广大读者公认的权威版本。

【注释】

①浠（qián）水出焉，北流注于渭　浠水就从这山发源，之后向北注入渭水。浠，亦作"潜"，即潜水，今四川省广元市朝天区北潜溪河。唐李泰《括地志》："潜水一名复（伏）水，今名龙门水，源出利州绵谷县东龙门山大石穴下也。"按照《括地志》描述的地理位置，今陕西省宁强县巴山镇石坝子村断头岩龙洞潭，即潜水（今潜溪河）之源。潜水由此进入秦蜀名关七盘关，流经四川省广元市朝天区的中子镇、朝天镇，最后注入嘉陵江，全长43.3公里。

②清水　即今陕西省北部黄河支流延河。明代以后改名延河。

〔战国〕佚名撰

尚书·禹贡

[潜水]

002

华阳、黑水惟梁州①。岷、嶓既艺②，沱、潜既道③，蔡、蒙旅平，和夷底绩④。

——〔战国〕佚名撰，顾迁译注：《尚书》之《夏书·禹贡》，第70页，中华书局，2016年

003

浮于潜，逾于沔，入于渭，乱于河⑤。

——〔战国〕佚名撰，顾迁译注：《尚书》之《夏书·禹贡》，第70页，中华书局，2016年

【作品提要】

《尚书》是中国古代最早的一部历史文献汇编，儒家经典之一。所载历史，上起传说中的尧舜时代，下至东周（春秋中期），1500多年。其基本内容是古代帝王的文告和君臣谈话记录，由此可推断作者很可能是史官。《尚书·禹贡》是中国最早的地理著作，其主体内容反映了春秋时期的地理情况，其后经战国而略有增益加工。

节选部分记述了春秋时期梁州的疆域、山脉、河流、交通等自然和人文地理情况，首次描写了四川省广元市朝天区北的潜水（今潜溪河）。

顾颉刚、刘起釪著，2005年中华书局出版的《尚书校释译论》，以及顾迁译注、2016年中华书局出版的《尚书》，是目前学术界和广大读者公认的权威版本。

【注释】

①华阳、黑水惟梁州　华山南面和黑水之间一带是梁州。华阳：华山之阳，即华山的南面。黑水：水名，在今陕西省城固县北。梁州：古九州之一。今四川省东部和陕西省、甘肃省南部，因境内山势高、多山梁而得名。周时，梁州并入雍州。三国魏景元四年（263）置，治沔阳县（今陕西省勉县东旧州铺）。西晋太康三年（282）移治南郑县（今陕西省汉中市东），辖境相当今陕西省留坝、佛坪等县以南，西乡、镇巴及四川省巫溪，重庆市奉节、忠县、酉阳等县以西，四川省青川、江油、中江、遂宁，重庆市璧山、永川等市县以东，及贵州省梓桐、道真、正安等县地。其后屡有迁徙。先后治西城县（今陕西省安康市西北汉水北岸）、苞中县（今陕西省汉中市西北大钟寺）、城固县（今陕西省城固县东八里）。南朝宋元嘉十一年（434）仍还治南郑县。隋大业三年（607）废。唐武德元年（618）复置，辖境相当今陕西省汉中、城固、南郑、勉县等市县及宁强县北部地区。天宝元年（742）改置汉中郡。乾元元年（758）复为梁州，兴元元年（784）改置兴元府。

②岷、嶓既艺　岷山、嶓冢山治理后已可种植庄稼。岷：岷山，在今四川省松潘县境内，岷江所出。嶓（bō）：嶓冢山，在今陕西省宁强县东北。艺：种植。

③沱、潜既道　沱水、潜水都已疏浚。见第2页《山海经》之"涔水出焉，北流注于渭"注。

④蔡、蒙旅平，和夷厎（dǐ）绩　蔡山、蒙山的道路已经修好，在和夷地区治水也取得了成效。蔡：山名。叶梦得《尚书传》认为是四川省雅安东南的蔡家山，胡渭《禹贡锥指》以为是峨眉山，未知谁是，总之是四川省境内一山。蒙：山名，在四川省雅安北。旅：道路。和夷：少数民族名。和：水名。

⑤浮于潜，逾于沔（miǎn），入于渭，乱于河　贡品是先用船运经由潜水进入沔水，再登岸由陆路运至渭水，最后横渡黄河。潜：潜水，即潜溪河，嘉陵江支流，今四川省广元市朝天区北。沔：沔水，今陕西省汉水上游，古代也指整个汉水。渭：渭水，源出甘肃省渭源，为黄河最大支流。乱：正面横渡。这里，《尚书·禹贡》对贡品行经河流的顺序进行了错误的记叙。潜水位于秦巴之南、沔水之下，怎么能倒流呢？说明编撰者并不了解这个地区的河川水利。

方志朝天

汉

〔西汉〕司马迁 撰

史　记

［萧何　栈道］

004

汉王引兵东定三秦，何以丞相留收巴蜀，填抚谕告，使给军食①。

——〔西汉〕司马迁撰：《史记》卷五十三《萧相国世家第二十三》，第353页，中华书局，2006年

005

栈道千里，通于蜀汉，使天下皆畏秦②。

——〔西汉〕司马迁撰：《史记》卷七十九《范雎蔡泽列传第十九》，第485页，中华书局，2006年

006

然四塞，栈道千里，无所不通③。

——〔西汉〕司马迁撰：《史记》卷一百二十九《货殖列传第六十九》，第753页，中华书局，2006年

【作品提要】

西汉史学家司马迁撰写的《史记》，包括十二本纪、三十世家、七十列传、十表、八书，共130篇，记载了上至上古传说中的黄帝时代，下至汉武帝太初四年间共3000多年的历史。该书是中国历史上第一部纪传体通史，被列为二十四史之首，与《汉书》《后汉书》《三国志》合称"前四史"。其首创的纪传体编史方法为后来历代"正史"所传承。《史记》也是一部优秀的文学著作，在中国文学史上有重要地位，被鲁迅誉为"史家之绝唱，无韵之离骚"，有极高的文学价值。

节选部分主要介绍了梁州的自然及人文地理情况、潜水的交通运行情况，萧何留守巴蜀、供应前线粮草的情况，栈道通行情况及其巨大的政治军事价值。

历代注释《史记》的著作，最著名的是《史记》三家注，即刘宋裴骃的《史记集解》、唐司马贞的《史记索隐》、唐张守节的《史记正义》，中华书局出版有顾颉刚等点校本和赵生群等修订本。

【注释】

①何以丞相留收巴蜀，填抚谕告，使给军食　萧何以丞相身份留守治理巴蜀，安抚民众，发布政令，供给军队粮草。传说公元前205年，萧何入巴蜀，组织了大批军粮，沿嘉陵江水道往关中运送。行至今四川省广元市朝天区明月峡，见水流湍急，栈道被毁，粮草运输受阻，便组织人力修复栈道。高兴之余高歌："留收巴蜀兮，廪盈丰年。汉王北伐兮，势若拔山。月峡巍峨兮，壁高入天。栈阁连云兮，马啸车喧。舟筏北上兮，粟谷万石。汉军精锐兮，取我中原。"宋人为了纪念他，遂在明月峡崖壁凿碑以记之："沛公为汉中王，王巴、蜀、汉中……王留公于南郑，收巴、蜀租给助军粮……"

②栈道千里，通于蜀汉，使天下皆畏秦　相传蜀王令"五丁开山"，修通栈道时已是战国时期，秦惠王由此遣军南下，一举灭掉巴、蜀二国，为其后并吞六国打下了坚实基础。故《史记》云："栈道千里，通于蜀汉，使天下皆畏秦。"

③然四塞，栈道千里，无所不通　然而巴蜀地区四周闭塞，有千里栈道，与关中无处不通。

〔东汉〕班固 撰

汉书·地理志

[潜水]

007

华阳、黑水惟梁州。岷、嶓既艺，沱、灊①既道，蔡、蒙旅平，和夷底绩。

——〔东汉〕班固撰：《汉书》卷二十八上《地理志第八上》，第280页，中华书局，2007年

【作品提要】

《汉书》，又名《前汉书》，东汉班固（32—92）撰，中国第一部纪传体断代史。全书100卷，记述上起西汉的汉高祖，下至新朝的王莽，共230年的史事。断代为史始于班固，以后列朝的所谓"正史"都沿袭《汉书》的体裁。《汉书》在我国文学史上的地位很突出。它写社会各阶层人物体现"实录"精神，平实中见生动，堪称后世传记文学的典范。

节选部分的文字与《尚书·禹贡》《史记·夏本纪》的选文相同，仅个别文字记载稍有差异。

民国时期，商务印书馆刊印的"百衲本"，系影印北宋时期的"景祐本"而成，是《汉书》的善本。1962年，中华书局出版的繁体字点校本《汉书》是学术界和广大读者公认的权威版本。

【注释】

①灊（qián） 亦作"浅""潜"，即潜水，今潜溪河，嘉陵江支流，在四川省广元市朝天区北。详见第3页《尚书·禹贡》之"沱、浅既道"注。

〔南朝宋〕范晔撰

后汉书·郡国志

[明月峡]

008

史记苏代①曰:"楚得枳而国亡②。"华阳国志有明月峡③、广德屿④者是也。

——〔南朝宋〕范晔撰:《后汉书》志第二十三《郡国五》,《二十四史》(简体字本)之《后汉书》第2391页,中华书局,2000年

【作品提要】

《后汉书》是南朝宋时史学家范晔编撰的记载东汉历史的纪传体史书,主要记述上起东汉的汉光武帝建武元年(25),下至汉献帝建安二十五年(220),共195年的史事。《后汉书》大部分沿袭《史记》《汉书》的现成体例,但在成书过程中,范晔根据东汉历史的具体特点,又有所创新。

节选部分介绍了"明月峡"地名的出处。据北宋乐史《太平寰宇记》所载,明月峡当在今四川省广元市朝天区朝天镇南。

《后汉书》以宋绍兴刊本为最早。1965年5月中华书局出版的繁体字点校本《后汉书》是学术界和广大读者公认的权威版本。

【注释】

①苏代　战国时纵横家,东周洛阳人。苏秦族弟。有文一篇《智囊全集·苏代》。

②楚得枳而国亡　楚国虽得枳地却使国土沦丧。"楚得枳而国亡"是《战国策·燕策》中苏代劝阻燕昭王赴秦所说的一句话,也是史籍关于巴国国都枳(今重庆市涪陵区)的最早记载,因此成了巴史研究的一条重要线索,为很多

历史工作者所引用。

③明月峡　据明代曹学佺《蜀中广记》卷十七引《益州记》载："广阳州东七里水南,有遮要三堆石,又东二里,至明月峡。"明月峡在今重庆市东北八十里,与广德峡、东突峡合称"巴郡三峡"。然据北宋乐史《太平寰宇记》卷一百三十五《山南西道三·利州》载："三峡,谓巫峡、巴峡、明月峡。惟明月峡乃在此郡界。"明月峡当在今四川省广元市朝天区朝天镇南,因峡谷形如一轮弯月,且夜晚过峡,月悬西山,江月辉映,景象蔚为壮观而得名。其名最早见之于西汉萧何的《留收歌》："月峡巍峨兮,壁高入天,栈阁连云兮,马啸车喧。"南北朝诗人庾信也题有诗句："客行明月峡,猿声不何闻。"唐代诗人孟浩然诗云："泪沾明月峡,心断鹡鸰原。"明月峡是"全国重点文物保护单位""国家AAAA级旅游景区",素有"中国天然交通博物馆"之称,明月峡古栈道与闻名于世的万里长城、大运河并称"中国古代三大杰出建筑"。"明月峡"改名"朝天峡",源于唐明皇幸蜀的传说。唐天宝十五载(756),唐玄宗为避"安史之乱"奔蜀,蜀中百官在筹笔驿接驾朝拜天子,随后人们将"筹笔"改名"朝天"。自宋代以来,"明月峡"与"朝天峡"两个名字同时并存,如宋、元、明、清以及近代的官方志书、历史地理古籍多用历史文化元素突出的"朝天峡",而古代文学作品则常用文学色彩浓郁的"明月峡"。

④广德屿　又称"广德峡""广阳洲""广阳岛""广阳坝",在今重庆市主城区东。

〔清〕钱坫撰　徐松集释

新斠注地理志

[西汉水]

009

西汉水①所出,南入广汉白水②,东南至江州入江③。白水垫江④也,垫江至昭化县北合西汉水。今水出嶓冢山⑤西南,流迳西和县北、礼县南,折南、折东迳阶州北、成县南,又东折南入嘉陵道⑥,曰嘉陵江⑦。又南迳略阳县西、阳平关⑧西、朝天关⑨西、广元县西合垫江。所谓南入广汉白水也,又南迳苍溪县西,折东迳保宁府城西而南,折南,又东迳南部县北,又东南迳蓬州、东州东至重庆府城,北入于江(松按:西汉下水字,钱校补、王校同)。过郡四,行二千七百六十里。

——〔清〕钱坫撰、徐松集释:《新斠注地理志》十二《西汉水》,〔清〕罗汝楠辑《历代地理志汇编》,第3册第495页,国家图书馆出版社,2011年

【作品提要】

《新斠(jiào,古同"校")注地理志》(16卷),为《汉书·地理志》诠释补正著作,清钱坫(diàn)(1741—1806)撰、徐松(1781—1848)集释。初刻于同治十三年(1874)。

钱坫斠注较为突出的特色有:广征博采旧注旧说,以验明《汉书·地理志》所记之确,或指摘其所云之误;参考不同版本,对《汉书·地理志》做了初步的校勘工作;借助文字学、音韵学、考古学等有效手段,解决了某些特殊地理问题。较之斠注的规模篇幅,徐松的集释显得过分简约甚至零散,但仍不失为拾遗补阙之作。最为可贵之处在于徐松注重搜求采撷清代考据学名家的新说新解,弥补了钱坫斠注的不足。《新斠注地理志》经徐松梳理补注后成为清人研究《汉书·地理志》专著中颇为精审完备的一部。

节选部分记述了嘉陵江及其支流西汉水的流向、长度、经过的郡数,点明

了西汉水的源头。

《新斠注地理志》版本有清嘉庆二年（1797）岑阳官舍刻本；同治十三年（1874）章氏刊本，今藏日本早稻田大学图书馆。

【注释】

①西汉水 又称犀牛江，在甘肃省南部。南源出天水市寨子山，北源出天水市长板梁子，两源汇合后称西汉水。经礼县、西和县、成县、康县，东流到陕西省略阳县北境徐家坪附近入嘉陵江。长260千米。四川省广元市朝天区属嘉陵江上游（西汉水）的重要生态屏障。

②广汉白水 广汉：蜀中古郡名，即广汉郡，因"广至汉水"而得名。西汉高祖六年（前201）置。治所先后设在梓潼（今四川省梓潼县）、积雒（今四川省广汉市）、广汉（今四川省遂宁市东北），北周时废除广汉郡。现有广汉市（县级），由四川省德阳市代管。白水：古水名，即今白水江，源出四川省九寨沟县岷山东麓，至甘肃省文县注入白龙江。白龙江古称羌水，白水、羌水汇合后，亦称白水，又称羌水，至今四川省广元市西南注入嘉陵江。

③江州入江 江州：重庆古称。入江：流入长江。

④垫江 古水名，又称垫江水，指今嘉陵江下游，一说指嘉陵江上游（白龙江）。

⑤嶓冢（bō zhǒng）山 古山名。在今甘肃省成县东北；亦指在今中国陕西省勉县西南，北魏并置嶓冢县于山侧。

⑥嘉陵道 西汉置，治今甘肃省徽县及陕西省略阳县一带，属武都郡。东汉废。

⑦嘉陵江 古称西汉水、阆水、渝水，长江上游最大的支流，全长1120公里，流域面积近16万平方公里，因流经陕西省凤县东北嘉陵谷而得名。干流源出秦岭代王山，经甘肃省、陕西省、四川省、重庆市，在重庆市朝天门汇入长江。

⑧阳平关 蜀汉时称阳安关，亦称关城，在今陕西省勉县西。北宋时改名阳平关，移至今陕西省宁强县西北，为汉中循南栈道进入四川省的交通咽喉。端平三年（1236），南宋曹友闻、王进拒战蒙古兵于此。

⑨朝天关 在今四川省广元市朝天区朝天镇朝天岭上，唐末置，是古蜀道上的交通枢纽和战略要地，有"北门天街"之谓。因唐天宝十五载（756），唐玄宗避"安史之乱"幸蜀，蜀中百官在筹笔驿接驾朝拜天子而得名。北宋苏轼《神女庙》诗云："神仙岂在猛，玉座幽且闲。飘萧驾风驭，弭节朝天关。"北宋苏洵《题阎立本画水官》诗云："风师黑虎囊，面目昏尘烟。翼从三神人，万里朝天关。"《元史·赵阿哥潘传》："徒伐蜀，斩朝天关，沿嘉陵江至阆州。"《大清一统志》之《保宁府·山川》载："朝天关，在广元县北朝天岭上。"

方志朝天

三国

〔西晋〕陈寿撰　〔南朝宋〕裴松之注

三国志

[刘备　费祎　出师表]

010

典略曰：备①于是起馆舍，筑亭障，从成都至白水关②，四百余区。

——〔西晋〕陈寿撰，〔南朝宋〕裴松之注：《三国志》卷三十二《蜀书二·先主备》，第529页，中华书局，2006年

011

（延熙）十四年夏，大将军费祎③还成都。冬，复北驻汉寿④。十六年春正月，大将军费祎为魏降人郭循⑤所杀于汉寿。

——〔西晋〕陈寿撰，〔南朝宋〕裴松之注：《三国志》卷三十三《蜀书三·后主禅》，第536页，中华书局，2006年

012

（建兴）五年，（亮）率诸军北驻汉中，临发，上疏（《前出师表》）⑥曰："先帝创业未半而中道崩殂，今天下三分，益州疲弊，此诚危急存亡之秋也。……臣不胜受恩感激。今当远离，临表涕零，不知所言。"遂行，屯于沔阳⑦。

——〔西晋〕陈寿撰，〔南朝宋〕裴松之注：《三国志》卷三十五《蜀书五·诸葛亮》，第548页，中华书局，2006年

【作品提要】

《三国志》，西晋史学家陈寿（233—297）撰。该书是记载中国三国时期的魏、蜀、吴纪传体国别史，是"二十四史"中评价最高的"前四史"之一。因其过于简略，没有记载王侯、百官世系的"表"，也没有记载经济、地理、

职官、礼乐、律历等的"志",不符合《史记》和《汉书》所确立下来的一般正史的规范,南朝宋裴松之(372—451)为之作注,博引群书,进行补缺、备异、惩妄、论辩。注文多出本文数倍,保存的史料甚为丰富。

节选部分记述了刘备、诸葛亮、费祎往返金牛道、嘉陵江道、白水关道有关的史事。文辞虽然简略,但为我们发掘蜀道文化遗产、促进文旅融合发展提供了不可或缺的史料。

1959年中华书局出版的繁体字点校本《三国志》是学术界和广大读者公认的权威版本。

【注释】

①备　即刘备。刘备(161—223),字玄德,蜀汉开国皇帝,三国时期著名的政治家。谥号昭烈帝,史家又称他"先主"。

②白水关　又名关头,在今四川省青川县沙州镇五里垭,距垭下古白水县城仅一江之隔,为古代陕、甘入蜀之孔道。秦、汉至南北朝间由关中入蜀的金牛道(石牛道)经白水关,亦称白水关道。山路险峻,崎岖难行,并未大规模地被官方使用。

③费祎(？—253)　江夏鄳县(今湖北省孝昌县)人。三国时蜀汉名臣,与诸葛亮、蒋琬、董允并称"蜀汉四相"。死后葬于今四川省广元市昭化古城西。建兴三年(225)六月,诸葛亮派费祎修复广元市朝天区明月峡栈道,历时三年告竣。唐人于筹笔驿凿碑以记之:"建兴三载,亮南凯旋。委之费祎,道治北沿……江流浚通,舟筏飞帆。官兵临道,车盖途沿。尚书将军,功高德贤。诸葛伟绩,千古流传。"

④汉寿　古县名。东汉建安二十二年(217)刘备改葭萌县置,属梓潼郡。治所在今四川省广元市昭化区昭化镇。西晋太康元年(280)改为晋寿县。

⑤郭循　一称郭脩(？—253),凉州(今甘肃省武威市)人,三国时曹魏官员,官至中郎将。后降蜀汉,暗杀蜀汉大将军费祎。

⑥上疏(《前出师表》)　《前出师表》写于建兴五年(227)。诸葛亮出师伐魏(第一次北伐)临行前,陈书后主,以恳切委婉的言辞劝勉后主广开言路、严明赏罚、亲贤远佞,以此兴复汉室;同时表达了自己以身许国、忠贞不贰的思想。其不畏艰险、以身许国的精神使此文产生了独特而巨大的感染力,从而流传千年而不朽。建兴六年(228)冬,诸葛亮在第二次北伐前,于今四川

省广元市朝天区筹笔驿（位于明月峡景区北门与朝天城区小中坝之间）写下了《后出师表》。该表的重点放在了表达军事方略以及对第二次北伐持有反对意见的人的驳难上。在"凡事如是，难可逆料"的情况下，表达了自己"鞠躬尽瘁，死而后已"的思想。《前出师表》《后出师表》被收入《古文观止》，成为诸葛亮的传世名篇。

⑦沔阳　古县名。西汉置，治今陕西省勉县东旧州铺。以在沔水之阳（北）得名。属汉中郡。三国魏末和西晋初为梁州治所。北魏改属华阳郡。隋开皇三年（583）废。东汉建安二十四年（219），刘备在此自称汉中王。

〔清〕洪亮吉撰

补三国疆域志

[昭欢县]

013
昭欢①，沈志②疑是蜀立。
——〔清〕洪亮吉撰：《补三国疆域志》之《蜀汉疆域·梓潼郡》，〔清〕罗汝楠辑《历代地理志汇编》，第7册第399页，国家图书馆出版社，2011年

【作品提要】

《补三国疆域志》，清代经学家、文学家洪亮吉（1746—1809）撰。洪亮吉以陈寿《三国志》无志，遂取其纪传所载，参以《后汉书》《晋书》诸志，互证旁通，正其讹失，撰成此书，以补其缺。因《补三国疆域志》有缺误，清代谢钟英又作《三国疆域志补注》（十九卷）。有《二十五史补编》本，与洪亮吉之书合刊。

该书版本有清乾隆四十六年（1781）西安刻本。洪亮吉《补三国疆域志》收录于清罗汝南辑《历代地理志汇编》，2011年由国家图书馆出版社出版。

【注释】

①昭欢　东汉建安二十二年（217），分葭萌县北部，在今四川省广元市朝天区沙河镇南华村置昭欢县，有告慰汉昭烈帝刘备之意。这是朝天区境内首次建县。
②沈志　指南朝梁沈约编撰的《宋书·州郡志》。

方志朝天

晋

〔东晋〕常璩著 刘琳校注

华阳国志新校注

[白水县　白水关　张仪司马错伐蜀　萧何]

014
白水县^①　有关^②尉，故州牧刘璋将杨怀、高沛守也。
——〔东晋〕常璩著，刘琳校注：《华阳国志新校注》卷二《汉中志·梓潼郡·白水县》，第80页，四川大学出版社，2015年

015
周慎王五年^③秋，秦大夫张仪^④、司马错^⑤、都尉墨^⑥等从石牛道^⑦伐蜀。蜀王自于葭萌^⑧拒之，败绩。
——〔东晋〕常璩著，刘琳校注：《华阳国志新校注》卷三《蜀志·总叙》，第106—107页，四川大学出版社，2015年

016
汉祖自汉中出三秦伐楚，萧何发蜀、汉米万船而给助军粮^⑨，收其精锐以补伤疾。
——〔东晋〕常璩著，刘琳校注：《华阳国志新校注》卷三《蜀志·总叙》，第118页，四川大学出版社，2015年

【作品提要】

《华阳国志》，原名《华阳国记》，东晋史学家常璩（约291—361）撰，记载范围为晋代梁、益、宁三州，相当于四川省、陕西省汉中及云南部分地区。因该地区为《禹贡》所记梁州，且有"华阳黑水惟梁州"一语，故以"华阳"命名。全志12卷，所述始于远古，止于永和三年。记述4世纪以前以益州为中心的中国西南地区的历史与地理，包含政治经济、郡县沿革、古代氏族等

重要史料。对蜀事见闻真切，对巴蜀地理、风俗、人物和少数民族情况汇述详细，后世编修云南省、四川省志书者，均以此为据。清代洪亮吉认为，此书与《越绝书》是中国现存最早的地方志。

节选部分记述了汉水的源流，白水县的人物，蜀王杜宇的故事，石牛粪金的传说，张仪、司马错伐蜀，萧何在巴蜀筹集军粮、运往前线的史事，对发掘与整理蜀道文化、建设广元城市北部新城有一定的参考价值。

目前研究《华阳国志》的专著有任乃强的《华阳国志校补图注》和刘琳的《华阳国志校注》。2015年四川大学出版社出版的《华阳国志新校注》系刘琳在原《华阳国志校注》基础上又一次比较全面的修订本。该书参阅了任乃强的《华阳国志校补图注》，经过全面修订，书稿质量大大提高，注释更为准确，资料更为丰富。

【注释】

①白水县　两汉旧县，因滨白水（今白龙江）而得名。蜀、晋因之。白水故城在今四川省青川县沙州镇。汉晋白水县辖今广元西北部、青川县。

②关　即白水关，又叫关头。关城指阳安关，即今阳平关。古代白水关为陕、甘入蜀之孔道。自汉中来须取道关城而至关头，即由今勉县西趋阳平关，西南至白水关（此为古石牛道之一段，今为大路）。至南北朝以后，由今陕西省宁强越七盘关至朝天驿、广元、昭化之路大辟，白水关始渐失去其重要性。

③周慎靓王五年　当秦惠文王后元九年，即公元前316年。

④张仪　战国著名纵横家，时为秦相。《史记》有传。

⑤司马错　秦惠文王时期名将，战国著名纵横家。

⑥都尉墨　其人事迹不详。

⑦石牛道　即金牛道。刘琳校注《华阳国志新校注》载："石牛道，指自今陕西省眉县经斜谷、褒谷栈道入汉中，复自勉县而西，出阳平关（古阳安关），由山道抵白水关（今四川省青川县原白水镇），然后沿白龙江河谷至广元昭化（古葭萌），再溯清江河西至沙溪坝，转而南，经剑阁道入剑门。此即秦、汉至南北朝间由关中入蜀的主道。南北朝后，自汉中入蜀之一段始改由宁强县（古宁羌州）越七盘关经朝天驿至广元、昭化。"此道简称"白水关道"。任乃强校注《华阳国志校补图注》载："石牛道，指自汉中入阳平关，循嘉陵江水道至葭萌，自葭萌溯清江河谷，逾马鸣阁至江油，历涪、雒，至成

都。"此道简称"嘉陵江道"。史为乐主编《中国历史地名大辞典》、戴均良等主编《中国古今地名大词典》以及《辞海》等工具书列有"石牛道"或"金牛道"词条,释文不尽相同,但关于金牛道的路线大体一致,即:自今陕西省勉县西南行,经宁强县,越七盘岭入四川省境,经朝天驿、广元趋剑门关至成都,大体为现在川陕公路的路线。此道简称"七盘关道"。笔者认为:石牛道作为连接蜀中和汉中两地的交通线,实际上早在新石器时代初期就已经出现。位于朝天驿至七盘关之间、距今约7000年的中子铺细石器遗址的发掘,以及广元邓家坪、张家坡遗址等史前遗址考古资料的佐证,说明自古以来,石牛道循七盘关至广元、剑阁至成都的"七盘关道"应是其主要的路线,"嘉陵江道"应是"七盘关道"的辅道。古时,"白水关道"崎岖坎坷,山路险峻难行,只作为民间小路通行,并未被官方大规模的使用。

⑧葭萌 古县名,又名葭明县。本古苴侯国,蜀王封其弟葭萌为苴侯。秦置县,治今四川省广元市西南昭化区昭化镇。三国蜀汉改名汉寿县。一说:隋开皇十八年(598)改晋安县置,治今四川省广元市南,取秦故县为名,属义城郡,唐、宋属利州,元初并入昭化县。

⑨萧何发蜀、汉米万船而给助军粮 详见第7页《史记》之"何以丞相留收巴蜀,填抚谕告,使给军食"注。

〔唐〕房玄龄等撰

晋书·地理志

[晋寿郡　晋寿县　邵欢县　兴安县]

017

后孝武分梓潼①北界立晋寿郡②,统晋寿③、白水、邵欢④、兴安⑤四县。

——〔唐〕房玄龄等撰:《晋书》卷十四《志第四·地理上·梁州》,《二十四史》(简体字本)之《晋书》第282页,中华书局,2000年

【作品提要】

《晋书》,记载两晋历史的基本史籍,"二十四史"之一。唐太宗下诏,命宰相房玄龄(579—648)等主持编修《晋书》,历时三年修成。该书记载起于三国时期司马懿早年,迄于东晋恭帝元熙二年(420)刘裕废晋帝自立,以宋代晋。同时还以"载记"形式,记述了十六国政权的状况。原书132卷,今存130卷。《晋书》史料甚备,博采杂著,多记异闻。

节选部分介绍了晋寿郡辖邵欢等县的情况。邵欢县是广元朝天境内继昭欢县之后的第二个县级建制。

1974年中华书局出版的标点本《晋书》以金陵书局本为底本,与清武英殿本互校,参校其他版本,择善而从,是现行最完备的版本。

【注释】

①梓潼　东汉建安二十二年(217)析广汉郡置,治梓潼县(今属四川省)。辖境相当今四川省广元、青川、剑阁、梓潼、江油、绵阳和陕西省宁强等市县地。西晋永嘉后与巴西郡同城而治,治涪县(今四川省绵阳市东),合称巴西、梓潼二郡。隋开皇初废。

②晋寿郡　东晋太元十五年(390)置,治晋寿县(今四川省广元市西南),

辖境相当今广元市一带。后废。北周复置，治兴安县（今四川省广元市）。隋废。

③晋寿　古县名。西晋太康元年（280）以汉寿县改名，治今四川省广元市西南。北周废。

④邵欢　晋武帝泰始元年（265），为树国威，避晋文帝司马昭讳，改"昭"为"邵"，"昭欢县"易名"邵欢县"。另见第17页洪亮吉《补三国疆域志》之"昭欢"注。

⑤兴安　古县名。东晋太元中置，治今四川省广元市。属晋寿郡。隋开皇十八年改为绵谷县。

〔清〕毕沅撰

晋书地理志新补正

[邵欢县]

018

后孝武分梓潼北界立晋寿郡（沅案沈志①晋地记：孝武太元十五年，梁州②刺史周馥表立），统晋寿、白水、邵欢、兴安四县。

——〔清〕毕沅撰：《晋书地理志新补正》三《晋寿郡》，〔清〕罗汝楠辑《历代地理志汇编》，第8册第298页，国家图书馆出版社，2011年

【作品提要】

清毕沅（1730—1797）从各种典籍中集出东晋史家王隐所撰《晋书·地道记》，得原书189条。除以自己辑佚的《晋太康三年地记》和王隐《晋书·地道记》佚文，与唐修《晋书·地理志》校核比勘，订正其错误，又采郦道元、沈约、张守节、李善等人著述二十余种，辅以唐宋诸志，补唐修晋志之缺失，撰写《晋书地理志新补正》（5卷），成为学者参用的工具书。正如毕沅《〈晋书地理志新补正〉序》云："沅官事之暇，嗜博观史籍，间以所见，校正此志讹漏凡数百条，又采他地理书，可以补正阙失者皆录入焉。"该书收录于清罗汝南辑《历代地理志汇编》，2011年由国家图书馆出版社出版。

【注释】

①沈志　指南朝梁时史学家沈括撰修的《宋书·州郡志》。
②梁州　古九州之一。今四川省东部和陕西省、甘肃省南部，因境内山势高、多山梁而得名。详见第3页《尚书·禹贡》之"梁州"注。

〔清〕方恺 撰

新校晋书地理志

[邵欢县]

019
又案州郡志①：邵欢令，永初郡国何徐并有不注置立，疑自蜀立，曰：邵欢，晋改也。据沈②说，此县避讳更名，必自西晋本志，缺载。惟后篇"孝武分立晋寿郡统邵欢"不言，置自何代未详。
——〔清〕方恺撰：《新校晋书地理志》之《梓潼郡》，〔清〕罗汝楠辑《历代地理志汇编》，第9册第438页，国家图书馆出版社，2011年

【作品提要】

《新校晋书地理志》，清代学者方恺（生卒年不详）撰。方恺以唐官修《晋书地理志》多有舛误，于是旁征博引，加以校勘。该书曾列入《丛书集成初编》，亦收在中华书局版《二十五史补编》中，现收录于清罗汝南辑《历代地理志汇编》，2011年由国家图书馆出版社出版。

【注释】

①州郡志　指南朝梁史学家沈括撰修的《宋书·州郡志》。
②沈　指南朝梁史学家沈括。

〔清〕洪亮吉撰

东晋疆域志

［邵欢县］

020

晋书地理志：孝武分梓潼北界立晋寿郡，统晋寿、白水、邵欢、兴安四县。沈志称，晋地记云：孝武太元十五年，梁州刺史周馥表立。（按沈志，南汉中郡下又云：太元十五年，梁州刺史周琼表立，疑有一误。至汉中郡下止云，梁州刺史周表立，则周下脱一字也。）

——〔清〕洪亮吉撰：《东晋疆域志》二《晋寿郡》，〔清〕罗汝楠辑《历代地理志汇编》，第9册第153—155页，国家图书馆出版社，2011年

021

邵欢，沈志：永初郡国[①]，何徐并有[②]，不注置立，疑自蜀立，曰邵欢晋改也。

——〔清〕洪亮吉撰：《东晋疆域志》二《晋寿郡》，〔清〕罗汝楠辑《历代地理志汇编》，第9册第153—155页，国家图书馆出版社，2011年

【作品提要】

《东晋疆域志》（4卷），清代洪亮吉撰，书成后十年始得刊刻。洪亮吉以《晋书》纪传为主，参考沈约《宋书》、魏收《魏书》及郦道元、李吉甫、乐史诸人著作，又汇通各种晋史的断简残篇，随事校正补充，其间州郡有得而复失者，随类附见，大致以安帝义熙（405—418）这一东晋极盛时期为断限，载记山川、邑里、乡集、聚落、台殿等，成为东晋地理完备之作。南京大学历史系教授胡阿祥（1963—）指出："其书颇为粗疏，多大缪不然，实不足为依据。"该书收录于清罗汝南辑《历代地理志汇编》，2011年由国家图书馆出版社出版。

节选部分介绍了邵欢县的历史沿革及其记载的有关史料。

【注释】

①永初郡国　永初是东汉安帝刘祜的第一个年号,汉朝使用这个年号共7年（107—113）。郡国,此指西晋史学家司马彪的《续汉书·郡国志》。

②何徐并有　何指南朝宋天文学家何承天,徐指南朝宋著作郎徐爰。此句意思是：何承天撰修的《宋书》和徐爰撰修的《宋书》都有记载。

方志朝天

南北朝

〔南朝梁〕沈约撰

宋书·州郡志

[邵欢县　昭欢县]

022

晋寿太守　邵欢令，《永初郡国》①，何、徐并有②，不注置立，疑是蜀立曰昭欢，晋改也。

——〔梁〕沈约撰：《宋书》卷三十七《志第二十七·州郡三·梁州》，《二十四史》（简体字本）之《宋书》第757页，中华书局，2000年

【作品提要】

《宋书》是一部记述南朝刘宋一代历史的纪传体史书，南朝梁沈约（441—513）撰。全书100卷，收录当时的诏令奏议、书札、文章等各种文献较多，保存了原始史料，且注意为豪门士族立传，篇幅大，故以资料繁富而著称于史林。

今有2018年中华书局出版的修订本《宋书》。

【注释】

①《永初郡国》　见第28页《东晋疆域志》之注。
②何、徐并有　见第28页《东晋疆域志》之注。

〔南朝梁〕萧子显撰

南齐书·州郡志

[邵欢县]

023

晋寿郡①：晋寿、邵欢②、兴安、白水。

——〔梁〕萧子显撰：《南齐书》卷十五《志第七·州郡下·梁州》，《二十四史》（简体字本）之《南齐书》第194页，中华书局，2000年

【作品提要】

《南齐书》原名《齐书》，纪传体南齐史，南朝梁萧子显（487—535）撰。北宋时为区别于李百药《北齐书》而冠以"南"字，改称为《南齐书》。该书记述南朝萧齐王朝自齐高帝建元元年（479）至齐和帝中兴二年（502）共23年史事，是现存关于南齐最早的纪传体断代史。南朝萧齐王朝在历史上仅存23年，是中国历史上年代很短的一个封建王朝。撰者萧子显是齐高帝萧道成的孙子。一个史学家，以他曾经是宗室的身份来撰写这个王朝的历史，这在"二十四史"中是第一人。

1971年中华书局出版的点校本《南齐书》，是学术界和广大读者公认的权威版本。

【注释】

①晋寿郡　见第23页《晋书·地理志》之"晋寿郡"注。

②邵欢　见第24页《晋书·地理志》之"邵欢"注。梁武帝天监四年（505），因邵欢县西嘉陵江畔建有石亭寺，遂以此为名，将邵欢县改为石亭县。陈太建五年（573），邵欢县废，置戍。

〔北魏〕郦道元 注

水经注

[潜水　西汉水]

024

潜水盖汉水棱分潜出，故受其称耳。今爰有大穴，潜水入焉。通冈山①下，西南潜出，谓之伏水，或以为古之潜水。郑玄曰：汉别为潜，其穴本小，水积成泽，流与汉合，大禹自导汉疏通，即为西汉水②也。故《书》曰：沱潜既道。刘澄之称白水入潜，然白水与羌水③合入汉，是犹汉水也。又南入于江。……庾仲雍云：垫江有别江，出晋寿县，即潜水也。其南源取道巴西④，是西汉水也。

——〔北魏〕郦道元注，陈桥驿译注、王东补注：《水经注》卷二十九《潜水》，第234页，中华书局，2009年

【作品提要】

《水经注》是古代中国地理名著，北魏郦道元（？—527）注。全书40卷，看似为《水经》之注，实则以《水经》为纲，详细记载了一千多条大小河流及有关的历史遗迹、人物掌故、神话传说等，对于中国地理学的发展做出了重要贡献，在中国和世界地理学史上都有重要地位。该书还记录了不少碑刻墨迹和渔歌民谣，文笔绚烂，语言清丽，具有较高的文学价值。《水经注》与《三国志注》（裴松之）、《世说新语注》（刘孝标）、《文选注》（李善），并称"四大名注"。

节选部分介绍了潜水的别名、源头、流向及其相关考证。

陈桥驿译注、王东补注，2009年中华书局出版的《水经注》是目前学术界和广大读者公认的权威版本。

【注释】

①通冈山　唐李泰《括地志》云:"潜水一名复(伏)水,今名龙门水,源出利州绵谷县东龙门山大石穴下也。"按照《括地志》描述的地理位置,今陕西省宁强县巴山镇石坝子村断头岩龙洞潭,即潜水(今潜溪河)之源。大巴山南麓龙门山即通冈山。

②西汉水　见第12页《新斠注地理志》之"西汉水"注。

③羌水　古水名。发源于甘肃省岷县东南的岷江,以流经羌族地区而得名。屈曲东南流至今舟曲县东与古桓水(今白龙江)合,又东南流至今四川省广元市西南注入嘉陵江。故今白龙江、白水江与岷江合流的一段,古时皆有羌水之名。

④巴西　即巴西郡,东汉建安六年(201)刘璋改巴郡置。自安汉县(今四川省南充市)移治阆中县(今阆中市)。辖境相当今四川省米仓山以南,大巴山以西,观面山、明月峡以北,嘉陵江中游以西一带。属益州。西晋属梁州。十六国成汉治无定处。东晋末称北巴西郡,西魏平蜀,改为盘龙郡,与隆州同治。隋大业又曾改隆州为巴西郡。

方志朝天

隋

〔唐〕魏澂撰

隋书·地理志

[绵谷　华阳郡　龙门山]

025

绵谷　旧曰兴安，置晋寿郡。开皇初郡废。十八年，县改名焉。大业初置郡。又有华阳郡①，梁置华州，西魏并废。有龙门山②。

——〔唐〕魏徵撰：《隋书》卷二十九《志第二十四·地理上·义城郡》，《二十四史》（简体字本）之《隋书》第558页，中华书局，2000年

【作品提要】

《隋书》是现存最早的隋史专著，也是"二十四史"中修史水平较高的史籍之一。唐代魏徵（580—643）、长孙无忌（594—659）等撰。全书85卷，"帝纪""列传"富有特色，在唐初所修"八史"（《晋书》《梁书》《陈书》《北齐书》《周书》《隋书》《南史》《北史》）中评价最高，集中反映了唐太宗贞观年间（627—649）君臣"览前王之得失，为在身之龟镜"的修史特点。全书贯串了以史为鉴的思想。

节选部分介绍了义城郡、绵谷县、华阳郡的建制沿革及龙门山地名。

1973年中华书局影印的校点本《隋书》依据数种版本校勘整理而成，是目前最好的通行本。

【注释】

①华阳郡　南朝宋置，治今四川省广元市。属益州。西魏废。又在今广元市朝天区沙河镇南华村置华阳县，属华阳郡。

②龙门山　在今四川省广元市朝天区北。《太平寰宇记》卷一百三十五绵谷县：龙门山"亦名葱岭山。按《梁州记》：葱岭有石穴，高数十丈，其状如门，俗号为龙门"。《元和郡县志》卷二十二利州："龙门山，在县东北八十二里。出好钟乳。"

方志朝天

唐

〔唐〕李泰等著

括地志辑校

[潜水　利州　绵谷县　龙门山]

026

潜水，一名复（伏）水，今名龙门水，源出利州①绵谷县②东龙门山③大石穴下。《史记·夏本纪》"沱潜既道"，《史记正义》引。

——〔唐〕李泰等著，贺次君辑校：《括地志辑校》卷四《利州·绵谷县》，第192页，中华书局，1980年

【作品提要】

《括地志》是唐初魏王李泰（620—652）等编撰的一部规模巨大的地理书。全书550卷，吸收了《汉书地理志》和顾野王《舆地志》两书编纂上的特点，创立了一种新的地理书体裁，为后来的《元和郡县志》《太平寰宇记》开了先河。该书按贞观10道、358州的行政区划，记述辖境各县的沿革、地望、得名、山川、城池、古迹、神话传说、重大历史事件等，保存了许多六朝地理书中的珍贵资料。

节选部分介绍了潜水的名称变化及其源头。

1980年中华书局出版的贺次君辑校本《括地志辑校》，是迄今为止最为完整的辑本。

【注释】

①利州　北魏西益州，号小益州，南朝梁改为黎州，西魏复为西益州，废帝三年（553）改置利州，治兴安县（隋改为绵谷县，今四川省广元市）。隋大业初改为义城郡。唐武德元年（618）复为利州。天宝时曾改为益昌郡。宋属利州路。元至元十四年（1277）改为广元路。

②绵谷县　古县名。隋开皇十八年（598）改兴安县置，治今四川省广元市，属义城郡。明洪武七年（1374）废。

③龙门山　指今四川省广元市朝天区龙门阁之上的葱岭。详见第36页唐魏徵《隋书·地理志》之"龙门山"注。

〔唐〕李吉甫撰

元和郡县图志

[三泉县　龙门山　西汉水　潜水]

027

三泉县①，次畿②。东北至府二百五十里。本汉葭萌县地，蜀先主改为汉寿县。武德四年置南安州，又置三泉县，八年州废，以县属梁州。

——〔唐〕李吉甫撰：《元和郡县图志》卷第二十二《山南道三·兴元府》，上册第560页，中华书局，1983年

028

龙门山，在县东北八十二里。出好钟乳。

——〔唐〕李吉甫撰：《元和郡县图志》卷第二十二《山南道三·兴元府·利州》，上册第565页，中华书局，1983年

029

西汉水，一名嘉陵水，经县西，去县一里。

——〔唐〕李吉甫撰：《元和郡县图志》卷第二十二《山南道三·兴元府·利州》，上册第565页，中华书局，1983年

030

潜水，出县东北龙门山。书曰"沱潜既道"，是也。

——〔唐〕李吉甫撰：《元和郡县图志》卷第二十二《山南道三·兴元府·利州》，上册第565页，中华书局，1983年

【作品提要】

《元和郡县图志》,唐代李吉甫(758—814)撰,写于唐宪宗元和八年(813),是唐代地理名著,为我国现存最早且较完整的地方总志。它以贞观十三年(639)规划的十道为纲领,配合当时的四十七镇,每镇一图一志,分别记载府、州与属县的等级、户、乡的数目,四至八到的方里,开元、元和的贡赋,以及沿革、山川、盐铁、垦田、军事设施、兵马配备等项。原书四十二卷,今仅存三十四卷。图已亡佚,故宋陈振孙《直斋书录解题》称为《元和郡县志》,现传各本仍用《图志》旧称,今仍题为《元和郡县图志》。

节选部分介绍了三泉县的历史沿革及龙门山、西汉水、潜水的地理位置。

《元和郡县图志》现存最早的刻本是乾隆三十八年武英殿聚珍本。现在通行的版本是1983年中华书局出版的校点本。

【注释】

① 三泉县　古县名,北魏正始中置,治今四川省广元市朝天区朝天镇朝天村。"以界内三泉山为名"(《太平寰宇记》)。后废。唐武德四年(621)复置,唐天宝元年(742)移治今陕西省宁强县阳平关镇擂鼓台村。属梁州。唐兴元后属兴元府。元至元二十年废。

② 次畿(jī)　唐宋时州、县的等级名。《通典·职官》十五:"大唐县有赤、畿、望、紧、上、中、下七等之差。"自注:"京都所治为赤县,京之旁邑为畿县,其余则以户口多少、资地美恶为差。"

〔唐〕刘肃撰

大唐新语

［袁天纲　武则天］

031

　　袁天纲①，益州②人，尤精相术。贞观初，敕召赴京，涂经利州。时武士彟③为刺史，使相其妻杨氏。天纲曰："夫人骨法，必生贵子。"乃遍召诸子令相之，见元庆、元爽，曰："可至刺史，终亦迍否④。"见韩国夫人，曰："此女大贵，然亦不利。"则天⑤时衣男子服，乳母抱出，天纲大惊曰："此郎君神彩奥澈，不易可知。"试令行。天纲曰："龙睛凤颈，贵之极也。"转侧视之，"若是女，当为天子。"贞观末，高士廉问天纲曰："君之禄寿，可至何所？"对曰："今年四月死矣。"咸如其言。

　　——〔唐〕刘肃撰，许德楠、李鼎霞点校：《大唐新语》卷之十三《记异第二十九》，第193页，中华书局，1984年

【作品提要】

　　《大唐新语》又名《唐新语》《大唐世说新语》《唐世说新语》《世说》《大唐新话》等，是一部汉族笔记小说集。唐代刘肃（生卒年、籍贯不详）撰。书成于元和二年（807），记载唐代历史人物的言行故事，起自唐初，迄于大历，多取材于《朝野佥载》《隋唐嘉话》等书。其中有些记载较两《唐书》为胜，可补两《唐书》之缺漏。书中也记载了不少有关诗文的材料，尤其是"文章"门，录存初唐及开元初人所作诗歌多首，并叙其本事，间载时人评论，为后来编集和研究唐诗者所取材。

　　节选部分记载了袁天纲为武士彟一家看相算命的故事。袁天纲其人其事记载在所谓的"正史"上，实则是中国古代封建迷信思想的反映，不足为证，更不足为信。不过，关于唐贞观初武则天被乳母抱出的记载，为武则天的出生时间考证提供了一个依据。

今有1984年中华书局出版的许德楠、李鼎霞点校本《大唐新语》，以《稗海》本为底本，以明代嘉靖潘玄度刻本、《四库全书》文津阁写本及明人抄本残卷对校，末附佚文及有关序跋。

【注释】

①袁天纲　又名袁天罡（？—634），隋末唐初玄学家、天文学家、数学家。益州成都（今四川省成都）人。隋时为资官令，唐武德年间为蜀郡火井县县令。贞观六年（632），唐太宗听闻其名声，诏入朝收纳为智囊。贞观八年（634），在其请求下，唐太宗复任他为火井县县令，以让他返回家乡。途经今四川省广元市朝天区沙河镇望云铺，留下地名传说。著有《五行相书》《推背图》《袁天罡称骨歌》等。

②益州　西汉置，汉武帝所置十三刺史部之一。别称刀州。辖境相当今四川省、重庆、云南、贵州等省市大部，湖北省西北部及甘肃省小部分地区。东汉治雒县（今四川省广汉市北）。中平年间移治绵竹县（今四川省德阳市东北）。兴平年间又移治成都县（今四川省成都市）。隋开皇初废，三年（583）复置。大业元年（605）改蜀郡。唐武德元年（618）复改益州。天宝元年（742）复改蜀郡。北宋太平兴国六年（981）又改成都府置益州，治成都、华阳二县（今四川省成都市），辖境相当今成都市及周围地区。端拱元年（988）复改成都府。淳化五年（994）又为益州，后复为成都府。

③武士彟（yuē）（577—635）　字信明，并州文水（今属山西）人，唐朝开国功臣，卓有政绩的高级官员，女皇武则天之父。初唐时期，为工部尚书、封应国公。贞观元年（627），任利州都督。夫人杨氏随从到利州，贞观二年（628）正月二十三日生武则天。贞观五年（631），武士彟任荆州都督。武则天随父在利州嘉陵江畔度过数年童年生活后，亦随父去荆州。贞观九年（635）五月，武士彟逝于任上，太宗李世民追赠其为礼部尚书，高宗追赠其为并州都督、司徒、周国公。武则天称帝后，追赠其为"大周太祖无上孝明高皇帝"。

④迍否（zhūn pǐ）　迍：困顿，艰难。否：不好，坏，恶。

⑤则天　即武则天（628—705），名曌，唐贞观二年（628）生于利州（今四川省广元），为利州都督、大唐功臣武士彟次女，是一位女政治家和诗人，中国历史上唯一一个正统的女皇帝。武氏认为自己好像日、月一样崇高，凌挂于天空之上。称帝后上尊号"圣神皇帝"，退位后唐中宗恢复唐朝，改称"则天大圣皇后"，以李唐皇后的身份入葬乾陵。

〔唐〕杜光庭撰

录异记

[深渡　杨谟洞]

032

蜀永平四年甲戌，利州刺史王承赏奏："深渡①（驿）西，入山二十里，道长山杨谟洞②在峭壁之中，上下悬险，人所不到。洞中元有神仙，或三人或五人，服饰黄紫往往出见。是时，所见人数稍多。"诏道门威仪凝真太师、默鉴先生任可言、内大德施昭训，赍青词御香，与内使杨知淑同往醮谢，又复出见如初。诏改景谷县为金仙县，道长山为玄都山，杨谟洞为紫霞洞，仍封玄都山主者为玉清公，置紫霞观以旌其事。

——〔唐〕杜光庭撰，王斌、崔凯、朱怀清校注：《录异记辑校》卷之一，巴蜀书社，2013年

【作品提要】

《录异记》，唐末五代前蜀著名道士杜光庭（850—933）撰写的一部道教小说，中国古代神仙集。原为十卷，今残存八卷。此书成于前蜀时期，最晚纪年文字为乾德三年（921）。杜光庭将书中记载的异事分为仙、异人、忠、孝、感应、异梦、鬼神、龙、异虎、异龟、异鼋、异蛇、异鱼、洞、异水、异石、墓十七类，体例与张华《博物志》、干宝《搜神记》类似。在现存162则异事中，多为唐代发生的异事，且有一半左右的异事与蜀地相关。这些记载蕴含着丰富的历史文化信息，为研究巴蜀历史文化提供了珍贵的文献资料，具有重要的认识价值。

节选部分记述了杨谟洞（今羊木洞）的地理位置及其神仙传闻。这对挖掘和研究朝天区民间传说故事中的文化旅游价值提供了不可或缺的史料。

2013年巴蜀书社出版的《录异记》，以《津逮秘书》本为底本，参校数种版本而成，是目前收录条目最多的整理本。

【注释】

①深渡　古地名，位于今四川省广元市北大漫天岭与小漫天岭之间，朝天区沙河镇飞仙关下，即沙河渡。唐初置深渡驿。唐、宋诗人多有题咏。如唐张说《深渡驿》诗云："旅泊青山夜，荒庭白露秋。洞房悬月影，高枕听江流。猿响寒岩树，萤飞古驿楼。他乡对摇落，并觉起离忧。"北宋文同《深渡》诗云："前日寒食在绵州，牡丹盛开海棠落。今已逾旬过深渡，山桃一枝横晓阁。此花平川最为早，何乃于此才破萼。化工岂尔用或偏，盖尔所生居绝壑。一年春事但自了，勿较后先嗟寂寞。"此地历来是秦蜀交通咽喉，抗日战争时期有川陕革命根据地"巨锁"之称。2013年，飞仙关嘉陵江公路大桥建成，深渡（沙河渡）遂废。

②杨谟洞　亦名羊模洞、阳模洞、羊木洞，在今四川省广元市朝天区羊木镇。见南宋王象之《舆地纪胜》卷一百八十四之《利州·景物下》载。

〔后晋〕刘昫等撰

旧唐书·地理志

[三泉 利州]

033

三泉① 武德四年，分绵谷县置南安州，领三泉、嘉平二县。八年，废南安州及嘉平县，以三泉属利州。天宝元年，改属梁州，移治沙溪之东。

——〔后晋〕刘昫等撰：《旧唐书》卷三十九《志第十九·地理二·山南道五·山南西道》，《二十四史》（简体字本）之《旧唐书》第1053页，中华书局，2000年

034

利州下 隋义城郡②。武德八年，废南安州，割三泉县来属。天宝元年，改为益昌郡③，仍割三泉属梁州。乾元元年，复为利州。

——〔后晋〕刘昫等撰：《旧唐书》卷三十九《志第十九·地理二·山南道五·山南西道》，《二十四史》（简体字本）之《旧唐书》第1054—1055页，中华书局，2000年

【作品提要】

《旧唐书》，上奏时称《李氏书》，北宋初始称《唐书》，在欧阳修、宋祁等新撰《唐书》后被冠以"旧"字。纪传体唐代史。全书200卷，包括本纪20卷、志30卷、列传150卷。后晋刘昫（887—946）担任监修，实际作者为张昭远、贾纬（生卒年不详）等；修于后晋天福五年（940）至开运二年（945）间。在《新唐书》问世后，《旧唐书》在很长一段时间里几乎被废弃。明世宗嘉靖十七年（1538），闻人诠收集宋本进行校刻，才使得本书又广泛流传开来。清代乾隆四十九年（1784），《旧唐书》被列入"二十四史"，与《新唐

书》并行。《旧唐书》保存了唐朝的第一手史料。书中大量引录唐朝君臣的诏令、手札、奏章，保存了不少有价值的文章和唐代民族政策与对外关系的史料，真实地反映了唐代不同时期的思想认识和时代风貌。

节选部分介绍了三泉县、利州、绵谷县的地理沿革、行政区划。

百衲本《旧唐书》用南宋绍兴刊本残存的67卷，配以闻人诠本影印，是流传至今的佳本。1975年中华书局出版的校点本是学术界和广大读者公认的权威版本。

【注释】

①三泉　古县名，北魏正始中置，治今四川省广元市朝天区朝天镇朝天村。见第41页《元和郡县图志》之"三泉县"注。

②义城郡　隋改利州置，治绵谷县（今四川省广元市）。辖境相当今四川省广元市利州、昭化、朝天、旺苍、青川及陕西省宁强县等市县区部分地区。唐武德元年（618）复为利州。

③益昌郡　唐天宝元年（742）改利州置，治绵谷县（今四川省广元市）。辖境相当今四川省广元市利州区、昭化区、朝天区，青川、旺苍和陕西省宁强县等区县。乾元元年（758）复为利州。

〔北宋〕欧阳修 宋祁撰

新唐书·地理志

[三泉县]

035

三泉（次畿。武德四年析利州之绵谷置，以县置南安州，并置嘉牟县①。八年州废，省嘉牟，以三泉隶利州。天宝元年来属）。

——〔北宋〕欧阳修、宋祁撰：《新唐书》卷四十《志第三十·地理四·山南道·兴元府汉中郡》，《二十四史》（简体字本）之《新唐书》第680页，中华书局，2000年

【作品提要】

《新唐书》，上奏时称《唐书》，为区别刘昫《唐书》而称之为《新唐书》。纪传体唐代史。全书225卷，包括本纪10卷、志50卷、表15卷、列传150卷。北宋欧阳修（1007—1072）、宋祁（998—1061）等撰。编撰约始于宋仁宗庆历四年（1044），宋仁宗嘉祐五年（1060）成书。与《旧唐书》相比，《新唐书》恢复立"表"，改进"志"，扩充"列传"，有自己的优点。但它存在一些明显的缺点，如文辞刻意求简，以致有年代模糊、史实不清之处，所录文书奏章也任意删改，因而不如《旧唐书》多保存原始资料有价值。

节选部分介绍了三泉县的历史沿革情况。

1975年中华书局印行的校点本《新唐书》是以百衲本为底本，参考其他刊本整理而成，是目前最好的版本。

【注释】

①嘉牟县　《旧唐书》作"嘉平县"。

〔北宋〕李昉等编

太平广记

[唐玄宗幸蜀　徐佐卿　朝天岭　九折　七盘　望云　九井　大小漫天]

036

唐玄宗天宝十三载重阳日猎于沙苑。时云间有孤鹤徊翔。玄宗亲御弧矢中之。其鹤即带箭徐坠，将及地丈许，欸然①矫翼，西南而逝。万众极目。良久乃灭。益州城西十五里，有道观焉。依山临水，松桂深寂。道流非修习精悫②者莫得而居之。观之东廊第一院，尤为幽寂。有自称青城山道士徐佐卿③者，清粹高古，一岁率三四至焉。观之耆旧④，因虚其院之正堂，以俟其来。而佐卿至则栖焉，或三五日，或旬朔，言归青城。甚为道流所倾仰。一日忽自外至，神采不怡，谓院中人曰："吾行山中，偶为飞矢所加，寻已无恙矣；然此箭非人间所有，吾留之于壁，后年箭主到此，即宜付之，慎无坠失。"仍援毫记壁云："留箭之时，则十三载九月九日也。"及玄宗避乱幸蜀，暇日命驾行游，偶至斯观，乐其嘉境，因遍幸道室。既入此堂。忽睹其箭。命侍臣取而玩之，盖御箭也。深异之，因询观之道士。具以实对。即视佐卿所题。乃前岁沙苑从田之箭也，佐卿盖中箭孤鹤耳。究其题，乃沙苑翻飞，当日而集于斯欤。玄宗大奇之，因收其箭而宝焉。自后蜀人亦无复有遇佐卿者。出《广德神异录》。

——〔北宋〕李昉等编：《太平广记》卷三十六《神仙三十六·徐佐卿》，中华书局，2013年

037

黄齐者，蜀之偏裨也。常好道，行阴功，有岁年矣。于朝天岭⑤遇一老人，髭发⑥皎白，颜色㼷孺⑦，肌肤如玉。与之语曰："子既好道，五年之后，当有大厄，吾必相救，勉思阴德，无退前志。"其后齐下峡，舟船覆溺，至滩上，如有人相拯。得及于岸，视之，乃前所遇老人也。寻失所在。

——〔北宋〕李昉等编：《太平广记》卷八十六《异人六》，中华书局，2013年

038

伪蜀主之舅，累世富盛，于兴义门造宅。宅内有二十余院，皆雕墙峻宇，高台深池，奇花异卉，丛桂小山，山川珍物，无所不有。秦州董城村院，有红牡丹一株，所植年代深远，使人取之，掘土方丈，盛以木柜，自秦州至成都，三千余里，历九折⑧、七盘、望云⑨、九井⑩、大小漫天⑪，隘狭悬险之路，方致焉。

——〔北宋〕李昉等编：《太平广记》卷一百三十六《征应二（帝王休征）·伪蜀主舅》，中华书局，2013年

【作品提要】

《太平广记》是北宋李昉（925—996）等人编纂的大型类书，古代文言纪实小说的第一部总集。因成书于北宋太平兴国年间，和《太平御览》同时编纂，所以叫作《太平广记》。全书500卷，取材于汉代至宋初的野史传说及道经、释藏等为主的杂著。书中绝大部分小说是唐代作品，如六朝志怪、唐人传奇等。《太平广记》对后世文学影响很大。鲁迅所辑《古小说钩沉》和《唐宋传奇集》，多取材于此书。他在《破〈唐人说荟〉》一文中指出："我以为《太平广记》的好处有二：一是从六朝到宋初的小说几乎全收在内，倘若大略的研究，即可以不必买许多书；二是精怪、鬼神、和尚、道士，一类一类的分得很清楚，聚得很多，可以使我们看到厌而又厌，对于现在谈狐鬼的《太平广记》的子孙，再没有拜读的勇气。"

节选部分记述了"佐卿化鹤"的故事、黄齐在朝天岭的神奇见闻以及伪蜀主舅经过九折岩、七盘岭、望云关、九井驿、大小漫天岭的艰险历程。

明嘉靖四十五年（1566），谈恺据传钞本加以校补，刻版重印，成为现存最早的版本。通行的版本是经过汪绍楹校点的排印本，1959年由人民文学出版社出版，1961年中华书局重印新一版。

【注释】

①欻（xū）然　忽然。

②悫（què）　诚实，谨慎。

③徐佐卿　唐时四川省青城山的道士。相传唐玄宗时，徐佐卿化作仙鹤飞到长安观光，看见玄宗奢侈淫逸，以"鹤唳之声"示警，被射伤后返青城，但那支箭却掉在蜀北飞仙岭（在今四川省广元市朝天区沙河镇）。箭上留有"忠奸不辨，必有兵祸，三年后箭主必来取此箭"字样。三年后果然发生了"安史之乱"，唐玄宗入蜀避难，至飞仙岭，看见此箭，惊叹不已。《太平广记》载　"佐卿化鹤"，指的就是这段故事。另见唐代薛用弱的传奇小说集《集异记·徐佐卿》（1980年中华书局出版）所载。

④耆（qí）旧　指年高而有才德的人。耆：年老，六十岁以上的人。

⑤朝天岭　亦名小漫天岭，踞于秦岭南麓、藁本山之南，在今四川省广元市朝天区城南2公里处。"小漫天岭"改名"朝天岭"，源于唐玄宗幸蜀的传说。唐天宝十五载（756），唐玄宗为避"安史之乱"奔蜀，蜀中百官在蜀道著名古驿——筹笔驿接驾，朝拜天子，随后人们将"筹笔驿"改名"朝天驿"，"小漫天岭"改名"朝天岭"，岭上建关，取名"朝天关"。"朝天"一名最早出现在晚唐散文家孙樵的《出蜀赋》："朝天双崿以亏蔽，中惨栗而阴翳。""朝天岭"一名最早出现在北宋诗人宋祁的《朝天岭》："天岭循归道，征骖面早暾。滩声逢石怒，山气附林昏。谷啭如禽哞，尘交作马痕。萋萋芳草意，无乃为王孙。"以及北宋范镇的《东斋记事》卷五："予尝于朝天岭见猴数百千，连手而下，饮于嘉陵江。"而"朝天关"一名则最早出现在北宋文学家苏轼的《神女庙》："神仙岂在猛，玉座幽且闲。飘萧驾风驭，骅节朝天关。"以及北宋文学家苏洵的《题阎立本画水官》："风师黑虎囊，面目昏尘烟。翼从三神人，万里朝天关。"

⑥髭（zī）发　指须发。

⑦婴孺　幼儿。

⑧九折　即九折岩，在今四川省广元市朝天区朝天镇朝天岭下，因"盘曲九折，直达绝顶"而得名。中唐陆畅《筹笔店江亭》云："九折岩边下马行，江亭暂歇听江声。白云绿树不关我，柱与樵人乐一生。"

⑨望云　即望云岭。岭下有驿。初名嘉川驿，中唐置。北宋时改名望云驿，今四川省广元市朝天区沙河镇望云村。相传唐贞观二年（628），星相学家袁天罡（纲），由京都长安入蜀，歇宿于此。次早起，遥望利州城上空彩云升腾，瑞气环绕，移步沙河金鳌岭精心测定，认为利州城内定有贵人降世。遂赴利州，拜见利州都督武士彟。武士彟早知袁天罡（纲）精通相术，善观天象，便请出夫人杨氏将一女婴抱出。袁见此女龙眉凤眼，脸现惊异之状，喃喃道：

"此儿若是女，必为天下主。"六十年后，武则天称帝，印证了袁天罡（纲）的预测。后人为之纪念，将此地改名"望云驿"。南宋淳熙三年（1176）置"望云铺"。

⑩九井　在今四川省广元市朝天区大滩镇新生村，有九井山、九井湾、九井滩、九井驿。唐初，民众自发在此挖井九口，年产盐千余石，救百姓食盐之苦，"九井"因而得名。

⑪大小漫天　漫天岭又名藁本山，即今四川省广元市朝天区曾家山，唐、五代时汉中入巴蜀金牛道必经险要之地。有大小漫天岭，南北相连。为控扼要隘，设置大小漫天二寨。

严耕望撰

唐代交通图考

[九井滩　五盘岭驿　筹笔驿　朝天岭　龙门阁　漫天岭　深渡　望云关]

039

九井滩① 《太平广记》一三六《伪蜀主舅》条："自秦州至成都三千余里，历九折、七盘、望云、九井、大小漫天隘狭悬险之路。"（出《王氏见闻》条）是唐五代，蜀道有九井之险。陆放翁有《夜梦行南郑道中》诗（《剑南诗稿》一四）云："望云九井不可渡。"又《舆地纪胜》一九一《大安军景物》下："九井山……利宪张演奏云，大安滩险为多，而九井为甚。"又《碑记》目《九井滩记》云："九井滩有大石三，其名鱼梁、龟堆、芒靴嘴，危□参差相望于波间。操舟之人力不胜舟，而辄为石所触，而抵于败。诚令绝江为长堤，度其南，别为河道，以分水势，则北流水益减而石出矣。以火煅、醯②沃、金锤随击之，宜可去。如其言，治之，明年三大石不复见，而九井遂平。宋元祐五年转运使陈鹏记。"是宋世之名不异。检《读史方舆纪要》六八《广元县嘉陵江》条："又有九井滩在县北八十里，一名空舲滩。相传旧有巨石伏水底，为舟楫害。宋淳熙中，始平其险。"《一统志·保宁府》卷《山川》目《九井滩》条，里距以下相同。而云："宋转运使陈鹏凿平之，有记。"考《蜀中广记》二四："又（北）八十里为九井驿。……碑目云：九井滩，旧时有虾蟆、青牛、青埵三巨石伏水为舟楫害。淳熙间，利州提刑张襄容募降人冉得者治械为桔槔③状，冶铁为杵，重千五百斤，抛掷半空而下，三石俱碎，化险为夷，有碑刻剥落。其上为七盘关④，乃秦蜀分界处。"里距述事亦同。惟时间人名有异。盖宋世前后两次治之耳。按《元和郡县志》，兴元、利州间相距四百九十里，明清时代里数为五百里，是里距相同。明清时代，九井在广元北一百八十里，则唐世当在三泉西南约六十里也。

——严耕望撰：《唐代交通图考》第四卷《山剑滇黔区·金牛成都驿道》，第5册第872—873页，上海古籍出版社，2007年

040

　　五盘岭⑤驿　此岭驿见于唐人吟咏。岑参《早上五盘岭》(《全唐诗》三函八册参集一)："平旦驱驷马，旷然出五盘。江回两崖斗，日隐群峰攒。苍翠烟景曙，森沉云树寒。松疏露孤驿，花密藏回滩。栈道溪雨滑，畬⑥田原草干。此行为知己，不觉蜀道难。"是蜀道中有五盘，盖置驿。又杜翁秦州入蜀纪行诸诗有五盘云："五盘虽云险，山色佳有馀。仰凌栈道细，俯映江木疏。"(详注九、镜铨七。)详注引鲁訔⑦曰："栈道盘曲有五重。"详诗意，当临江，盖即嘉陵江也。《读史方舆纪要》六八《广元县》，"七盘岭在县北百七十里，与陕西宁羌州接界，一名五盘。自昔为秦蜀分界处。"《一统志·保宁府》卷《山川》目，与《纪要》同。又云："石磴七盘而上，因名。"下引杜诗云云。前引《太平广记》一三六《伪蜀主舅》条："自秦州至成都……历九折、七盘、望云……悬险之路。"盖即此五盘欤？岭在广元县北一百七十里，则唐世当在三泉西南约七十里。即九井之南十里也。故《蜀中广记》云，滩上即七盘岭。又《蜀中广记》二四《保宁府广元县》条目，述广元以北栈道甚详，兹简其里程如次："北为栈阁道……其最险者为石栏桥。……又北三十里有大小漫天岭，极高峻。……又北五十里为朝天岭，路径险绝。……四十里，为潭毒关。……又二十里为神宣驿。又八十里为九井驿。……其上为七盘关，乃秦蜀分界处。"按乍读此文。《本志》以下里数似当积读之，则朝天岭在县北九十里，潭毒关在县北一百三十里，神宣驿在县北一百五十里，九井驿在县北二百三十里。各校本文所引《舆地纪胜》《读史方舆纪要》《一统志》里程多四十里或五十里。疑"又北五十里为朝天岭"之"又北"，当作"县北"，此下当积读之，不计前之"十里""三十里"，则无不与别引史料相合。下文屡引此段，故先作解释于此。有所谓老君祠者，当在三泉以南，九井、五盘以北地区。杜光庭《历代崇道记》(《全唐文》九三三)："(天宝)十五载，混元现于汉中郡三泉县黑水之侧，帝亲礼谒，遂命刻石像真容于所现之处。"又《舆地纪胜》一九一《大安军》"古迹仙释"目"老君祠"条，引杜光庭验记："三泉县黑水老君(祠)，天宝年间，明皇幸蜀，亲见老君降见于崖石之上。上下马礼谒讫，乃勒有司，示所见之状，塑于见所。"所记为一事，谓明皇幸蜀，次三泉县黑水旁，刻石为老君像也。又《剑南诗稿》卷三有老君洞一首，本注云："有石刻，载唐明皇幸蜀，见老君于此。"按此诗为放翁第一次由阆中北上广元时所作，观其排次序（详见后《嘉川》条所引），当在筹笔、嘉川之北，大安（三泉）、金牛之南。即其地当在三泉之南也。而五盘岭为自古秦蜀之界，老君像既在三泉县界，即当在五盘之北欤？由岭又西南经嘉陵江岸之嘉川驿至筹笔驿，凡七十里。唐人诗篇多咏此两驿者。

——严耕望撰：《唐代交通图考》第四卷《山剑滇黔区·金牛成都驿道》，第5册第873—874页，上海古籍出版社，2007年

041

筹笔驿[⑧]　此驿屡见于唐人吟咏。如李商隐（《玉溪诗》详注四、《全唐诗》八函九册商隐集一）、薛能（《全唐诗》九函二册能集三）、罗隐（《全唐诗》十函四册隐集三）皆有《筹笔驿》诗。殷潜之、薛逢皆有《题筹笔驿》（《全唐诗》八函十册）。杜牧有《和殷潜之题筹笔驿十四韵》及《重题绝句》（《全唐诗》八函七册牧集四）。陆畅有《筹笔店江亭》（《全唐诗》七函十册），亦其地。玉溪诗云："徒令上将挥神笔，终见降王走传车。……他年锦里经祠庙，《梁父吟》成恨有余。"又孙樵《出蜀赋》："眄[⑨]山川而怀古，得筹笔于途说。指前峰之孤秀，传卧龙之余烈。尝仗师而北去，抗霸图丽北决。"（《全唐文》七九四）盖其时已有诸葛尝驻军筹划于此之传说。然此赋及诸诗皆晚唐人作，无中唐以前者。杜甫最服诸葛，亦无诗，疑此驿乃中唐以后所置耳。至其地望，《舆地纪胜》一八四·利州景物（下）："筹笔驿，在绵谷县，去州北九十九里。旧传诸葛武侯出师尝驻此，唐人诗最多。"前条引《蜀中广记》二四："朝天岭在广元县北五十里，又四十里潭毒关，又二十里神宣驿即古筹笔驿。"则当在县北一百一十里矣。今取宋人九十九里之说，则当在五盘之南七十里。而《一统志》保宁府卷关隘目引《纪胜》九十九里之说；又云，"筹笔古驿在广元县北八十里。"又引旧志："今有朝天废驿，即古筹笔驿也。自汉中府褒城县至朝天驿四百四十里。"是据旧志，当在县北五六十里也。自相矛盾如此。《读史方舆纪要》六八与《一统志》同，惟不引《舆地纪胜》九十九里之说。今皆不取。

——严耕望撰：《唐代交通图考》第四卷《山剑滇黔区·金牛成都驿道》，第5册第874—875页，上海古籍出版社，2007年

042

朝天岭　《舆地纪胜》一八四·利州景物（上）："朝天岭在州北五十里，路径绝险，其后即朝天程，旧路在朝天峡栈阁，遂（《蜀中广记》二四引作"后"，是。）后开此道，行人便之。"文与可有《朝天岭》诗云："山若画屏随峡势，水如衣带转岩阴。"《皇朝郡县志》云："朝天岭即漫天寨也。"按孙樵《出蜀赋》："济潼梓之重江，出大剑之复关。……蹇余马之不息，届峡山之逼侧。……途迫高而缘深，不尺直而又曲。……朝天双峙以亏蔽，中惨栗而阴翳。倏下驰而上回，若出地而天开。……"（《全唐文》七九四）。是盖唐代已有朝天之名。王德昭《中原归程小记》云："朝天岭万仞陡起，为南栈第一高坡。"《舆地纪胜》云，在州北五十里。前引《蜀中广记》二四，经过解释，亦在州北五十里。而《读史方舆纪要》六八广元县："朝天岭，县北六十里。"《一统志》引《纪胜》不言里数。要当五六十里耳。而朝天程北至龙门第一洞仅十五里。朝天岭南经小漫天、深渡至大漫天，大漫天南去广元三十五里。（《然朝天程》以下并详后文。）则六十里之说似为强。今作六十里计，则北去筹笔驿约四十里也。

——严耕望撰：《唐代交通图考》第四卷《山剑滇黔区·金牛成都驿道》，第5册第877页，上海古籍出版社，2007年

043

龙门阁⑩　亦屡见唐人吟咏。杜翁自秦州入蜀纪行诗（详注九、镜铨七）有《龙门阁》云："清江下龙门，绝壁无尺土。长风驾高浪，浩浩自太古。危途中萦盘，仰望垂线缕。滑石欹谁凿，浮梁袅相拄。目眩陨杂花，头风吹过雨。百年不敢料，一坠那得取。饱闻经瞿塘，足见度大庾。终身历艰险，恐惧从此数⑪。"按此诗写龙门阁道路险峻之极。岑参亦有《赴犍为经龙阁道》诗（《全唐诗》三函八册参集一），盖亦此阁。又陆游《再过龙洞阁》诗云："天险龙门道，霜清客子游。一筇⑫缘绝壁，万仞俯洪流。著脚初疑梦，回头始欲愁。危身无补国，忠孝两堪羞。"（《剑南诗稿》卷三）参之此诗在集中排列次序（见前），即与杜诗所咏为同一地，无疑。杜诗龙门阁所在，详注引《元和志》，"龙门山在利州绵谷县东北八十二里。"（按在卷二十二）。镜铨同。唐绵谷治今广元县。然《蜀中广记》二四引本志（郡志？县志？）："广元县北十里千佛崖即古龙门阁。"且引杜诗云

云。又《一统志》保宁府卷关隘目："龙门阁在广元县北千佛崖侧。"下引杜诗云云。今按千佛崖在广元县北十余里（详后）。去《元和志》之龙门山甚远。按《舆地纪胜》一八四·利州景物下，有涉及龙门地名者数条：

"石栏桥在绵谷县北一里。自城北至大安军界，管桥栏阁共一万五千三百一十六间，其著名者为石柜阁、龙洞阁。"

"龙洞阁在绵谷县，详见石栏桥下。杜诗云：清江下龙门，绝壁无尺土。冯铃干田云（按《胜览》六六，同。而《一统志》保宁府卷关隘目龙门阁条引《胜览》无田字，是。），其他阁道虽险，然在山腰，亦微有径，可以增置阁道。独惟此阁，石壁斗立，虚凿石窍，而架木其上，比他处极险。老杜诗：绝壁无尺土，谓此也。"

"龙门山，《梁州记》云，葱岭石穴高数十丈，状如门，俗号为龙门山。《元和志》，在绵谷县。《图经》云，山北有鸢子谷，谷中有石磬，又有龙门山。"

"龙门洞，在绵谷县北。有三洞。自朝天程入谷，十五里有石洞，及第二第三洞。有水自第三洞发源贯通二洞，流水出下合嘉陵江。"

是则宋人即以龙门阁在绵谷县北之龙门山，亦即《元和志》所记"县北八十二里之龙门山也"。朝天程约在绵谷北六十里，由此向北十五里至龙门洞，正接《元和志》所记之龙门山矣。宋人实指如此，宜可信。后考王士禛《蜀道驿程记》云："十五日，雨。过七盘关，入四川保宁府广元县界，次神宣驿，上龙洞背。两山夹崎一山，如狞龙奋脊横跨两山之间。下有洞似重城，门可通九轨，水流其中，下视烟雾蓊郁⑬，不测寻丈。自是盘折而上，骑龙背行，四望诸山，如剑芒戟牙。二十里许始下山，渡河即分水岭以西水入嘉陵江处。南山之巅，为朝天关。"孙樵所谓"朝天双崎以亏蔽……"是也。

此写龙洞形势甚详，位于神宣驿与朝天岭之间，正是唐宋之龙门。至于县北十里，盖明清后起之说耳。且老杜入蜀纪行诸诗之次第虽不无疑问，然大体可信其为由北而南按次排列。《石柜阁》诗在《龙门阁》诗之后，石柜在县北二十五里，龙门固应在其北，不得在县北十里也。

然《舆地纪胜》一九一·大安军·景物（上）又有"龙门、龙洞、后洞"三条。其"龙门"条云："龙门在军五里外，官道之旁，悬壁环合，上透碧虚，中敞大洞，下漱清泉，宛然天造，水帘悬夏，冰柱凝冬，真异境也。文潞公、朱景文、赵清献、王素、韩绛、田况、吕公弼、吕大防诸公皆有留题。行三里又有后洞。苏元老《龙洞记》所谓重檐夏屋深不可穷者是也。又有后龙门，其境较之前龙门极幽邃。"

是三泉附近亦有龙门之目，盖非杜翁所写之龙门。且陆游《剑南诗稿》（卷三）第一次北上兴元诸诗有《雨中过龙洞阁》一首，在《筹笔驿》《嘉川铺》两首之前。第二次北上兴元诸诗有《再过龙洞阁》，亦在《嘉川铺》《三泉驿》两诗之前。则所咏亦为绵谷北八十二里之龙门，非三泉附近之龙门也。

——严耕望撰：《唐代交通图考》第四卷《山剑滇黔区·金牛成都驿道》，第5册第877—879页，上海古籍出版社，2007年

044

又南历望云岭、小漫天岭、深渡驿、大漫天岭，至石柜阁，共约三十五里。诸岭驿皆见唐人题诗。近人状《石柜阁道》云："石崖壁立，车道断崖而成，人马经此，如行柜中，盖上下左侧（就由北向南言），尽为石壁，唯右侧直落千寻，嘉陵江奔涌其下。"此盖中古开凿之功也。

——严耕望撰：《唐代交通图考》第四卷《山剑滇黔区·金牛成都驿道》，第5册第879页，上海古籍出版社，2007年

045

元稹有《漫天岭赠僧》云："五上两漫天。"（《元长庆集》一五）。又《题漫天岭智藏师兰若僧云住此二十八年》云："僧临大道阅浮生，来往憧憧利与名。二十八年何限客，不曾闲见一人行。"（同上一九）又罗隐《漫天岭》（《全唐诗》十函四册隐集一〇）："西去休言蜀道难，此中危峻已多端。到头未会苍苍色，争得禁他两度漫。"（注：岭有大漫天小漫天，故云。）又《广记》一三六"伪蜀主舅"条："自秦川至成都三千余里，历九折、七盘、望云、九井、大小漫天隘狭悬险之路。（出王氏见闻条）"《通鉴》二七九：后唐清泰元年，兴元孙汉绍降蜀，蜀主使张业将兵一万屯大漫天以迎之。是大小漫天为入蜀道途必经之地。故孟之祥曰："正欲径取利州……获其仓廪，据漫天之险，北军终不能西救武信（遂州）。"（《通鉴》二七七）胡注："漫天寨在利州北，有小漫天大漫天二寨。"考《宋史》二五五·王全斌传，述伐后蜀事云：

"逐蜀军过三泉，遂至嘉陵……蜀人断阁道，军不能进，全斌议取罗川

路以入。延泽潜谓彦进曰：罗川路险，军难并进，不如分兵治阁道，与大军会于深渡。彦进以白全斌，全斌然之。命彦进、延泽督治阁道，数日成，遂进击金山砦⑭，破小漫天砦。全斌由罗川趋深渡，与彦进会。蜀人依江列阵以待，彦进遣张万友等夺其桥。会暮夜，蜀人退保大漫天砦。诘朝，彦进、延泽、万友分三道击之，蜀人悉其精锐来逆战，又大破之，乘胜拔其砦，蜀将王审超、监军崇渥遁去，复与三泉监军刘延祚、大将王昭远、赵崇韬引兵来战，三战三败，追至利州北。"（《续通鉴长编》五，同。）

此其南北次第甚明，深渡则居二岭之间。《通鉴》二七三后唐同光二年纪，蜀主北巡，"从驾兵自绵、汉至深渡，千里相属。"（据《广记》二四一"王承休"条，此出王氏见闻录。）胡注："深渡在利州绵谷县北大漫天小漫天之间。"是也。考张说有《深渡驿》诗（《全唐诗》二函四册），诗云："旅泊青山夜，荒庭白露秋。洞房悬月影，高枕听江流。猿响寒岩树，萤飞古驿楼。他乡对摇落，并觉起离忧。"是此驿临江，且当在蜀道中。检（张）说又有《再使蜀道》诗云："渺渺葭萌道，苍苍褒斜谷。"是曾两度入蜀，且经金牛道也。即此深渡驿必即大小漫天间之深渡无疑。是此地在唐代前期已置驿矣。后检《舆地纪胜》一八四，有"漫天岭"条，不言里数。《读史方舆纪要》六八"广元县"目："大漫天岭，县东北三十五里，峻出云表，又北为小漫天岭，二岭相连。一名藁本山⑮，蜀道之险也。"《一统志》保宁府卷山川目"漫天岭"条，同。今从之。则其地在朝天岭以南也。

——严耕望撰：《唐代交通图考》第四卷《山剑滇黔区·金牛成都驿道》，第5册第879—881页，上海古籍出版社，2007年

046

又观前引《广记》一三六"伪蜀主舅"条，唐世此道中又有望云之险。又前"九井滩"条引陆放翁《夜梦行南郑道中》诗，宋世仍有望云之险。《读史方舆纪要》六八"广元县"："望云关在县北五十五里。山势高耸，与云霞相望。"《一统志》保宁府卷"关隘"目："望云关在广元县北四十五里。山势高耸，上接云霄，今名望云铺。……南接问津驿，北接神宣驿。"两书里数小异。按问津驿在广元县城内，神宣驿在县北至少一百里。则其地总在广元北五十里上下。当在朝天岭南不远欤？故列于小漫天之前。

——严耕望撰：《唐代交通图考》第四卷《山剑滇黔区·金牛成都驿道》，第5册第879—881页，上海古籍出版社，2007年

047

综上所考，自金牛县金牛驿东北行，沿汉水南源，经嶓冢山、百牢关，东至兴元府，一百八十里。……自金牛西南行，至三泉县，当置驿。又南沿嘉陵江东岸行，历老君祠、九井滩、五盘岭、五盘驿、嘉川驿、筹笔驿、龙门阁、朝天岭、望云岭、小漫天岭、深渡驿、大漫天岭、石柜阁、佛龛，至利州治所绵谷县，置嘉陵驿。又西南至桔柏渡……天回驿、七里亭、飞仙桥，至成都府治所成都县，有临途馆。自金牛至此共凡一千零七十里。历州治四（利、剑、绵、汉），县治一十三，驿名可考者一十七。就标准驿距而言，略得其半。

——严耕望撰：《唐代交通图考》第四卷《山剑滇黔区·金牛成都驿道》，第5册第903—904页，上海古籍出版社，2007年

048

剑州至金牛五百里间，途极险峻，多栈阁，是为南栈阁，建设桥阁盖至数万，所谓蜀道之险，全在此段，唐人诗文已尽状摩之能事。

入蜀栈道，历代修营，以维交通，于唐亦然。刘禹锡《山南西道新修驿路记》（《全唐文》六〇六）云："自散关抵褒城，次舍十有五，牙门将贾黯董之；自褒而南，逾利州至于剑门，次舍十有七，同节度副使石文颖董之。两将受命，分曹星驰，并山当蹊，顽石万状，坳者垤者兀者铦者⑯，磊落倾欹，波翻兽蹲。炽炭以烘之，严醯以沃之，溃为埃煤，一帚可扫。栈阁盘虚，下临谷牙。层崖峭绝，枘木亘铁，因而广之，限以钩栏。狭径深陉，衔尾相接，从而拓之，方驾从容，急宣之骑，宵夜不惑。郄曲⑰棱层，一朝坦夷。"此既见险峻之状，又见修缮之方。今日川北交通已化险为夷，皆历代如此凿修之功耳。

——严耕望撰：《唐代交通图考》第四卷《山剑滇黔区·金牛成都驿道》，第5册第904—905页，上海古籍出版社，2007年

【作品提要】

《唐代交通图考》，香港中文大学教授、中华民国"中央研究院院士"、中国现代历史学家严耕望（1916—1996）撰，2007年上海古籍出版社出版。本书在广泛引证各类史料基础之上，以区域分卷，按京都关内区、河陇碛西区、秦岭仇池区、山剑滇黔区、河东河北区、河南淮南区分为6卷，以路线为篇，如长安洛阳驿道、长安太原驿道等路线，考论沿途所经州府军镇、馆驿津梁、山川形势、道里远近，并及古迹诗篇，引证史料繁富，考订详核，每篇考论结果，皆绘制地图，颇便读者了解和应用。作为交通史断代研究的成果，严耕望自谓"耗时四十年，文繁两百万"的巨制《唐代交通图考》，堪称具有经典意义的名著。其成就在于以所论证的若干史实，描绘出了唐代交通的完整图景，其中多有极其重要的发现，然而又绝不仅仅是罗列有关交通的史料而已，对于交通与政治、经济、军事、文化的关系亦有透彻的论述。《唐代交通图考》是20世纪中国交通史研究的最突出成果，也是这一领域最值得称美的学术成就，对于以后中国交通史研究的影响而言，也成为学者公认的典范。

节选部分对九井滩、五盘岭驿、筹笔驿、朝天岭、龙门阁、龙门山、漫天岭、深渡、望云关等地名进行详加考证，并引用古籍诗文说明相关问题。这对于发掘蜀道文化遗产，推动朝天经济社会发展，有着重要的史料价值和人文价值。

【注释】

①九井滩　在今四川省广元市朝天区大滩镇新生村，嘉陵江著名险滩之一。唐武德四年（621），民众自发在此挖井九口，年产盐千余石，救百姓食盐之苦，"九井"因而得名。

②醯（xī）　本指醋，引申为酸，也指酒。

③桔槔（jié gāo）　亦作"桔皋"，汲水的工具。以绳悬横木上，一端系水桶，一端系重物，使其交替上下，以节省汲引之力。

④七盘关　唐初置，在七盘岭上，即今陕西省宁强县汉源镇与四川省广元市朝天区中子镇转斗铺交界处。因从山脚到山顶，道路需盘旋七次，故名。地当川陕要隘。明崇祯十年（1637），李自成率军自秦州由此入蜀。

⑤五盘岭　亦名七盘岭，位于今四川省广元市朝天区中子镇转斗铺与陕西省宁强县汉源镇交界处。因山脚至山顶，道路需盘旋七次，故名七盘岭。取径路而上，则需盘旋五次，又名五盘岭。唐岑参《利州道中行》诗云："前日登七盘，旷然见三巴。"唐卢照邻《早度分水岭》诗云："层冰横九折，积石凌七盘。重溪既下漱，峻峰亦上干。"有七盘关。

⑥畲（shē）田　采用刀耕火种的方法耕种的田地。

⑦訡　读yín。

⑧筹笔驿　即"朝天驿"，在今四川省广元市朝天区朝天镇朝天村，踞于明月峡景区北门至朝天城区小中坝之间。相传三国时蜀汉丞相诸葛亮出师伐魏，曾驻此筹划军事，因此得名。筹笔驿建于中唐以后，属中国蜀道著名古驿。诸葛亮在此写下千古名篇《后出师表》，历代诗人多有题咏，毛泽东曾手书唐代诗人李商隐、罗隐的诗《筹笔驿》。部分古籍方志载"筹笔驿即军师村之说""筹笔驿即神宣驿之说"有误。详见本书附录《"筹笔驿"即"朝天驿"——中国蜀道筹笔驿遗址新考》。

⑨眄（miǎn）　斜着眼看。

⑩龙门阁　又称龙门洞、龙洞阁，在今四川省广元市朝天区北，108国道、京昆高速朝天段侧，因石穴如门、潜水似龙奔腾入门而得名。唐杜甫诗："清江下龙门，绝壁无尺土。"现为国家AAAA级旅游景区。

⑪杜甫《龙门阁》　清江：此处指嘉陵江，流经龙门阁的潜溪河水汇入嘉陵江，用"江"，言水大。龙门：指龙门阁，龙门阁又称龙洞阁、龙门洞，龙门洞之上称龙洞背。绝壁：陡峭的崖壁。长风：远风，暴风，大风。太古：远古。萦盘：环绕盘旋。垂线缕：栈道像一条垂吊的细线。欹（qī）：倾斜。浮梁：浮桥，此处指傍江岸架设的栈道。裊：摇曳。坠：坠落。那（nǎ）得：哪里，哪能。饱闻：多闻。瞿塘：即长江三峡之一的瞿塘峡，江流湍急、山势险峻，号称"天堑"。足见：可以看出，不难想见。度：度过，越过，经过。大庾：即大庾岭，五岭之一，在今江西大余和广东南雄交界处，岭路险阻，当赣粤之冲。全诗译文：清澈透明的嘉陵江江水从龙门阁奔腾而下，陡峭的崖壁上没有一点泥土附着。大风吹过江水，波涛翻滚，浩浩汤汤，从远古时期就是这个样子。危险的道路中途环绕盘旋，抬头向上看，栈道像一条垂吊的细线。在光滑倾斜的石壁上靠着什么凿的孔呢？傍江岸架设的栈道在支柱上摇晃振动。奇花异草丛生其间，既高又远，花色隐见，仰望久之，目眩意昏。风吹雾落，如雨下行人头上。一旦坠落下去，便会葬送生命，哪还能保百年之寿呢？常常

听说经过瞿塘峡的险峻，也不难想象经过大庾岭的艰险。一生经历艰难险阻，恐惧当从此数起。

⑫筇（qióng）　古书上说的一种竹子，可以做手杖。

⑬蓊（wěng）郁　形容草木茂盛。

⑭砦（zhài）　同"寨"。

⑮藁　读gǎo。

⑯坳（ào）者垤（dié）者兀（wù）者铦（xiān）者　坳：山间的平地。垤：小土丘。兀：形容山秃，泛指秃。铦：指古时的一种农具，类似现在的铁锹。由于此器具锋利实用，故又成为锋利的代名词。

⑰郄（xì）曲　曲折，屈曲。

刘纬毅　郑梅玲　刘鹰辑校

汉唐地理总志钩沉

［石牛屎金　邵欢］

049

昔蜀王从卒数千余出猎于褒谷①之溪。秦惠王亦畋②于山中怪而问之，以金以筐遗蜀王，及报欺之以土。秦王大怒。其臣曰："此秦得之端。"秦王未知蜀道，乃刻石牛五头，置金于尾下，伪如养之者言："此天牛能屎金。"蜀人见而信之，乃令五丁共引牛成道，致之成都。秦始知蜀道，使张仪伐之。蜀王开战，不胜而亡。（明·陶宗仪《说郛》卷六〇上）

——刘纬毅、郑梅玲、刘鹰辑校：《汉唐地理总志钩沉》之〔晋〕黄恭撰《十三州记·益州》，上册第93页，国家图书馆出版社，2016年

050

晋寿郡有南晋寿、南兴乐、南兴安、邵欢。（《宋书》卷三七《州郡三·晋寿太守》）

——刘纬毅、郑梅玲、刘鹰辑校：《汉唐地理总志钩沉》之〔南朝宋〕《永初郡国志·梁州》，上册第114页，国家图书馆出版社，2016年

【作品提要】

刘纬毅、郑梅玲、刘鹰辑校,2016年国家图书馆出版社出版的《汉唐地理总志钩沉》,从史注、地志、类书、文集中辑录失传的69种汉唐地理总志,佚文约50万字。其中20余种佚志为历代未被著录、前人未曾辑录者,如《魏书·郡国志》、唐《地理志》等。另有前人已经辑佚但有所缺失者,本书予以补辑,如贺次君的《括地志辑校》、缪荃孙的《元和郡县志逸文阙卷》等。该书所辑佚文多为各地的建置沿革、城邑变迁、文化遗产与山川物产等,对当今研究历史地理、编修地方志有直接的现实使用价值。

节选部分介绍了梁州的地理范围及所辖区域、石牛粪金的故事、晋寿郡所辖区域。

【注释】

①褒谷　秦岭古道褒斜道的西段。
②畋(tián)　打猎。

方志朝天

宋

〔北宋〕乐史撰

太平寰宇记

[三泉县　龙门山　明月峡]

051

三泉县^①　旧三乡，今□乡。本汉葭萌县地，后魏正始中分置三泉县，以界内三泉山为名。唐天宝元年，自今县西南一百二十里移理于嘉陵江东一里、关城仓陌沙水西置，即今县理也。皇朝平蜀后，以此县路当津要，申奏公事，直属朝廷。

——〔北宋〕乐史撰，王文楚等点校：《太平寰宇记》卷之一百三十三《山南西道一·三泉县》，第6册第2619页，中华书局，2008年

052

三泉故城　唐武德四年置，以县北二十里山下有三泉水为名。属利州，在州东北一百五十里。

——〔北宋〕乐史撰，王文楚等点校：《太平寰宇记》卷之一百三十三《山南西道一·三泉县》，第6册第2620页，中华书局，2008年

053

龙门山^②　亦名葱岭山。按《梁州记》云："葱岭有石穴，高数十丈，其状如门，俗号为龙门。"又东山之北有燕子谷。中有好磐石。

——〔北宋〕乐史撰，王文楚等点校：《太平寰宇记》卷之一百三十五《山南西道三·利州》，第6册第2648页，中华书局，2008年

054

三峡^③　谓巫峡、巴峡、明月峡^④。惟明月峡乃在此郡^⑤界。

——〔北宋〕乐史撰，王文楚等点校：《太平寰宇记》卷之一百三十五《山南西道三·利州》，第6册第2648页，中华书局，2008年

【作品提要】

《太平寰宇记》是北宋初期一部著名的地理总志，200卷，乐史（930—1007）撰。该书撰于宋太宗太平兴国年间（976—984），前一百七十一卷依宋初所置河南、关西、河东、河北、剑南西、剑南东、江南东、江南西、淮南、山南西、山南东、陇右、岭南十三道，分述各州府之沿革、领县、州府境、四至八到、户口、风俗、姓氏、人物、土产及所属各县之概况、山川湖泽、古迹要塞等。幽云十六州虽未入宋版图，亦在叙次之列，以明恢复之志。十三道之外，又立"四夷"二十九卷，记述周边各族。《太平寰宇记》所载政区取制于太平兴国后期，可补《元丰九域志》《舆地广记》所不载，是考察北宋初期政区建置变迁的主要资料。该书广泛引用了历代史书、地志、文集、碑刻、诗赋以至仙佛杂记，考据精核，多注明出处，保留了大量珍贵的史料，对于研究自汉迄宋，特别是唐与五代十国史，具有重要的资料价值。该书首次记录了宋朝绝大多数州郡的主户与客户户口统计，这对于研究宋朝的人口、户籍、阶级状况，也极为珍贵。该书还记载了各少数民族聚居区的户口，有的还区分汉人与蕃人，甚至主户、客户数，对研究宋初少数民族的人口分布、边远地区的经济面貌，也有参考价值。

节选部分介绍了三泉县的概况及三泉故城、龙门山、三峡的由来。《太平寰宇记》首次将明月峡的地理位置定位在益昌郡（今四川省广元市）境内。

《太平寰宇记》有清光绪金陵书局刻本传世，其缺佚部分据日本藏宋刻残本收入《古逸丛书》。现通行版本是王文楚等点校、2008年中华书局出版的《太平寰宇记》。

【注释】

① 三泉县　见第41页《元和郡县图志》之"三泉县"注。
② 龙门山　见第36页《隋书·地理志》之"龙门山"注。
③ 三峡　长江三峡的简称。一般指瞿塘峡、巫峡和西陵峡。
④ 明月峡　见第10页《后汉书·郡国志》之"明月峡"注。
⑤ 此郡　这里指益昌郡。见第47页《旧唐书·地理志》之"益昌郡"注。

〔北宋〕王存撰

元丰九域志

［朝天镇　皇泽寺］

055

中　绵谷　二十二乡。朝天①、嘉川②二镇。有龙门山、潜水、绵谷。

——〔北宋〕王存撰，王文楚、魏嵩山点校：《元丰九域志》卷第八《利州路》，上册第355页，中华书局，1984年

056

皇泽寺　有唐武后③真容殿。按：武士彠为利州都督，生皇后于此。

——〔北宋〕王存撰，王文楚、魏嵩山点校：《元丰九域志》附录《新定九域志（古迹）卷八·兴元府·利州》，下册第678页，中华书局，1984年

【作品提要】

《元丰九域志》是北宋王存（1023—1101）、曾肇（1047—1107）、李德刍（生卒年不详）共同修撰的一部地理总志。全书10卷，始于四京，次列二十三路，终于省废州军、化外州、羁縻州，分路记载所属府、州、军、监及其距京里程、四至八到、主客户数、土贡、领县数和名称。全书举纲撮要，极为简明，卷帙仅为《太平寰宇记》的二十分之一，但内容丰实，独具一格。书中除记载当时疆域政区外，又备载各地户数、元丰三年（1080）土贡数额及城、镇、堡、寨、山岳、河泽的分布，据统计仅镇即达1880余个，山岳、河泽亦各在1000以上。这是研究历史经济地理和历史自然地理的宝贵资料。其中所列土贡数额远较以往任何史书、地理总志为详，而所载镇名更为宋时其他地理总志所无。《四库全书总目》评曰："叙次亦简洁有法……自序所抵文直事核，淘无愧其言矣。其书最为当世所重。"但由于《元丰九域志》所载过于简略，绍圣四年（1097）黄裳即拟辑录各地山川、民俗、物产、古迹等，以补其缺，名

为《新定九域志》。

节选部分介绍了绵谷县的所辖乡镇、山川河流，皇泽寺的主要景观及武则天的出生地点。

《元丰九域志》主要版本有聚珍版丛书本、丛书集成本。通行版本有1984年中华书局的王文楚、魏嵩山点校本。

【注释】

①朝天镇　在今四川省广元市朝天区中部，区人民政府驻地。镇人民政府驻朝天驿（古筹笔驿）。1950年设朝天乡，1953年置镇，1958年改朝天公社，1984年复改乡，1985年复置镇，1992年筹笔乡、小安乡并入。"朝天"一名，源于唐玄宗幸蜀的传说。唐天宝十五载（756），唐玄宗为避"安史之乱"奔蜀，蜀中百官在筹笔驿接驾，朝拜天子，随后人们将"筹笔"改名"朝天"。"朝天"一词最早出现在晚唐散文家孙樵的《出蜀赋》："朝天双峙以亏蔽，中惨栗而阴翳。""朝天镇"一名最早出现在北宋王存的地理志《元丰九域志》（卷八）："绵谷。二十二乡。朝天、嘉川二镇。"

②嘉川镇　在今四川省广元市旺苍县，因地势平缓、环境美好而得名，属绵谷县。北宋咸平五年（1002）置嘉川县，属利州。元入绵谷县。

③唐武后　即唐代女皇武则天。见第43页《大唐新语》之"则天"注。

〔北宋〕欧阳忞撰

舆地广记

〔利州路　绵谷县　三泉县〕

057

绵谷县　故葭萌县，本蜀王弟葭萌所封，为苴侯邑，《史记》所谓"苴、蜀相攻"是也。二汉属广汉郡。刘备改曰汉寿，属梓潼郡。晋太康元年改曰晋寿，太元十五年立晋寿郡。宋分置兴安县，后复并焉，而改晋寿曰兴安。后魏兼立益州，西魏曰利州。隋开皇十八年改兴安曰绵谷。唐因之，有龙门山、嘉陵江、潜水、绵谷。

——〔北宋〕欧阳忞撰，李勇先、王小红校点：《舆地广记》卷三十二《利州路·都督府利州》，下册第949页，四川大学出版社，2003年

058

三泉县　春秋、战国为蜀地。秦属蜀郡。二汉属广汉郡。蜀属梓潼郡。晋末属晋寿郡。宋、齐、梁、西魏、后周皆因之。隋属利州。唐武德四年析绵谷置三泉县，以县立南安州，并置嘉牟县。八年州废，省嘉牟，以三泉属利州，天宝元年属梁州。皇朝乾德五年以县直属京师，至道二年升大安军①，以兴元府②西县③属焉。三年军废，复为县，而西县还故属。领县二。金牛镇④、青乌镇⑤。

——〔北宋〕欧阳忞撰，李勇先、王小红校点：《舆地广记》卷三十二《利州路·龙州》，下册第966—967页，四川大学出版社，2003年

【作品提要】

《舆地广记》，北宋时期的一部历史地理学著作，成书于宋徽宗政和年间（1111—1117）。欧阳忞（mǐn）（生卒年不详）编撰。全书38卷。前四卷专门概述上古至宋的历代政区之纲要，分列《禹贡》九州、舜十二州、七国、秦

四十郡、汉十三郡以及三国晋十九道、唐十五道采访史、唐藩镇、五代、皇朝郡国；对古地名，皆注以宋代之名称。第五卷始于元丰时四京、二十三路之制，详述宋代政区。路下重在叙述府、州、军、县建置沿革，略古详今，而对一般地志都有的四至、道里、户口、风俗、土产等皆略而不谈。河北路、陕西省路、河东路、荆湖北路、成都府路、利州路、夔州路、广南路之末还附记有"化外州"，即前代州邑而在宋版图之外者。该书记述历代地理沿革，要言不烦，条理清晰，开后代编一统志之先河。在历史地理学、沿革地理学、地名学、军事地理学等方面具有综合性的学术价值。清人朱彝尊称赞该书"其沿革有条有理，胜于乐史《太平寰宇记》实多"。清《四库全书》称其"端委详明，较易寻览，亦地理家之佳本也"。

节选部分介绍了利州路的所辖州县，绵谷县、三泉县的建置沿革及其山川、河流、所辖区域。

2003年四川大学出版社出版的校注本，以台湾文海出版社影印曝书亭藏宋初刻本吴门士礼居重雕本为底本，参校《四库全书》本、武英殿聚珍本、《丛书集成初编》本等，是学术界和广大读者公认的比较权威的版本。

【注释】

①大安军　北宋至道二年（996）置，治三泉县（今陕西省宁强县大安镇）。三年废。南宋绍兴三年（1133）复置，属利州路。地处川陕交通要隘。嘉定十二年（1219）张威败金兵于此。元初改大安州。

②兴元府　唐兴元元年（784）升梁州置，治南郑县（今陕西省汉中市东）。辖境约相当今陕西省城固县以西的汉水流域。唐为山南西道治所，宋为利州路、利州东路治所。南宋嘉定二年（1209）与南郑县同移治今汉中市。元升为兴元路。

③西县　隋大业二年（606）改嶓冢县置，治今陕西省勉县西老城东南。属汉川郡。因县西南有西乐城而得名。唐武德八年（625）移治今老城，属梁州（后改兴元府）。五代前蜀置安远军于此。北宋乾德中以县当要冲，直隶京师。后仍属兴元府。元至元二十年（1283）废入略阳县。

④金牛镇　本金牛县，唐武德三年（620）置，治今陕西省宁强县大安镇。初属褒州，武德八年属梁州。宝历元年（825）废。

⑤青鸟镇　古镇名。北宋置，在今陕西省宁强县阳平关镇西北。属三泉县。

〔北宋〕范镇撰

东斋记事

[朝天岭]

059

予尝于朝天岭①见猴数百千,连手而下,饮于嘉陵江。既饮,复相接而上,周匝而后已。最大者二,其一居前,其一居后,若部将领然。甚小则母抱持而下。彼中言曰:"每盗人麦禾,则以蔓缠其身,以挿②其茎秆。人有得其藏者,谓之'胡孙仓',可以致富。盖麦禾果实无不有者。"

——〔北宋〕范镇撰:《东斋记事》卷五,〔明〕解缙、姚广孝等监修《永乐大典》卷七千五百十八,第7册第2278页,大众文艺出版社,2009年

【作品提要】

《东斋记事》是北宋范镇(1007—1088)约在神宗元丰年间写的有关时事见闻的笔记。全书6卷,所记内容涉及北宋典章制度、士人逸事以及蜀地风土人情等,为后人研究北宋的政治、经济、社会提供了极为宝贵的原始材料,受到了南宋以来的历朝史家的重视。所居之地名东斋,故书名《东斋记事》。《宋史·艺文志》作十二卷,《文献通考·经籍考》作十卷,原本早佚,清修《四库全书》时从《永乐大典》中辑出,分为五卷;又采《皇朝事实类苑》等书所引,加以删校,续为补遗一卷。1980年中华书局点校本又辑得佚文二十三条、文字出入较大者十四条,作为该书附录。

节选部分介绍了朝天岭上群猴生活的场景,点明至少在唐朝末年,今四川省广元市朝天区朝天镇一带就有"朝天"之名了。

【注释】

①朝天岭　亦名小漫天岭,踞于秦岭南麓、蕈本山之南,在今四川省广元市朝天区南2公里处。详见第51页《太平广记》之"朝天岭"注。

②挿(chā)　古同"插"。

〔北宋〕文同撰

利州绵谷县羊模谷仙洞记

060

熙宁庚戌①春，余还朝过利州，通判寇谭恭甫为余言：近季按朝天驿②人云，去此七八里岩谷中，有神仙常出见洞口，因往观之。自龙洞阁③具舟西下，过小峡④，有山峻然崛起，万仞翠壁如削，中辟大门，可五六丈。时正晴，日光下照，有二童子先出。次有一人，白衣皂巾，曳杖垂长髯，襟带随风翩然，往来下视久之，左右数青衣从行。有物若鸡犬、若虎、若鹿者先后之。又有执扇与伞者，隐隐若绘画甚可爱。人之长者才尺余，举止详缓如人。行二十里许乃不见。

问其下居民，云："相传五代时，土人有王姓者种山下，尽室敛获于此，因遣妇去求水，妇汲还。路有病僧，创痍甚，满身腥腐不可近，辄前索饮。妇恶之且惧未始见，弛担走。僧遽就器饮殆半遂去。妇不能易之，隐其事，置水田上，其家人无少长咸来饮尽之。妇以故独不沾口。晚又俾妇致饷，既至其所，得饮僧余水者，尽飞入此洞。妇既不见，但号哭奔走，嚣呼跳荡如狂。人忽闻在洞中呼妇者，妇仰应不得去。懊恨至死，自后荛童牧叟常惯见，不以为异。近年每至天色开霁则出，必尽日。就中山闻花木盛发时出尤屡。寇乃取画图示予。"

余曰："向尝读《封禅记》，见祥符中利州路转运使李元允奏，绵谷县羊模谷内山洞⑤中有神仙见。自言尝往见凡三数人，或立或行，衣裾皆有异光，至日暮方没。盖此地尔。"因求其图之别本以归。

壬子秋，余移守兴元，有新府从事贾君瑄，自南荣访余于陵阳，见图屏上，乃言其向官洋州时，常与太常博士陆丕考较进士于宁武，亦闻之。归日，与丕诣洞下同立良久，其见果不妄。指图之涧壑、峦岭、溪谷、磴道，曲折出没一一尽如此。俞侯之彦在座遂卷图去，命工摹之，且俾余次其事，列之图上。余为记此，九月二十三日记。

——〔北宋〕文同撰:《利州绵谷县羊模谷仙洞记》,〔清〕常明、杨芳灿等纂修:《四川通志》卷十二《舆地·山川·保宁府·广元县》,第1册第780—781页,巴蜀书社,1984年

【作品提要】

文同(1018—1079),字与可,自号笑笑先生,人称石室先生,梓州永泰(今四川省盐亭县)人,苏轼之表兄。善画竹,主张画竹前"必得成竹于胸中",此即成语"胸有成竹"的来源。治平四年(1067)冬,文同83岁的母亲李氏去世,文同解官回家丁忧(守孝)。熙宁三年春,文同守孝期满,过利州(今四川省广元市),经汉中入朝。在返京路上,文同四处游览,访亲问友,心情愉快而轻松。经过羊模谷洞(今广元市朝天区羊木镇羊木洞)时,写下了这篇游记。

此记记述了文同从朝天驿出发,过朝天峡至羊模谷仙洞(今四川省广元市朝天区羊木洞)的所见所闻。有关羊模谷仙洞的故事传说,为当地增添了神秘的人文色彩。

【注释】

①熙宁庚戌　熙宁是北宋神宗赵顼的一个年号,共计10年(1068—1077)。以王安石在此期间变法而闻名,称"熙宁变法"。熙宁庚戌,即熙宁三年(1070)。

②朝天驿　即古筹笔驿。详见本书附录《"筹笔驿"即"朝天驿"——中国蜀道筹笔驿遗址新考》。

③龙洞阁　即龙门阁。详见第62页严耕望《唐代交通图考》之"龙门阁"注。

④小峡　此指今四川省广元市朝天区明月峡(亦名朝天峡)。见第10页《后汉书·郡国志》之"明月峡"注。

⑤羊模谷内山洞　即羊木洞,在今四川省广元市朝天区羊木镇。见第45页杜光庭《录异记》之"杨谟洞"注。

〔北宋〕苏元老 撰

龙洞记

061

自蜀至京,行四千余里,几半天下,山水之可喜者,莫如利三泉县。自利至兴,行五百里,几半蜀道,岩洞之可喜者,莫如龙洞。

自三泉西行大道,不能二里,又自大道南行支径,不能百步,山舒水涌,无他异。少焉,突有若观阙者当其前,迫而视之,则洞也。其深七十三步,广半之。其两旁石壁之嵌空突怒者,若耳、目、鼻、口、鳞甲、眼肘甚具。其下皆平石为底,水文其上,若铺筵簟①,石坠其间若俎豆②。其两岩皆瘦木翠蔓,附石草生,葳蕤③下覆,若缀缨络;木蔓之间,布水十道,后先交映,若垂冕旒④;水落石底,其势跳泻,与石相斗,若溅霜雪;其声锵鸣,与洞相应,若响琴筑。寒清邃幽⑤,殆非人境。予不能尽名其状,盖造物者专为是瑰诡以耸闻世俗,天地间一尤物也。循洞南升,石断而土分,弃奇为平,有土田甚沃,有竹、箭、桧、柏、松、栟,杂他卉木,甚茂,野人或居焉,若世所谓桃花源者。少西而升,不能百步,泉涌地中,清冷滑甘,委蛇东下,及洞之巅而落,向之为布水⑥者此也。洞不知本所出,相传以为往有蛰龙腾去,擘⑦岩掀麓而为此也,故以云。淳化中,县令钱侯泳,始辟为游宴之所。水自洞出,北合嘉陵大江⑧,深不可涉。桥于洞北,阁于洞下,馆于洞东。又亭、榭、台、圃于洞西,以便游者。父南而升,不能三里,路益险,山水益秀,复得洞焉。若重檐夏屋,深不可穷,有石床甚古。水出洞中,既冽且清,然以道路恶绝,无游人。岁大旱,取湫水,辄应。疑龙之所家,以前洞为门闾,而此其堂奥也。

予蜀人,去乡里而长道路,往来京蜀,凡十数过其下,过未尝不游,游未尝不饮酒、赋诗而去。洞中草木,若皆旧识。虽使予自有而尝之,不若是数也。予同年友李侯山甫,为令于此,予弟蒙甫又为尉于此,书来告曰:"愿有记也"。予闻之山水之无知也,以人为荣辱。故岘山虽卑,以叔子而显⑨;冉溪虽秀,以子厚而愚⑩。今兹洞之奇冠天下,非得奇文无以称之。

且文人过其下者相蹑也，而独以文属愚何哉？嗟夫！灵壁⑪之石，天下奇玩也，盖仅有岩穴处耳！徒以其近于中都⑫，故职重当世。甚者，至一拳之微，价累千金，而弥不可得，其亦巧于效技矣！今此洞岂特百倍于灵壁，惟苍然独秀于远方，不效技于王公贵人之前，而独为田夫、渔父之所简贱，高人、逸士之所耽玩，盖其拙有类予者，而予又与洞旧识，则虽辱之以予文可也。予之拙滋甚，终若洞之不可变迁。当归老子故山，过洞而留，益饮酒赋诗，将水、石、草、木，一一而辱之，不知山灵尚许之乎！

宣和四年十二月十二日眉山苏元老子廷记。

——〔北宋〕苏元老撰《龙洞记》：〔清〕严如熤主修《嘉庆汉中府志（校勘）·艺文》，三秦出版社，2012年

【作品提要】

《龙洞记》是北宋苏元老（约1078—1124）游历龙洞后的笔记，写于宣和四年（1122）十二月十二日。龙洞即龙门洞、龙门阁，在今四川省广元市朝天区朝天镇北，踞于嘉陵江上游。

此文是一篇情景交融、叙议结合的佳作。文章以游踪为序，采用移步换形、依序写景的手法，记叙了作者游玩龙洞的整个过程，以优美的语言描写了前洞、中洞、后洞、洞外田舍、桥阁馆驿等景观，最后交代了写作缘由，引发感触。全文清幽、瑰奇，形似写景，实则写心。作者借古抒怀，含蓄地表现了不与世俗同流合污、高洁傲岸的高尚情操。

苏元老，字子廷，号九峰，北宋眉州人，苏轼之族孙。崇宁五年（1106）进士，历官太常少卿。善属文。苏轼喜其为学有功，苏辙亦爱奖之。黄庭坚见而奇之，曰："此苏氏之秀也。"《宋史》有传。著有《九峰集》（40卷），已散失。有诗4首收入《宋诗纪事》，文7篇收入《宋代蜀文辑存》，《新刊国朝三百家名贤文粹》中存有《苏元老文粹》。

【注释】

①筦簟（guǎn diàn）　此指用莞草编的席子。
②俎（zǔ）豆　两种祭祀宴饮用的礼器。
③葳蕤（wēi ruí）　草木茂盛，枝叶下垂的样子。

④冕旒（miǎn liú）　礼冠中最尊贵的一种。冠顶有板，板的前端垂有玉串，称为旒。天子之冕十二旒，诸侯九，上大夫七，下大夫五。

⑤邃（suì）幽　幽深。

⑥布水　瀑布。

⑦擘（bò）　分裂，分开。

⑧北合嘉陵大江　此误。龙洞即龙门洞，在嘉陵江上游。龙洞水即潜水（今潜溪河）由北向南流，注入嘉陵江。应为"南合嘉陵大江"。

⑨岘山（xiàn）虽卑，以叔子而显　岘：又名岘首山，在今湖北襄阳县南，东临汉水，为襄阳南面要塞。西晋羊祜镇襄阳时，常登此山，置酒吟咏。羊祜（221—278）：字叔子，泰山南城（今山东新泰市）人，魏晋时期大臣，著名战略家、政治家和文学家，以清廉正直闻名。

⑩冉溪虽秀，以子厚而愚　冉溪：又名染溪，在永州西南。唐代文学家柳宗元曾筑室溪边，并将其改名为愚溪。柳宗元诗作《冉溪》回顾了作者参加"永贞革新"的经历，对惨遭贬谪愤愤不平，抒发了坚持信念、寄希望于未来的伟大抱负。

⑪灵壁　指灵壁县，在今安徽省东北部，是楚汉相争的古战场，中华奇石的主产区，素有"虞姬、奇石、钟馗画，灵壁三绝甲天下"之美誉。

⑫中都　京都，京师。

〔南宋〕吴泳撰

鹤林集

[龙洞阁　朝天岭]

062

龙洞阁①，谓之天险，朝天岭谓之天寨②。而栈道③不烧，隘口不塞。

——［南宋］吴泳撰：《鹤林集》卷之二十，清抄本

【作品提要】

《鹤林集》是南宋文学家吴泳（生卒年不详，约1224年前后在世）的文集，40卷，成于南宋后期。当时权奸在位、国势日蹙，加之蒙古军队连连南侵，南宋政权岌岌可危。吴泳不避权贵，冒着罢官杀头的危险，一次次慷慨激昂，指陈利弊，上陈救国之策。其言论主要体现在著作《鹤林集》中。此文集可详尽地了解吴泳其人，对研究南宋后期的政治形势及蒙宋交战的情况也颇有裨益。

节选部分介绍了龙洞阁的险峻、朝天岭的壮观，突显了栈道损毁后朝天岭发挥的作用与价值。

《鹤林集》传世版本以《四库全书》本、《四库全书珍本初集》本最佳。

【注释】

①龙洞阁　即龙门洞、龙门阁。详见第62页严耕望《唐代交通图考》之"龙门阁"注。

②朝天岭谓之天寨　南宋范子长《皇朝郡县志》载："朝天岭即漫天寨也。"

③栈道　此指龙洞阁南面的明月峡古栈道。

〔南宋〕王象之撰

舆地纪胜

[邵欢县　朝天岭　杨模洞　筹笔驿　潭毒关　龙门洞　三泉　九井　老君洞]

063

晋寿郡　领晋寿、与安、邵欢、白水四县，张氏鉴云："与"当作"兴"。按《齐志》：正作"兴"，邵欢在兴安之上。张说是也。

——〔南宋〕王象之撰：《舆地纪胜》卷一百八十四《利州·州沿革》，第8册第6956页，中华书局，1992年

064

朝天岭　路经纪险。《一统志》二百三十九："经纪"作"径绝"是也。遂开此道。《一统志》作"后"。人甚便之。《一统志》："人甚"作"行人"。

——〔南宋〕王象之撰：《舆地纪胜》卷一百八十四《利州·景物下》，第8册第6960页，中华书局，1992年

065

杨模洞　又作羊模洞，在绵谷县北六七里。《一统志》二百三十九作："在绵谷县北六十里。一名羊模洞，在县北龙洞之西朝天驿七八里。"

——〔南宋〕王象之撰：《舆地纪胜》卷一百八十四《利州·景物下》，第8册第6961页，中华书局，1992年

066

筹笔驿　去州北九十九里。《一统志》二百四十："去"作"在利"。

——〔南宋〕王象之撰：《舆地纪胜》卷一百八十四《利州·景物下》，第8册第6962页，中华书局，1992年

067

潭毒关① 《一统志》二百三十九："关"作"山"。在州北九十里，《一统志》"州"作"绵谷县"。潭下渊岸，《一统志》作"其下深潭"。

——〔南宋〕王象之撰：《舆地纪胜》卷一百八十四《利州·景物下》，第8册第6962页，中华书局，1992年

068

龙门洞 有三洞。《一统志》有"上"有"几"字。有水自第三洞发源贯通二洞。《一统志》无"有"字，"二"作"两"。

——〔南宋〕王象之撰：《舆地纪胜》卷一百八十四《利州·景物下》，第8册第6962页，中华书局，1992年

069

唐李义山碑 按注云：在筹笔驿。下文诗门载，李义山筹笔驿诗②此处。碑上似当有"诗"字。

——〔南宋〕王象之撰：《舆地纪胜》卷一百八十四《利州·景物下》，第8册第6966页，中华书局，1992年

070

三泉 濒江苍石上，《一统志》一百四十四：无"苍"字。为泉者三，《一统志》作："有泉三泓"。如小车轮，《一统志》："如小"作"大如"。涓涓而注，《一统志》作"泉流涓涓下注，水旱无盈缩"。

——〔南宋〕王象之撰：《舆地纪胜》卷一百九十一《大安军·景物上》，第8册第7090页，中华书局，1992年

071

桥阁 兴利州三泉县——共一万玖阡叁百壹拾八间，护险偏栏共四萬七阡一伯三拾四间。按《方舆胜览》：州下有"至"字，"玖阡叁"作"九千三"，无"壹"字，两"拾"字皆作"十"，"阡"作"千"，"伯"作"百"。

——〔南宋〕王象之撰：《舆地纪胜》卷一百九十一《大安军·景物上》，第8册第7090页，中华书局，1992年

072

老君洞　明皇幸蜀亲见老君降见于崖石之上，上下马，礼谓"讫"。按谓乃"谒"之误。

——〔南宋〕王象之撰：《舆地纪胜》卷一百九十一《大安军·古迹仙释》，第8册第7092页，中华书局，1992年

073

《九井滩记》　九井滩有大石三，其名鱼梁、龟堆、芒靴嘴危，参差相望于波间（碑目"嘴危"作"嘴尾"是也。抄本作"嘴尾"）。操舟之人力不胜舟，而辄为石所触（碑目无"之"字"而"字。有抄本）。诚令绝江为长堤，度其南，别为河道，以分水势，则北流水益减，而石出矣。以火煅、醯沃、金锤随击之，宜可去。如其言，治之（抄本碑目"煅"作"煅"。按诚令上当有画策者姓名，今本传写脱去"而"，"如其言"之语遂若无所指矣）。

——〔南宋〕王象之撰：《舆地纪胜》卷一百九十一《大安军·碑记》，第8册第7095页，中华书局，1992年

074

龙洞记　其下皆平石为底，水文其上，若铺莞簟（碑目"文"作"交"，抄本作"文"）。石堕其间（抄本碑目"间"作"开"误）。其两颜（碑目"颜"作"颧"是也，抄本作"颜"）。附石萝生（碑目作"罗"）。木蔓之间（抄本碑目"木"作"末"误）。布水十道，后先交映，若垂冕旒（碑目"十"作"之"误。后先交映，碑目"后"作"后"误，抄本作"後"）。与石相鬬（碑目"鬬"作"鬥"，抄本作"鬭"）。

——〔南宋〕王象之撰：《舆地纪胜》卷一百九十一《大安军·碑记》，第8册第7096页，中华书局，1992年

【作品提要】

《舆地纪胜》，200卷，南宋中期的一部地理总志，王象之（1163—1230）编纂，成书于南宋嘉定、宝庆年间。该书主要是节录当时数以百计的各地的方

志、图经编纂而成，对各种方志、图经中的山川、景物、碑刻、诗咏，一概收录，而略于沿革，以符合"纪胜"的要求，受到南宋目录学家陈振孙的赞赏。王象之对各书记载的异同，加案语进行考订，"收拾之富，考究之精"，为当时所称。该书内容丰富，编次有法，对史料注重考核。该书以"纪胜"为宗旨，舍弃了以往地志的四至八到、户口、物产、贡赋等门，专注于人文内容，在地理总志的编纂体例上有诸多创新，对后世有较大影响。本书是研究南宋以前地理的重要文献，由于其大量辑录人物、碑记、诗文资料，所以还具有较高的历史和文学价值。

节选部分介绍了晋寿郡所辖的县名，朝天岭、杨模洞、筹笔驿、潭毒关、龙门洞、唐李义山碑等景观及其有关考证。

《舆地纪胜》宋时有刻本传世。通行版本有中华书局影印清道光二十九年（1849）惧盈斋刻本、四川大学出版社点校本、浙江古籍出版社点校本。

【注释】

①潭毒关　在今四川省广元市朝天区朝天镇龙门村龙洞背上，即清代龙门关。此关建于唐末。关下有潭，广袤数十亩，静深莫测，人莫敢近，以历代落叶沉淀潭底，形似有毒，故名"潭毒"。南宋绍兴二年（1132），刘子羽为抗击金兵，筑垒于此。明陈邦瞻《宋史纪事本末》卷六十九载："子羽以潭毒山形斗拔，其上宽平有水，乃筑壁垒。方成，而金人至，距营十数里。子羽据胡床坐垒口，诸将泣告曰：'此非待制坐处。'子羽曰：'子羽今日死于此！'敌寻亦引去。"另：朝天区两河口镇何家村的潭毒关系民国后的地名，并非古方志文献中记载的潭毒关。

②李义山筹笔驿诗　李商隐（约813—约858），字义山，号玉溪生，怀州河内（今河南沁阳）人，晚唐著名诗人。近体诗尤其是七律艺术成就很高，与杜牧并称"小李杜"，亦与温庭筠齐名。有《李义山诗集》。过四川省广元市朝天区，留有诗作《筹笔驿》《望喜驿别嘉陵江水》。如《筹笔驿》诗云："猿鸟犹疑畏简书，风云常为护储胥。徒令上将挥神笔，终见降王走传车。管乐有才真不忝，关张无命欲何如。他年锦里经祠庙，《梁父吟》成恨有余。"

〔南宋〕祝穆撰

方舆胜览

[龙门山　朝天岭　漫天岭　五盘岭　龙门阁　潭毒关　明月峡　潜水　望喜驿　筹笔驿]

075

龙门山　《梁州记》："葱岭石穴，高数十丈，如门。亦名龙洞山。"

——〔南宋〕祝穆撰，祝洙增订，施和金点校：《方舆胜览》卷之六十六《利州东路·利州·山川》，下册第1156页，中华书局，2003年

076

朝天岭　在州北五十里。路径绝险，其后即朝天程旧路，在朝天峡栈阁，遂开此道，人甚便之。文与可诗："岭若画屏随峡势，水如衣带转岩阴。"

——〔南宋〕祝穆撰，祝洙增订，施和金点校：《方舆胜览》卷之六十六《利州东路·利州·山川》，下册第1156页，中华书局，2003年

077

漫天岭　《长编》："乾德二年，王师伐蜀，蜀主烧绝栈道，退保葭萌，遂击金山寨，又破漫天寨，蜀人退保大漫天寨，拔之，追至利州。"郭奕诗见《阆州》。

——〔南宋〕祝穆撰，祝洙增订，施和金点校：《方舆胜览》卷之六十六《利州东路·利州·山川》，下册第1156页，中华书局，2003年

078

五盘岭　杜甫诗："五盘虽云险，山色佳有余。仰凌栈道细，俯映江木疏。地僻无网罟，水清反多鱼。好鸟不妄飞，野人半巢居。喜见厚朴俗，坦然心神舒。东郊尚格斗，巨猾何时除。故乡有弟妹，流落随丘墟。成都万事

好，岂若归吾庐。"岑参《早上五盘岭》诗："平旦驱驷马，旷然出五盘。江回两崖斗，日隐群峰攒。苍翠烟景曙，森沉云树寒。松疏露孤驿，花密藏回滩。栈道溪雨滑，畬田原草干。此行为知己，不觉蜀道难。"

——〔南宋〕祝穆撰，祝洙增订，施和金点校：《方舆胜览》卷之六十六《利州东路·利州·山川》，下册第1156页，中华书局，2003年

079

龙门阁　在绵谷县一里。冯钤干田云："其他阁道虽险，然在山腰，亦微有径可以增置阁道。独惟此阁，石壁斗立，虚凿石窍而架木其上，比他处极险。"杜甫《龙门阁》诗："清江下龙门，绝壁无尺土。长风驾高浪，浩浩自太古。危途中萦盘，仰望垂线缕。滑石欹谁凿，浮梁袅相拄。目眩陨杂花，头风吹过雨。百年不敢料，一坠那得取。饱闻经瞿塘，足见度大庾。终身历艰险，恐惧从此数。"

——〔南宋〕祝穆撰，祝洙增订，施和金点校：《方舆胜览》卷之六十六《利州东路·利州·山川》，下册第1156页，中华书局，2003年

080

潭毒关　在州北九十里。有御前军屯驻于此。下瞰大江，路皆滑石，登陟颇艰。异时撒离合破兴元，帅刘子羽①屯兵于此，以捍蜀口。又其下深潭有一铁索，见则兵动。

——〔南宋〕祝穆撰，祝洙增订，施和金点校：《方舆胜览》卷之六十六《利州东路·利州·山川》，下册第1157页，中华书局，2003年

081

明月峡　晏公《类要》②："巫峡、巴峡、明月峡。三峡惟明月在此界。"

——〔南宋〕祝穆撰，祝洙增订，施和金点校：《方舆胜览》卷之六十六《利州东路·利州·山川》，下册第1157页，中华书局，2003年

082

石栏桥　在绵谷县一里。自城北至大安军界，管桥栏阁共一万五千三百一十六间，其著名者为石柜、龙洞焉。

——〔南宋〕祝穆撰，祝洙增订，施和金点校：《方舆胜览》卷之六十六《利州东路·利州·山川》，下册第1156页，中华书局，2003年

083

西汉水　一名嘉陵江，在绵谷西一里。

——〔南宋〕祝穆撰，祝洙增订，施和金点校：《方舆胜览》卷之六十六《利州东路·利州·山川》，下册第1156页，中华书局，2003年

084

潜水　出绵谷县东北龙门山，书："沱潜既道。"

——〔南宋〕祝穆撰，祝洙增订，施和金点校：《方舆胜览》卷之六十六《利州东路·利州·山川》，下册第1156页，中华书局，2003年

085

望喜驿③　李义山诗："嘉陵江水此东流，望喜楼中忆阆州。若到阆州还赴海，阆州应更有高楼。"

——〔南宋〕祝穆撰，祝洙增订，施和金点校：《方舆胜览》卷之六十六《利州东路·利州·古迹》，下册第1158页，中华书局，2003年

086

筹笔驿　在绵谷县，去州北九十九里。旧传诸葛武侯出师尝驻此。杜牧诗："三吴列婺女④，九锡狱孤儿。霸主业未半，本朝心是谁。永安宫受诏，筹笔驿沉思。画地乾坤在，濡毫胜负知。艰难同草创，得失计毫厘。寂默经千虑，分明浑一期。川流萦智思，山耸助扶持。慷慨匡时略，从容问罪师。褒中秋鼓角，渭曲晚旌旗。仗义悬无敌，鸣攻固有辞。若非天夺去，岂复虑能支。子夜星才落，鸿毛鼎便移。邮亭世自换，白日事长垂。何处躬耕者，犹题殄瘁诗。"李义山诗："猿鸟犹疑畏简书，风云常为护储胥。徒令上将挥神笔，终见降王走传车。管乐有才真不忝，关张无命欲何如。他年锦里经祠庙，《梁父吟》成恨有余。"罗隐题："抛掷南阳为主忧，北征东讨尽良筹。时来天地皆同力，运去英雄不自由。千里山河轻孺子，两朝冠剑恨谯周。惟余岩下多情水，犹解年年傍驿流。"薛逢题："天地三分魏蜀吴，

武侯崛起赞讦谟。身依豪杰倾心术，目对云山演阵图。赤伏运衰功莫就，皇纲力振命先徂。《出师表》上留遗恨，犹自千年激壮夫。"陆游题："一等人间管城子，不堪谯叟作降笺。"

——〔南宋〕祝穆撰，祝洙增订，施和金点校：《方舆胜览》卷之六十六《利州东路·利州·古迹》，下册第1158页，中华书局，2003年

【作品提要】

《方舆胜览》，南宋地理总志。祝穆（？—1255）撰。全书70卷，初刻于理宗嘉熙三年（1239），其子祝洙增补重订于度宗咸淳二年（1266）至三年。内容以南渡后临安府为首十七路境域为范围。分建置沿革、风俗形胜、土特物产、山川井泉、堂亭楼阁、佛寺祠墓、名胜古迹、名宦人物、题咏四六等十余门。体裁多沿袭《舆地纪胜》。然略于建置沿革、疆域道里，而详于名胜古迹、诗赋序记。尤独重"四六"一门。虽考订较疏，然采摭繁富。故虽为地记，实兼具类书之用。

节选部分介绍了广元朝天境内的龙门山、朝天岭、漫天岭、五盘岭、龙门阁、潭毒关、明月峡、西汉水、潜水、望喜驿、筹笔驿等山川古迹、有关诗文及其考证。

《方舆胜览》今存祝洙重订宋咸淳年间刻本。2003年中华书局出版有南京师范大学施和金教授的点校本。

【注释】

①刘子羽（1096—1146）　字彦修，崇安（今福建省崇安县）人，南宋抗金名将。绍兴元年（1131），金兵侵犯潭毒关（今四川省广元市朝天区两河口镇何家村内）。刘子羽以潭毒山形势险峻，其上宽平有水，乃筑壁垒守之。金兵至，距营十数里，刘子羽坐于垒口。诸将泣告曰："此非待制（子羽任徽猷阁待制）坐处。"刘子羽曰："子羽今日死于此。"敌疑有伏，退去。绍兴二年（1132），刘子羽以功拜利州路经略使兼知兴元府。因不附秦桧，奉祠归里。绍兴十六年病逝。

②晏公《类要》　晏公即晏殊（991—1055），字同叔，别名晏元献，抚州临川（今江西进贤县文港镇）人，北宋著名文学家、政治家。晏殊以词著于

文坛，尤擅小令，风格含蓄婉丽，与子晏几道，并称"大小晏"，与欧阳修并称"晏欧"。一生写了一万多首词，存世仅有《珠玉词》《晏元献遗文》《类要》残本。

③望喜驿　在今四川省广元市昭化区昭化镇南，江水折而东流处。顾祖禹《读史方舆纪要》载："望喜驿，沙河驿。"此载有误。

④婺（wù）女　星宿名，即女宿。又名须女、织女、务女。二十八宿之一，玄武七宿之第三宿，有星四颗。

〔元〕脱脱等撰

宋史·陈咸传

[益昌　鱼梁]

087

嘉陵江流忽浅，或云金人截上流，咸①不动，疏而导之，自益昌②至于鱼梁③，馈运无阻。

——〔元〕脱脱等撰：《宋史》卷四百一十二《列传一百七十一·陈咸》，《二十四史》（简体字本）之《宋史》第9723页，中华书局，2000年

【作品提要】

《宋史》，纪传体宋代史，"二十四史"之一，元代丞相脱脱（1314—1355）等修撰于元顺帝至正三年（1343）到五年间。《宋史》对于宋代的政治、经济、军事、文化、民族关系、典章制度以及活动在这一历史时期的许多人物都做了较为详尽的记载，是研究两宋三百多年历史的基本史料。

节选部分介绍了陈咸面对嘉陵江上游被金人截流的传闻，并不惊慌，积极疏导航道的事迹。

1985年中华书局出版的点校本《宋史》是学术界和广大读者公认的权威版本。

【注释】

①咸　即陈咸（生卒年不详），字逢儒，南宋名臣。南宋淳熙二年（1175）进士，任内江县尉，有政绩。南宋开禧元年（1205），首论加强战备以御金兵，调任利路转运判官。因推行兵政财计，规划备至，调度有方，不到二年，库满粮足，召为官司农少卿。谥勤节。

②益昌　即益昌县，南朝宋置，属白水郡，治所在今四川省广元市昭化区

昭化镇。北魏改为京兆县，北周复为益昌县。隋大业初属义城郡。唐武德初属利州。五代后唐同光三年（925）改为益光县。北宋初复改为益昌县。北宋开宝五年（972）改为昭化县。

③鱼梁　即今四川省广元市朝天区大滩镇九井湾渔郎阁。王象之《舆地纪胜》卷一百九十一之《九井滩记》："九井滩有大石三，其名鱼梁、龟堆、芒靴嘴危，参差相望于波间。"鱼梁即指此。

〔明〕陈邦瞻 撰

宋史纪事本末①

[潭毒山　刘子羽]

088

（高宗绍兴三年二月）子羽以潭毒山形斗拔，其上宽平有水，乃筑壁垒。方成，而金人至，距营十数里。子羽据胡床坐垒口，诸将泣告曰："此非待制②坐处。"子羽曰："子羽今日死于此！"敌寻亦引去。

——〔明〕陈邦瞻撰：《宋史纪事本末》卷六十九《吴玠兄弟保蜀》，第2册第709页，中华书局，2015年

【作品提要】

《宋史纪事本末》，明朝兵部左侍郎陈邦瞻用纪事本末体编撰的记载宋朝历史（960—1279）的史书。书成于万历三十三年（1605），全书按时间编排，历史演变脉络清晰，从《太祖代周》到《文谢之死》，对从赵匡胤称帝到小皇帝赵昺自尽，每个时期的政治、军事等都讲得有条不紊。《宋史纪事本末》作为《宋史》的缩写本，在写作过程中，虽然参考了许多其他《宋史》中所没有的资料，但基本上还是以《宋史》为蓝本，许多观点明显还是沿袭《宋史》而来。但是无可否认，《宋史纪事本末》在历史文献中还是占有很重要的地位。

节选部分记述了北宋名将刘子羽在今四川省广元市朝天区两河口镇潭毒山抗击金兵的事迹。

该书通行版本为2015年中华书局出版的《宋史纪事本末》。

【注释】

①纪事本末　史书主要有两大体裁,一是纪传体,一是编年体。这两种体裁各有优点,缺点也很明显。前者容易出现内容重复的现象,描述发生在同一时期的事件时,很难体现出相互之间的关联。后者虽然时间概念很强,但是很破碎。因此后来便出现了另一体裁,取两家之长,补两家之短,形成了独特的叙述方式,这就是纪事本末。纪事本末体裁出现于宋代。当时有个叫袁枢的人,很喜欢读《资治通鉴》,但是"苦其渊博",也就是说虽然觉得写得不错,但内容太杂。于是他就"区别其事,而贯通之",把同一事件的相关内容从不同的时期里提出来,然后连贯叙述成一个整体。他把各个事件的叙述合在一起成书,因为书的内容来自于《资治通鉴》,便取名为《通鉴纪事本末》。纪事本末体裁的书不算多,除了袁枢的书以外,还有《九朝纪事本末》,其中涉及先秦、宋、辽、金、元、明、清初等九个时期。其中比较知名的有明代陈邦瞻的《宋史纪事本末》《元史纪事本末》,清代谷应泰的《明史纪事本末》。

②待制　官名。唐置。唐太宗即位,命京官五品以上,更宿中书、门下两省,以备访问。宋因其制,于殿、阁设待制之官,如"保和殿待制""龙图阁待制"之类,典守文物,位在学士、直学士之下。辽金元明均于翰林院设待制,位也在学士、直学士之下,但不及宋制隆重。参阅《新唐书·百官志二》《宋史·职官志二》《金史·百官志一》《元史·百官志三》《明史·职官志二》。

〔清〕徐松撰

宋会要辑稿

[利州栈阁　三泉县]

089

真宗大中祥符三年正月九日，诏利州路转运司，自今命官、使臣欲修易栈阁者，具述经久利害待报，无得擅行。先是，川陕多建议修路以邀恩奖，或经水潦，即坠石隔碍旧路，又随而废。至是，利州以新改阁道，其原规划使臣、军校乞加酬奖，帝知其弊，故条约之。

——〔清〕徐松撰：《宋会要辑稿》方域一《道路》，第8册，中华书局，1987年

090

绍兴七年闰十月二日，川陕宣抚副使吴玠①言："利州路三泉县北至兴州仙人关②外，地里不远，东接梁、洋一带，水陆冲要，系四川喉襟要害之地。比年移关外诸将军马就本县屯驻，人烟事物，大段繁多。《九域志》：至道二年曾升为大安军。绍兴三年六月内，宣抚处置使司已将本县依便宜升为军，乞依已行事理。"从之。

——〔清〕徐松撰：《宋会要辑稿》方域七《州县升降废置》，第8册，中华书局，1987年

【作品提要】

《宋会要辑稿》是清嘉庆年间由徐松（1781—1848）从《永乐大典》中辑出的宋代官修《会要》之文，内容包括政治、军事、经济、制度、礼乐、教育、选举、科技以及其他历史文化信息。全书366卷，分为帝系、后妃、乐、礼、舆服、仪制、瑞异、运历、崇儒、职官、选举、食货、刑法、兵、方域、蕃夷、道释17门。内容丰富，卷帙浩大，堪称宋代史料之渊薮。该书与《宋史》《续资治通鉴长编》构成三大宋代资料宝库。

节选部分介绍了修建川陕道路尤其是蜀道栈阁的有关要求、建议、奖励办法、诏令、奏章及驿铺设置、出入关隘的相关规定等。

《宋会要辑稿》版本有清徐松据《永乐大典》辑钞《宋会要》本。四川省大学古籍整理研究所校点编纂，刘琳、刁忠民、舒大刚、尹波等专家审稿，2014年上海古籍出版社出版的校点本《宋会要辑稿》，是目前学术界公认的权威版本。

【注释】

①吴玠（1093—1139） 字晋卿，德顺军陇干（今甘肃省静宁县）人，南宋抗金名将。吴玠早年从军御边，抗击西夏。建炎二年（1128）起领兵抗金，与其弟吴璘都以勇略知名，先后归属于曲端、张浚麾下。富平之战失败后，吴玠扼守和尚原、饶凤关、仙人关等地，屡败金军，史称"微（吴）玠身当其冲，无蜀久矣"。吴玠汰冗员、节浮费，广设屯田、修复废堰，与胡世将创转般折运法，使粮储充足。官至四川省宣抚使。绍兴九年（1139），吴玠病逝，年仅47岁。追赠少师，谥号"武安"。淳熙三年（1176），追封涪王，位列七王之一。

②仙人关 在今甘肃省徽县东南嘉陵江畔，为关中、汉中通往四川省盆地要隘。南宋绍兴四年（1134）吴玠、弟璘大败金兵于此，金兵从此不敢窥蜀。

方志朝天

元

〔元〕刘应李原编　詹友谅改编

大元混一方舆胜览

[广元路]

091

潭毒关^①　前宋御前军屯驻于此，兴元帅刘子羽屯于此，以捍蜀口。

——〔元〕刘应李原编、詹友谅改编，郭声波整理：《大元混一方舆胜览》卷中《四川等处行中书省·四川北道·广元路·形胜》，上册第301页，四川大学出版社，2003年

092

明月峡　在郡界。

朝天岭　路径绝险。

漫天岭　《长编》："乾德二年王师伐蜀，蜀主烧绝栈道，退保葭萌，遂击金山寨，又破漫天寨，蜀人退保大漫天寨，拔之。"

——〔元〕刘应李原编、詹友谅改编，郭声波整理：《大元混一方舆胜览》卷中《四川等处行中书省·四川北道·广元路·景致》，上册第301—302页，四川大学出版社，2003年

093

龙门阁　绵谷县。其它阁道虽险，然在山腰亦微有径，惟此阁石壁斗立，虚凿崖窍，而架木其上，比它处极险。

望喜驿^②　李义山有诗。

筹笔驿　在绵谷县，诸葛武侯出师驻此。

——〔元〕刘应李原编、詹友谅改编，郭声波整理：《大元混一方舆胜览》卷中《四川等处行中书省·四川北道·广元路·景致》，上册第302页，四川大学出版社，2003年

【作品提要】

《大元混一方舆胜览》，原名《圣朝混一方舆胜览》，3卷，宋末元初人编著。书撰成于1307—1321年，分郡县名、沿革、风土、景致、名宦、人物、题咏等目。作为仅存的元代地理总志，《大元混一方舆胜览》具有政区地理、地方史、分省地图之开启、校勘、爱国主义教育五个方面的价值。同时，也存在体例不一、资料陈旧、张冠李戴三方面的缺陷。

节选部分介绍了四川省广元市朝天区境内的潭毒关、龙门山、明月峡、漫天岭、五盘岭、朝天岭、西汉水、潜水、龙门阁、望喜驿、筹笔驿等山川名胜古迹。

《大元混一方舆胜览》版本有元代刘应李辑、明初刻《新编事文类聚翰墨全书》本。2003年四川大学出版社出版的郭声波整理本，以台湾独家珍藏元大德十一年《新编事文类聚翰墨大全》全本为底本，校以《群书通要》本，并以宋、元、明地志参校，是目前学术界和广大读者公认的权威整理本。

【注释】

①潭毒关　见第84页《舆地纪胜》之"潭毒关"注。南宋绍兴二年（1132），刘子羽为抗击金兵，筑垒于潭毒山，即此。

②望喜驿　见第89页《宋史·陈咸传》之"望喜驿"注。

〔元〕孛兰盻等撰　赵万里校辑

元一统志

[广元路]

094

飞仙岭①　在旧兴州东二十余里。有阁道百余间，横之半空，即入蜀大路也。此路旧从西县过，经由沮水，宋太平兴国五年（980年）移改于是岭。杜少陵有《题飞仙阁》诗云："土门山行窄，微径缘秋毫。栈云阑干峻，梯石结构牢。"又武兴集载徐佐卿②化鹤跧泊之地，故云飞仙云。

——〔元〕孛兰盻等撰，赵万里校辑：《元一统志》卷五《四川等处行中书省·广元路·山川》，下册第512页，中华书局，1966年

095

潭毒关　在绵谷县百余里。逾朝天，溯嘉陵江而上，下瞰大江。路皆滑石，等陟颇艰。异（"异"当作"宋"）时金撒离合破兴元，兴元帅刘子羽尝屯兵于此，以捍蜀右，亦蜀口之险要云。潭下渊岸尝有一铁索，见则兵动，宋绍兴间尝见，开禧元年又见，果有用兵之应。图册云自历劫而来不复见。（《永乐大典》一三〇八四"关"字引《元一统志》。）

——〔元〕孛兰盻等撰，赵万里校辑：《元一统志》卷五《四川等处行中书省·广元路·古迹》，下册第513页，中华书局，1966年

【作品提要】

《元一统志》，原名《大元大一统志》，札马剌丁、虞应龙、孛兰盻、岳铉等主持编撰，元代官修全国性地理总志。从元世祖至元二十三年（1286）开始纂修，至元二十八年（1291）成书，凡750卷。后又进行补充修改，由孛兰盻、岳铉主其事，至元成宗大德七年（1303）定稿，凡1300卷。《大明一统志》以此书为蓝本，《元史·地理志》亦多取材。原书早佚，仅有残本传世。

《元一统志》综合了唐《元和郡县图志》、宋《太平寰宇记》《舆地纪胜》等书的体例，分为建置沿革、坊郭乡镇、里至、山川、土产、风俗形势、古迹、宦迹、人物、仙释诸门类。比之前代总志，设类更为全备，具有较高的史料价值。

节选部分介绍了飞仙岭、潭毒关等山川古迹以及徐佐卿的逸事。

《元一统志》版本有《玄览堂丛书续集》辑清袁氏贞节堂钞本三十五卷，《辽海丛书》金毓黻辑残本十五卷、辑本四卷，1966年中华书局版赵万里汇辑的《元一统志》十卷。

【注释】

①飞仙岭　古金牛道中的飞仙岭有三处：一处在今陕西省略阳县接官亭镇东南；一处在今陕西省宁强县西三十里土木道中；一处在今四川省广元市朝天区沙河镇南华村威凤山之巅。杜甫题写《飞仙阁》的地方应是朝天飞仙岭。清顾祖禹撰《读史方舆纪要》卷六十八之《四川三》载："县（广元）北四十里有飞仙阁。下浸碧潭，悬栈而行，若飞仙然。"清张赓谟纂修《四川保宁府广元县志》卷二之《封域·山川》载："飞仙岭，一名威凤山，三面环江，峭壁千仞，上有观名飞仙观。一面与前山相接，其间起一阁，名曰飞仙阁，道中之险要也。"

②徐佐卿　清《四川通志》卷三十八之三《仙释》载："明皇九日猎沙苑，射中飞鹤，带矢飞去。益州道观有道士徐佐卿寄寓，是日自外持一箭归，曰'吾为飞矢所伤，已无恙。'因挂箭于壁，书其月日，且云：'后十年，箭主至此，付之。'后明皇幸蜀，至观中，乃见箭。遂赐名徐佐卿'飞仙'。"至今，关口岩壁上仍有御箭遗址。见第51页《太平广记》之"徐佐卿"注。

〔元〕熊梦祥著 李之勤校释

析津志·天下站名

[镇宁站 朝天站]

096

凤翔[①]。正南九十宝鸡[②]。九十入连云栈[③]。草亭楼[④]。凤州[⑤]。南七十五陈仓[⑥]。柴关[⑦]。八十苗峡[⑧]。七十五马道[⑨]。七十五褒城[⑩]。四十五沔阳[⑪]。九十金牛[⑫]。西南五十罗村[⑬]。正西偏南镇宁[⑭]。正西朝天[⑮]。正南七十广元[⑯]。自此分三路：一路正东由板石[⑰]至宝峰[⑱]；一路正西由临江[⑲]至成都；一路由水站至武昌合川江。

——〔元〕熊梦祥著，李之勤校释：《析津志·天下站名》三《大都南行各路站道和站名》，三秦出版社，2018年

【作品提要】

元大都旧称“析津”。析津本古冀州之地。辽时改称南京析津府，治析津宛平（今北京西南）。元末熊梦祥所著《析津志》为最早记述今北京地区的一部专门志书，是研究这一地区地理、历史的宝贵资料。书中对元大都的城池、坊巷、官署、庙宇、人物、风俗、学校等都有较详细的记载。《析津志·天下站名》是我国古代有关交通文献中的珍品，记录了我国古代社会后期以今北京市为中心的交通网络的形成与分布状况，对于研究我国古代交通史和邮驿制度史具有十分重要的意义和价值。今有西北大学教授李之勤（1923—2019）校释、三秦出版社出版的《析津志·天下站名》，可窥其梗概。

节选部分记录了元代西安至成都30个驿站的名称和里数。各驿站间的里程记录并不完备，间有阙漏。就现存而言，里距远者100里、90里，近者45里、50里，在六七十里之谱。这与《永乐大典》站赤门引《丹墀独对》说元代邮驿之制，“每十五里为一邮亭，每六十里为一驿馆”的话相差不远，也与当时西安成都间大路二千余里的总里程大致符合。

【注释】

①凤翔站　在今陕西省宝鸡市凤翔县驻地城关镇。元时为陕西省行省凤翔府，明清时为陕西省凤翔府，与其倚郭凤翔县同治今城关镇原凤翔县城。民国废府留县。

②宝鸡站　在今陕西省宝鸡市金台区。元时属陕西省行省凤翔府，县治今金台区原宝鸡县城。

③连云栈　即北栈道。自今陕西省凤县东北草凉驿入栈，西南至凤县折东南经留坝县，又南至汉中市褒城旧治北鸡头关出栈。北段即古故道，南段即古褒谷道。五代以前自褒谷北上的或趋斜谷出郿县（今眉县），或西经故道出陈仓（今宝鸡市）。宋后多走西道，修筑栈阁二千余所，元明后称为连云栈。为别于自汉中南下蜀中的栈道，通称北栈，亦名秦栈。

④草亭楼站　在今陕西省宝鸡市凤县驻地双石铺镇东北草凉驿村。亦称草凉楼或草凉驿。

⑤凤州站　在今陕西省宝鸡市凤县驻地双石铺镇东北凤州镇凤州村原凤县城。

⑥陈仓站　在今陕西省宝鸡市凤县驻地双石铺镇东南南星镇附近。

⑦柴关站　在今陕西省汉中市留坝县北与宝鸡市凤县接界处的留侯镇庙台子村，元时为四川省行省兴元路凤州辖地。

⑧苗峡站　在今陕西省汉中市留坝县城关镇。元时置留坝镇，设巡检司，属陕西省行省兴元路凤州。清时设留坝厅，属汉中府。民国改留坝县，治今城关镇留坝县城。

⑨马道站　在今陕西省汉中市留坝县驻地城关镇南马道镇。《经世大典》作"马通"，当因道、通二字形似而致误。底本作"马头"，亦误。

⑩褒城站　元时属陕西省行省兴元府，治今陕西省汉中市勉县褒城镇原褒城县城。明清时属汉中府。

⑪沔阳站　沔阳为汉晋隋唐时旧县名。北宋时为西县铎水镇，在今陕西省汉中市勉县驻地勉阳镇东旧州铺。元时为四川省行省广元路沔州及其倚郭铎水县，州、县均治今旧州铺。明初改属陕西省行省汉中府，省铎水县，后又迁治今县西之武侯镇，并省铎水县降州为沔县。1935年迁今治。

⑫金牛站　在今陕西省汉中市宁强县驻地汉源镇北大安镇。

⑬罗村站 在今陕西省汉中市宁强县汉源镇东北郊罗村坝。

⑭镇宁站 在今四川省广元市朝天区中子镇宣河村，元时属四川省行省广元路绵谷县辖。

⑮朝天站 在今四川省广元市朝天区朝天镇朝天村，名称和地点现在均未改变。

⑯广元站 在今四川省广元市利州区。元时属四川省行省。明初降路为府，后又降府为州、县，属四川省保宁府。

⑰板石站 在今四川省广元市利州区大石镇。因镇西有长约三千米石崖显露，人称大石板，故名。

⑱宝峰站 在今四川省广元市西十里白马山。《图经》："又名宝峰山，有白马观在焉。"

⑲临江站 在今四川省广元市昭化区昭化镇原昭化县城。

〔元〕官撰

经世大典

［镇宁站　朝天站］

097

安西路本府站，马253匹。咸阳站，马104匹。兴平站，马136匹。武功站，马69匹。凤鸣站①，马200匹。岐山站，马111匹。东河桥站，马137匹。草凉楼站②，马100匹。扶风站，马115匹。宝鸡站，马100匹。朝天站，马59匹。镇宁站，马59匹。罗村站，马58匹。金牛站，马57匹。沔阳站，马55匹。汉川站，马21匹。褒城站，马56匹。马通站③，马56匹。清水站，马56匹。柴关站，马58匹。三岔站，马54匹。凤州站，马54匹。

——〔元〕官撰，〔清〕徐松辑：《经世大典》之《陕西行中书省所辖》，清抄本

【作品提要】

元代官修政书。又名《皇朝经世大典》。元文宗至顺元年（1330）由奎章阁学士院负责编纂，赵世延任总裁，虞集任副总裁，次年五月修成。全书八百八十卷，目录十二卷，附公牍一卷、纂修通议一卷。据《元文类》所收《经世大典序录》记载，全书分为十篇：君事四篇，即帝号、帝训、帝制、帝系，别置蒙古局负责修纂；臣事六篇，即治典、赋典、礼典、政典、宪典、工典，各典复分若干目。《经世大典》关于元代驿站的记述方式与《析津志》不同，它是按当时的地方行政区域，即按中央中书省直辖区和地方各行省所辖路府州军等，分别记录其境内的水陆驿站名称，并列举各站所交通工具的种类和数目，由此可大致推断各驿站的规模和驿道的重要程度。《经世大典》所记陕西省和四川省行省与川陕驿道有关的驿站数目也比《析津志》为多，共33处。

《经世大典》版本有清抄本（徐松辑）、1986年中华书局影印《永乐大典》残卷本。

【注释】

①凤鸣站　凤鸣即凤翔。一地二名。凤翔府设置的驿站名为凤鸣站,当系沿袭宋代之旧。北宋在凤翔府设置有凤鸣驿。

②草凉楼站　即草亭楼站。一地二名。抑或传抄致误。

③马通站　马通、马头,皆指马道。在今陕西省留坝县南、汉中市北的褒河峡谷中。还有一个马道镇,也是川陕道路上的重要驿站。传说是寒溪夜涨,韩信被阻,为萧何追及的地方。

〔明〕宋濂等撰

元史·地理志

[广元路]

098

广元路①　下。唐初为利州，又改益昌郡，又复为利州。宋为利州路，端平后兵乱无宁岁，地荒民散者十有七年。元宪宗三年，立利州治，设都元帅府。至元十四年，罢帅府，改为广元路。户一万六千四百四十二，口九万六千四百六（至元二十七年数）。领县二、府一、州四。府领三县，州领七县。本路屯田九顷有奇。

县二。绵谷②，下。昭化③，下。元初并葭萌④入焉。

——〔明〕宋濂等撰：《元史》卷六十《志第十二·地理三·广元路》，《二十四史》（简体字本）之《元史》第961—962页，中华书局，2000年

【作品提要】

《元史》，记录中国元代史事的纪传体史书。明初宋濂（1310—1381）、王祎（1322—1373）等撰。该书编撰时间仅331天，成书仓促，而且出于众手，出现不少谬误。但是，作为研究元代历史的史料来看，《元史》比其他某些正史的史料价值更高。元代的13朝实录和《经世大典》已经失传，其部分内容赖《元史》得以保存下来。《元史》的本纪和志占去全书一半，而本纪占全书近四分之一，《文宗纪》竟多达一年一卷。就见于列传的蒙古、色目人而言，其中有一小半人已没有别的史料可供参考，后世对这些当时有很大影响的历史人物的事迹只能通过《元史》才能了解。

节选部分介绍了广元路的历史沿革、人口、户数、所辖州府县数。

《元史》最早的版本是洪武三年刻本。1976年中华书局出版的《元史》点校本是学术界和广大读者公认的权威版本。

【注释】

①广元路　元至元十四年（1277）升利州置，治绵谷县（今广元市）。领绵谷、昭化二县，保宁府及剑州、龙州、巴州、沔州四县。辖境相当今陕西省略阳、勉县及米仓山以南，平昌、南部、梓潼以北，平武、青山以东，巴河东源以西地区。属四川省行省。明洪武四年（1371）改为府。

另：广元府，明洪武四年（1371）改广元路置，治绵谷县（今广元市），属四川省。辖境相当今四川省平武、梓潼等县以东，南部、平昌等县以北，通江县以西和陕西省略阳、勉县、宁强等县地。九年降为州，并省州治入州，属保宁府。洪武十三年（1380）复置绵谷县。洪武二十二年（1389）再省州治入州，并降州为县，治今四川省广元市，属保宁府。清因之。1985年撤销，改设广元市。

②绵谷　见第39页《括地志辑校》之"绵谷县"注。

③昭化　即昭化县，北宋开宝五年（972）改益昌县置，属利州。治所在今四川省广元市昭化区昭化镇。元属广元路。明洪武十四年（1381）属保宁府。民国初属四川省嘉陵道。1928年直属四川省。1959年撤销入广元市。

④葭萌　见第22页《华阳国志新校注》之"葭萌"注。

〔民国〕柯劭忞撰

新元史

[广元路]

099

广元路　下　宋为利州路端平，后地荒民散者十有七年。宪宗二年，命汪特格城利州。三年，置都元帅府。至元十四年，罢帅府，改为广元路总管府[①]。十六年，以广元等路为四川北边，置宣慰司[②]。十九年，罢，仍为总管府。旧领绵谷、葭萌、昭化、嘉川四县。至元十四年，省葭萌县入昭化，省嘉川入绵谷。户一万六千四百四十二，口九万六千四百六。至元二十七年数。领县二：绵谷，下。昭化。下。

——〔民国〕柯劭忞撰，张京华、黄曙辉总校：《新元史》卷四十八《志第十五·地理三·广元》，上海古籍出版社，2018年

【作品提要】

《新元史》，柯劭忞（1850—1933）撰，1920年成书，1922年刊行于世。《新元史》集明、清学者研究元史之大成，以一人之力成此巨著，功不可没。近人李思纯在《元史学》中说："其书（指《新元史》）兼具全部改造与详备博赡之二种长处。中国元史学之有柯劭忞，正如集百川之归流以成大海，集众土之积累以成高峰。"这话不免有些溢美。不过《新元史》的确是研究元代历史的一部重要的有价值的参考书。《新元史》也存在一些不足。最大的缺点是没有编《艺文志》，而且书中所引用的新资料，都没有注明出处，以致后人研究元史时，用它的史料深感不便。

节选部分介绍了广元路的历史沿革、人口、户数、领县情况。

张京华、黄曙辉总校，2018年上海古籍出版社出版的柯劭忞撰《新元史》是目前学术界公认的最好版本。

【注释】

①总管府　北周开始设置的区域性军事管理机构。魏晋以来,逐渐形成一些军事指挥区域,即都督区。其长官称都督,都督例兼所驻某州的刺史,兼治军民。大区都督常兼管数州,称为"都督诸州军事"。至隋唐,总管府逐渐由纯军事性质转向兼管军民两政的职能,并且成为普遍的地方常设权力机关。

②宣慰司　属于地方机构,介于省与州之间的一种偏重于军事的监司机构,一般掌管军民之事。宣慰司长官称"宣慰使",是承上启下的一个地方区划的军政最高长官。宣慰司这一机构最早见于金朝。元朝时在全国范围内普遍设立。明、清时则只在少数民族聚居地区设立,宣慰司数量比前朝要少。

方志朝天

明

〔明〕李贤等撰

大明一统志

［广元县］

100
龙门山　一名葱岭。石穴高数十丈，如门，故名。
——〔明〕李贤等撰：《大明一统志》卷六十八《保宁府·山川》，下册第1057页，三秦出版社，1990年

101
潭毒山　在广元县北九十里。
——〔明〕李贤等撰：《大明一统志》卷六十八《保宁府·山川》，下册第1057页，三秦出版社，1990年

102
漫天岭　在广元县东北三十五里。山极高耸，有大漫天小漫天二山。唐罗隐诗："西去休言蜀道难，此中危峻已多端。到头未会苍苍色，争得禁他两度漫。"一名藁本山。
——〔明〕李贤等撰：《大明一统志》卷六十八《保宁府·山川》，下册第1057页，三秦出版社，1990年

103
朝天岭　在广元县北六十里。
——〔明〕李贤等撰：《大明一统志》卷六十八《保宁府·山川》，下册第1057页，三秦出版社，1990年

104
七盘岭　在广元县北一百七十里。一名五盘岭。唐杜甫诗："五盘虽云

险，山色佳有余。仰凌栈道细，俯映江本疏。地僻无网罟①，水清反多鱼。好鸟不妄飞，野人半巢居。喜见淳朴俗，坦然心神舒。东郊尚格斗，巨猾何时除。故乡有弟妹，流落随丘墟。成都万事好，岂若归吾庐。"

——〔明〕李贤等撰：《大明一统志》卷六十八《保宁府·山川》，下册第1057页，三秦出版社，1990年

105

嘉陵江　源出陕西凤县嘉陵谷，经广元、昭化，过剑州至保宁府。其曰：阆水、巴水、渝水、汉水皆此，江之异名。唐杜甫诗："嘉陵江色何所似，石黛碧玉相因依。正怜日破浪花出，更复春从沙际归。巴童荡桨欹侧过，水鸡衔鱼来去飞。阆中胜事可肠断，阆州城南天下稀。"

——〔明〕李贤等撰：《大明一统志》卷六十八《保宁府·山川》，下册第1058页，三秦出版社，1990年

106

潭毒关　在潭毒山上。下瞰大江，路皆滑石，登陟颇艰，为蜀之险要。下有深潭，传云：潭下渊岸，有一铁索，见则兵动。宋绍兴间常见。开禧初又见。果有用兵之应。

——〔明〕李贤等撰：《大明一统志》卷六十八《保宁府·津梁》，下册第1059页，三秦出版社，1990年

107

望云关②　在广元县北四十五里。山势高耸，有若望云。

——〔明〕李贤等撰：《大明一统志》卷六十八《保宁府·津梁》，下册第1059页，三秦出版社，1990年

108

七盘关　在广元县北一百六十里③。

——〔明〕李贤等撰：《大明一统志》卷六十八《保宁府·津梁》，下册第1059页，三秦出版社，1990年

109

龙门阁　在嘉陵江东岸。视他阁，最为险。

——〔明〕李贤等撰：《大明一统志》卷六十八《保宁府·古迹》，下册第1061页，三秦出版社，1990年

110

筹笔驿　在广元县北八十里，蜀汉诸葛亮出师尝驻于此。唐李义山诗："猿鸟犹疑畏简书，风云常为护储胥。徒令上将挥神笔，终见降王走传车。管乐有才终不忝，关张无命欲何如。他年锦里经祠庙，《梁父吟》成恨有余。"

——〔明〕李贤等撰：《大明一统志》卷六十八《保宁府·古迹》，下册第1061页，三秦出版社，1990年

【作品提要】

《大明一统志》是明代官修地理总志，李贤（1408—1467）、彭时（1416—1475）等撰，成书于天顺五年（1461）四月，凡90卷，体例源自《大元大一统志》。此书以当时两京十三布政使司为纲，以及所属一百四十九府为目，下设建置、沿革、郡名、形胜、风俗、山川、土产、公署、学校、书院、宫室、关津、寺观、祠庙、陵墓、古迹、名宦、流寓、人物、烈女、仙释等38门，作简略说明，书末记述相邻近国家或地区的地理形势。凡经书所载，咸在网罗；而子史所传，则举当收录，比较系统而集中地保存了明代政区的有关地理资料。但因纂修时间仓促，参加人员多杂，书中存在地理错置、张冠李戴、以无说有等弊端。古今学者多有批评。

节选部分介绍了朝天境内的龙门山、潭毒山、漫天岭、朝天岭、七盘岭等山川，潭毒关、望云关、七盘关三处津梁，龙门阁、筹笔驿二处古迹。

《大明一统志》除了由明英宗写书序的原版外，还有弘治十八年（1505）慎独斋刊本、万历十六年杨刊归仁斋刊本、天启五年（1625）刊大字本、万寿堂刊本以及1965年台湾的影印本等。也有《四库全书》本。今有1990年三秦出版社出版的《大明一统志》影印本。

【注释】

①网罟（gǔ）　捕鱼及捕鸟兽的工具。

②望云关　在今四川省广元市朝天区沙河镇北，因其山高关雄，时常看到关上云蒸雾绕的情景而得名。嘉庆《大清一统志》卷三九一之《保宁府二·关隘》载："望云关在（广元）县北四十五里，山势高耸，与云霄相望。今名望云铺，设马驿于此。南接问津驿，北接神宣驿。"其建关年代当在中唐。民国元年（1912），撤销驿站，关名亦佚。

③七盘关在广元县北一百六十里　此处记载有误。七盘岭在广元县北一百七十里。七盘关在七盘岭上，亦在广元县北一百七十里。

〔明〕解缙 姚广孝等监修

永乐大典

[朝天岭 漫天岭]

111

朝天岭 《考究图经志》："在广元州北八十里，乃蜀汉之通衢，今有驿焉。"《舆地纪胜》："在利州北五十里。路经绝险，其后即朝天程旧路，在朝天峡。栈阁遂开，此道人甚便之。文与可①有《朝天岭》诗：'山若画屏随峡势，水如衣带转岩阴。'李巽岩亦有诗。《皇朝郡县志》②云：'朝天岭即漫天寨也。'"《青崖文集·登朝天岭》③诗："余来汉中凡三年，大山小山行欲遍。今年复有东川行，大抵势随岗阜转。石头荦确④颠且危，不独心惊梦亦战。利州城北到朝天，又是川行山一变。悬崖皴涩⑤留苔青，石罅阴森郁松蒨⑥。得诗数语疑有神，得酒百杯亦不倦。回环应接奇无穷，乃见平时所未见。落落参军正紫髯⑦，行行御史真铁面。相看大醉复长歌，灭没春鸿天一线。"元张西岩《登朝天岭》诗："昨从鸡关来，意谓崇山峻岭行已遍。不期才上此朝天，道在层层几盘转。石头滑蹄马欲倒，石鼻惊心人亦战。北风忽然吹散岭上云，上有湖石之状千万变。古松何萧森，修竹何葱蒨。乃知造物幻此景，本与行人偿此倦。惜哉到绝顶，恍若失所见。尽将突兀作陂陀⑧，便使山背不及面。回头欲问高几何，下视嘉陵江一线。"《韦先生文集·过朝天岭》："崔嵬陟尽复凌兢，暂舍银鞍杖策行。栈阁架空霄路近，栏干护险晓云平。仰看翠壁层城峻，下瞰长江一带萦。自惜仙才难蜀道，始知难此不虚名。"《太史范公文集·过朝天岭二首⑨》："夜上朝天晓不极，举头惟见苍苍色。回看初日半轮月，下视嘉陵千丈黑。地拆天开此险成，飘萧毛发壮心惊。人间行路难如此，叹息何时险阻平。"《石室先生丹渊集·过朝天岭》："双壁相参万木深，马前猿鸟亦难寻。云容杳杳断鸿意，风色萧萧行客心。山若画屏随峡势，水如衣带转岩阴。生平来往成何事，且倚钩栏拥鼻吟。"王尚书《伊滨集》⑩："石栈冥蒙雨似烟，落花风送锦鞍鞯。只愁满眼春泥滑，不记青林叫杜鹃。曲曲缘云石栈新，更堪风雨送残春。畏途过尽觉恶梦，江水相看逢故人。"

——〔明〕解缙、姚广孝等监修：《永乐大典》卷之一万一千九百八十《十九梗》，第9册第3121—3122页，大众文艺出版社，2009年

112

漫天岭 《考究图经志》："在广元东北五十里。宋乾德间伐蜀兵，由此而入。"《舆地纪胜》："在利州路。《长编》云'乾德二年，王师伐蜀，蜀主烧绝栈道，退保葭萌，遂击金山寨。蜀人退保大漫天寨，拔其寨，追奔至利州北。蜀将王昭远[11]等退保剑门，王全成等入利州。'罗隐[12]《漫天岭》诗云：'西去休言蜀道难，此中危峻已多端。到头未会苍苍色，争得禁他两度漫。'（宋）韩琦[13]《安阳集》：'欲使行人直过难，倚江凌汉任盘盘。纡回到顶终须下，如此天高甚处漫。'（宋）张子野[14]诗：'不独高明不可谩，仍知不似泰山安。五丁破道秦通蜀，却被行人脚下看。'"

——〔明〕解缙、姚广孝等监修：《永乐大典》卷之一万一千九百八十《十九梗》，第9册第3122—3123页，大众文艺出版社，2009年

【作品提要】

《永乐大典》编纂于明永乐年间，由解缙、姚广孝等监修，历时六年（1403—1408）完成，初名《文献大成》，是中国最著名的一部古代典籍，也是迄今为止世界最大的百科全书。全书22937卷，辑录上自先秦、下迄明初的8000余种古书资料，保存了14世纪以前中国历史地理、文学艺术、哲学宗教和百科文献，与法国狄德罗编纂的百科全书和英国的《大英百科全书》相比，都要早300多年，堪称世界文化遗产的珍品。据粗略统计，《永乐大典》采择和保存的古代典籍有8000种之多，数量是前代《艺文类聚》《太平御览》《册府元龟》等书的五、六倍，就是清代编纂的大型丛书《四库全书》，收书也不过3000多种。

《永乐大典》今存明嘉靖年间抄本。1959年，北京图书馆将历年收集到的《永乐大典》原本和胶卷提供予中华书局，与中华书局自己收集到的《永乐大典》复制品一起进行影印出版。2018年，国家图书馆精选《永乐大典》部分珍品向读者开放展示，其中一个展柜展出的单独一册《永乐大典》，是这部巨著的散落残本最近也是最后一次现身。

节选部分记载了有关五盘岭、朝天岭、漫天岭的诗词题咏、相关考证。

【注释】

①文与可（1018—1079） 文同，字与可，自号笑笑先生，人称石室先生，梓州永泰（今四川省盐亭）人。苏轼之表兄。北宋皇祐元年（1049）进士，历任邛州通判、汉州通判、仁寿县令、潮州知府。善画竹。主张画竹前"必得成竹于胸中"，此即成语"胸有成竹"的来源。有《石室先生丹渊集》40卷。

②《皇朝郡县志》 又名《皇州郡县志》，100卷，南宋地理总志，范子长撰。已失传。

③《青崖文集》 元代魏初撰。魏初，字太初，号青崖，元代弘州顺圣（今张家口阳原东城）人。生卒年不详，约元世祖至元初（1264）前后在世，官至南台御史中丞。《元史》有传。焦竑《经籍志》载魏初《青崖集》十卷。《文渊阁书目》亦载魏太初《青崖文集》一部，七册。明初原集尚存，其后乃渐就亡佚。今有《永乐大典》诗文辑本五卷，可见其崖略。

④荦（luò）确 怪石嶙峋貌、坚硬貌。

⑤皴（cūn）涩 皮肤因受冻或受风吹而干裂。此指岩石裂口。

⑥蒨（qiàn） 草木茂盛貌。

⑦紫髯（rán） 借指英勇的将帅。

⑧陂陀（pō tuó） 倾斜，不平坦。

⑨《太史范公文集》 即《范太史集》，55卷，宋范祖禹撰。范祖禹（1041—1098），字淳甫，一字梦得，华阳（今四川省双流县）人。嘉祐八年进士，著名史学家。今存《范太史集》《唐鉴》《帝学》《中庸论》《古文孝经说》。《宋史》有传。

⑩《伊滨集》 24卷，元代史学家、汉人文臣王沂撰写的诗文集。见《四库提要·集部·别集类》。王沂，字思鲁，生卒年不详，元代弘州（今张家口阳原）人。元仁宗延祐二年（1315）进士，官至礼部尚书。曾主持元统元年（1333）科举，以"总裁官"的身份编定《宋史》《辽史》《金史》。

⑪王昭远 五代时后蜀成都人。少时为孟昶侍从。昶即位后，累迁为通奏使，知枢密院事，山南西道节度使、同平章事。好读兵书，以诸葛亮自许。宋军攻蜀，他任北面行营都统，率军抵御。自谓此行何止克敌，取中原易如反掌。及遇宋军，屡战屡败。乾德三年（965），逃奔东川，躲入仓舍，为宋军所

俘。后宋太祖授为左领军卫大将军。

⑫罗隐（833—910） 字昭谏，自号江东里，余杭新城（今浙江富阳）人。晚唐诗人。曾任钱塘令、著作郎、节度判官，迁盐铁发运使。有《江东集》《谗书》等。

⑬韩琦（1008—1075） 字稚圭，自号赣叟，相州安阳（今属河南）人。北宋名将。仁宗时为右司谏，因一次劾罢宰执四人，被时论称颂。又任陕西省安抚使等职，与范仲淹等长期共防西夏而知名。

⑭张子野（990—1078） 张先，字子野，乌程（今浙江湖州吴兴）人，北宋著名词人，人称"张安陆"。善作慢词，与柳永齐名，造语工巧，曾因三处善用"影"字，世称"张三影"。著有《安陆集》，长调颇多。张先曾任安陆县知县，天圣八年进士，官至尚书都官郎中，晚年退居湖杭之间，曾与梅尧臣、欧阳修、苏轼等游。

〔明〕官撰

寰宇通衢

[神宣驿　沙河驿]

113

一路马驿,八十二驿四千七百九十五里。

五十里至陈仓驿,六十五里至东河桥驿,六十里至草凉楼驿,六十里至梁山驿,六十里至三岔驿,六十里至松林驿,六十里至安山驿,六十里至马道驿,六十里至开山驿,六十里至黄沙驿,六十里至顺政驿,六十里至青阳驿,六十里至金牛驿,六十里至柏林驿,六十里至黄坝驿,六十里至神宣驿①,六十里至沙河驿②,七十里至龙潭驿,六十五里至柏林驿,四十里至施店驿,五十里至槐树驿,七十五里至锦屏驿,六十里至隆山驿,六十里至柳边驿,六十里至富村驿……六十里至锦官驿。

——〔明〕官撰,杨正泰点校:《寰宇通衢》之《京城至四川布政司并所属各府各卫》,杨正泰《明代驿站考》(增订本)之《附录一》,第176—177页,上海古籍出版社,2006年

【作品提要】

《寰宇通衢》,一卷,明洪武中官撰。明太祖朱元璋以舆地之广,不可无书记载,便命翰林儒臣以天下道里之数编类为书。洪武二十七年(1394)九月二十三日编成,赐名《寰宇通衢》。全书由南京到各省、府、卫、道、驿站以及彼此之间的路程、里数都收罗其中。《寰宇通衢》是记述明初驿路的官撰地志,在文献学和历史地理学中都有重要的地位。今有影印国家图书馆藏明初刻本《寰宇通衢》(不分卷),内府藏本题一卷。2006年上海古籍出版社出版的《明代驿站考》(增订本),书后附有杨正泰的点校本《寰宇通衢》。

节选部分介绍了明代时从陕西省宝鸡经褒城、四川省广元到成都的马驿驿站路程、里数。其中,广元市朝天区境内的驿站有三:神宣驿、朝天驿、沙

河驿。

【注释】

①神宣驿　亦名神宣马驿、神宣军站，明正德十年陆驿铺送公文所设，秦蜀之要冲。属保宁府广元县。即今四川省广元市朝天区中子镇宣河村。相传唐天宝十五载，唐明皇避"安史之乱"奔蜀，走到此地，天已大亮，驿民夹道叩拜。明皇见此，深受感动，走向神台向百姓宣诏：朕当痛改前非，惩奸彰忠，重现开元之治，治乱镇边，再扬盛世之国威，以慰宗祖以报民德。后人将此地命名"神宣驿"。嘉靖《汉中府志》（卷二）记："栈道原设夫马比别郡减少，因国初有充发安置甲军（罪军）……以供走递，故设立军站，与民驿协济公家者也。"清代时，神宣马驿（神宣军站）改名神宣驿。清顾祖禹《读史方舆纪要》（卷六十八·四川三）载："神宣马驿，在县北百三十里。明正德十年，并置递运所于此。"

②沙河驿　在今四川省广元市北30公里处。南宋绍兴二十一年（1151），川北降暴雨，嘉陵江水涨，鱼洞河山洪暴满与嘉陵江争江，沙河场积水，淤沙掩埋房舍百间，淤沙堆积数丈，沙河由此得名。南宋淳熙三年（1176）置沙河驿。明正德《四川总志·公署》："明洪武中，同知贾讷建……沙河马驿，（广元）治北四十里。"

〔明〕陈循等撰

寰宇通志

[广元县]

114

潭毒山　在广元县北九十里。

漫天岭　在广元县东（北）三十五里，山极高耸。有大漫天小漫天二山。唐罗隐诗："西去休言蜀道难，此中危峻已多端。到头未会苍苍色，争得禁他两度漫。"一名藁本山。

朝天岭　在广元县北六十里。

七盘岭　在广元县北百七十里。一名五盘岭。唐杜甫诗："五盘虽云险，山色佳有余。仰凌栈道细，俯映江木疏。"

——〔明〕陈循等撰：《寰宇通志》（第6册）卷之六十三《保宁府·山川》，《玄览堂丛书续集》（第二辑），第15册第7—8页，台湾"国立中央图书馆"中正书局，1985年

115

沙河驿　在广元县北四十里。

朝天驿　在广元县北八十里。

神宣驿　在广元县北百三十里。

——〔明〕陈循等撰：《寰宇通志》（第6册）卷之六十三《保宁府·馆驿》，《玄览堂丛书续集》（第二辑），第15册第13页，台湾"国立中央图书馆"中正书局，1985年

116

将军桥　在广元县北四十里[①]。

——〔明〕陈循等撰：《寰宇通志》（第6册）卷之六十三《保宁府·桥梁》，《玄览堂丛书续集》（第二辑），第15册第15—16页，台湾"国立中央图书馆"中正

书局，1985年

117

潭毒关　在广元县北潭毒山上，下瞰大江，路皆滑石，登涉颇艰，为蜀口之险要。下有深潭，传云潭下渊岸，有一铁索，见则兵动。宋绍兴间常见，开禧元年又见，果有用兵之应。

望云关　在广元县北四十五里。山势高耸，有若望云。

七盘关　在广元县北百六十里②。

——〔明〕陈循等撰：《寰宇通志》（第6册）卷之六十三《保宁府·关隘》，《玄览堂丛书续集》（第二辑），第15册第17页，台湾"国立中央图书馆"中正书局，1985年

118

筹笔驿　在广元县，蜀汉诸葛亮出师尝驻于此。唐人有诗。

龙门阁　在嘉陵江东岸。视他阁最为险固。杜甫诗："清江下龙门，绝壁无尺土。"

——〔明〕陈循等撰：《寰宇通志》（第6册）卷之六十三《保宁府·古迹》，《玄览堂丛书续集》（第二辑），第15册第21—22页，台湾"国立中央图书馆"中正书局，1985年

119

筹笔驿　唐李商隐诗："猿鸟犹疑畏简书③，风云常为护储胥④。徒令上将挥神笔⑤，终见降王走传车⑥。管乐有才真不忝⑦，关张无命欲何如⑧。他年锦里经祠庙⑨，《梁父吟》成恨有余⑩。"

——〔明〕陈循等撰：《寰宇通志》（第6册）卷之六十三《保宁府·题咏》，《玄览堂丛书续集》（第二辑），第15册第31—32页，台湾"国立中央图书馆"中正书局，1985年

【作品提要】

明代官修地理总志。永乐十六年（1418），夏原吉等受命纂修《天下郡县志》，书未成。景泰五年（1454）七月，为继承此业，复遣进士王重等二十九

人分行全国各地，博采有关舆地事迹，又命陈循、高谷、王文等总裁纂修。景泰七年（1456）五月书成。共119卷，以景泰五年政区建制为断限，记载了两京十三布政使司所辖府一百五十一、直隶州三十七、属州一百八十一、县一千零九十三；两京都督府的十六个都指挥使司、四个行都指挥使司、中都留守司所属的三百七十四卫，千户所二百三十八；以及设于四川省、云南省、贵州省的宣慰、宣抚、安抚、招讨、长官等各土司，最后为"外夷"各国。该书所载景泰时的政区，为以后的《大明一统志》《大明会典》《明史》所不载。书修成后，适夺门之变事发，景泰帝退位，未能颁行。天顺二年（1458），明英宗朱祁镇为不使景泰帝有修志之美誉，以它"繁简失宜，去取未当"为词，命李贤、彭时等重编《大明一统志》，以传后世。《一统志》颁行后，《寰宇通志》即遭毁版，流传甚少。流传至今的三套《寰宇通志》都是景泰七年司礼监刻本。1947年，现代作家、文学评论家、文学史家、考古学家郑振铎将其收入《玄览堂丛书续集》印行。据《中国古籍善本目录》，目前国内收藏《寰宇通志》原本的有两家：天津图书馆和天一阁。天津图书馆保存的是一套全本，应该就是郑振铎据以影印的原本。

节选部分主要介绍了四川省广元市朝天区境内的潭毒山、漫天岭、朝天岭、七盘岭等山川，将军桥、沙河驿、朝天驿、神宣驿三处馆驿，潭毒关、望云关、七盘关三处关隘，筹笔驿、龙门阁二处古迹。

【注释】

①将军桥在广元县北四十里　此处误。在今四川省广元市利州区嘉陵街道将军桥社区。南宋时，驻扎在利州的将军曹友闻，在率兵北上抗击蒙古大军时，逢山洪暴发无法通行，遂令军士搭建一座简易的木桥供军民通过。后曹友闻战死，当地百姓为之纪念，遂将此桥命名为"将军桥"。今仅存遗址。

②七盘关在广元县北百六十里　此处记载有误。七盘岭在广元县北一百七十里。七盘关在七盘岭上，亦在广元县北一百七十里。

③猿鸟犹疑畏简书　诸葛亮治军严明，连猿鸟都畏惧他的军令。疑：惊惧。简书：古人把文字写在竹简上，称为简书。此指军令。

④风云常为护储胥　风云也护卫着当年的营盘。储胥：驻军用的篱栅。此指军营。

⑤徒令上将挥神笔　上将：指诸葛亮。挥神笔：指筹划军事。

⑥终见降王走传车　降王：指后主刘禅。魏景元元年（263），邓艾伐蜀，后主刘禅出降，东迁洛阳，经过筹笔驿。传车：古代驿站用车。

⑦管乐有才真不忝　管：管仲，春秋时齐相，辅佐齐桓公成就霸业。乐：乐毅，战国时燕国大将，曾大破齐国。诸葛亮躬耕南阳时，常自比管仲、乐毅。不忝（tiǎn）：不愧。

⑧关张无命欲何如　关：关羽。孙权派吕蒙袭荆州，关羽遇害。张：张飞。刘备伐吴时，张飞被部将杀害。无命：谓关、张皆非善终。

⑨他年锦里经祠庙　他年：往年。锦里：在今四川省成都市城南，有武侯祠。

⑩《梁父吟》成恨有余　《梁父吟》：古乐府名。诸葛亮在南阳时，好为《梁父吟》。此处借《梁父吟》转指自己的咏史诗。

[明]黄汴撰

一统路程图记

[七盘关　神宣驿　朝天驿　朝天岭　沙河驿]

120

北京至陕西、四川路：

顺天府。四十里卢沟河。三十里良乡县。六十里涿州……五十里至陕西布政司西安府长安县、咸宁县京兆驿。北京至此二千四有十五里。四五十里渭水驿……五十二里鸡头关。八里褒城县开山驿。东五十里至汉中府。南五十里至黄沙驿。至此，路始平。四十里沔县顺政驿。六十里青阳驿。四十里五丁峡金牛驿。六十里柏林驿。十里宁羌州。五十里黄坝驿，并属沔县。六十里过七盘关界，神宣驿。七十里朝天驿。西北去剑州，即朝天岭，属保宁府广元县。六十里沙河驿。七十里龙潭驿。六十五里柏林驿。四十里里施店驿。五十里槐树驿。七十五里保宁府阆中县锦屏驿。六十里隆山驿。六十里至柳边驿南部县。六十里至富村驿……六十里云溪驿。六十里秋林驿。六十里潼川州皇华驿。六十里建宁驿。五十里中江县五城驿。六十里古店驿。六十里汉州广汉驿。六十里新都县新都驿。四十里至四川布政司成都府成都县、华阳县锦官驿。西安府至此一千九百六十里。北京至此四千三百一十里。

——[明]黄汴撰：《一统路程图记》卷一《北京至十三省水陆路·四·北京至陕西四川路》，杨正泰《明代驿站考》（增订本）之《附录二》，第210页，上海古籍出版社，2006年

121

朝天驿西北剑门路：

朝天驿。二十五里广元县①。廿里昭化县。廿里剑门关。八十里剑州。百廿里梓潼县。百三十里绵州。九十里罗江县。百里德阳县。九十里汉州。六十里新都县。四十里至成都府。

——〔明〕黄汴撰：《一统路程图记》卷一《北京至十三省水、陆路·四·北京至陕西、四川路》，杨正泰《明代驿站考》（增订本）之《附录二》，第210—211页，上海古籍出版社，2006年

122

四川至陕西，一由连云栈②，即韩信明修之道；一由陈仓，即韩信之渡者道，在凤县南一百里，桑平铺而入，至沔县百丈坡而出，路长二百余里，今荒塞不通，非今之陈仓驿也。……至褒城县地始平。本县四百四十里至蜀朝天驿，即朝天岭，极高峻。西南由保宁府驿道达于成都，西北由剑州剑门关达于汉州入成都。

——〔明〕黄汴撰：《一统路程图记》卷一《北京至十三省水、陆路·四·北京至陕西、四川路》，杨正泰《明代驿站考》（增订本）之《附录二》，第210—211页，上海古籍出版社，2006年

【作品提要】

徽商黄汴（生卒年不详）编纂的《一统路程图记》是明代第一部由商贾编纂路程图的专著。该书绘制了北京、南京及各省的重要地名及主要交通路线，并附录山川险夷、著名物产、治安好坏等。人们外出时可检索路引目录，查找相关地名，便知行程里距和沿途情况。《一统路程图记》以内容丰富、实用而著称，开创了明代商程书、商业用书、商人书的先河。尔后商业书与商人书编著不断，现存的有数十种，对研究我国商业、交通、水利、历史地理、地名学、物产、物价、民情、风俗、社会、文化等方面都是第一手的珍贵资料，对帮助研究明清社会、经济、文化有很高的学术价值。

节选部分介绍了北京至陕西省、四川省的驿路，广元市朝天区境内有神宣驿、朝天驿、沙河驿三个驿站。

《一统路程图记》国内有吴帕校钞本，藏于复旦大学图书馆，胡文焕校刻本藏于上海图书馆，另名《新刻水陆路程便览》残本和胡文焕精刻本藏于北京图书馆。杨正泰先生整理，收录在2006年上海古籍出版社出版的《明代驿站考》（增订本）中。

【注释】

①广元县　古旧县名。明洪武二十二年（1389）降广元州置，治今四川省广元市。属保宁府。1985年撤销，改设广元市。

②连云栈　即北栈道。见第103页《析津志·天下站名》之"连云栈"注。

〔明〕程春宇辑

士商类要

[七盘关　神宣驿　朝天岭　沙河驿]

123

　　金牛驿^①。后有金牛沱。四十里过五丁峡，二十里至柏林驿。十里至宁羌州。五十里黄坝驿。六十里，过七盘关界。神宣驿。四十里朝天岭。岭极高峻，西北去剑州。西南三十里沙河驿。六十里至利州卫^②。

——〔明〕程春宇辑：《士商类要》卷之二《九〇·北京由陕西至四川省陆路》，杨正泰《明代驿站考》（增订本）之《附录三》，第346—347页，上海古籍出版社，2006年

【作品提要】

　　《士商类要》是明天启六年（1626）文林阁唐锦池刻印的士商用书。共4卷，明代新安人程春宇（生卒年不详）撰。该书并不是单纯写给商人的读物，它的读者对象也包括了一般读书人在内，不过因为书中的主要内容大多与经商有关，所以将之归入商业书一类。书中的内容相当丰富，不仅有交通、地理方面的，如一百条水陆路引（《路程指引》）；也有大量商业方面的，如《客商规略》；还有很多有关饮食、起居、修身等方面的禁忌常识。和其他商业书不同的是，《士商类要》中还用一定的篇幅介绍了一些历史知识，如各地王府分布情况、王孙的官职俸禄等，这也是此书的一大特色所在。为了便于商人理解和记忆，许多内容都被编成格言、诗歌或顺口溜，读起来朗朗上口。《士商类要》虽未收入《四库全书》，但是它对于经济社会发展曾起过积极作用，其文献价值也不低于其他史书。

　　节选部分介绍了由陕入川经七盘关、神宣驿、朝天岭、沙河驿至广元的驿路。

　　新安原版《士商类要》现藏日本东京大学东洋文化研究所图书馆。1987

年，斯波义信教授将它的复印本寄赠谭其骧教授。杨正泰教授利用谭其骧教授相赠的复印本进行点校，其整理本收录在2006年上海古籍出版社出版的《明代驿站考》（增订本）附录中。

【注释】

①金牛驿　唐置，即今陕西省宁强县大安驿，为凤翔、兴元和广元、成都间交通要驿。唐代李商隐有诗《行至金牛驿寄兴元渤海尚书》："楼上春云水底天，五云章色破巴笺。诸生个个王恭柳，从事人人庾杲莲。六曲屏风江雨急，九枝灯燄夜珠圆。深惭走马金牛路，骤和陈王白玉篇。"

②利州卫　明洪武三十一年（1398）置，治今四川省广元市。属四川省都指挥使司。后废。

〔明〕王士性撰

五岳游草（节选）

戊辰，行十余里过溪。溪南北树二棹稧①，则秦蜀分矣。南崖有关。杜陵云："五盘虽云险，山色佳有余。"今益之为七盘②。一宿神宣③而发。循溪行，远见石岩横关，溪流乃其下。一洞如堂皇，穿山而过。稍见天，又穿一石，如是者三。乃出谷。水落时可蹑石而游，名乾龙洞。无有龙在。洞口石山，圆如车盖。百丈顶又起一名，石如浮图。大奇也。下山则见嘉陵江。度峭壁为明月峡。其上则朝天岭。上下约二十余里。若度重霄矣。下宿沙河④。己巳，从千佛崖⑤至广元县，即古利州也。

——〔明〕王士性撰：《五岳游草》卷五《入蜀记（上）》，清康熙三十一年影印本，第174—175页

【作品提要】

《五岳游草》，十卷，明代杰出的人文地理学家王士性（1547—1598）撰。该书在内容编排上，以五岳（嵩、岱、华、衡、恒）为首，其次大河南北（包含北直隶、河南、陕西省、山西、山东诸省），再次吴（即南直隶），再次越（即作者家乡浙江省），第五蜀（四川省），第六楚（湖广、江西两省），最后为滇粤（广东、广西、云南、贵州诸省）。记述内容除五岳之外，还包括峨眉、武当、匡庐、雁宕、天台以及桂林、云南等名山胜景。作者历宦南北，每行经一处，必留意于当地山川形胜、历史典故、风土人情，这在《西征历》《吴游纪行》《入蜀记》等篇中体现尤为突出。王士性被誉为中国人文地理学的开山鼻祖。此书所体现出来的地理学思想和成就以及所保存下来的宝贵的地理资料，足使王士性跻身于我国历史上的大地理学家之列。

节选部分记述了由陕入川经七盘关、神宣驿、乾龙洞（龙门洞）、嘉陵

江、明月峡、朝天岭、沙河驿至广元的自然风光。

今有2006年中华书局出版的周振鹤点校本《五岳游草》。

【注释】

①棹稧（zhào qiè）　棹：船桨。稧：禾秆。

②七盘　指七盘关。在今四川省广元市朝天区中子镇转斗铺与陕西省宁强县汉源镇交界处，地当川陕交通要隘。明崇祯十年（1637），李自成率军自秦州由此入蜀。

③神宣　即神宣驿，今四川省广元市朝天区中子镇宣河村。见第121页明代官撰《寰宇通衢》之"神宣驿"注。

④沙河　即沙河驿。见第121页《寰宇通衢》之"沙河驿"注。

⑤千佛崖　又名千佛岩，在今四川省广元市利州区北、嘉陵江东岸。石窟造像始于南北朝，盛于唐，迄于清，历经千余年，从而形成一座佛崖长388米、高45米，造像950余龛、7000余尊的佛教石刻艺术宝库。佛龛层叠分布，密如蜂巢，是四川省规模最为宏伟的石窟群。1961年被国务院公布为第一批"全国重点文物保护单位"，2012年被命名为"国家AAAA级旅游景区"。

〔明〕程百二等撰

方舆胜略

[广元县]

125

龙门山　广元。一名葱岭①。
七盘岭　广元。一名五盘岭。
潭毒关　潭毒山②上。七盘关、望云关，俱广元北。
筹笔驿　在广元，孔明出师驻此。
龙门阁　在嘉陵江东岸。石壁斗立，不易登。

——〔明〕程百二等撰：《方舆胜略》卷十《四川·保宁府》，明万历三十八年刻本

【作品提要】

《方舆胜略》，18卷，明万历二十六年（1598）新安人程百二（1573—1629）等撰。该书以明代陆应旸《广舆记》为底本，参考《大明一统志》编辑而成，成为明代通俗地理学的开山祖。书附《外夷》（6卷）被转载于《世界舆地全图》，首开汉籍引入西洋地图的先河。程百二，名开敏，字幼舆，徽州休宁人，明代后期以布衣著称的学者，也是书商、坊刻家。其《程氏丛刻》，不仅在当时被作为名版，至今也仍为国家级善本书。

节选部分介绍了龙门山、七盘岭、潭毒关、筹笔驿、龙门阁等山川古迹。

《方舆胜略》版本，有明万历三十八年（1610）刻本，收入《四库毁禁丛刊》。

【注释】

①葱岭　即龙门山，在今四川省广元市朝天区北，相传因山上生葱或山崖葱翠得名。
②潭毒山　古山名。在今四川省广元市朝天区朝天镇龙门村。南宋绍兴二年（1132），刘子羽为抗击金兵，筑垒于潭毒山，即此。

〔明〕陆应旸撰 〔清〕蔡方炳增订

广舆记

[广元县]

126

七盘关。望云关。百丈关①。锦屏驿。柳边驿。问津驿②。

——〔明〕陆应旸撰，〔清〕蔡方炳增订：《广舆记》卷之十六《四川·保宁府·关梁》，清康熙增订本

127

筹笔驿 在广元县，孔明出师驻此。

龙门阁 在广元嘉陵江东岸。石壁斗立，势颇奇险，不易登。

——〔明〕陆应旸撰，〔清〕蔡方炳增订：《广舆记》卷之十六《四川·保宁府·古迹》，清康熙增订本

【作品提要】

《广舆记》，24卷，稀有珍贵地志资料，康熙二十五年（1686）成书。全书地图皆列于卷首第一册，共18幅，称之为"广舆图"。图后各卷是各省图记，内容大略分建制沿革、形胜、山川、土产、祠庙、名宦、人物、烈女、仙释等15项。该书原为明代陆应旸（约1572—约1658）编纂，经清代蔡方炳（1626—1709）增订为《重订广舆记》，内容较陆氏《广舆记》更加完备、准确，是一部以图记名之的古代中国地图集，同时也是研究明、清地图史的重要版本。在明末至清末地图发展史中，该书处于承上启下的位置，具有很高的收藏和研究价值。

节选部分介绍了七盘岭等山川，七盘关、望云关等关隘，问津驿等馆驿，筹笔驿、龙门阁等古迹。

《广舆记》版本有明万历初刻本、清康熙二十五年（1686）宝翰楼刻本，还有清初在万历本上挖改的版本。

【注释】

①百丈关　明置，在今四川省旺苍县东河镇。顾祖禹《读史方舆纪要》卷六十八："百丈关在县东一百六十里。关旁有河，深百丈，亦曰百丈关渡。道出巴州。洪武中，与七盘、二郎诸关，皆有兵戍守。"

②问津驿　原名嘉陵驿，在今四川省广元市利州区上西坝。唐姚鹄《问津驿》诗云："楼压寒江上，开帘对翠微。斜阳诸岭暮，古渡一僧归。窗迥云冲起，汀遥鸟背飞。谁言坐多倦，目极自忘机。"

〔明〕刘大谟 杨慎等纂修

（嘉靖）四川总志

[广元县]

128

潭毒山，广元县北九十里。龙门山，一名葱岭，石穴高数十丈，如门。七盘岭，一名五盘岭，在广元县北一百七十里，杜甫诗："五盘虽云险，山色佳有余。"

——〔明〕刘大谟、杨慎等纂修：（嘉靖）《四川总志》卷六《保宁府》，北京图书馆古籍珍本丛刊42·史部·地理类，第123页，书目文献出版社，1998年

129

大漫天岭、小漫天岭，一名藁本山，二岭相连，在广元县东北二十五里。唐罗隐诗："西去休言蜀道难，此中危峻已多端。"

——〔明〕刘大谟、杨慎等纂修：（嘉靖）《四川总志》卷六《保宁府》，北京图书馆古籍珍本丛刊42·史部·地理类，第124页，书目文献出版社，1998年

130

朝天岭，广元县北六十里。凤岭[①]，在昭化县南，旧有凤楼其上。九井滩，广元县北一百八十里。

——〔明〕刘大谟、杨慎等纂修：（嘉靖）《四川总志》卷六《保宁府》，北京图书馆古籍珍本丛刊42·史部·地理类，第124页，书目文献出版社，1998年

131

沙河马驿，治北四十里。朝天水驿，治北八十里。神宣马驿，治北一百一十里。九井水驿，治北一百八十里。

——〔明〕刘大谟、杨慎等纂修：（嘉靖）《四川总志》卷六《保宁府·公署·广元县治》，北京图书馆古籍珍本丛刊42·史部·地理类，第125页，书目文献出版社，1998年

132

石柜阁。在昭化县②。

——〔明〕刘大谟、杨慎等纂修：（嘉靖）《四川总志》卷六《保宁府·宫室》，北京图书馆古籍珍本丛刊42·史部·地理类，第126—127页，书目文献出版社，1998年

【作品提要】

明代官修的四川省志有四部：正德十三年（1518）《四川总志》37卷，明熊相纂修；嘉靖二十一年（1542）《四川总志》80卷，明刘大谟、杨慎等纂修；万历九年（1581）《四川总志》34卷，明虞怀忠修，郭棐纂；万历四十七年（1619）《四川总志》27卷，明吴之皞修，杜应芳等纂。此四部皆有版本传世。

嘉靖《四川总志》在明清所修四川省志中有着较高的地位，主要表现在：在明清两代所修的四川省志中，嘉靖《四川总志》的水平是很高的、很有文采的；嘉靖《四川总志》对明代后来所修的《四川总志》有着发凡起例的作用；嘉靖《四川总志》中的《全蜀艺文志》具有很高的学术价值；嘉靖《四川总志》对今天方志研究有着重要作用。

节选部分介绍了潭毒山、龙门山、漫天岭、朝天岭、朝天峡、九井滩等山川形胜，沙河马驿、神宣马驿、朝天水驿、九井水驿的方位里程，飞仙阁等古迹，潭毒关、望云关、七盘关等关隘。

现存最早的嘉靖《四川总志》，是嘉靖二十四年（1545）刊本。1996年，书目文献出版社出版的《北京图书馆古籍珍本丛刊》第42册收有国家图书馆藏本的影印本。

【注释】

①凤岭　在今四川省广元市利州区南。晋永康二年（301），有凤栖此岭，故名。清道光四年（1824），邑令谢玉珩倡建"崇文塔"一座，此岭易名"塔子山"。

②石柜阁在昭化县　此处误。石柜阁指今四川省广元市利州区北的千佛崖石窟，具体位置在石窟南端（石拱桥北端）。因唐代杜甫诗《石柜阁》而著名。

〔明〕虞怀忠纂修

（万历）四川总志

［广元县］

133

潭毒山，在广元北九十里。龙门山，西一百四十里。一名葱岭。石穴高数十丈，如门。

——〔明〕虞怀忠纂修：（万历九年）《四川总志》卷之十一《郡县·保宁府·山川》，两淮盐政采进本影印

134

七盘岭，一名五盘岭，在广元县北一百七十里。杜甫诗："五盘虽云险，山色佳有余。"

——〔明〕虞怀忠纂修：（万历九年）《四川总志》卷之十一《郡县·保宁府·山川》，两淮盐政采进本影印

135

大漫天岭、小漫天岭，一名藁本山，二岭相连，在广元县东北二十五里。唐罗隐诗："西去休言蜀道难，此中危峻已多端。"

——〔明〕虞怀忠纂修：（万历九年）《四川总志》卷之十一《郡县·保宁府·山川》，两淮盐政采进本影印

136

朝天岭，广元县北六十里。朝天峡，在广元县。九井滩，广元县北一百八十里。

——〔明〕虞怀忠纂修：（万历九年）《四川总志》卷之十一《郡县·保宁府·山川》，两淮盐政采进本影印

137

沙河马驿，治北四十里。神宣马驿，治北一百二十里。

——〔明〕虞怀忠纂修：（万历九年）《四川总志》卷之十一《郡县·保宁府·公署·广元县治》，两淮盐政采进本影印

138

潭毒关。七盘关。望云铺。沙河渡①。将军桥。石栏桥。

——〔明〕虞怀忠纂修：（万历九年）《四川总志》卷之十一《郡县·保宁府·津梁》，两淮盐政采进本影印

139

自成都府锦官驿，由府属之新都军站广汉驿北，由潼川州境古店军站五城驿、建亭军站皇华驿、秋林军站云溪驿，保宁府境富村军站柳边驿、龙山军站锦屏水马驿、槐树军站、施店军站、柏林军站柏林递运所、龙潭军站问津水马驿、沙河军站、神宣军站神宣递运所②，抵陕西宁羌州境，为北陆路。

又自陕西汉中南界水路，由九井驿③、朝天驿、问津驿、龙滩驿、虎跳驿、苍溪驿、盘龙驿，顺庆府境龙溪驿、平滩驿、嘉陵驿，重庆府境太平驿、合阳驿、土沱驿，至重庆府，入大江，为北水路。

——〔明〕虞怀忠纂修：（万历九年）《四川总志》卷之二十《经略志二·驿传》，两淮盐政采进本影印

【作品提要】

《四川总志》原为明嘉靖刘大谟、杨慎等纂修，后郭棐于万历九年（1581）受当时任四川省巡抚的虞怀忠委托，纂成《四川总志》34卷。此志承嘉靖《四川总志》重修，开修于万历七年（1579），稿成后，至万历九年（1581）薛梦雷任四川省巡抚时始成书刊行，其后间有补版，一些门类纪事延续至万历十二年（1584）。此志在山川古迹、民俗风物、赋税物产、科举人物、书院寺观以及艺文等方面颇有史料价值。

节选部分介绍了潭毒山、龙门山、七盘岭、漫天岭、朝天岭、朝天峡、九

井滩等山川，沙河马驿、神宣马驿的方位里程，飞仙阁等古迹，潭毒关、七盘关、望云铺等关隘铺驿，沙河渡、将军桥等津梁，以及由成都经广元、朝天入陕西省的陆路和汉中经朝天、广元、苍溪至重庆的水路。

现存万历九年（1581）原刻本。

【注释】

①沙河渡　亦名深渡。在今四川省广元市朝天区沙河镇飞仙关下，踞嘉陵江上游之要冲。清乾隆《广元县志》载："渡口北枕沙河驿，津亦取名焉。"见第45页《异录记》之"深渡"注。

②沙河军站、神宣军站　严耕望《唐代交通图考》载，明代时，陕西省长城沿边的宁夏卫和川陕路上置有军站。沙河军站即沙河驿，神宣军站即神宣驿。明嘉靖《汉中府志》载："栈道原设夫马比别郡减少，因国初有充发安置甲军（罪军）……以供走递，故设立军站，与民驿协济公家者也。"

③九井驿　在今四川省广元市朝天区大滩镇新生村。唐武德四年（621），因民众自发在此挖井九口，年产盐千余石而得名。唐贞观后，金牛道多从七盘关入蜀，不再循嘉陵江岸行或经白水关入剑门，九井驿风光不再。

〔明〕曹学佺撰

蜀中名胜记

[广元县]

140

其见诸经传者，曰嶓冢山，原为漾水，即西汉水也。曰潜水，出绵谷之龙门山，《禹贡》"岷嶓既艺，沱潜既道"。《汉书》注云："潜水从汉中沔阳县南流，至梓潼汉寿县，入穴中，通冈山下西南潜出，今名复水，旧说即《禹贡》潜水也。"

——〔明〕曹学佺撰，刘知渐点校：《蜀中名胜记》卷之二十四《川北道·广元县》，第363页，重庆出版社，1984年

141

曰丙穴，地在沔水之南，出鱼肥美。《诗疏》云："沔南丙穴"，是也。

——〔明〕曹学佺撰，刘知渐点校：《蜀中名胜记》卷之二十四《川北道·广元县》，第363页，重庆出版社，1984年

142

曰明月峡。晏殊《类要》云："三峡谓巫峡、巴峡、明月峡也。"惟明月峡乃在此郡界。

——〔明〕曹学佺撰，刘知渐点校：《蜀中名胜记》卷之二十四《川北道·广元县》，第363页，重庆出版社，1984年

143

其驿路，有曰问津。《志》云："昔孔明行师，于此问津，故名。"按即古嘉陵驿也。在治西一里，后魏嘉川县设焉。唐姚鹄《嘉川驿楼晚望》诗："楼压寒江上，开帘对翠微。斜阳诸岭暮，古渡一僧归。窗迥云冲起，

汀遥鸟背飞。谁言坐多倦，目极自忘机。"文同《嘉川道中寄周正孺》诗云："草木春深处，山川雨过时。清佳常满目，衰倦敢忘诗。好尚旧若此，飘零今比谁。争如画堂上，日日听新词。"又《嘉川驿》诗云："嘉川之西过新栈，几里朱栏绕青壁。我行落月尚在水，水影照人襟袖白。繁英杂缀修蔓上，绿锦缅①带垂百尺。清香满马去未休，莱尔春风慰行客。"

——〔明〕曹学佺撰，刘知渐点校：《蜀中名胜记》卷之二十四《川北道·广元县》，第364页，重庆出版社，1984年

144

南去有望喜驿，今废。元稹诗云："满眼文书堆案前，眼昏侵得暂时眠。子规惊觉灯又灭，一道月光横枕边。"李义山诗云："嘉陵江水此东流，望喜楼中忆阆州。若到阆州还赴海，阆州应更有高楼。"其二云："千里嘉陵江水色，含烟带月碧于蓝。今朝相送东流后，犹自驱车更向南。"

——〔明〕曹学佺撰，刘知渐点校：《蜀中名胜记》卷之二十四《川北道·广元县》，第364页，重庆出版社，1984年

145

北为栈阁道。刘禹锡《山南西道②新修驿路记》云："我之提封，距右扶风、触剑阁，千一百里。自散关抵褒城，次舍十有五（牙门将贾黪③董之）。自褒而南，逾利州至于剑门，（次舍）十有七（同节度副使石文颖董之）。道涂次舍，可见于此。"又云："栈阁凌虚，下临岭砑，层崖峭绝，枘木缅④铁，因而广之，限以钩阑。狭径深陉，从而拓之，方驾从容。栈阁之制，亦可想也。"欧阳詹《栈道铭》："斜根玉垒，旁缀青泥。总庸蜀之道涂，统岐雍之康庄。"

——〔明〕曹学佺撰，刘知渐点校：《蜀中名胜记》卷之二十四《川北道·广元县》，第364—365页，重庆出版社，1984年

146

其最险者，为石栏桥。《方舆》云："自城北至大安军界管，桥栏阁共万五千三百六十一间，惟石栏、龙洞二阁著名。"冯钤干田云："其它阁道虽险，然在山腰，亦微有径，可以增置阁道。惟此阁，石壁斗立，虚凿石窍而架木其上，比他处极险。"沈佺期《过蜀龙门阁》诗："龙门非禹凿，

诡怪乃天功。西南出巴峡，不与众山同。长窦亘五里，宛转复嵌空。伏湍煦潜石，瀑水生轮风。流水无昼夜，喷薄龙门中。潭河势不测，藻葩垂彩虹。我行当季月，烟景共春融。江关勤亦甚，巀嶭⑤意难穷。誓将息机事，炼药此山东。"岑参《赴犍为经龙阁道》诗云："侧径转月壁，危梁透沧波。汗流出鸟道，胆碎窥龙窝。骤雨暗溪谷，归云网松萝。屡闻羌儿笛，厌听巴童歌。江路险复永，梦魂愁更多。圣主幸典郡，不敢嫌岷峨。"杜甫《龙门阁》诗："清江下龙门，绝壁无尺土。长风驾高浪，浩浩自太古。危涂中萦盘，仰望垂线缕。滑石欹谁凿，浮梁袅相拄。目眩陨杂花，头风吹过雨。百年不敢料，一坠那得取。"

《本志》："北十里千佛崖，即古龙门阁⑥。先是悬崖架木，作栈而行，后凿石为千佛像。成通衢矣。"

——〔明〕曹学佺撰，刘知渐点校：《蜀中名胜记》卷之二十四《川北道·广元县》，第365页，重庆出版社，1984年

147

按龙门山，亦云葱岭山。《梁州记》云："葱岭有石穴，高数十丈，其状如门，号为龙门。"又云："山东南有玉女山。山上有一石穴，中若房宇，有玉女八人不出。穴前修竹下有石坛，风来动竹，扫坛如帚。"又云："山北有燕子谷，中有好磬石，即《志》所称石燕山。"

——〔明〕曹学佺撰，刘知渐点校：《蜀中名胜记》卷之二十四《川北道·广元县》，第366页，重庆出版社，1984年

148

又北三十里，有大小漫天，岭极高峻。罗隐诗云："西去休言蜀道难，此中危峻已多端。到头未会苍苍色，争得禁他两度漫。"高骈诗云："万水千山音信稀，空劳魂梦到京畿⑦。漫天岭上频回首，不见虞封泪满衣。"岭上有寺，元稹《题漫天岭智藏师兰若》云："僧临大道阅浮生，来往憧憧利与名。二十八年何限客，不曾闲见一人行。"又《漫天岭赠僧》诗云："五上两漫天，因师忏业缘。漫天无尽日，浮世有穷年。"

——〔明〕曹学佺撰，刘知渐点校：《蜀中名胜记》卷之二十四《川北道·广元县》，第366页，重庆出版社，1984年

149

又北五十里,为朝天岭,路径险绝。《方舆》云:"旧路在朝天峡栈阁,后开此路,人甚便之。"文与可《朝天岭》诗:"岭若画屏随峡势,水如衣带转岩阴。"按今设有沙河驿,亦沿江行,其曰朝天者,水驿也。

——〔明〕曹学佺撰,刘知渐点校:《蜀中名胜记》卷之二十四《川北道·广元县》,第366页,重庆出版社,1984年

150

四十里为潭毒关。《志》云:"潭下渊底有一铁索,现则兵动,向有御前军屯此,以捍蜀口。"

——〔明〕曹学佺撰,刘知渐点校:《蜀中名胜记》卷之二十四《川北道·广元县》,第366页,重庆出版社,1984年

151

又二十里为神宣驿,即古筹笔驿也[8]。相传武侯出师驻此。唐杜牧诗:"永安宫受诏,筹笔驿沉思。"李义山诗:"猿鸟犹疑畏简书,风云常为护储胥。"是也。神宣驿者,世传二郎神持剑逐蹇龙过此,因名。

——〔明〕曹学佺撰,刘知渐点校:《蜀中名胜记》卷之二十四《川北道·广元县》,第366页,重庆出版社,1984年

152

又八十里为九井驿。《志》云:"琳琅九井,以琳琅山出泉九处,溅石若琳琅也。"碑目云:"九井滩,旧时有虾蟆、青牛、青堆三巨石伏水,为舟楫害。淳熙间,利路提刑张曩容,募降人冉得者,治械如桔槔状,冶铁为杵,重千五百斤,抛掷半空而下,三石俱碎,化险为夷。有碑刻剥落。"其上为七盘关,乃秦蜀分界处。唐沈佺期诗:"独游千里外,高卧七盘西。山月临窗近,天河入户低。"后人因立为天河阁。顾非熊[9]《天河阁即事》云:"万壑褒中路,何层不架虚。径云和栈起,樵径带畬[10]余。岩狖[11]牵垂果,湍禽接跃鱼。相逢维艇处,坞里有人居。"

——〔明〕曹学佺撰,刘知渐点校:《蜀中名胜记》卷之二十四《川北道·广元县》,第366—367页,重庆出版社,1984年

【作品提要】

《蜀中名胜记》，明代地理著作，曹学佺（1574—1646）撰。曹学佺受当时文人普遍好游历、喜山水的文化氛围影响，为缓解政治苦闷而移情山水，利用任职蜀中的机会，在长期搜集整理地方舆地名胜资料的基础上，经过实地考察，将山水与人事、诗文相结合，详细记载了全川的山水名胜。全书30卷，按川西、上川南、下川南、上川东、下川东、川北等道所属府州县，先简溯沿革，再分述各地的胜迹，并征引前人诗文，以为佐证。由于其对巴蜀山水浓厚的人文气息的重视，客观上也为后人保存了大量地方文献资料，具有重要的文献研究价值。

节选部分记述了四川省广元市朝天区境内的潜水（今潜溪河）、明月峡、龙门山、漫天岭、朝天岭等山川形胜，栈道、望喜驿、龙门阁等古迹，九井驿、神宣驿等驿站，潭毒关、七盘关等关隘，征引了前人诗词题咏、相关考证。

《蜀中名胜记》，国内现存有明万历刻本、清南海伍氏《粤雅堂丛书》本、清宣统二年（1910）山阴周氏成都茹古书局刻本。1984年重庆出版社出版的刘知渐点校本《蜀中名胜记》是学术界和广大读者公认的权威版本。

【注释】

①缬（xié）　有花纹的纺织品。

②山南西道　此指唐方镇名。至德元年（756）置山南西道防御守捉使，广德元年（763）改为观察使，治梁州（后升兴元府，治今陕西省汉中市东），领梁、洋、集、壁、文、通、巴、兴、凤、利、开、渠、蓬十三州。建中元年（780）升为节度使。兴元元年（784）增领果、阆二州。此后辖境逐渐缩小。景福元年（892）为李茂贞所据，仍领兴元府及集、壁、文、通、巴、开、渠、蓬八州。天复二年（902）又为王建所并。至天祐末所领仅限兴元一府。五代地属前、后蜀。北宋初废。

③贾黯（1022—1065）　字直孺，河南邓州（今河南邓州市）人。宋英宗治平二年，任给事中兼御史中丞，以直言敢谏闻名。

④緪（gēng）　大绳索。

⑤嵃崿（yǎn è）　山崖，峰峦。

⑥北十里千佛崖，即古龙门阁　此处误。千佛崖即古石柜阁，亦即唐代诗人杜甫所记载的石柜阁遗址。龙门阁在千佛崖北50公里处，踞于神宣驿与朝天岭之间。见第62页严耕望《唐代交通图考》之"龙门阁"注。

⑦京畿（jī）　国都及其附近的地区。

⑧又二十里为神宣驿，即古筹笔驿也　此处误。神宣驿与筹笔驿是两个不同的驿站。神宣驿亦名神宣马驿、神宣军站，明正德十年陆驿铺送公文所设，为秦蜀之要冲、西南朝贡之通道，属保宁府广元县，即今四川省广元市朝天区中子镇宣河村。清代顾祖禹《读史方舆纪要》（卷六十八·四川三）载："神宣马驿，在县北百三十里。明正德十年，并置递运所于此。"而筹笔驿即朝天驿，位置在今四川省广元市朝天区朝天镇朝天村一带，踞于明月峡景区北门至朝天城区小中坝之间。相传三国时蜀汉丞相诸葛亮出兵伐魏，曾驻此筹划军事，因此得名。详见严耕望《唐代交通图考》第四卷《山剑滇黔区·金牛成都驿道》"筹笔驿"注，另见本书附录《"筹笔驿"即"朝天驿"——中国蜀道筹笔驿遗址新考》。

⑨顾非熊　生卒年不详，字不详，姑苏人，顾况之子。约唐文宗开成初年（836）前后在世。因举场三十年。武宗久闻其诗名，会昌五年（845）放榜，仍无其名，怪之。乃敕有司进所试文章，追榜放令及第。大中间，为盱眙尉，不乐奉迎，更厌鞭挞，乃弃官隐茅山。王建有诗送别。后不知所终。著有诗集一卷，《新唐书·艺文志》传于世。

⑩畬（shē）　播种前，焚烧田地里的草木，用草木灰做肥料下种。

⑪狖（yòu）　古书上说的一种猴，黄黑色，尾巴很长；古书上说的一种像狸的野兽。

〔明〕杨瞻修 杨思震纂

（嘉靖）保宁府志

[广元县]

153

朝天岭，在县北六十里，乃蜀汉之通衢、朝天之要路，山势崔嵬，径路绝险。文与可诗："岭若画屏随峡势，水如衣带转岩阴。"《朝天晓霞》诗："扶桑日出正瞳瞳，一岭晴霞绚烂同。光映崖头花片赤，影涵峡口浪纹红。半林都是丹砂抹，万树浑如锦绣笼。安得并州刀入手，剪来补衣作山虫。"

——〔明〕杨瞻修、杨思震纂：（嘉靖）《保宁府志》卷之二《舆地纪下·山川·广元》，明嘉靖二十二年刻本影印

154

漫天岭，在县东北四十里，一名藁本山。峻出云表，有大小漫天二山，风景苦寒，虎狼交迹，人无常居，耕无常获，故地不税焉。宋乾德时，王师伐蜀。蜀王烧绝栈道，退保葭萌。遂击金山寨，又破漫天寨。蜀人退保大漫天寨。拔之，追至利州。

——〔明〕杨瞻修、杨思震纂：（嘉靖）《保宁府志》卷之二《舆地纪下·山川·广元》，明嘉靖二十二年刻本影印

155

七盘岭，一名五盘岭，在县北百七十里，境接沔县。杜甫《五盘岭》诗云："五盘虽云险，山色佳有余。仰凌栈道细，俯映江木疏。地僻无网罟，水清反多鱼。好鸟不妄飞，野人半巢居。喜见淳朴俗，坦然心神舒。东郊尚格斗，巨猾何时除？故乡有弟妹，流落随丘墟。成都万事好，岂若归吾庐。"岑参诗云："平旦驱驷马，旷然出五盘。江回两崖斗，日隐群峰攒。苍翠烟景曙，森沈云树寒。松疏露孤驿，花密藏回滩。栈道溪雨滑，畲田原

草干。此行为知己，不觉蜀道难。"都御史东皋刘大谟①诗："黄坝南来上七盘，织云济雾午生寒。栈行已尽梁山险，鸟渡还愁蜀道难。岭树遥疑森剑戟，溪田远讶动波澜。登登渐近句宣地，菲劣何能愧素餐。"

——〔明〕杨瞻修、杨思震纂：（嘉靖）《保宁府志》卷之二《舆地纪下·山川·广元》，明嘉靖二十二年刻本影印

156

龙洞，在神宣驿南，旧有龙楼。

风洞，在县东三十里，有山穴，尚广尺余，盘旋深入内不可测。世传为风洞每风出，虽当甚暑亦寒。故其地不生草木，今俗名之为大光坡。

乾龙洞，在县东北二百五十里，洞极高大，深入数里。

跌洞，漫天岭之后，悬崖千仞，下有石洞，水自乾河顺流跌入洞中，其声如雷，复泄柃千金潭河而下。

——〔明〕杨瞻修、杨思震纂：（嘉靖）《保宁府志》卷之二《舆地纪下·山川·广元》，明嘉靖二十二年刻本影印

157

嘉陵江，在县西一里，源出凤县大散关，经北下流以达千。大江盖一水而累汇众流耳。唐薛逢诗："借问嘉陵江水湄，百川东去尔西之。但教清浅源流在，天路朝宗会有期。"

潜水，在县北八十里，源出木寨山，随山下流五里入神宣驿龙洞，至朝天驿北，有穴而出，入嘉陵江。所谓"沱潜既道"，即此。

——〔明〕杨瞻修、杨思震纂：（嘉靖）《保宁府志》卷之二《舆地纪下·山川·广元》，明嘉靖二十二年刻本影印

158

九井滩，在县北二百里。旧传："有虾蟆、青牛、青堆三巨石伏水，为舟楫害。淳熙间，利路提刑点提举常平、张曩容，募工修治，会得降人冉得，治械如桔槔状，冶铁为杵，重千五百斤，抛掷半空而下，三石俱碎，其险遂夷。"上有碑刻，剥不可见。

——〔明〕杨瞻修、杨思震纂：（嘉靖）《保宁府志》卷之二《舆地纪下·山川·广元》，明嘉靖二十二年刻本影印

159

广元县分司有二：一在县东，一在县南。

神宣行台，在神宣递运所，嘉靖十一年立。县治即广元府故址，洪武十四年始建，正德间重修。中为正堂，之后为正厅，其左右有库房，有幕厅、有六房、戒石亭、仪门、禁往、谯楼，有申明、旌善亭，有知县主簿、典史宅，有吏舍。其属有问津水马驿，有朝天水驿，有九井水驿，有神宣递运所，有广积仓，有阴阳医学。

——〔明〕杨瞻修、杨思震纂：（嘉靖）《保宁府志》卷之三《建置纪上·公署·广元县》，明嘉靖二十二年刻本影印

160

朝天驿在县北八十里。神宣递运所在县北一百里。九井驿在县北一百二十里。

——〔明〕杨瞻修、杨思震纂：（嘉靖）《保宁府志》卷之三《建置纪上·公署·广元县》，明嘉靖二十二年刻本影印

161

朝天古渡[②]，在县北八十里，即潜水所出。深渡桥，在县北三十里。

——〔明〕杨瞻修、杨思震纂：（嘉靖）《保宁府志》卷之四《建置纪下·桥渡·广元》，明嘉靖二十二年刻本影印

162

沙河马驿，在利州卫北四十里。马骡二十七匹，头旗军一百一十二员，名铺陈一十一付。

朝天水驿，在广元北八十里，站船四只，夫四十名，铺陈十二付，馆夫一名。

神宣马驿，在利州卫北一百里。马驴二十八匹，头旗军一百一十三员，名铺陈一十二付。

九井水驿，在广元北一百二十里。站船二只，夫二十名，铺陈四付，馆夫二名。

——〔明〕杨瞻修、杨思震纂：（嘉靖）《保宁府志》卷之四《建置纪下·驿传

（铺舍）·广元》，明嘉靖二十二年刻本影印

163

神宣递运所，在广元县北一百三十里，为秦蜀之要冲，西南朝贡之通道。亦正德十年始建，设夫三十四名。出广元、苍溪，夫银九百八十三两有奇。出巴阆等十一州县，又于重庆等处，亦编银以济之。二所（柏林递运所、神宣递运所）皆统以大使一员，夫不足而协济于郡邑。郡邑难于解，夫故为之编银以便雇役。然岁久而法币愆来当道，又有编夫之议矣。

——〔明〕杨瞻修、杨思震纂：（嘉靖）《保宁府志》卷之四《建置纪下·驿传（铺舍）·广元》，明嘉靖二十二年刻本影印

164

朝天驿诗有二。尚书兀山耳为霖曰："江头水浅露沙洲，石子滩上阁野舟。待得芦花秋涨发，一时千里拍天流。"都御史东阜刘大谟曰："晓雨新添江水流，朝天江口上兰舟。两行山色辋川书，一派江声严濑秋。得意蛟龙潜复出，忘机鸥鸟去还留。停挠拟傍孤城宿，渔火微茫容梦幽。"

——〔明〕杨瞻修、杨思震纂：（嘉靖）《保宁府志》卷之四《建置纪下·驿传（铺舍）·广元》，明嘉靖二十二年刻本影印

165

广元十有五。曰县门南曰：山下、思贤、沟头；北曰：磁窑、石桥、垒石、望云、上关、朝天、杂果、榆林、纸房、钟（中）子、转头（斗）、枯树。（古有木瓜铺，宋陆游诗："鼓楼坡前木瓜铺，岁晚悲辛利州路。当车磊磊石如屋，百里夷途无十步。"）

——〔明〕杨瞻修、杨思震纂：（嘉靖）《保宁府志》卷之四《建置纪下·驿传（铺舍）·广元》，明嘉靖二十二年刻本影印

166

嘉靖辛丑，分巡川北道佥事杨申严明例下："令郡邑简兵增堡，五里一戍，北五保甲以盖戍兵，分布民快以为游兵。而凡一郡，又责之总捕官一人，俾之惩职、役之勤惰，绝狐鼠之出没。至于要害之所，巴州设巴谷关，通江设羊圈关，广元设七盘关、朝天关，昭化设梅岭关，剑州设剑门关。各

百户一员,董之。军夫各二十名、民快各六十名,守之。于是,盘诘始严、防御始密,而穷乡僻陬,亦有备矣。"

——〔明〕杨瞻修、杨思震纂:(嘉靖)《保宁府志》卷之四《建置纪下·武备》,明嘉靖二十二年刻本影印

167

广元之演武也,附千所应操民兵一百四十人。旧有:

望云关,县北五十五里。

七盘关,县北一百五十里,为秦蜀之界。

潭毒关,在潭毒山,下瞰大河,路皆滑石,登陟颇艰,为蜀口之险要。其下深潭,尝有一铁索,见则兵动。宋时金撒离合攻兴元,知府刘子羽屯兵于此,以捍蜀口。

——〔明〕杨瞻修、杨思震纂:(嘉靖)《保宁府志》卷之四《建置纪下·武备》,明嘉靖二十二年刻本影印

168

龙门阁,在县北八十二里,滨嘉陵江,窍石壁架桥以通往来。杜甫诗:"清江下龙门,绝壁无尺土。长风驾高浪,浩浩自太古。危途中萦盘,仰望垂线缕。滑石欹谁凿,浮梁袅相拄。目眩陨杂花,头风吹过雨。百年不敢料,一坠那得取。饱闻经瞿塘,足见度大庾。终身历艰险,恐惧从此数。"

——〔明〕杨瞻修、杨思震纂:(嘉靖)《保宁府志》卷之六《名胜纪·宫室·广元》,明嘉靖二十二年刻本影印

169

飞仙阁,在县北四十里,下浸碧潭,缘栈而行,若飞仙然。杜甫诗:"土门山行窄,微径缘秋毫。栈云阑干峻,梯石结构牢。万壑欹疏林,积阴带奔涛。寒日外淡泊,长风中怒号。歇鞍在地底,始觉所历高。往来杂坐卧,人马同疲劳。浮生有定分,饥饱岂可逃。叹息谓妻子,我何随汝曹。"浔南王诗:"缥缈飞仙阁,登临遗兴多。白云宿岸嶂,青霭拂松萝。旧井传千古,遗踪瞥一过。荒塘不可问,留姓寄山阿。"舜原杨瞻[③]诗:"去绝三千丈,盘旋石磴多。苍松摩日月,石藓衬藤萝。捍汉随风列,掠云放鸥歌。抠衣上纶顶,俯首下山阿。"行台任维贤[④]诗:"绝壁清江照影寒,马

临石磴仅容鞍。羽翰鸾鹤谁曾见,多半行人是做官。"

——〔明〕杨瞻修、杨思震纂:(嘉靖)《保宁府志》卷之六《名胜纪·宫室·广元》,明嘉靖二十二年刻本影印

170

望喜旧驿,在县北四十里,唐李义山诗:"嘉陵江水向东流,望喜楼中忆阆州。若到阆中还赴海,阆州应更有高楼。"

——〔明〕杨瞻修、杨思震纂:(嘉靖)《保宁府志》卷之六《名胜纪·古迹》,明嘉靖二十二年刻本影印

171

筹笔旧驿,县北九十里,即今朝天驿⑤。昔诸葛出师运筹于此。杜牧诗:"三吴裂婺女,九锡狱孤儿。霸主业未半,本朝心是谁。永安宫受诏,筹笔驿沉思。画地乾坤在,濡毫胜负知。艰难同草创,得失计毫厘。寂默经千虑,分明浑一期。川流萦智思,山耸助扶持。慷慨匡时略,从容问罪师。褒中秋鼓角,渭曲晚旌旗。仗义悬无敌,鸣攻故有辞。若非天夺去,岂复虑能支。子夜星才落,鸿毛鼎便移。邮亭世自换,白日事长垂。何处躬耕者,犹题殄瘁诗。"李义山诗:"猿鸟犹疑畏简书,风云常为护储胥。徒令上将挥神笔,终见降王走传车。管乐有才终不忝,关张无命欲何如。他年锦里经祠庙,《梁父吟》成恨有余。"罗隐诗:"抛掷南阳为主忧,北征东讨尽良筹。时来天地皆同力,运去英雄不自由。千里山河轻孺子,两朝冠剑恨谯周。惟余岩下多情水,犹解年年傍驿流。"薛逢诗:"天地三分魏蜀吴,武侯倔起赞讦谟。身依豪杰倾心术,目对云山演阵图。赤伏运衰功莫就,皇纲力振命先徂。《出师表》上留遗恨,犹自千年激壮夫。"

——〔明〕杨瞻修、杨思震纂:(嘉靖)《保宁府志》卷之六《名胜纪·古迹》,明嘉靖二十二年刻本影印

172

灵溪寺,舜原(杨瞻)诗其一:"薄暮才寻荒寺宿,溪山险绝未疲神。清泉当户如迎客,翠竹环墙又可人。燕尾寒流三峡去,虎头画壁百年陈。夜阑更喜高僧话,为说招提亦有春。"其二:"溪山曲尽难名巧,方信苍苍造化神。鸟道依稀天上路,林居仿佛画中人。松载老鹤犹嫌小,石荡清流不

记陈。松柏含烟塞古寺,逼梅先泄殿角春。"

——〔明〕杨瞻修、杨思震纂:(嘉靖)《保宁府志》卷之六《名胜纪·寺观》,明嘉靖二十二年刻本影印

173
广元十二景⑥:
一曰七盘拱镇。(云南石屏县)张大纯诗:"五丁峡外七盘关,天险云连首壮观。路转半肠三四折,人绿鸟道几回看。秦川北去从兹始,蜀道南来自古难。莫为途穷长太息,梁州小益有传餐。"

二曰九峰排戟。张大纯诗:"九十九峰排画戟,一盘一蹙拥如龙。势椎铁壁磨千仞,险固金城控六戎。汉寨峻曾留古迹,天台奇绝有仙踪。砺山西巩真形胜,隔断羌髳第几重。"

三曰筹笔怀古。张大纯诗:"汉鼎中山系一系,魏吴角逐动旌旗。卧龙势起筹神笔,流马机成运饷资。渭北屯田尝驻节,泸南烟障惯陈师。七擒七纵轻谈笑,千古遗踪启后思。"

四曰金山晚照。张大纯诗:"北出山城乌首东,吟鞭直指翠薇中。花溪一种鹅翎菊,药迳千岩雀脑芎。自酌自斟秋露白,人歌人和小桃红。夕阳独倚危栏立,不见长安望眼空。"

五曰龙洞秋云。张大纯诗:"老龙洞口石殊常,一片秋云五色光。白似白衣常不变,苍如苍狗底须妆。或时行雨随神女,有日升天捧玉皇。安得移来官舍里,千金不售价难量。"

六曰朝天晓霞。张大纯诗:"扶桑日出正瞳眬,一岭晴霞绚烂同。光映崖顶花片赤,影涵峡口浪流红。半林都是丹砂抹,万树浑如锦绣笼。安得并州刀入手,剪来补衣作山虫。"

七曰大云千佛。张大纯诗:"云根劈破是何年,琢就如来像一千。洞口晚风挠铁马,崖头夜月护金莲。空门进入虽无路,彼岸登来却有舡。飞锡游僧曾到此,安禅因借石床眠。"

八曰南渡孤舟。张大纯诗:"城南一水浩无涯,小小孤舟往返迟。两岸马嘶晴雨后,半湾鸥伴夕阳时。行人担向沙头弛,渡叟帆从浦口移。岁聿暮来江始涸,褰裳可涉免嗟咨。"

九曰嘉陵春水。张大纯诗:"一江春水散关来,直下瞿塘滟滪堆。万点落花红渡口,两行垂柳绿汀隈。斜阳诗客弃舟咏,细雨渔翁罢钓回。好景无

穷看不足，凭谁写作画图开。"

十曰宝峰夜月。张大纯诗："一座青山类宝屏，宝藏山上月光明。满城共视银蟾影，万户如闻玉兔声。邀入杯中偏有趣，贮来瓮盎更多情。嫦娥也念无毡客，夜夜相陪到二更。"

十一曰雪山樵歌。张大纯诗："一个樵夫正伐柯，天花六出浦山阿。轻轻斧断云根巧，短短蓑披雪片过。重檐两头肩上压，新词一曲口中歌。前村有酒将薪换，烂醉归家乐趣多。"

十二曰丙穴鱼潜。张大纯诗："天地储积物理同，一般形气饮于中。沔南泉水尝深洞，蜀北嘉鱼自化龙。鲤质围彩翻尺玉，鲫肌活泼跃鳞红。盘旋不解轻来往，知是秋分出雾蒙。"

——〔明〕杨瞻修、杨思震纂：（嘉靖）《保宁府志》卷之六《名胜纪·景致·广元十二景》，明嘉靖二十二年刻本影印

174

曹友闻，字允叔，同庆栗亭人。登进士，天水军教授，历官利州都统，累败元兵。制置使裂大旗，书"满身胆"以旌之。元兵入剑门，友闻、弟万率兵至青高坝，战却。元兵遂驻阆州。明年，元兵入高稼苑。友闻遣万复破之，进左骁骑大将军，驻利州。元兵复至，又大破之，进眉州防御使，仍驻利州。元兵五十余万大至。友闻入龙尾头，与万会。兵皆殊死战，血流二十里。黎明，敌骑四绕，友闻极口诟骂，血战愈厉，一军俱死。事闻赐庙"褒忠"，谥曰"毅节"，官其二子。弟万赠武翼大夫，亦官其二子。

——〔明〕杨瞻修、杨思震纂：（嘉靖）《保宁府志》卷之八《名宦列传·死事》，明嘉靖二十二年刻本影印

175

宋郭奕，绍兴元年为利州宣司。幹官张俊自陕西迁。过漫天岭，亦为诗曰："大漫天是小漫天，小漫天是大漫天。只因大小漫天后，遂使生灵入四川。"后奕罢为通判，不赴，往普州卖蒸馍为生。晏如也。《方舆志》。

——〔明〕杨瞻修、杨思震纂：（嘉靖）《保宁府志》卷之八《名宦列传·刚烈》，明嘉靖二十二年刻本影印

176

欧阳梧（广元知县）《七盘关记》：

广元于蜀为北尽七盘关，于广元为北尽盡关⑦，之北则秦汉境也。山峻路险，榛莽畅茂，居民鲜少。以故四方流移潜聚，往来其间，有恶人埋伏，多不可辨识，乘机窃蹊，往往为地方害，重殿我北蜀。分宪公舜原翁之忧心画手，陈百计，求救预防有策矣。复设专委之官，省谕有文矣。复颁俗语之歌，险隘有守矣。复建议察之，听夫岂乐千法之，繁且密哉。譬之嘉禾，然一铸之，怠则荞之，萌也。潜蔓延长其忧，孔殷翁之于良民也。不减嘉禾之爱，而其除恶也，固宜务本，北其一念好恶之。□枨诸人也，□其兄诸行事，已有不得而夺老以进，□涌为朝天之岭矣。二郎之关为梅树之关，皆□□□焉者也。当其□□民卒，晏然公之福□千一分也，深□□□军民□精干属令。欧阳梧立石以颂。

翁且曰："□谨□臻，盗贼惯行，非翁之法，若是繁焉，若是密焉，不死则从，尔今幸率，有斡止帖。"然以终夕者，皆出翁之赐奚敢忘。皆令祜曰："汝徒知翁生汝，干盗亦知翁生汝。干政乎，自公之□汝士也。有横干征求者乎，口无有苦干力役考乎？曰：无。有荧侮下豪强侵夺干贪恭者乎？抑有滥下狱讼死干冤抑者乎？皆曰无。曰是，皆翁及汝之政，枢机周密、品式备具，吾属谨奉行之。汝盖曰用而不知耳，顾欲迹一事以报公耶！"军民皆拜伏曰："我等小人诚不足以识其大，头并及之，以示我子孙孙子世世颂之，俾勿忘翁之德。"颂曰："翁生舜原，忠直天授。德器文章，勿植而茂。坦坦云衢，衣绣乘骢。群缭贞度，百魅潜踪。出金蜀臬，分庶北境。按堵军民，唯恐有警。七盘之关，定为要害。翁命师徒，扼其险隘。晋阳保障，北关锁钥。宋□冠莱，赵柽尹铎。福星在天，虎豹在山。见之色易，闻者胆寒。昭哉心事，青天白日。果□□□，雷迅风疾。锡胤以昌，禄寿灵长。军民□头，籁天祈祯。德在人心，简在天子。亿万年期，高山仰止。"

——〔明〕杨瞻修、杨思震纂：（嘉靖）《保宁府志》卷之十二《艺文二·记·山川》，明嘉靖二十二年刻本影印

177

杨廷仪⑧《朝天驿道路记》："去秦入蜀，越百里为朝天驿。又十五里为朝天岭。越岭，又如达朝天者为沙河驿。岭以东朝天治之，西沙河治之。

沙河世为军驿，官世守也，人世属也，土地世有也。以世守之，官役世属之，人剪除世有之土，突险阶危，朝作夕息，故行旅之出于途者，无所若朝天。旧为流官制额，舟四艘，役夫四十名，杂取足于他郡。旁县之人多顽猾，游匿不能卒岁。官于此者，又往往取其佣以自肥。故以东之地土者，若于跻攀下者类于坦垣，自吾龄乱所见，以三十年于兹矣。正德自岁正月之六日，予以使事，还道经过岭，有舆而行，坦若平陆。何之石如齿生者，今则毁；何之石如剑出者今则削；何之凸凹而渊立者今则砺；何之委曲而蛇蚓者今则矢。问其功之所成从者曰，是吾驿丞之所经营也；问其财曰，是其所积也；问其工曰，是其率舟夫而为之也；问其财之所，自曰，是其溧谒卖之资而捐之也。吾丞历任千，今六年而功成已大半矣。予闻而嘉之。薄暮抵沙河，乃召丞而回劳之，丞曰升之，为斯役也，今少詹事杨公尝欲为升记之矣。而未克就升，闻少詹公公之兄也，愿赐一言以成升之，请以还少詹公之意，是升之幸。先是弘治己未，予与少詹兄丁内艰过褒城之鸡头关，有巨石块然道上。予者伐木取酝，将欲烈而焚之。少詹兄语其人曰：'古人之不欲兹毁也，其来旧矣。'予时率尔闻之，前日再过其下，乃知少詹公之远虑。将以存占而过逸也，居今思古，当乎知变二者，皆无与于兹。予固不得已于言也。传曰：'司空以时平易道路，先王之政也，卫护以凿山通道为储吏古人之绩也。顾今之守令，不能为王政或不得尽尝罚于此，而丞乃独能为之，官不必显，唯其人事不必难。'唯此，予谓古今人不相及者，吾幸之信也。使是事为当路之所闻，知庸有受赏者乎？丞，姓李，名升，字腾霄，西安之咸阳人。刚明强干，不见小利，无欲速政能成斯，后云。"

——〔明〕杨瞻修、杨思震纂：(嘉靖)《保宁府志》卷之十四《艺文四·桥道》，明嘉靖二十二年刻本影印

178

周熊（御史）《朝天驿道路记》："按西蜀天文井鬼之分方舆，益梁境域，朝天岭横于汉蜀两间，今属保宁地，东北界屹然，中天隔离，天日盘旋，东下崎岖，西行悬崖千仞，林木野花遮蔽上下。所谓难于上青天乎，可摘星辰，人语半天中于斯实可见之。五丁凿于先汉武通于后，今逐河故道其迹难存，但虚险不堪，风雨废之，不行巅岭故道，经今由之千百载，而石磊齿，峥坡径陡。下度之者，恒以为患。宰斯驿者，俱未尝晋心修平。弘治己未，陕西咸阳李君升来宰斯驿，即以途旅之所患者为患，拳拳晋心修凿，之

时或率子侄亦分其工。不二载,东西开平十余里,于分岭处凿水以便。暑渴者又于崖下江水坏船之,石亦碎去其百余,蜀西陕北之商货以通。于是途者歌于道,浮者咏于舟,樵者悦于攀登,负者免于偃跌,士君子游宦往来者无不忻羡。愚与李君乡居附近,仕西蜀数载,道经亦数次,目击善事而乐道之。欲以垂芳,勋于永久。后之继李宰者,亦以是心为心,又何患夫蜀道难哉?"

——〔明〕杨瞻修、杨思震纂:(嘉靖)《保宁府志》卷之十四·艺文四·桥道,明嘉靖二十二年刻本影印

【作品提要】

嘉靖《保宁府志》(14卷),明杨思震纂、杨瞻修。杨思震,嘉靖二十二年(1543)前后任官四川省安岳县教谕,后升河南陕州知州等;杨瞻,嘉靖二十年(1541)以监察御史卫出任四川省按察司分巡川北道佥事。此志卷首任维贤(明正德九年即1514年进士,官至都察院右副都御史)序称:"嘉靖癸卯,杨公驻节阆城之二年,有慨于兹,爰檄安岳学博杨子思震总领其事。"盖杨瞻分巡川北,驻节保宁,与府县官绅商议修志事,众极赞之,遂延请杨思震等人采集编次,于嘉靖二十二年(1543)成书付梓。此志14卷,约10万字。卷一至二舆地纪,卷三至四建置纪,卷五食货纪,卷六名胜纪,卷七宦迹纪,卷八名宦列传,卷九人物纪,卷十人物列传,卷十一至十四艺文纪。艺文门收载较多,自汉代以降,又多系唐宋名人著述,如王勃、李白、杜甫、岑参、陆游、文同等。亦收有明代中前期的诗文,如明朝铁面御史周冕、新都状元杨慎等人之著述。其他门类,以山川古迹、职官人物记述略详而有价值。

节选部分主要介绍了广元市朝天区境内的一江一河一滩(嘉陵江、潜水、九井滩),二渡(朝天渡、深渡),三岭(朝天岭、漫天岭、七盘岭),三关(望云关、七盘关、潭毒关),四洞(龙洞、凤洞、乾龙洞、跌洞),四驿(朝天水驿、九井水驿、沙河马驿、神宣马驿),四大古迹(龙门阁、飞仙阁、望喜驿、筹笔驿),十铺(石桥、垒石、望云、上关、朝天、杂果、榆林、纸房、钟子、转头),广元十二景,曹友闻、宋郭奕等与朝天有关的名宦,征引了相关诗文以及七盘关、朝天驿道路碑记。

嘉靖《保宁府志》先后被皇家内阁、天一阁、千顷堂收藏。现唯一存世的本子藏于我国台湾。今存嘉靖二十二年(1543)刻本。

【注释】

①刘大谟（1475—1543） 河南考城县隐贤乡人。明朝政治人物，进士出身。正德三年，登进士，授户部主事，迁广东道监察御史，巡按辽东，后升任浙江按察司佥事。正德十六年，升任陕西省按察司副使。嘉靖二年，升任四川省布政使司左参政。嘉靖七年，升任山西巡抚。后改任四川省巡抚，聘杨名、杨慎、王元正等修嘉靖《四川通志》八十卷。

②朝天古渡 在今四川省广元市朝天区朝天镇小中坝、嘉陵江与潜溪河的交汇之地，是金牛道上、嘉陵江上游历史最悠久、最著名的渡口。远在秦汉时期，朝天渡称两河口渡，这个渡口北接陕西省阳平关，南达古城利州，是通秦入蜀的便捷之地。清乾隆《广元县志》记此渡口"南达利州，北连汉中，舟车辐辏，烟景迷离"，形象地说明了此渡口的重要性。唐天宝十五载（756），唐明皇幸蜀，群臣在筹笔驿（今朝天驿）朝拜天子，"朝天渡"因而得名。北宋以后，渡口两岸居民市肆夹河布列，形成一体，成为金牛道上的热闹繁华之地。县属机构逐渐迁于小中坝，并堆筑土城，建有中兴寺（今小峨嵋寺）、三官庙、戏楼，店铺栉比，商旅汇集，车马竞渡，俨然蜀道一大景观。明嘉靖年间，礼部尚书陈以勤曾题诗《两河口次何太复》："风雪过秦岭，山川异益门。两河交渡口，万树合烟村。栈迥侵云影，桥危架石根。吾生倘可寄，修阻信乾坤。"直至民国初期，嘉陵江仍岸高河深，水量充足，航路通畅，朝天渡码头尚可停靠数百石之大船。当地之大豆、核桃等农副产品，由此装船发运南充、成都、汉中、西安等地。抗日战争、解放战争时期，这里是红四方面军北上抗日、建立革命根据地的重要通道。新中国成立后，这里一直是渡口兼码头，是物资进出的集散地，可渡运马车和汽车。1997年，连接朝天火车站与朝天城区的嘉陵江大桥建成。朝天渡遂废。

③杨瞻 明代宰相杨博之父，山西蒲坂人，进士出身，授河南扶沟知县，复除授陕西省扶风县知县，拜贵州道监察御史，改大理寺评事。以子博贵，封通议大夫，兵部左侍郎，五赠光禄大夫，柱国少师，兼太子太师，吏部尚书，祀乡贤。

④任维贤 字宗程，四川省阆中人。明武宗正德九年（1514）甲戌科进士。授行人，历户、工二部郎中，进刑部侍郎。外官历浙江按察使、陕西省河南布政使及延绥巡抚都察院右副都御史。在官三十余年而家无余积，时人

称之。

⑤筹笔旧驿，县北九十里，即今朝天驿　"筹笔驿"即"朝天驿"的提法，首见于明嘉靖《保宁府志》。此后，清乾隆张赓谟纂修《四川保宁府广元县志》，清顾祖禹撰《读史方舆纪要》，顾青编注、中华书局出版的《唐诗三百首》，上海辞书出版社出版的《汉语大词典》，傅德岷、卢晋主编、长江出版社出版的《唐诗宋词鉴赏辞典》皆沿用这一提法。

⑥广元十二景　十二景中，七盘拱镇、筹笔怀古、龙洞秋云、朝天晓霞、嘉陵春水、丙穴鱼潜六景在今四川省广元市朝天区境内，九峰排戟、金山晚照、大云千佛、南渡孤舟、宝峰夜月、雪山樵歌六景在今四川省广元市利州区境内。

⑦蠚（xì）　悲伤痛苦。

⑧杨廷仪　四川省新都人。明朝政治人物。杨廷和之弟。弘治十二年（1499）进士，官至礼部尚书，作《八阵图修复记》。

〔清〕谷应泰 撰

明史纪事本末

[李自成　朝天阁]

179

（崇祯）十年（1637）春正月，官军败绩于宝鸡，李自成①寇泾阳、三原，西安大震，贼势益炽。冬十月丁酉，李自成同过天星九股陷宁羌，分三道入西川。自成自七盘关度朝天阁②。戊戌，至广元。壬寅，陷昭化。癸卯，过剑阁。甲辰，陷剑州。乙巳，陷梓潼、黎雅。参将罗尚文大败贼于广元，斩首千级。

——〔清〕谷应泰撰：《明史纪事本末》卷七十八《李自成之乱》，第4册第1339页，中华书局，2015年

【作品提要】

《明史纪事本末》是纪事本末体史书。清谷应泰（1620—1690）撰。该书记载始自元至正十二年（1352）朱元璋起兵，止于崇祯十七年（1644），李自成攻入北京，朱由检自杀。选录其中八十个历史事件或专题，按时间顺序编排，记述始末，首尾一贯，简明扼要。卷末附有作者的史论。因该书成于《明史稿》《明史》之前，又综合多种明代史料编纂而成，有一定的史料价值。

该书最早版本为顺治十五年的筑益堂本。1977年中华书局点校本以筑益堂本为底本，参考其他版本，加以标点、校注，并补充抄本《补遗》六卷。

节选部分记述了李自成由陕入川经七盘关、朝天阁至广元等地的史事。"朝天阁"地名首见于此书。

【注释】

①李自成　原名鸿基,明万历三十四年(1606)生,陕西省米脂县人,明末农民起义领袖,杰出的军事将领,人称李闯王。明崇祯二年(1629)起义,后为闯王高迎祥部下的闯将,勇猛有识略。崇祯十年(1637),李自成军由陕西省宁强兵分三路南下入川,至朝天会合后,从水陆两路向广元进发,杀死广元总兵侯良柱,势如破竹,继续南进,不足半年便攻占了昭化、保宁、梓潼、绵州等地。闯王军纪严明,沿途丝毫不犯百姓,七盘关百姓在闯王军走后特立"闯王碑"以示纪念。崇祯十三年(1640),张献忠由陕北南下攻蜀:西路经阳平关顺西汉水南下,李自成军败退朝天;东路走金牛道直攻朝天,途经七盘关发生激战,李自成军败。张献忠军乘势南下,在保宁与李自成军战,李自成军再败,退至川、陕、甘交界之大山中。此后,李自成继续在河南山西一带与明军作战。崇祯十六年(1643),李自成在襄阳称新顺王;同年,在河南汝州(今临汝)歼灭明陕西省总督孙传庭的主力,旋乘胜进占西安。崇祯十七年(1644)正月,建立大顺政权,定都长安;同年三月十八,攻克北京,推翻明王朝。四月,多尔衮率八旗军与明总兵吴三桂合兵,在山海关内外击败李自成。清顺治二年(1645),李自成在湖北通城县九宫山遭到地方武装袭击,壮烈牺牲。

②朝天阁　在今四川省广元市朝天区小峨嵋公园营盘梁,因唐天宝十五载玄宗避"安史之乱"奔蜀,蜀中百官于此接驾朝觐天子而得名。此阁建于唐末,历代续有修葺,素有"秦蜀第一阁"之称。道光四年(1824),山东峄县文学家张素含撰《蜀程纪略》之《江行望朝天阁》云:"换棹嘉陵渡,严关入望惊。乱峰围鸟道,三面走江声。路拟天阊接,人如月窟行。波心遥望处,雉堞与云平。"1905年,日本著名学者山川早水入蜀著有游记《巴蜀》,书中收录和田氏的《朝天阁》照片是国内外唯一一张朝天阁照片。民国时期,朝天阁几经焚毁,再无修复。而今所见的仿唐景观——朝天阁,是在原址上恢复重建的,按明五暗六层设计,高40.147米,建筑面积1781平方米,再现了这座千年古阁的历史风貌。

〔清〕张廷玉等撰

明史·地理志

[广元县]

北有潭毒山，上有潭毒关，下临大江。又有朝天岭，上有朝天关①。又有七盘岭，上有七盘关，为陕西、四川分界处。又东北有大漫天岭，其北有小漫天岭。西有嘉陵江。北有渡口②，在大、小二漫间。东有百丈关，北有望云关，有龙门阁，北达陕西宁羌州③。

——〔清〕张廷玉等撰：《明史》卷四十三《志第十九·地理四·四川》，《二十四史》（简本字本）之《明史》第689页，中华书局，2000年

【作品提要】

《明史》是《二十四史》中的最后一部，纪传体明代史。清代张廷玉等撰，始纂于康熙十八年（1679），雍正十三年（1735）定稿，乾隆四年（1739）刊行。从顺治二年（1645）设立明史馆起历时95年，是中国历史上纂修时间最长的一部官修史书。全书332卷，记载了自明太祖朱元璋洪武元年（1368）至明思宗朱由检崇祯十七年（1644）二百多年的历史。《明史》以编纂得体、材料翔实、叙事稳妥、行文简洁为史家称道，是一部水平较高的史书。清代史学家赵翼（1727—1814）在《廿二史札记》中说："近代诸史自欧阳公《五代史》外，《辽史》简略，《宋史》繁芜，《元史》草率，惟《金史》行文雅洁，叙事简括，稍为可观，然未有如《明史》之完善者。"

节选部分介绍了广元的建制沿革以及朝天境内的山川古迹、关隘津梁。

现通行的《明史》版本是乾隆四年的武英殿原刊本。1974年中华书局出版的点校本《明史》是学术界和广大读者公认的权威版本。

【注释】

①朝天关　晚唐置,在今四川省广元市朝天区南朝天岭(小漫天岭)上。设上关令1人、丞2人,属尚书省刑部司门郎中总管。北宋时,关上兴建了哨所、营盘、神女庙。南宋时,为纪念抗元名将曹友闻,在此关建褒忠祠以祀。北宋苏轼有诗:"飘萧驾风驭,骍节朝天关。"苏洵诗:"翼从三神人,万里朝天关。"《明史·曹变蛟传》:崇祯十年(1637),李自成义军由七盘关入蜀,洪承畴"率变蛟等由沔县历宁羌,过七盘、朝天二关"。即此。清广元营设把总驻此。

②北有渡口　此指深渡,即今四川省广元市北大漫天岭与小漫天岭之间的朝天区朝天镇大巴口渡。见第45页杜光庭《录异记》之"深渡"注。

③宁羌州　在今陕西省汉中市西南。明洪武三十年(1397)于今县治置宁羌卫。成化二十一年(1485),改设宁羌州。因古代为氐、羌聚居地,取"羌地永宁"之意名州。1913年罢州设宁羌县。1942年改名宁强县。

〔清〕顾炎武撰

天下郡国利病书

［沙河军站　神宣军站　神宣递运所　九井驿　朝天驿］

181

自成都府锦官驿，由府属之新都军站，广汉驿北，由潼川州境古店军站，山城驿，建宁军站，皇华驿，秋林军站，云溪驿，保宁府境富村军站，柳边驿，龙山军站，锦屏水马驿，槐树军站，施店军站，柏林军站，柏林递运所，龙潭军站，问津水马驿，沙河军站①，神宣军站②，神宣递运所，抵陕西宁强州境，为北路。

——〔清〕顾炎武撰：《天下郡国利病书》之《四川》，《四部丛刊三编》原编，第19册第156页，上海书店，1985年

182

自陕西汉中南界水路，由九井驿，朝天驿，问津驿，龙滩驿，虎跳驿，苍溪驿，盘龙驿，顺庆府境龙溪驿，平滩驿，嘉陵驿，重庆府境太平驿，合阳驿，上沱驿，至重庆府，入大江，为北水路。

——〔清〕顾炎武撰：《天下郡国利病书》之《四川》，《四部丛刊三编》原编，第19册第157—158页，上海书店，1985年

【作品提要】

《天下郡国利病书》是记载中国明代各地区社会政治经济状况的历史地理著作，顾炎武（1613—1682）撰。全书120卷（《四库全书总目》著录100卷）。顾炎武是明末清初杰出的思想家、经学家、史地学家和音韵学家，与黄宗羲、王夫之并称为明末清初"三大儒"。自崇祯十二年（1639）后，即开始搜集史籍、实录、方志及奏疏、文集中有关国计民生的资料，并对其中所载山川要塞、风土民情作实地考察，以正得失。《天下郡国利病书》约康熙初年编

定成书，后又不断增改，终未定稿。该书先叙舆地山川总论，次叙南北直隶、十三布政使司。除记载舆地沿革外，所载赋役、屯垦、水利、漕运等资料相当丰富，是研究明代政治经济社会的重要史籍。原稿旧为清代藏书家黄丕烈收藏，分34册，其中佚失第14册。

节选部分介绍了成都至广元、朝天入陕西省宁强所经的陆路驿站以及陕西省汉中至朝天、广元、苍溪入重庆府所经的水路驿站。

2012年上海古籍出版社出版的黄坤等点校本《天下郡国利病书》是学术界和广大读者公认的权威版本。

【注释】

① 沙河军站　即沙河驿。见第121页《寰宇通衢》之"沙河驿"注。
② 神宣军站　即神宣驿。见第146页《蜀中名胜记》之"又二十里为神宣驿"注。

杨正泰撰

明代驿站考

[朝天驿　沙河驿　神宣马驿　九井水驿]

183

朝天驿，属保宁府广元县。旧置今四川广元县北筹笔。嘉靖中改置于今广元县北朝天镇①。（《太平寰宇记》卷六三、《读史方舆纪要》卷六八、《大清一统志》卷三九二）

——杨正泰撰：《明代驿站考》（增订本）四·《明会典》未载驿站考·四川，第99页，上海古籍出版社，2006年

184

沙河驿，又名沙河军站。属保宁府广元县。在今四川广元县北沙河镇。（《太平寰宇记》卷六三、万历《四川总志》卷二〇、《读史方舆纪要》卷六八）

——杨正泰撰：《明代驿站考》（增订本）四·《明会典》未载驿站考·四川，第99页，上海古籍出版社，2006年

185

神宣马驿，又名神宣军站。属保宁府广元县。在今四川广元县东北宣河。（《太平寰宇记》卷六三、万历《四川总志》卷二〇、《读史方舆纪要》卷六八）

——杨正泰撰：《明代驿站考》（增订本）四·《明会典》未载驿站考·四川，第99页，上海古籍出版社，2006年

186

九井水驿，属保宁府广元县。在今四川广元县北大滩②附近。(《太平寰宇记》卷六三、《读史方舆纪要》卷六八)

——杨正泰撰：《明代驿站考》(增订本)四·《明会典》未载驿站考·四川，第99页，上海古籍出版社，2006年

【作品提要】

《明代驿站考》(增订本)，杨正泰撰，1994年初版，包括《附录》整理的两种明代商书《一统路程图记》《士商类要》。由于该书在地理学、地图学、气象学、经济学、历史学、社会学等方面有研究参考价值，2006年，上海古籍出版社出版其增订本。作者为此新写了增订本前言，增入经整理的明代官修地志《寰宇通衢》，改正了初版中的错误。《明代驿站考》重在考证今地和编绘驿路图。考证今地，就是参照文献记载和古今地图，综合州县治所迁移、驿站并改、河道变迁、古今里距换算等多种因素，进行分析研究，确定二千多个驿站在今天的地理位置。编绘驿路图，就是根据标准年代，对驿站进行甄别选择，遴选有关驿站入图，力求准确地复原驿站配置情况和驿路分布情形。《明代驿站考》兼有工具书的性质，为读者阅读古籍、研究明史和中国历史地理提供了很大的便利。

节选部分介绍了朝天境内四大驿站的地理位置、发展变迁。

【注释】

①朝天镇　在今四川省广元市朝天区中部，区人民政府驻地。镇人民政府驻朝天驿(古筹笔驿)。见第71页《元丰九域志》之"朝天镇"注。

②大滩　即今四川省广元市朝天区大滩镇，因嘉陵江上段九井驿至羊角碛十里长滩而得名。唐代诗人李白过大滩留有诗作《夜宿江边》："秦蜀陇相接，界山高入云。远舟荡深谷，波涛雷轰鸣。临窗回旋处，门渡桑榆荫。农家爱征客，留醉赏明月。"新中国成立前的《纤夫歌》道出大滩老百姓的艰难岁月："人在江边住，春秋不种田。长滩舟筏多，拉纤挣苦钱。从小拉到老，难饱饭食盐。两手磨破皮，腰疼腿脚弯。"

方志朝天

清

〔清〕和珅等纂修

（乾隆）大清一统志

[广元县]

187

嘉川废县，在广元县东。《宋书·州郡志》："梁州宋熙郡，太守徐志新立，领兴乐、归安、宋安、元寿、嘉昌五县。"《魏书·地理志》："益州宋熙郡，领兴乐、元寿二县。"《隋书·地理志》："义城郡嘉川县，旧置，宋熙郡。开皇初废。"《寰宇记》："嘉川县在集州西一百五十里，本汉葭萌县地，宋武帝于此置宋熙郡及兴乐县。后魏恭帝元年改为嘉川县，取嘉陵江所经为名。隋开皇三年，罢郡，以县属利州。唐贞观二年改属静州，十七年复属利州。永泰元年割属集州。"《九域志》："咸平五年改属利州，在州东一百五十里。"《县志》："元省入绵谷县。今名嘉川乡。"按《齐书·州郡志》："郡治兴平即兴乐县志所讹也。"

——〔清〕和珅等纂修：《四库全书》（史部）之《钦定大清一统志》卷二百九十八《保宁府二·古迹》，杭州出版社，2015年

188

朝天镇，在广元县北六十里。《九域志》："绵谷县有朝天、嘉川二镇。"即此。本朝雍正七年置巡司。

——〔清〕和珅等纂修：《四库全书》（史部）之《钦定大清一统志》卷二百九十八《保宁府二·关隘》，杭州出版社，2015年

189

龙门阁，在广元县北。唐杜甫诗："清江下龙门，绝壁无尺土。危途中萦盘，仰望垂线缕。滑石欹谁凿，浮梁袅相拄。"《方舆胜览》："冯铃干云，其他间道虽险，然在山腰，亦微有径，可以增置，独此阁石壁斗立，虚

凿乎石窍，而架木其上，尤为险。"《旧志》："在县北千佛崖侧①。"

——〔清〕和珅等纂修：《四库全书》（史部）之《钦定大清一统志》卷二百九十八《保宁府二·关隘》，杭州出版社，2015年

190

筹笔古驿，在广元县北。相传诸葛亮出师，尝驻军筹划于此。唐李商隐、罗隐皆有诗。《舆地纪胜》："在利州北九十九里。"旧志："今有朝天废驿，在广元县北八十里，即古筹笔驿也。自汉中府褒城县至朝天驿，四百四十里。自驿而南，则由苍溪、阆中、潼川州以达成都；自驿而西，由剑门、绵、汉以达成都。蓋衿东之要地也。嘉靖中改建于蓬溪。"

——〔清〕和珅等纂修：《四库全书》（史部）之《钦定大清一统志》卷二百九十八《保宁府二·关隘》，杭州出版社，2015年

191

神宣驿，在县东北九十里，北至宁羌州黄坝驿六十里，为秦蜀之要冲、西南朝贡之通道。今有驿丞焉。

——〔清〕和珅等纂修：《四库全书》（史部）之《钦定大清一统志》卷二百九十八《保宁府二·关隘》，杭州出版社，2015年

192

吴宇英②，广元（神宣驿）人，官至户科给事中。家居。崇祯末举义兵讨贼。不克，死。乾隆四十一年赐谥忠节。

——〔清〕和珅等纂修：《四库全书》（史部）之《钦定大清一统志》卷二百九十八《保宁府二·人物》，杭州出版社，2015年

193

冉德，广元（朝天镇）人。康熙丙午，举于乡。避吴三桂征聘，逃深菁，中贼劫。其父德奔救，临以刀勿屈贼，义而释之。蜀平，授陕西西宁知县。

——〔清〕和珅等纂修：《四库全书》（史部）之《钦定大清一统志》卷二百九十八《保宁府二·人物》，杭州出版社，2015年

【作品提要】

《大清一统志》，清朝官修地理总志。从康熙二十五年（1686）至道光二十二年（1842），清代编修《大清一统志》共3部：康熙《大清一统志》（342卷），蒋廷锡、王安国等纂修，康熙二十五年（1686）始修，乾隆八年（1743）成书；乾隆《钦定大清一统志》（500卷），和珅等纂修，乾隆二十九年（1764）始修，乾隆五十年（1785）成书；嘉庆《重修大清一统志》（560卷），穆彰阿、潘锡恩等纂修，嘉庆十六年（1811）始修，道光二十二年（1842）成书。

乾隆《大清一统志》，其体例与康熙《大清一统志》相同，只是增加了新疆地区和雍正至乾隆时期的变化内容。就这一点来讲，它比前者进步，价值要大。今据所见档案文献考证，续修《大清一统志》实际成书于乾隆五十年（1785）底，共有424卷及目录2卷。除全国十八省外，"外藩"和"朝贡诸国"也都详细叙述。年代断限自清初至乾隆四十九年止。

节选部分介绍了嘉陵废县、龙门阁、筹笔古驿三处古迹，朝天镇的地理位置、相关考证、机构设置，神宣驿的地理位置及其驿站设置，吴宇英、冉德两位朝天历史文化名人。

乾隆《大清一统志》版本有《景印文渊阁四库全书》本、《文津阁四库全书》本，国内外诸多图书馆多有收藏。

【注释】

①龙门阁，在县北千佛崖侧　此处误。龙门阁又称龙门洞、龙洞阁、龙洞背，位于秦蜀锁钥、川北门户的广元市朝天区城北108国道、广陕高速公路旁，踞于神宣驿与朝天岭之间，因石穴如门、潜水似龙奔腾入门而得名。

②吴宇英　生年不详，广元县神宣驿（今四川省广元市朝天区中子镇宣河村）人，明崇祯元年（1628）进士，授户部给事中。崇祯八年（1635）弃官归乡兴学授徒，在宣河、大安寺等地教书。崇祯十三年（1640），张献忠南下入蜀、攻神宣驿，吴宇英组织乡民抵御。通过三天激战，吴宇英及千余义勇全部阵亡。清顺治五年（1648），清廷追授吴宇英为"内阁学士"，官从二品。

〔清〕穆彰阿 潘锡恩等纂修

（嘉庆）大清一统志

[广元县]

194

潭毒山，在广元县北。《舆地纪胜》："在绵谷县北九十里，下瞰大江，路皆滑石，登陟颇艰。其下深潭，有一铁索，见则兵动。"

——〔清〕穆彰阿、潘锡恩等纂修：（嘉庆）《大清一统志》卷三九〇《保宁府一·山川》，第9册，上海古籍出版社，2008年

195

木寨山，在广元县北一百三十里。潜水出此。

——〔清〕穆彰阿、潘锡恩等纂修：（嘉庆）《大清一统志》卷三九〇《保宁府一·山川》，第9册，上海古籍出版社，2008年

196

龙门山，在广元县东北。《元和志》："龙门山在绵谷县东北八十二里。出好钟乳。"《寰宇记》："龙门山，亦名葱岭山。"按《梁州记》云："葱岭有石穴，高数十丈，其状如门，俗号为龙门。"又《舆地纪胜》："龙门洞在绵谷县北。凡有三洞，自朝天程入谷，十五里有石洞，及第二第三洞，有水自第三洞发源，贯通二洞，下合嘉陵江。"按《明统志》："谓龙门山在昭化县西一百十里，误。"

——〔清〕穆彰阿、潘锡恩等纂修：（嘉庆）《大清一统志》卷三九〇《保宁府一·山川》，第9册，上海古籍出版社，2008年

197

朝天岭，在广元县北。《舆地纪胜》："在利州北五十里，路径绝险，

其后即朝天程。旧路在朝天峡栈阁。后开此道，行人便之。"

——〔清〕穆彰阿、潘锡恩等纂修：（嘉庆）《大清一统志》卷三九〇《保宁府一·山川》，第9册，上海古籍出版社，2008年

198

七盘岭，在广元县北一百七十里。一名五盘岭，与陕西宁羌州接界，自昔为秦蜀分界处。石磴七盘而上，因名。杜甫诗："五盘虽云险，山色佳有余。仰陵栈道细，俯映江木疏。"

——〔清〕穆彰阿、潘锡恩等纂修：（嘉庆）《大清一统志》卷三九〇《保宁府一·山川》，第9册，上海古籍出版社，2008年

199

漫天岭，在广元县东北三十五里。有大漫天、小漫天二山，皆极高耸。唐罗隐有诗。一名藁本山。旧志："小漫天在大漫天北，二岭相连，为蜀道之险。后唐清泰初，孟知祥①置大小漫天二寨。宋乾德中伐蜀，别将史进德夺其小漫天寨，蜀人退保大漫天寨。即此。"

——〔清〕穆彰阿、潘锡恩等纂修：（嘉庆）《大清一统志》卷三九〇《保宁府一·山川》，第9册，上海古籍出版社，2008年

200

明月峡，在广元县北八十里。一名朝天峡，江流所经。

——〔清〕穆彰阿、潘锡恩等纂修：（嘉庆）《大清一统志》卷三九〇《保宁府一·山川》，第9册，上海古籍出版社，2008年

201

阳模洞，在广元县北。《舆地纪胜》："在绵谷县北六十里，有山万仞，峭壁如削。中辟洞门，高不可上。一名羊模洞，在县北龙洞之西，去朝天驿七八里。"

——〔清〕穆彰阿、潘锡恩等纂修：（嘉庆）《大清一统志》卷三九〇《保宁府一·山川》，第9册，上海古籍出版社，2008年

202

丙穴，在广元县北二十五里。汉水之南，出鱼肥美，故名。

——〔清〕穆彰阿、潘锡恩等纂修：（嘉庆）《大清一统志》卷三九〇《保宁府一·山川》，第9册，上海古籍出版社，2008年

203

嘉陵江，在府城南，自陕西汉中府宁羌州流入，迳广元县西、昭化县东，过剑州东界，又南迳苍溪、阆中二县南，又东南迳南部县北，又东南入顺庆府蓬州界，即西汉水也。亦曰阆水，又名渝水，《华阳国志》："阆中有渝水，賨②民多居水，左右锐气喜舞，今所谓巴渝舞也。"《水经注》："汉水迳通谷，又西南寒水注之，又西经石亭戍，又迳晋寿城西，而南合汉寿水，又东南至葭萌县东北白水注之，又东南迳津渠戍东，又南迳阆中县东，阆水东注之，又东南得东游水口，又东与护溪合，又东南迳荡渠县东。"《元和志》："西汉水，一名嘉陵水，迳绵谷县西一里，又在葭萌县城南。"《寰宇记》："嘉陵江，自利州流入剑门县界，经县东二十里，过废始州，又经苍溪县东一里，东南流至阆中县，又名阆中水，亦名渝水，又经南部县东一里，又东流经新政县东十里。"旧志："自宁羌州入广元县境，流一百二十里至县城西南，又三十里达昭化县界，二十里至县城东北，合白水，又南过剑州东七十里，历一百十里达苍溪县界，又六十里过县城，西曲东南绕城，南下三十里达阆中县界，又二十里至郡城，西转东十里合宋江，又南八十里达南部县界，又二十五里转东，迳县东北二里，又东南七十里入蓬州界。"汉按《汉书地理志》："出陇西郡西县嶓冢山，南入广汉，白水东南至江州，入江者西汉水也。"郦道元云："汉水，南入嘉陵道而为嘉陵水。后世嘉陵江之名盖出于此。自此以下至葭萌为白水，潜水至阆中为渝水，阆水至垫江为涪内水。随地异名，要之，皆嘉陵江，即皆西汉水也。"其以此为漾水者，自《水经》始《汉志》"陇西氐道县下"。云《禹贡》："养水所出，至武都为汉武都郡武都县下。"云："东汉水，受氐道水，一名沔，过江夏谓之夏水，入江，养与漾瀁，古字通也。今氐道不知所在，其水亦无可考，然班固本以此为东汉之源，与西汉绝无交涉。"至《水经》则云："漾水出陇西氐道县嶓冢山，东至武都沮县为汉水。"乍读之，似为东汉，及观下文云："东南迳白水至葭萌与羌水合，又东南过阆中

入江。"则竟是西汉水,与汉志"氐道武都注:抵牾而嘉陵江遂兼漾水之名"。其实,《禹贡》所导之漾在今陕西汉中府宁羌州境,与西汉水源流迥别。详见《汉中府》。

——〔清〕穆彰阿、潘锡恩等纂修:(嘉庆)《大清一统志》卷三九〇《保宁府一·山川》,第9册,上海古籍出版社,2008年

204

潜水,在广元县北。《尔雅》:"水自汉出为潜。"郭璞《音义》:"有水从汉中沔阳南,流至梓潼汉寿,入大穴中,通峒山下,西南潜出。一名沔水。旧俗云即禹贡之潜也。"《河图括地志》:"潜水,一名复水,今名龙门,水源出绵谷县东龙门山大石穴下。"《元和志》:"源出县北龙门山。书曰'沱潜既道',是也。"县志:"潜水源出县北一百三十里木寨山,流经神宣驿,又南二十里经龙洞口至朝天驿北,穿穴而出,入嘉陵江。"《旧志》按《水经注》引郑康成之言曰:"汉别为潜,流入汉,合大禹自导汉,疏通,即为西汉水。"是康成明以西汉水为潜水也。后人信史,疑经知有西汉而不知其为潜水,久矣。《括地志》《元和志》皆言:"出龙门山。"而广元《旧志》则云:"出木寨山。"意者木寨山,乃水自沔阳来之所经。而人误以为出欤《元和志》:"龙门山在县东北八十二里。"今以《旧志》所言考之,木寨山南十余里为神宣驿,又南二十里为龙门洞口,又南二十里为朝天驿,去县八十里,恰与龙门之里数相符。盖朝天驿之穴,即龙门山之穴也。至其所谓,经龙洞口至驿北穿穴而出者,又与《舆地纪胜》吻合。《纪胜》云:"自朝天程入谷十五里,有石洞三,水自第三洞发源贯通两洞,下合嘉陵江。"此即所谓"入大穴中,通峒山下,西南潜出者也"。自此以下,嘉陵江通,谓之潜水。溯潜逾龙门而北,即可由沔阳县西南之水以达于沔矣。

——〔清〕穆彰阿、潘锡恩等纂修:(嘉庆)《大清一统志》卷三九〇《保宁府一·山川》,第9册,上海古籍出版社,2008年

205

九井滩,在广元县北一百八十里。一名空舲滩,江流所经也。旧有:巨石为舟行患,宋转运使陈鹏凿平之。有记。

——〔清〕穆彰阿、潘锡恩等纂修:(嘉庆)《大清一统志》卷三九〇《保宁府

一·山川》，第9册，上海古籍出版社，2008年

206

华阳废县③，在广元县北。《隋书·地理志》："绵谷县有华阳郡。梁置华州，西魏并废。"按《宋书·州郡志》："梁州有华阳郡，（太守）徐志新置，寄治州下，领华阳、兴宋、宕渠、嘉昌四县，盖刘宋置郡，本在南郑，齐梁时徙而西南也。"

——〔清〕穆彰阿、潘锡恩等纂修：（嘉庆）《大清一统志》卷三九一《保宁府二·古迹》，第9册，上海古籍出版社，2008年

207

石亭戍，在广元县北。《魏书·地形志》："东晋寿郡，领石亭县④。"按《魏书》："正始二年，邢峦取汉中诸城戍，梁晋寿太守王景屯据石亭。"《水经注》："汉水西迳石亭戍，皆过此。"

——〔清〕穆彰阿、潘锡恩等纂修：（嘉庆）《大清一统志》卷三九一《保宁府二·古迹》，第9册，上海古籍出版社，2008年

208

飞仙阁⑤，在剑州北。杜甫《飞仙阁》诗："土门山行窄，微迳缘秋毫。栈云栏干峻。梯石结构牢。"《方舆胜览》："在梁州。"

——〔清〕穆彰阿、潘锡恩等纂修：（嘉庆）《大清一统志》卷三九一《保宁府二·古迹》，第9册，上海古籍出版社，2008年

209

望云关，在广元县北四十五里，山势高耸，与云霄相望。今名望云铺，设马驿于此。南接问津驿，北接神宣驿。

——〔清〕穆彰阿、潘锡恩等纂修：（嘉庆）《大清一统志》卷三九一《保宁府二·关隘》，第9册，上海古籍出版社，2008年

210

朝天关，在广元县北之朝天岭上。

——〔清〕穆彰阿、潘锡恩等纂修：（嘉庆）《大清一统志》卷三九一《保宁府

二·关隘》，第9册，上海古籍出版社，2008年

211

潭毒关，在广元县北九十里，潭毒山下。

——〔清〕穆彰阿、潘锡恩等纂修：（嘉庆）《大清一统志》卷三九一《保宁府二·关隘》，第9册，上海古籍出版社，2008年

212

七盘关，在广元县北一百七十里，七盘岭上。明初与二郎、百丈诸关皆有兵戍守。

——〔清〕穆彰阿、潘锡恩等纂修：（嘉庆）《大清一统志》卷三九一《保宁府二·关隘》，第9册，上海古籍出版社，2008年

213

朝天镇巡司⑥，在广元县北六十里。本朝雍正七年置。

——〔清〕穆彰阿、潘锡恩等纂修：（嘉庆）《大清一统志》卷三九一《保宁府二·关隘》，第9册，上海古籍出版社，2008年

214

神宣驿巡司，在广元县东北一百二十里，本朝乾隆二十一年置。

——〔清〕穆彰阿、潘锡恩等纂修：（嘉庆）《大清一统志》卷三九一《保宁府二·关隘》，第9册，上海古籍出版社，2008年

215

龙门阁，在广元县北。唐杜甫诗："清江下龙门，绝壁无尺土。危途中萦盘，仰望垂线缕。滑石欹谁凿，浮梁袅相拄。"《方舆胜览》："冯铃干云，其他间道虽险，然在山腰，亦微有径，可以增置，独此阁石壁斗立，虚凿石窍，而架木其上，尤为险也。"

——〔清〕穆彰阿、潘锡恩等纂修：（嘉庆）《大清一统志》卷三九一《保宁府二·关隘》，第9册，上海古籍出版社，2008年

216

筹笔古驿，在广元县北八十里，相传诸葛亮出师，尝驻军筹划于此。唐李商隐、罗隐皆有诗。《舆地纪胜》："在利州北九十九里。"旧志："今有朝天废驿，即古筹笔驿也。自汉中府褒城县至朝天驿，四百四十里。自驿而南，则由苍溪、阆中、潼川州以达成都；自驿而西，由剑门、绵、汉以达成都。葢⑦衿东之要地也。明嘉靖中改建于蓬溪。"

——〔清〕穆彰阿、潘锡恩等纂修：（嘉庆）《大清一统志》卷三九一《保宁府二·关隘》，第9册，上海古籍出版社，2008年

217

飞仙观⑧，在广元县北二十五里江中，一山如笋，周围浪涌，中道一线，行三里始达于观。观后有仙应井。

——〔清〕穆彰阿、潘锡恩等纂修：（嘉庆）《大清一统志》卷三九一《保宁府二·寺观》，第9册，上海古籍出版社，2008年

【作品提要】

嘉庆《大清一统志》，560卷，穆彰阿、潘锡恩等纂修，始修于嘉庆十六年（1811），成于道光二十二年（1842），叙事至嘉庆二十五年（1820）止，故又称为《嘉庆重修一统志》，简称为《嘉庆一统志》。本书体例以各直省和地方为单位，总叙一省（或该地区）大要，然后分别叙述各府、直隶厅、直隶州及其所属州县。分目二十七门：表、图、疆域、分野、建置沿革、形势、风俗、城池、学校、户口、田赋、税课、职官、山川、古迹、关隘、津梁、堤堰、陵墓、祠庙、寺观、名宦、人物、流寓、烈女、仙释、土产。史料丰富，叙事准确详明，完整地勾画出"乾嘉盛世"时期中国版图的全貌，同时又对各地政权建制、地理环境、户口田赋等方面的变化一一做了叙述。嘉庆《大清一统志》是清三部《一统志》中最完善的一部，亦为我国古代地理总志的总结之作，不仅是了解和研究清代地理、疆域的一部重要参考书，而且对了解和研究清代的政治、经济、文化、民族关系、阶级斗争和国际关系均有极为重要的参考价值，其价值超过了以往任何一部地理总志。

节选部分介绍了广元市朝天区境内的三山（潭毒山、木寨山、龙门山）、

三岭（朝天岭、七盘岭、漫天岭）、一峡（明月峡）、一洞（阳模洞）、一穴（丙穴）、一江（嘉陵江）、一河（潜水）、一滩（九井滩）等山川，华阳废县、石亭戍、飞仙阁、龙门阁、筹笔古驿五大古迹，望云关、朝天关、潭毒关、七盘关四大关隘，道教场所飞仙观，朝天镇巡司、神宣驿巡司两个治安机构。

嘉庆《大清一统志》最初为国史馆写本，后有武英殿本、光绪二十三年（1897）石印本、民国《四部丛刊》本。现通行上海古籍出版社《四部丛刊续编》影印本。

【注释】

①孟知祥（874—934） 字保胤，邢州龙冈（今河北邢台市）人，五代十国时期后蜀皇帝。后唐时期庄宗李存勖授孟知祥为太原尹。后因在灭前蜀的战争中立下大功，被后唐政府封为西川节度使，明宗李嗣源时期又授孟知祥为成都西川节度使。长兴元年（930）九月，孟知祥举兵反唐，占据利州、朝天、夔州等地。后唐应顺元年（934）一月，趁后唐内部皇位争夺之机在成都称帝，建国号"蜀"，史称"后蜀"。

②賨（cóng） 中国秦汉时期四川、湖南等地少数民族所缴的一种赋税。亦指这些少数民族。

③华阳废县 在今四川省广元市朝天区沙河镇南华村，南朝刘宋时置，齐梁因之，属梁州华阳郡。西魏废。

④石亭县 梁武帝天监四年（505），因邵欢县（今四川省广元市朝天区沙河镇）西嘉陵江畔建有石亭寺，遂以此为名，将邵欢县改名石亭县。陈太建五年（573），石亭县归兴安县治，废石亭县为戍。

⑤飞仙阁 在今四川省广元市朝天区沙河镇南华村威凤山之巅，因杜甫诗《飞仙阁》而著名。见第101页《元一统志》之"飞仙岭"注。

⑥巡司 即巡检司。职掌地方治安。

⑦葢（gài） 古同"盖"，大概。

⑧飞仙观 在今四川省广元市朝天区沙河镇南华村威凤山之巅。清代以前未见史载，可断定此观建于清代无疑。

〔清〕顾祖禹撰

读史方舆纪要

[广元县]

218

嘉川城，县东北五十里，汉葭萌县地。刘宋置兴乐县，为宋熙郡治。齐魏因之。梁改县曰嘉川。隋初，郡废，县属利州。唐贞观二年，县改属静州。十七年，仍属利州。永泰元年，改属集州。宋乾德三年，王全斌①伐蜀，别将史进德等败蜀兵于三泉寨，遂至嘉川，进击金山寨，又破小漫天寨，是也。寻亦属利州。元并入绵谷县。三泉寨，见陕西沔县。《郡志》：嘉川城，在今县东百里，地名嘉川乡。

——〔清〕顾祖禹撰，贺次君、施和金点校：《读史方舆纪要》卷六十八《四川三·保宁府》，第7册第3210页，中华书局，2005年

219

华阳废县，在县北。刘宋置，并置华阳郡，本寄治梁州。萧齐因之。梁移于此，兼置华州。西魏俱废。

——〔清〕顾祖禹撰，贺次君、施和金点校：《读史方舆纪要》卷六十八《四川三·保宁府》，第7册第3210页，中华书局，2005年

220

潭毒山，县北九十里。上有潭毒关，下瞰大江，路皆滑石，登涉颇艰，为蜀口之险要。下有深潭，相传潭下渊岸，有一铁索，见则兵动。宋绍兴二年，金人陷兴元，刘子羽②退守三泉，以潭毒山形斗拔，其上宽平有水，乃筑壁垒，方成而敌至，距营十数里，子羽据胡床、坐垒口，敌引去。

——〔清〕顾祖禹撰，贺次君、施和金点校：《读史方舆纪要》卷六十八《四川三·保宁府》，第7册第3211页，中华书局，2005年

221

大漫天岭，县东北三十五里，峻出云表。又北为小漫天岭，二岭相连。一名藁本山，蜀道之险也。后唐清泰初，山南西道帅张虔钊③及武定帅孙汉韶④以二镇降蜀，知祥遣军屯利州及大漫天以迎之。宋乾德中，王全斌伐蜀，蜀人于此置大小漫天二寨。全斌别将史进德夺其小漫天寨，至深渡。蜀人依江列阵以待宋师。击之，夺其桥。蜀人退保大漫天寨。复击破之，追至利州城北。是也。

——〔清〕顾祖禹撰，贺次君、施和金点校：《读史方舆纪要》卷六十八《四川三·保宁府》，第7册第3211页，中华书局，2005年

222

朝天岭，县北六十里。山势崔巍，路径险绝，有朝天驿。自汉中府褒城县至此，凡四百四十里，自驿而南，则由保宁府潼川州而达成都，自驿而西，则由剑门绵汉而达成都，盖衿束之地也。

——〔清〕顾祖禹撰，贺次君、施和金点校：《读史方舆纪要》卷六十八《四川三·保宁府》，第7册第3211页，中华书局，2005年

223

七盘岭，在县北百七十里，与陕西宁羌州接界。一名五盘岭，自昔为秦蜀分界处，有七盘关。《志》云：县东北二百五十里，有乾龙洞，极高大，深入数里。

——〔清〕顾祖禹撰，贺次君、施和金点校：《读史方舆纪要》卷六十八《四川三·保宁府》，第7册第3211—3212页，中华书局，2005年

224

明月峡，在县北八十里，一名朝天峡。

——〔清〕顾祖禹撰，贺次君、施和金点校：《读史方舆纪要》卷六十八《四川三·保宁府》，第7册第3212页，中华书局，2005年

225

九井滩，在县北百八十里，一名空舱滩。相传旧有巨石伏水底，为舟楫

害。宋淳熙中，始平其险，皆江流所经也。

——〔清〕顾祖禹撰，贺次君、施和金点校：《读史方舆纪要》卷六十八《四川三·保宁府》，第7册第3212页，中华书局，2005年

226

潜水，在县北八十里。源出县北百三十余里之木寨山，经神宣驿，又南二十里经龙洞口，至朝天驿北，穿穴而出，入嘉陵江。或以此为《禹贡》之潜水，似误。

——〔清〕顾祖禹撰，贺次君、施和金点校：《读史方舆纪要》卷六十八《四川三·保宁府》，第7册第3212页，中华书局，2005年

227

深渡，在县北大小二漫天之间，即嘉陵江也。后唐同光三年，王衍⑤将游秦州，至利州，闻唐兵将至，命王宗昱等迎战。时从驾兵自绵汉至深渡，千里不绝，皆悢愤不欲前。宋乾德三年，王全斌伐蜀，别将崔彦进⑥破小漫天寨，至深渡，与全斌会击蜀兵，破之，夺其桥。是也。

——〔清〕顾祖禹撰，贺次君、施和金点校：《读史方舆纪要》卷六十八《四川三·保宁府》，第7册第3212页，中华书局，2005年

228

潭毒关，在县北潭毒山下。旧为蜀口要地，详见潭毒山。

——〔清〕顾祖禹撰，贺次君、施和金点校：《读史方舆纪要》卷六十八《四川三·保宁府》，第7册第3212页，中华书局，2005年

229

七盘关，在县北七盘岭上。

——〔清〕顾祖禹撰，贺次君、施和金点校：《读史方舆纪要》卷六十八《四川三·保宁府》，第7册第3212页，中华书局，2005年

230

朝天关，在县北朝天岭上。

——〔清〕顾祖禹撰，贺次君、施和金点校：《读史方舆纪要》卷六十八《四川

三·保宁府》，第7册第3212页，中华书局，2005年

231

望云关，在县北五十五里，山势高耸，与云霞相望。

——〔清〕顾祖禹撰，贺次君、施和金点校：《读史方舆纪要》卷六十八《四川三·保宁府》，第7册第3212页，中华书局，2005年

232

洪武中，与七盘、二郎诸关皆有兵戍守。正德五年，有五色云见此。明末，贼犯百丈关，遂掠广元，盖与汉中接界。《郡志》：县境有焦坝等堡凡三十有七。

——〔清〕顾祖禹撰，贺次君、施和金点校：《读史方舆纪要》卷六十八《四川三·保宁府》，第7册第3212页，中华书局，2005年

233

龙门阁，县北十里，嘉陵江东岸。悬崖架木作栈而行。石岩蜿蜒，其形若门。后凿石为佛像，渐成通衢。明洪武二十四年，景川侯曹震⑦相视开凿，叠石为岸，益为坦途。《栈道记》：自城北至大安军⑧界管桥阁，共万五千三百六十一间，惟石阑、龙门称绝险云。石阑桥，盖在龙门之北。

——〔清〕顾祖禹撰，贺次君、施和金点校：《读史方舆纪要》卷六十八《四川三·保宁府》，第7册第3213页，中华书局，2005年

234

又县北四十里有飞仙阁，下浸碧潭，悬栈而行，若飞仙然。

——〔清〕顾祖禹撰，贺次君、施和金点校：《读史方舆纪要》卷六十八《四川三·保宁府》，第7册第3213页，中华书局，2005年

235

石亭戍，在县西北。《水经注》：汉水自武兴城东南流，径关城北，又西径石亭戍，又径晋寿城西。梁天监四年，魏将邢峦⑨取汉中诸城戍，晋寿太守王景胤⑩据石亭，峦遣将李义珍击走之。因置石亭县，寻废。汉水，西汉水也，与武兴关城分见陕西沔县、略阳县。

——〔清〕顾祖禹撰，贺次君、施和金点校：《读史方舆纪要》卷六十八《四川三·保宁府》，第7册第3213页，中华书局，2005年

236

筹笔驿，在县北八十里。诸葛武侯出师运筹于此。唐、宋皆因旧名。即今朝天驿也。《志》云：驿有朝天古渡，即潜水所经。

——〔清〕顾祖禹撰，贺次君、施和金点校：《读史方舆纪要》卷六十八《四川三·保宁府》，第7册第3213页，中华书局，2005年

237

县北四十里有望喜驿，唐名也，今曰沙河马驿⑪。又县西二里有高桥水驿，亦曰嘉陵驿，今曰问津水马驿，在县西门外。

——〔清〕顾祖禹撰，贺次君、施和金点校：《读史方舆纪要》卷六十八《四川三·保宁府》，第7册第3213页，中华书局，2005年

238

神宣马驿，在县北百三十里。正德十年，并置递运所⑫于此。《志》云：此为秦蜀之要冲、西南朝贡之通道。

又九井水驿，在府北百八十里。

——〔清〕顾祖禹撰，贺次君、施和金点校：《读史方舆纪要》卷六十八《四川三·保宁府》，第7册第3213页，中华书局，2005年

【作品提要】

《读史方舆纪要》原名《二十一史方舆纪要》，简称《方舆纪要》，清初顾祖禹（1631—1692）独撰的一部巨型历史地理著作。全书130卷。首为历代州域形势九卷，记述历代王朝的盛衰兴亡和地理大势；次为明代两京十三布政使司一百十四卷，分叙其名山、大川、重险，所属府、州、县及境内部分都司卫所的疆域、沿革、古迹、山川、关津、镇堡等，并记载其地发生的历史事件，考订其变迁，剖析其战守利害；再为川渎异同六卷，专叙禹贡山川的经流源委及漕河、海道；末为分野一卷。另附《舆图要览》四卷，内容有两京十三布政使司、九边、黄河、海运、漕运及朝鲜、安南、海夷、沙漠等图。全书参

考二十一史、历代总志及部分地方志书达百余种,集明代以前历史地理学之大成,在当时即被誉为"数千百年所绝无仅有之书"。与清代历史地理巨著、官修的《大清一统志》相比,也是各有千秋,毫不逊色。至今仍成为历史地理学者乃至研究历史、经济、军事的学者们必读的重要参考书。

节选部分主要介绍了广元市朝天区境内的嘉川县、华阳县、石亭县的历史变迁,潭毒山、大小漫天岭、朝天岭、七盘岭、明月峡、九井滩、潜水等山川河水,两大古阁(龙门阁、飞仙阁),两大古渡(深渡、朝天渡),四大关隘(潭毒关、朝天关、七盘关、望云关),四大驿站(朝天驿、沙河驿、神宣驿、九井驿)。

《读史方舆纪要》最早的版本有清嘉庆十六年(1811)龙万育敷文阁刻本。2005年中华书局出版的贺次君、施和金点校本《读史方舆纪要》是学术界和广大读者公认的权威版本。

【注释】

①王全斌(908—976) 太原人,五代至北宋初将领。曾在后唐、后晋、后周为将。乾德二年(964)十一月,宋攻后蜀,为西川行营凤州路都部署,率军3万克兴州(今陕西省略阳县),乘胜连拔二十余寨。蜀军烧毁明月峡栈道(今四川省广元市朝天区城南),阻之。他纳部将建议,修复明月峡栈道,与副将崔彦进分进合击,大败蜀军,攻克利州,获粮八十万斛。蜀兵仓皇逃过桔柏江,烧毁桥梁,依凭剑门天险固守。王全斌的辉煌战绩使宋太祖十分高兴,这年冬天,京师下了大雪,赵匡胤亲自脱下自己的紫貂裘帽派人送给王全斌,王全斌十分感动,更加紧了对蜀兵的进攻。他率主力进逼剑门,命部将史延德迂回敌后,两面夹击,剑门破,歼蜀军万余人,擒其帅王昭远等。兵至魏城(今四川省绵阳市东北),蜀主孟昶遣使投降,后蜀亡。王全斌为赵宋王朝统一大业立下了汗马功劳。

②刘子羽(1096—1146) 字彦修,崇安(今福建省崇安县)人,南宋抗金名将。十一岁随父刘韐从军"佐其父,破睦贼,征方腊"。在和尚原、仙人关、饶凤关、富平大战中与岳飞、吴玠、吴璘大败金兀术,开辟川陕第二战场,稳定了南宋战局。绍兴元年(1131),金兵侵犯潭毒关(今四川省广元市朝天区两河口镇境内)。刘子羽以潭毒山形势险峻,其上宽平有水,乃筑壁垒守之。金兵至,距营十数里,刘子羽坐于垒口。诸将泣告曰:"此非待制

（子羽任徽猷阁待制）坐处。"刘子羽曰："子羽今日死于此。"敌疑有伏，退去。绍兴二年（1132），刘子羽以功拜利州路经略使兼知兴元府。因不附秦桧，奉祠归里。绍兴十六年病逝。

③张虔钊（882—948） 辽州（今山西省昔阳县）人。后蜀名臣。后唐时，任西道节度使，在凤翔攻潞王李从珂，部下反叛，逃到成都。当时兴元已被孟知祥占据，于是拜虔钊本军节度使、同平章事，虔钊固辞不行。广政初年，加兼中书令。不久，虔钊任北面行营招讨安抚使，进攻凤翔，侯益投诚。后侯益复叛，虔钊孤军深入，援绝逃还，惭愧愤怒而死。

④孙汉韶（884—955） 振武（今山西省朔州市朔城区）人。初事后唐明宗，为武定节度使。潞王李从珂反叛时，与张虔钊等合兵讨伐，在兴元兵败，降后蜀，被任为永平节度使。后改任山南西道节度使。率兵攻固镇（今甘肃省徽县），扼散关（今陕西省宝鸡市南），遂使后蜀据有秦（今甘肃省秦安县）、凤（今陕西省凤县）、阶（今甘肃省康县）、成（今甘肃省成县）之地。后调任武信节度使（治遂州，今四川省遂宁市），封乐安郡王。

⑤王衍（899—926） 初名王宗衍，字化源，许州舞阳（今河南省舞阳县）人。五代十国时期前蜀最后一位皇帝，前蜀高祖王建第十一子。王衍即位后，荒淫无道，政治十分腐朽。同光三年（925），后唐庄宗李存勖遣魏王李继岌、郭崇韬等发兵攻打前蜀，王衍带着棺材，自己绑缚着出降后唐，前蜀灭亡。后来，王衍在被送赴洛阳途中，李存勖遣人将他和他的亲族一起杀害，时年二十八岁，后被封为通正公。王衍很有文才，能作浮艳之词，著有《甘州曲》《醉妆词》等，流传于世。

⑥崔彦进（922—988） 大名（今河北省魏县）人，五代末年至北宋初年将领。北宋攻打后蜀时，崔彦进任凤州路行营前军副都部署。平定后蜀后，因犯放纵部下等罪，贬任昭化军节度观察留后。宋太祖在西洛郊祀时，任彰信军节度使。太平兴国四年（980），随军征讨北汉，因督战急迫，得到宋太宗赵光义表扬。又随宋太宗征讨幽州，因功加官检校太尉。同年与崔翰等打败辽军。太平兴国五年（981），任关南都部署，在唐兴口打败辽军。雍熙三年（986），崔彦进在征讨辽国战役中失利，因违抗曹彬节制而被辽军打败，贬任右武卫上将军。雍熙四年（987），任保静军节度。端拱元年（988），崔彦进去世，终年66岁。

⑦曹震（？—1393） 元末明初濠州（今安徽省凤阳县）人，元末从朱元璋起兵，累官指挥使。明洪武十二年（1379），以从沐英攻西番，封景川侯。

又从蓝玉平云南，寻复理四川省军务。在镇疏浚河道，凿石削崖，以通漕运。并辟陆路，架桥立栈，至是运道畅通，为时论所重。后坐蓝玉党，被诛。

⑧大安军　北宋至道二年（996）置，治三泉县（今陕西省宁强县阳平关镇擂鼓台村）。三年废。南宋绍兴三年（1133）复置，属利州路。地居川陕交通要隘。嘉定十二年（1219）张威败金兵于此。元初改大安州。元至元二十年（1283）又降为大安县。

⑨邢峦（463—514）　字洪宾，河间鄚（今河北省任丘市）人，南北朝时期北魏名将。博览书传，有文才干略。为孝文帝知赏，累迁散骑常侍，兼尚书。宣武帝时，诏加使持节、都督征梁汉诸军事。在汉中，连破梁诸城戍，拜使持节、梁汉二州刺史。因诛杀百姓，掠人为奴，兼商贩聚敛，清论鄙之。后又统魏军在宿豫（今江苏泗阳）大败梁军。封平舒县伯。迁殿中尚书，加抚军将军。卒于官。

⑩王景胤（？—505）南朝梁大臣。天监四年（505）为晋寿太守。时北魏大举向西南进攻取汉中，景胤败退入川。魏军进逼涪城（今四川省绵阳市），景胤兵败阵亡。

⑪县北四十里有望喜驿，唐名也，今曰沙河马驿　此处考证误。望喜驿在今四川省广元市昭化区昭化镇南；沙河马驿，在今朝天区沙河镇南华村。望喜驿与沙河马驿是两个不同的驿站。

⑫递运所　明官署名。运递官方物资及军需的机构。洪武九年（1376）始置，掌运送粮物。明初，常以卫所戍守兵士传送军囚，太祖因其有妨练习守御，乃命兵部置各处递运所，设大使主管。清初沿用。

〔清〕阎若璩[①]撰 黄怀信 吕翊欣校点

尚书古文疏证

[潜水 筹笔驿]

239
梁州之潜有二。

一巴郡宕渠县。《地志》："县有潜水，西南入江。"郦道元[②]云："潜水盖汉水枝分潜出，故受其称。今爱有大穴，潜水入焉。通冈山下西南潜出，谓之伏水，或以为古之潜水。"郑氏曰："汉别为潜，其穴本小。水积成泽，流与汉合。大禹道汉疏通，即为西汉水也。故《书》曰：'沱潜既道。'"道元又云："宕渠水即潜水，出南郑县南巴岭，谓之北水。东南流迳宕渠县，谓之宕渠水。又东南入汉。今顺庆府渠县有汉宕渠故城。渠江在县东，自巴州小巴岭西南流迳蓬州，又东南迳营山县，入县界，又西南迳广安州，至重庆府之合州入嘉陵江者是。"

一广汉郡葭萌县。郭璞[③]《尔雅音义》："有水从汉中沔阳县南，至梓潼汉寿入大穴中。通峒（疑当作冈）山下，西南潜出，一名沔水，旧俗云即《禹贡》潜也。"刘澄之[④]说同。汉寿，故葭萌，先主更名。《括地志》："潜水一名伏水，今名龙门水，源出绵谷县东龙门山大石穴下。"《元和志》："潜水出绵谷县龙门山。《书》曰'沱潜既道'是也。山在县东北八十二里。"《寰宇记》："绵谷县龙门山，亦名葱岭山。"引《梁州记》云："葱岭有石穴，高数十丈，其状如门，俗号为龙门，今四川广元县东北之龙门山。"

是此二潜者，皆自汉出，伏而又发，踪迹显然，正与《尔雅》之义相符，较郑为长。然观道元所引"汉别为潜流，流与汉合"之语，则郑亦既知象类，义适符于《尔雅》。前所谓西出嶓冢者，岂其未定之论与！又道元注《桓水》一条云："葭萌西汉，即郑氏之所谓潜水。"然则潜当断自广元县北龙门，伏流入西汉之处始受其称，而水出西县者不妨自为嘉陵江源。如必追上流，并为潜而谓水自西汉通东汉，则西汉导源之地初无伏而又发之状，如宕渠葭萌所云者，安得据阚骃⑤荒诞之说而目之以自汉出耶？禹主名山川，当时此水有潜名无西汉名，后人徇未忘本，信史疑经，鲜有知西汉为潜者。宋傅寅⑥《禹贡集解》谓西汉为禹时所浮之潜，庶几得之，而不知康成已有其说。证据不明，亦何以取信于天下后代哉？

又按：胐明复告予曰："绵谷今为广元县，亦汉葭萌地，属四川保宁府，东北与陕西沔县接界，龙门山当在其间。然此水合西汉水处终不及详，惟《广元县旧志》云：'潜水出县北一百三十余里木寨山，流经神宣驿，又南二十里经龙洞口至朝天驿。北朝天驿，古筹笔驿也。穿穴而出，入嘉陵江。'此言确有源委，而所出之山不同，殊为可疑。然核其里数，神宣驿在县北一百二十里，南二十里为龙洞口，又南二十里为朝天驿，去县八十里，恰与龙门之里数相符。意者木寨山乃郭璞沔阳水之所经，人误以为出。而朝天之穴即龙门之穴，郭及刘澄之兼言南北之出入，而《括地》《元和》《广元旧志》则但言其南口之所出也与。龙洞口者，龙门穴之北口也。朝天驿北，龙门穴之南口也。以理推之，当如是矣。果尔，则此水潜行山下，亦不过二十里。"

——〔清〕阎若璩撰，黄怀信、吕翊欣校点：《尚书古文疏证》卷六下《第九十六·言史记荥阳下引河为禹贡后》，第516—519页，上海古籍出版社，2013年

【作品提要】

《尚书古文疏证》，共8卷，清朝阎若璩（1636—1704年）撰。《尚书古文疏证》是第一本通过较为完备的方法考证《古文尚书》为"伪"的著作。阎若璩运用了八种方法进行考证。用以考证的材料涵盖各个方面，比如以历代图书目录的著录情况及典籍本身的源流演变证伪，以考证典籍所在史事证伪等等，因而对《古文尚书》的考证十分全面，说服力也更强。采用了亲见性原则、时代先后原则、作者权威性原则、记述一致性原则四点考辨原则，从文体、文例、语言风格与时代不符等方面全面考证《古文尚书》，考辨之详细、论证之缜密远超前人。同时，阎若璩还独创了一种考据方法，即"由根柢而之枝节"之法，简单说来就是通过论定结论是否正确以推断条件的真伪，这一方法准确性更高，因而阎若璩也因其辨伪思想和方法成为清代考据学的主要奠基者。他所撰的《尚书古文疏证》一书，为后世乃至当代的辨伪工作树立了典范。

节选部分考证了潜水（今潜溪河）的源流。阎若璩穷力于古，考辨精实，校正了前人对古潜水附会的许多错误。

2013年上海古籍出版社出版的黄怀信、吕翊欣校点本《尚书古文疏证》是学术界和广大读者公认的权威版本。

【注释】

①阎若璩（qú）　字百诗，号潜丘，山西太原人。清初著名学者。工诗古文，精通经史，长于考证，尝辨《古文尚书》之伪。代表作《尚书古文疏证》。

②郦道元（？—527）　字善长，范阳涿州（今河北涿州）人，北朝北魏地理学家、散文家，中国游记文学的开创者，撰《水经注》四十卷。

③郭璞（pú）（276—324）　字景纯，河东闻喜县（今山西省闻喜县）人。两晋时期著名文学家、训诂学家、风水学者，好古文、奇字，精天文、历算、卜筮，擅诗赋，是游仙诗的祖师。著有《葬经》。

④刘澄之（352—410）　刘遗民，名澄之，字仲思，彭城（今江苏省徐州市铜山区）人。南朝宋武帝刘裕族弟刘遵考之子。晋代著名佛教居士。与晋周续之、陶渊明并称"浔阳三隐"。有《永初山川记》。

⑤阚骃（kàn yīn）　字玄阴，生卒年不详，敦煌（今属甘肃省）人，北魏地理学家、经学家。曾为三国时王朗所著的《易传》一书作注。又撰《十三州志》十卷，久佚，今有辑本。《魏书》及《北史》皆有其传。

⑥傅寅（1148—1215）　南宋婺州义乌（今属浙江省）人，字同叔，号杏溪，大学问家。对天文、地理、井田、学校、郊庙、律历、军制等类研究精深，号曰群书百考。所著《禹贡说断》，有独到见解。

〔清〕彭遵泗撰

蜀 故

[朝天关　七盘关　筹笔驿　龙门阁]

240

南栈剑州之剑阁，昭化之牛头山①，广元之朝天关、七盘关最为险要。较之蚕丛各路，上层云，下深滩，不计其丈。而羊肠一线，不能经尺。沙流势侧，尤平易也。

——〔清〕彭遵泗撰：《蜀故》卷二·形势，《四川历代方志集成》，第四辑第15册，国家图书馆出版社，2017年

241

筹笔驿，广元县北，诸葛武侯出师尝驻军筹划于此。杜牧诗："永安宫②受诏，筹笔驿沉思。画地乾坤在，濡毫胜负知。"

——〔清〕彭遵泗撰：《蜀故》卷六·关隘，《四川历代方志集成》，第四辑第15册，国家图书馆出版社，2017年

242

龙门阁，嘉陵江上。石壁陡立，险不易登。《方舆胜览》："石栏桥在绵谷县北一里，自城北至大安军界，营桥栏共一万五千三百一十六间。其著名者为石柜阁、龙门阁。"城五里岂非其处乎？秀柏参差，当垆涤器③风流可想见也。

——〔清〕彭遵泗撰：《蜀故》卷七·亭阁，《四川历代方志集成》，第四辑第15册，国家图书馆出版社，2017年

【作品提要】

《蜀故》是清代学者彭遵泗（1702—1758）编著的一部著作。其时，彭遵泗辑录了四川省古今百业的大量资料，写成后未及付印即殁，后由其兄彭端淑、彭肇洙和子彭延庆整理成27卷，刻版刊印行世。该书作为一部记叙四川省地区的方志，实有"括典章人物，佐案头博览"之意义。其内容涉及天文分野、古今兴废、官制沿革、名贤著述、关河险阻、忠孝节烈、民俗宗教、术数方技、流贼蛮夷诸事，卷帙浩繁，对于研究四川省的风土人情、社会风俗、山川地理、人文教育具有非常重要的参考价值。

节选部分介绍了南栈的四大险要之地，龙门阁、筹笔驿的位置由来及相关诗文佐证。

《蜀故》版本有清乾隆年间刻补修本，此为《蜀故》传世的最早刻本。2017年国家图书馆出版社出版的刘兴亮等点校本《蜀故》是学术界和广大读者公认的权威版本。

【注释】

①牛头山　在今四川省广元市昭化区城西15公里、嘉陵江西岸，系剑门山的东支，海拔1214米，是一座巨石耸立的大山，因形似牛立头而得名。

②永安宫　三国时代蜀国的宫殿。在今重庆市奉节县卧龙山下，蜀先主刘备崩于此。

③当垆涤器　当垆：守在店里卖酒。涤器：洗涤器物。

〔清〕洪亮吉撰

乾隆府厅州县图志

[广元县]

243

龙门山在县东北。木寨山在县北一百三十里。潜水在此。

——〔清〕洪亮吉撰：《乾隆府厅州县图志》卷三十五《保宁府·广元县》，《续修四库全书》史部·地理类，上海古籍出版社，2003年

244

七盘岭在县北一百七十里，与陕西宁羌州接界。朝天岭亦在县北。漫天岭在县东北。

——〔清〕洪亮吉撰：《乾隆府厅州县图志》卷三十五《保宁府·广元县》，《续修四库全书》史部·地理类，上海古籍出版社，2003年

245

丙穴①在县北二十五里。漾水②之南，出鱼肥美。故名。

——〔清〕洪亮吉撰：《乾隆府厅州县图志》卷三十五《保宁府·广元县》，《续修四库全书》史部·地理类，上海古籍出版社，2003年

246

潜水在县北。《尔雅》云："水自汉出为潜。"郭璞《音义》："有水从汉中沔阳南流至梓潼汉寿，入大穴中，通峒山下，西南潜出，一名沔水。旧俗云：即《禹贡》'潜'也。"

——〔清〕洪亮吉撰：《乾隆府厅州县图志》卷三十五《保宁府·广元县》，《续修四库全书》史部·地理类，上海古籍出版社，2003年

【作品提要】

清人洪亮吉（1746—1809）有感于"大一统之书，内三馆所绘秘图，则流传匪易，鸿编则家有为难"，因此撰著《乾隆府厅州县图志》50卷，便携观览。该书是洪亮吉在舆地学方面的重要著作。全书对全国二十四个直隶府和布政司进行了全面的介绍，并且配有详细的木刻地图版画。体例十分精详，如以顺天府部分为例，其首附顺天府全图，图形用网格划分，并标明"每方五十里"，具有比例尺作用。继而介绍顺天府境内水系，最后介绍所辖各县的历史沿革。资料介绍十分详细，繁简有序，并无芜杂冗繁之病，体例严谨，对于研究历代建置沿革、人口、物产、贡赋等，具有重要的文献价值。

节选部分介绍了广元市朝天区境内的龙门山、木寨山、七盘岭、朝天岭、漫天岭、丙穴、潜水等山川河水。

《乾隆府厅州县图志》流传版本主要有清乾隆五十三年（1788）至嘉庆八年（1803）刻本、嘉庆七年（1802）《洪北江集》本、光绪五年（1879）授经堂刊《洪北江遗集》本及光绪二十三年（1897）新化陈氏三味书室本。

【注释】

①丙穴　嘉鱼出产之洞穴名，在今四川省广元市朝天区沙河镇鱼洞河。
②漾水　即今四川省嘉陵江。《水经·漾水》："漾水出陇西氐道县嶓冢山，东至武都沮县为汉水，又东南至广魏白水县西，又东南至葭萌县东北与羌水合，又东南过巴郡阆中县，又东南入江州县东南入于江。"一说"漾"作"养""瀁"，古水名，即今汉水上源。出自今陕西省宁强县蟠冢山。《尚书·禹贡》："嶓冢导漾，东流为汉。"古人误以西汉水为汉水，故《汉书·地理志》把甘肃省西汉水某一支流称养水。《水经》又以西汉水上源为漾水，皆与《禹贡》不符。

〔清〕黄廷桂等修 张晋生等纂

（雍正）四川通志

[广元县]

247

潭毒关，在广元县北八十里，潭毒山下。七盘关，在广元县北一百六十里。望云关，在广元县北四十五里，山势高耸，与云霄相接。朝天关，在广元县北，朝天岭上。

——〔清〕黄廷桂等修、张晋生等纂：（雍正）《四川通志》卷四（下）《关隘·保宁府》，四川省地方志编纂委员会辑《四川历代方志集成》，第四辑第1册，国家图书馆出版社，2017年

248

龙门阁，在广元县北，石壁陡立，架木其上，较他处尤险要。

——〔清〕黄廷桂等修、张晋生等纂：（雍正）《四川通志》卷四（下）《关隘·保宁府》，四川省地方志编纂委员会辑《四川历代方志集成》，第四辑第1册，国家图书馆出版社，2017年

249

将军桥，在广元县北四十里。

——〔清〕黄廷桂等修、张晋生等纂：（雍正）《四川通志》卷二十二（下）《津梁·保宁府》，四川省地方志编纂委员会辑《四川历代方志集成》，第四辑第2册，国家图书馆出版社，2017年

250

望云铺，在广元县东。北至县属神宣驿五十里，南至本县问津驿四十里。自康熙五十一年奉设站，马一十四匹，马夫七名。五十八年增马一十六匹，马夫八名，实在马三十匹。岁支草料银六百三十七两二钱，马夫一十五

名。岁支工食银二百五十四两八钱八分。买补马九匹,岁支价银七十二两。棚厂槽锸岁支银四十二两六钱。以上岁共支银一千六两六钱八分。

——〔清〕黄廷桂等修、张晋生等纂:(雍正)《四川通志》卷二十二(下)《驿传》,四川省地方志编纂委员会辑《四川历代方志集成》,第四辑第2册,国家图书馆出版社,2017年

251

石桥铺,在县东北三十里。垒石铺,在县东北四十里。望云铺①,在县东北六十里。金堆铺②,在县东北七十五里。杂果铺③,在县东北九十里。榆林铺④,在县东北一百五里。纸房铺⑤,在县东北一百二十里。转头铺⑥,在县东北一百三十里。椿树铺,在县东北一百四十里。

——〔清〕黄廷桂等修、张晋生等纂:(雍正)《四川通志》卷二十二(下)《铺处·保宁府·广元县》,四川省地方志编纂委员会辑《四川历代方志集成》,第四辑第2册,国家图书馆出版社,2017年

252

潭毒山,在县北九十里。下瞰大江,路皆滑石,登陟颇艰。其下深潭有一铁索,见则兵动。木寨山,在县北八十里。潜水出此。

——〔清〕黄廷桂等修、张晋生等纂:(雍正)《四川通志》卷二十三《山川(上)·保宁府·广元县》,四川省地方志编纂委员会辑《四川历代方志集成》,第四辑第2册,国家图书馆出版社,2017年

253

龙门山,在县东北八十二里。出好钟乳。一名葱岭,山有石穴,高数十丈,其状如门。又东山之北有燕子谷,出好磐石。又有龙门洞,在县北。凡有三洞,自朝天程入谷十五里,有石洞及第二第三洞,有水自第三洞发源,贯通二洞,下合嘉陵江。旧志:"在县北六十五里。"又有乾龙洞,在县东北二百五十里,极高大,深入数里。宋人《龙洞记》云:"三泉县西二里有洞,深七十三步,广半之。"

——〔清〕黄廷桂等修、张晋生等纂:(雍正)《四川通志》卷二十三《山川(上)·保宁府·广元县》,四川省地方志编纂委员会辑《四川历代方志集成》,第四辑第2册,国家图书馆出版社,2017年

254

漫天岭，在县东北二十五里。一名藁本山。《明一统志》："大漫天、小漫天，二岭相连，皆极高耸，蜀道之险也。"元稹有《漫天岭赠僧》诗："五上两漫天。"又罗隐诗："西去休言蜀道难，此中危峻已多端。到头未会苍苍色，争得禁他两度漫。"

——〔清〕黄廷桂等修、张晋生等纂：（雍正）《四川通志》卷二十三《山川（上）·保宁府·广元县》，四川省地方志编纂委员会辑《四川历代方志集成》，第四辑第2册，国家图书馆出版社，2017年

255

朝天岭，在县北五十里，路径绝险。其后即朝天程旧路，在朝天峡栈阁，遂开此道，后人便之。

——〔清〕黄廷桂等修、张晋生等纂：（雍正）《四川通志》卷二十三《山川（上）·保宁府·广元县》，四川省地方志编纂委员会辑《四川历代方志集成》，第四辑第2册，国家图书馆出版社，2017年

256

五盘岭，在县北一百七十里。杜甫诗："五盘虽云险，山色佳有馀。仰凌栈道细，俯映江木疏。"又岑参诗："平旦驱驷马，旷然出五盘。江回两崖斗，日隐群峰攒。"一名七盘岭，旧与陕西宁羌州接界，自昔为秦蜀分界处。

——〔清〕黄廷桂等修、张晋生等纂：（雍正）《四川通志》卷二十三《山川（上）·保宁府·广元县》，四川省地方志编纂委员会辑《四川历代方志集成》，第四辑第2册，国家图书馆出版社，2017年

257

明月峡，在县北八十里。一名朝天峡，江流所经。

——〔清〕黄廷桂等修、张晋生等纂：（雍正）《四川通志》卷二十三《山川（上）·保宁府·广元县》，四川省地方志编纂委员会辑《四川历代方志集成》，第四辑第2册，国家图书馆出版社，2017年

258

阳模洞,在县北六十里。有山万仞,峭壁如削。中开洞门,高不可上。一名羊模洞。

——〔清〕黄廷桂等修、张晋生等纂:(雍正)《四川通志》卷二十三《山川(上)·保宁府·广元县》,四川省地方志编纂委员会辑《四川历代方志集成》,第四辑第2册,国家图书馆出版社,2017年

259

丙穴,在县北二十五里,汉水之南。出鱼肥美。

——〔清〕黄廷桂等修、张晋生等纂:(雍正)《四川通志》卷二十三《山川(上)·保宁府·广元县》,四川省地方志编纂委员会辑《四川历代方志集成》,第四辑第2册,国家图书馆出版社,2017年

260

潜水,在县北。《尔雅》:"水自汉出为潜。"郭璞注:"有水从汉中沔阳县西南流至梓潼汉寿县,入大穴中,通罡山下,西南潜出。"一名沔水,即《禹贡》所谓"沱潜既道"也。旧志:"在县北八十里,源出木寨山下,流五里入神宣驿、龙洞至朝天驿北,穿穴而出,入嘉陵江。"

——〔清〕黄廷桂等修、张晋生等纂:(雍正)《四川通志》卷二十三《山川(上)·保宁府·广元县》,四川省地方志编纂委员会辑《四川历代方志集成》,第四辑第2册,国家图书馆出版社,2017年

261

九井滩,在县北。宋转运使陈鹏《九井滩记》:"有巨石曰鱼梁、龟堆、芒鞋觜,参差相望于波间,为行舟患。元祐四年,鹏悉凿平之。"旧志:"在县北一百八十里。一名空舱滩,江流所经也。"

——〔清〕黄廷桂等修、张晋生等纂:(雍正)《四川通志》卷二十三《山川(上)·保宁府·广元县》,四川省地方志编纂委员会辑《四川历代方志集成》,第四辑第2册,国家图书馆出版社,2017年

262

华阳废县，在县北，建置无所考。

石亭废县，在县北，疑是齐永泰初，分东晋寿郡时所置。后魏正始二年，邢峦取汉中诸城戍。梁晋寿太守王景胤屯据石亭，峦遣将李义珍击走之。即此。后废为戍。

——〔清〕黄廷桂等修、张晋生等纂：（雍正）《四川通志》卷二十六《古迹（上）·保宁府·广元县》，四川省地方志编纂委员会辑《四川历代方志集成》，第四辑第2册，国家图书馆出版社，2017年

263

筹笔驿，在县北九十里。诸葛武侯出师尝驻军筹划于此。杜牧诗："永安宫受诏，筹笔驿沉思。画地乾坤在，濡毫胜负知。"李商隐诗："猿鸟犹疑畏简书，风云常为护储胥。"

古碑记附：李义山碑，在筹笔驿；栈道铭，欧阳詹文撰。

——〔清〕黄廷桂等修、张晋生等纂：（雍正）《四川通志》卷二十六《古迹（上）·保宁府·广元县》，四川省地方志编纂委员会辑《四川历代方志集成》，第四辑第2册，国家图书馆出版社，2017年

264

百丈关巡检司，在县北一百六十里。旧为嘉川属。

朝天镇巡检司，在县北六十里。雍正七年设。

神宣驿丞。广积仓。利州卫，今废。

——〔清〕黄廷桂等修、张晋生等纂：（雍正）《四川通志》卷二十八《公署（中）·保宁府治·广元县治》，四川省地方志编纂委员会辑《四川历代方志集成》，第四辑第2册，国家图书馆出版社，2017年

【作品提要】

雍正《四川通志》，清黄廷桂（1690—1753）等修，清文史学家张晋生（生卒年不详）等纂。全志47卷、首1卷，分48门，约185万字。因有康熙《四川总志》以资借鉴，是故其体例及内容之编排出入不大。但与康熙志相去六十

余年，全省之建置、人口、赋役等已有较大变化。康熙年间大量外省人入川垦殖，本已撤销或合并的县城又重新恢复建制。到雍正六年（1728），把原属四川省的一些土官衙门辖地改隶云南和贵州等省。另将一部分原直隶州升为府，分州又升为直隶州等。对于四川省各少数民族地区经过改土归流之后，巩固了清王朝的政权。这些史实，在此志中均得以详细记载。边防门对川中各地、特别重要边镇及关隘之设防、屯兵情况，平定各少数民族部落如藏、彝、羌、回等之战争经过记载亦颇为详尽。其他增修内容较多者在人物、职官、学校、赋税等门类。

今存雍正十一年（1733）刻本、乾隆元年（1736）补版增刻本、乾隆《四库全书》抄写本。

【注释】

①望云铺　在今四川省广元市北40公里处，即今朝天区沙河镇望云村。南宋淳熙三年（1176）置，金牛道上著名的邮驿递铺之一。民国元年（1912）废。相传唐贞观初，火井令袁天纲回京，走到距朝天关15里的地方，望见利州城瑞气缭绕，有"王气"之象，测定利州城定有贵人。于是，决定到城中查看。袁天纲来到利州城拜见都督武士彟。武士彟知他精通相术，便请他为家人观相。当时武则天尚幼，身着童子衣服。袁天纲见她生得龙眉凤眼，十分惊异地说："龙瞳凤颈，富贵之极。"又反复细看说："此儿若是女，必为天下主。"后来，武则天当了皇帝，应了袁天纲的预测。人们便将袁天纲望利州"王气"的地方取名为"望云铺"。

②金堆铺　即今四川省广元市朝天区朝天镇金堆村，金牛道上著名的邮驿递铺之一。相传秦惠文王后元九年（公元前316），秦大夫张仪、司马错、都尉墨伐蜀，在此放石牛而得名。南宋乾道三年（1167）置。乾道八年（1172），著名诗人陆游多次往返此处，留下了《宿金堆市感怀》《长木夜行抵金堆市》等诗篇。如《宿金堆市感怀》诗云："早发金堆市，更衣石柜亭。滩声秋后壮，山色雨余青。道污愁车辙，桥危避驼铃。功名竟何在？抚事感颓龄。"光绪年间（1875—1908），剑门蜀道沿线纷纷兴办大清邮政。于是，金堆铺退出历史舞台。

③杂果铺　又名扎脚铺，在今四川省广元市朝天区朝天镇青云村、潜溪河畔，因行人常在此驻脚歇息而得名。南宋淳熙三年（1176）置，民国元年

（1912）废。

④榆林铺 在今四川省广元市朝天区朝天镇龙门村，因此地盛长榆树而得名。南宋淳熙三年（1176）置，民国元年（1912）废。

⑤纸房铺 又名纸坊铺，即今四川省广元市朝天区中子镇潜溪村。相传三国时为造纸作坊所在地。南宋淳熙三年（1176）置，民国元年（1912）废。

⑥转头铺 又名转斗铺，位于川陕结合部，在今四川省广元市朝天区中子镇。相传唐天宝十五载（756），唐明皇避安史之乱入蜀，出七盘关后，得知前方筹笔驿（今朝天驿）有蜀官接驾，于是命众人星夜南行。至转斗铺时，但见夜空明净如洗，北斗七星转斗位于正北，并为六道彩环相拥。随行之占星者以为大吉，说内乱将由此转为安宁。玄宗一时大喜，故命名此地为"转斗"。此铺南宋淳熙三年（1176）置，民国元年（1912）废。

〔清〕常明 杨芳灿等纂修

（嘉庆）四川通志

[广元县]

265

潭毒山　在县北九十里，下瞰大江，路皆滑石，登陟颇艰。其下深潭有一铁索，见则兵动。木寨山，在县北八十里。潜水出此。

——〔清〕常明、杨芳灿等纂修：（嘉庆）《四川通志》卷十二《舆地·山川·保宁府·广元县》，第1册，巴蜀书社，1984年

266

龙门山　在县东北八十二里。又有龙门洞，在县北。凡有三洞，自朝天程入谷十五里，有石洞及第二第三洞，有水自第三洞发源，贯通二洞，下合嘉陵江。《寰宇记》："亦名葱岭山。"按《梁州记》云："葱岭有石穴，高数十丈，其状如门，俗号为龙门。又东山之北有燕子谷，有好磐石。"《元和志》："山在县绵谷县东北八十二里。出好钟乳。"《旧志》："在县北六十五里。又有乾龙洞，在县东北二百五十里，极高大，深入数里。"按《明统志》谓："龙门山在昭化县西一百四十里，误。"

附（宋）陈鹏《龙洞记》："自三泉县西二里，见有若观阙者，当其前迫而视之，则洞也。其深七十三步，广半之。其两旁石壁之嵌空突怒者，若目鼻口鳞甲跟肘。甚具其下，皆平石。为底，水文其上。若铺筵簟①，石堕其间。若设俎②豆，其两颜皆瘦。木翠蔓附，石萝生菶蓁③。下覆若缀缨络。木蔓之间，布水之道，后先交映，若垂冕流水落石底。其势跳泻与石相斗，若溅玉雪。其声锵鸣，与洞相应。若响，琴筑寒清幽邃，殆非人境也。"（唐）沈佺期诗："龙门非禹凿，诡怪乃天功。西南出巴峡，不与众山同。长窦亘五里，宛转复嵌空。伏湍煦潜石，瀑水生轮风。流水无昼夜，喷薄龙门中。潭河势不测，藻苃垂彩虹。我行当季月，烟景共春融。江关勤亦甚，巘崿④意难穷。誓将息机事，炼药此山东。"杜甫《龙门阁》诗："清江下

龙门，绝壁无尺土。长风驾高浪，浩浩自太古。危途中萦盘，仰望垂线缕。滑石欹谁凿，浮梁裛相拄。目眩陨杂花，头风吹过雨。百年不敢料，一坠那得取。饱闻经瞿塘，足见度大庾。终身历艰险，恐惧从此数。"岑参诗："侧径转青壁，危梁透沧波。汗流出鸟道，胆碎窥龙涡。骤雨暗溪口，归云网松萝。屡闻羌儿笛，厌听巴童歌。江路险复永，梦魂愁更多。圣朝幸典郡，不敢嫌岷峨。"（宋）陆游诗："我昔谒紫皇，翳凤骖虬龙⑤。俯不见尘世，浩浩万里空。谪堕尚远游，忽到汉始封。西望接蜀道，北顾连秦中。壮哉形胜区，有此蜿蜒宫。雷霆自鞺鞳⑥，环玦亦璁珑⑦。石屋如建章，万户交相通。来者各有得，尽取知无从。凭高三叹息，自古几英雄。老我文字衰，挥毫看诸公。"（国朝）王士正（禛）诗："众山如连鳌⑧，突兀上龙背。鳞鬣⑨中怒张，风雨昼晦昧。出爪作之而，神奇始何代。乱水趋嘉陵，波涛势交汇。万壑争一门，雷霆走其内。直跨背上行，四顾气什倍。夕阳下岷峨，天彭光破碎。咫尺剑门关，益州此绝塞。子阳昔跃马，妖梦成佁儗⑩。区区王与孟，泥首终一概。李特一雄儿，僭窃⑪竟何在。"方象瑛诗："神龙穿石飞，洞壑昼常晦。人乃捷于龙，盘旋出龙背。摄衣入重云，势与风雨会。危崖千万状，不知始何代。突兀浮图高，纵横屏障大。鳞鬣树千章，泉流吐飞沫。下注不测溪，沉沉气冥昧。倘燃牛渚犀⑫，百灵宛然在。羌山多灵奇，策名此为最。何必御风行，旷然天地外。"彭端淑诗："万山互回环，嶙峋阻绝涧。群流争一窦，水石相哄战。晦霾⑬无白昼，神物倏隐现。创辟类鬼工，俯瞰目亦眩。在昔闻龙门，平生未及践。禹功不到处，宇宙多怪变。巨石结构牢，遥遥终古奠。"

——〔清〕常明、杨芳灿等纂修：（嘉庆）《四川通志》卷十二《舆地·山川·保宁府·广元县》，第1册，巴蜀书社，1984年

267

漫天岭　在县东北三十五里。一名藁本山。《明一统志》："大漫天、小漫天，二岭相连，皆极高耸，蜀道之险也。后唐清泰初，孟知祥置大小漫天二寨。宋乾德中，伐蜀别将史进德夺其小漫天寨，蜀人退保大漫天寨。即此。"（唐）高骈诗："万水千山音信稀，空劳魂梦到京畿。漫天岭上频回首，不见虞封泪满衣。"罗隐诗："西去休言蜀道难，此中危峻已多端。到头未会苍苍色，争得禁他两度漫。"

——〔清〕常明、杨芳灿等纂修：（嘉庆）《四川通志》卷十二《舆地·山

川·保宁府·广元县》，第1册，巴蜀书社，1984年

268

朝天岭　在县北五十里，路径绝险。其后即朝天程旧路，在朝天峡栈阁，遂开此道，后人便之。

——〔清〕常明、杨芳灿等纂修：（嘉庆）《四川通志》卷十二《舆地·山川·保宁府·广元县》，第1册，巴蜀书社，1984年

269

（元）李祖仁《广元路复行古道记》：

圣天子嗣，大历服。一遵世祖皇帝成宪，登崇俊良，励精为治。乃命光禄大夫图绵公平章四川行省，公车载临，念兹民瘼。若广元路北上京都，下往南滇，由东达于江汉之域，乃蜀西之要途。古今皆循千佛崖以行，宪皇龙驾所临之故道也。自归版图，马驿水递，置邮传命，秩然有序，使节络绎。无旦夕虞，逆旅民居，宿止有常，皆便安之。

元统间，或言藁本山路为捷者，佥以为难，格而弗举，单辞传闻，前政者信之，建白频仍，爰事改作。山高溪深，林木幽昧，径石荦确[14]，工费倍常，遂移至朝天、镇宁二驿焉。春则冻释流水，夏则畏途饥渴，秋冬之交，阴雨岚烟，风高雪厚。加以登天入井，颠踣之势，毒蛇猛兽惊虞之险，公行省以就馆传饔[15]饩不免，由之下马，徒行仅可达。若商旅，则惟故道之行。群议籍籍，恒告不便，公道出于此，历知其然。乃闻于朝命，有司移文，蜀宪札付[16]，木路复其旧。以府判官承直郎王君，讷怀董其事，役书聿兴，竞以相劝。值此农隙，工用百备，不扰不掊，底于坚久，仅两月，故道大通，民赖以济。

惟公元勋硕辅，世笃忠贞，钦体上意，任重承宣，恩威并行，颂声交作，饬所司大复古道，允合春秋之义。王君以贤，执政之孙，膺服教忠，尽心厥职，不废公命，抑可书也。祖仁尝忝司文，适在幕府，与觌[17]盛举，谨录次其实，系之以诗。其诗曰：

朝天大道通蜀西，上维金牛下碧鸡。

千佛瑞相妙指迷，古往今来理非暌[18]。

蚩蚩彼甿[19]言无稽，听者不察和者齐。

岌哉危乎新驿兮，蜿蜒俯瞰浮云低。

马亦尬骍[20]人酸嘶，一身流汗两足泥。

欲往诉之天无梯，帝心简兮仁群黎。

命公开府众听俟[21]，尔民自可息号啼。

今行古道返故蹊，平平荡荡少涧溪。

使节济济纷轮蹄，行旅有次免提携。

前呼后应忘攀跻，相公从此闻金闺。

会看褒书锡介圭，我任前躯述端倪。

□□□□□□，功昭永久留芳题。

至元后庚辰岁冬十有一月甲子记。

——〔清〕常明、杨芳灿等纂修：（嘉庆）《四川通志》卷十二《舆地·山川·保宁府·广元县》，第1册，巴蜀书社，1984年

270

五盘岭　在县北一百七十里。一名七盘岭。旧与陕西宁羌州接界，自昔为秦蜀分界处。石磴七盘而上，因名。附（唐）岑参诗："平旦驱驷马，旷然出五盘。江回两崖斗，日隐群峰攒。苍翠烟景曙，森沈云树寒。松疏露孤驿，花密藏回滩。栈道溪雨滑，畲田原草干。此行为知己，不觉蜀道难。"杜甫诗："五盘虽云险，山色佳有余。仰凌栈道细，俯映江木疏。地僻无网罟，水清反多鱼。好鸟不妄飞，野人半巢居。喜见淳朴俗，坦然心神舒。东郊尚格斗，巨猾何时除？故乡有弟妹，流落随丘墟。成都万事好，岂若归吾庐。"（国朝）吕履恒诗："蜀道天难上，梁州路已遥。岷蟠蟠北界，江汉导南条。落日七盘岭，晴天万里桥。独留怀古意，歌哭未能销。"

——〔清〕常明、杨芳灿等纂修：（嘉庆）《四川通志》卷十二《舆地·山川·保宁府·广元县》，第1册，巴蜀书社，1984年

271

明月峡　在县北八十里。一名朝天峡，江流所经。（国朝）费密诗："一过朝天峡，巴山断入秦。大江流汉水，孤艇接残春。暮色偏悲客，风光易感人。明年在何处，妻子共沾巾。"王士正（祯）诗："朝登嘉陵舟，日出羌水赤。履险倦鞍马，即次亦称适。黙黮[22]双峡来，突见巨灵跖[23]。崭岩无寸肤，青冥厉双翮[24]。阴崖积龙蜕，跳波畏鲸掷。往往压人顶，骇此欲崩石。洞穴峡半开，兵气尚狼藉。蛇豕据成都，置戍当险厄。至今三十年，白

骨满梓益。流民近稍归，天意厌兵革。会见宾㉕卢人，烧畲开硑矶㉖。慷慨一扣舷，浩歌感今昔。风便利州城，茫茫波涛白。"

——〔清〕常明、杨芳灿等纂修：（嘉庆）《四川通志》卷十二《舆地·山川·保宁府·广元县》，第1册，巴蜀书社，1984年

272

阳模洞　在县北六十里。有山万仞，峭壁如削。中开洞门，高不可上。一名羊模谷，在县北龙洞之西，去朝天驿七八里。

——〔清〕常明、杨芳灿等纂修：（嘉庆）《四川通志》卷十二《舆地·山川·保宁府·广元县》，第1册，巴蜀书社，1984年

273

丙穴　在县北二十五里，汉水之南，出鱼肥美。故名。

——〔清〕常明、杨芳灿等纂修：（嘉庆）《四川通志》卷十二《舆地·山川·保宁府·广元县》，第1册，巴蜀书社，1984年

274

潜水　在县北八十里。《尔雅》："水自汉出为潜。"郭璞《音义》："有水从汉中沔阳南流至梓潼汉寿，入大穴中，通峒山下，西南潜出。一名沔水，旧俗云即《禹贡》之潜也。"《河图括地志》："潜水，一名复水，今名龙门水，源出绵谷县东龙门山大石穴下。"《元和志》："源出县北龙门山，书曰'沱潜既道'是也。"县志："源出县北一百三十里木寨山，流经神宣驿，又南二十里经龙洞口至朝天驿北，穿穴而出，入嘉陵江。"旧志按《水经注》引郑康成之言曰："汉别为潜。流入汉，合大禹，自导汉，疏通即为西汉水。"是康成明以西汉水为潜水也。后人信史，疑经知有西汉水而不知其为潜水也久矣。《括地志》《元和志》皆言："出龙门山。"而广元旧志则云："出木寨山。"意者木寨山，乃水自沔阳来之所经。而人误以为出欤《元和志》：龙门山在县东北八十二里。今以旧志所言考之，木寨山南十余里为神宣驿，又南二十里为龙门洞口，又南二十里为朝天驿，去县八十里，恰与龙门之里数相符。盖朝天驿之穴，即龙门山之穴也。至其所谓，经龙洞口至驿北穿穴而出者，又与《舆地纪胜》吻合。《纪胜》云：自朝天程入谷十五里，有石洞三，水自第三洞发源贯通两洞，下合嘉陵江，此

即所谓"入大穴中,通峒山下,西南潜出者也"。自此以下,嘉陵江通,谓之潜水。溯潜逾龙门而北,即可由沔阳县西南之水以达于沔矣。

——〔清〕常明、杨芳灿等纂修:(嘉庆)《四川通志》卷十二《舆地·山川·保宁府·广元县》,第1册,巴蜀书社,1984年

275

潭毒关　在广元县北九十里,潭毒山下。

——〔清〕常明、杨芳灿等纂修:(嘉庆)《四川通志》卷二十七《舆地·关隘·保宁府·广元县》,第1册,巴蜀书社,1984年

276

七盘关　在广元县北一百六十里七盘岭上。(国朝)郑日奎诗:"迢迢七盘山,地势介梁雍。三秦及两川,形胜资以控。重关树云外,奇险信天纵。我行历荒阻,及此弥惚恫。倭迟幽壑底,风烟莽濆洞。循磴蜿以蜒,势若蛇出瓮。车马疲登顿,往往失衔鞚。仰视山云高,俯闻江浩汹。谢公良矫情,嗒然辍吟讽。圣朝今御宇,此道通职贡。梯航走西南,行役日以众。怀远唯以德,天险安所用。何事劳山灵,崎岖日迎送。吾欲铲叠嶂,大地一鸿绸。临风重惘然,视天犹梦梦。"方象瑛诗:"鸡头关前七盘岭,蚓曲蛇蟠才见顶。氐中又复度七盘,诘屈纡回势相引。层崖邃谷路转通,拾级忽见云霞空。却怪顶触前人趾,不知举膝当心胸。宁心息魄诧奇绝,万里山川风景别。一关中断陇蜀分,羌笛渝歌乍相接。遥望川巴万点明,白云紫雾还纵横。鳞鳞仿佛峨眉雪,不知何处锦官城。北望京华南望越,怀人两地情偏切。今朝身入大荒西,凉风古驿中秋月。"岳钟琪诗:"冒雨冲泥度七盘,纡回石磴马跚跚。行来秦蜀分疆处,好把云山着意看。"唐乐宇诗:"客梦连霄苦,乡音话别初。峰回疑碍马,江尽不通鱼。鼓角寒云外,空林落照余。劳劳成底事,容易赋离居。"李鼎元诗:"七盘盘入空,势欲扪青天。路逐石角转,人随树抄旋。误入羊肠中,甘让飞鸟先。风云莽回互,欲出愁无缘。岭水一以分,陇蜀遂相悬。颇似歧路人,挥手揖马鞭。有草烟外香,有花雨中燃。好景写不得,惆怅云峰前。"

——〔清〕常明、杨芳灿等纂修:(嘉庆)《四川通志》卷二十七《舆地·关隘·保宁府·广元县》,第1册,巴蜀书社,1984年

277

望云关　在县北四十五里。山势高耸，与云霄相接。今名望云铺，设马驿于此。南接问津驿，北接神宣驿。

——〔清〕常明、杨芳灿等纂修：（嘉庆）《四川通志》卷二十七《舆地·关隘·保宁府·广元县》，第1册，巴蜀书社，1984年

278

朝天关　在县北朝天岭上。（国朝）李化楠诗："始发自龙门，绝壁痕如削。悬崖多佛像，不知何年凿。江水傍崖趋，激越鸣蹊壑。权桠天半石，向人头上落。金鳌亦有背，飞仙尚留阁。怪石浮江湍，孤根潜水窟。行当绝险处，顾盼生骇愕。似人立舟中，虚荡难稳著。行行登山椒，始觉天宇廓。雄关扼形胜，烟光浩漠漠。性僻爱奇险，幽居苦萧索。兹来得壮观，耳目因寄托。"岳钟琪诗："盘曲上崇椒，崎岖倍觉劳。水深因岸狭，山峻带云高。昔过年三纪，今来鬓二毛。停车增慨叹，斜日照秋袍。"高辰诗："巴山秦岭初分岫，汉水洮河此合流。见说昔年筹笔驿，朝天今可驾飞辀。石磴崎岖山雾迷，江流东下日沉西。瘦鞍孤影频回首，一树梅花开野堤。"唐乐宇诗："愁听奔雷百折滩，崚嶒㉗峭阁俯江干。戍旗落日关山迥，铃铎西风草树寒。烟外帆樯通广汉，云中宫阙望长安。题诗莫漫愁孤绝，千古魂消蜀道难。"李鼎元诗："嵯峨朝天关，栈中第一隘。上压千尺石，下截江一派。险势过牛头，峻极出天界。烈日掌中捧，崩云马头挂。钩梯与危蹬，到此益奇怪。俯视江上船，小若坳堂芥。五丁凿不得，架木迹未坏。如何孟达辈，守此亦终败。信哉险难恃，万古一长喟。"

——〔清〕常明、杨芳灿等纂修：（嘉庆）《四川通志》卷二十七《舆地·关隘·保宁府·广元县》，第1册，巴蜀书社，1984年

279

朝天镇　在县北六十里。《九域志》："绵谷县有朝天、嘉川二镇。"即此。国朝雍正七年置巡司。

——〔清〕常明、杨芳灿等纂修：（嘉庆）《四川通志》卷二十七《舆地·关隘·保宁府·广元县》，第1册，巴蜀书社，1984年

280

龙门阁　在县北。《方舆胜览》："冯钤干田云：其他阁道虽险，然在山腰，亦微有径，可以增置。独此阁石壁斗立，虚凿石窍，而架木其上，比他处尤险。"

——〔清〕常明、杨芳灿等纂修：(嘉庆)《四川通志》卷二十七《舆地·关隘·保宁府·广元县》，第1册，巴蜀书社，1984年

281

飞仙阁　在县北四十里飞仙岭。下临碧潭，悬栈而行，若飞仙然。又天河阁，在县北七盘岭。(国朝)王士正(祯)诗："山行喜乘流，江平况如练。岸崿[28]有开阖，竹树一葱蒨[29]。人言利州风，今朝冷然善。滩如涂毒鼓，舟剧离弦箭。仰眺飞仙阁，鸟道危一线。弯环历三朝，向背穷九面。绛云卷轻绡，白日递隐现。嘉陵碧玉色，晴雨皆婉娈。想见吴道元，应诏大同殿。此生两经行，天遣追胜践。醉帽停乌奴，已泊益昌县。"李骥元诗："仙人耽白云，不肯尘嚣住。凌空修一阁，高卧云多处。门栖唐代烟，园积宋时树。欹崖下接江，陡壁中开路。双双白玉童，启门四山顾。举手忽招我，言驾鹤来驭。便当谢时流，追侍王乔去。"

——〔清〕常明、杨芳灿等纂修：(嘉庆)《四川通志》卷二十七《舆地·关隘·保宁府·广元县》，第1册，巴蜀书社，1984年

282

神宣驿　在县北，设有巡司。

——〔清〕常明、杨芳灿等纂修：(嘉庆)《四川通志》卷二十七《舆地·关隘·保宁府·广元县》，第1册，巴蜀书社，1984年

283

华阳废县　在县北。《隋志》："绵谷县有华阳郡。梁置华州，西魏并废。"按《宋志》："梁州有华阳郡。"《徐志》："新立，寄治州下，领华阳、兴宋、宕渠、嘉昌四县，盖刘宋置。郡本在南郑，齐梁时徙而西南也。"

——〔清〕常明、杨芳灿等纂修：(嘉庆)《四川通志》卷二十七《舆地·古迹·保宁府·广元县》，第2册，巴蜀书社，1984年

284

石亭废县 《一统志》:"在县北,疑是齐永泰初,分东晋寿郡时所置。后魏正始二年,邢峦取汉中诸城戍。梁晋寿郡守王景印屯据石亭,峦遣将李义珍击走之。即此。后废为戍。"

——〔清〕常明、杨芳灿等纂修:(嘉庆)《四川通志》卷二十七《舆地·古迹·保宁府·广元县》,第2册,巴蜀书社,1984年

285

筹笔驿 在县北九十里。诸葛武侯出师尝驻军筹划于此。附(唐)李商隐诗:"猿鸟犹疑畏简书,风云常为护储胥。徒令上将挥神笔,终见降王走传车。管乐有才真不忝,关张无命欲何如。他年锦里经祠庙,《梁父吟》成恨有余。"薛逢诗:"天地三分魏蜀吴,武侯倔起赞讦谟。身依豪杰倾心术,目对云山演阵图。赤伏运衰功莫就,皇纲力振命先徂。《出师表》上留遗恨,犹自千年激壮夫。"罗隐诗:"抛掷南阳为主忧,北征东讨尽良筹。时来天地皆同力,运去英雄不自由。千里山河轻孺子,两朝冠剑恨谯周。惟余岩下多情水,犹解年年傍驿流。"殷潜之诗:"江东矜割据,邺下夺孤嫠㉚。霸略非匡汉,宏图欲佐谁。奏书辞后主,仗剑出全师。重袭褒斜路,悬开反正旗。欲将苞有截,必使举无遗。沈虑经谋际,挥毫决胜时。圜觚当分画,前箸此操持。山秀扶英气,川流入妙思。算成功在彀,运去事终亏。命屈天方厌,人亡国自随。艰难推旧姓,开创极初基。总叹曾过地,宁探作教资。若归新历数,谁复顾衰危。报德兼明道,长留识者知。"薛能诗:"葛相终宜马革还,未开天意便开山。生欺仲达徒增气,死见王阳合厚颜。流运有功终是扰,阴符多术得非奸。当初若欲酬三顾,何不无为似有鳏。"(宋)石延年诗:"汉室亏皇象,乾坤未即宁。奸臣与逆子,摇岳复翻溟。权表分江域,曹袁斗夏垌。虎奔咸逐逐,龙卧独冥冥。从众非无术,期孤乃不经。惟思恢正道,直起复炎灵。管乐韬方略,关徐骇观听。一言俄遇主,三顾已忘形。南既清蛮土,东期赤魏庭。出师功自著,治国志谁铭。历劫兵如水,临秦策若瓴。举声将溃虏,横势欲逾泾。仲达㉛耻巾帼,辛毗㉜严壁扃㉝。可烦亲细务,遽见堕长星。战地悲陵谷,来贤赏德刑。意中流水远,愁外旧山青。想像音徽在,侵寻毛骨醒。迟留慕英气,沉欢抚青萍。"陆游诗:"运筹陈迹故依然,想见旌旗驻道边。一等人间管城子,不堪谯叟作降

笺。"（国朝）王士正（祯）诗："当年神笔走群灵，千载风云护驿亭。今日重过吊陈迹，只余愁外旧山青。"

——〔清〕常明、杨芳灿等纂修：（嘉庆）《四川通志》卷二十七《舆地·古迹·保宁府·广元县》，第2册，巴蜀书社，1984年

286

飞仙阁　在县北飞仙岭。附（唐）杜甫诗："土门山行窄，微径缘秋毫。栈云阑干峻，梯石结构牢。万壑欹疏林，积阴带奔涛。寒日外淡泊，长风中怒号。歇鞍在地底，始觉所历高。往来杂坐卧，人马同疲劳。浮生有定分，饥饱岂可逃。叹息谓妻子，我何随汝曹。"（明）杨慎诗："飞仙阁上元珠侣，千佛崖前巴字水。夜来取水涤元珠，剑舞幽关鹤鸣垒。我家本是乘虚人，芒鞋初试杖藜春。振衣忽到凌风馆，不傍桃花空问津。"（国朝）王士正（祯）诗："山行喜乘流，江平况如练。崒嶪有开阖，竹树一葱蒨。人言利州风，今朝冷然善。滩如涂毒鼓，舟剧离弦箭。仰眺飞仙阁，鸟道危一线。弯环历三朝，向背穷九面。绛云卷轻绡，白日递隐现。嘉陵碧玉色，晴雨皆婉娈。想见吴道元，应诏大同殿。此生两经行，天遣追胜践。醉帽停乌奴，已泊益昌县。"李调元诗："入峡只一舍，峰峦更逼仄。人担虎豹忧，江带鼋鼍㉞色。巍巍飞仙阁，高际入无极。飞甍㉟照山光，荡漾何崱屴㊱。上有连云愁，下有沈潭黑。蛇蟠九曲湾，鸟道一竿直。舟梯不在地，白日忽西侧。艰哉徒旅人，跋涉无时息。却羡荡舟子，凌波如鸟翼。"

——〔清〕常明、杨芳灿等纂修：（嘉庆）《四川通志》卷二十七《舆地·古迹·保宁府·广元县》，第2册，巴蜀书社，1984年

287

望云铺　在广元县东北。北至县属神宣驿五十里，南至县城问津驿四十里。康熙五十一年奉设。站马一十四匹，马夫七名，五十七年增马一十六匹，马夫八名，实在马三十匹，岁支草料银六百三十七两二钱。马夫一十五名，岁支工食银二百五十四两八钱八分。买补马九匹，岁支价银七十二两。棚厂槽铡岁支银四十二两六钱。以上岁共支银一千六两六钱八分。

——〔清〕常明、杨芳灿等纂修：（嘉庆）《四川通志》卷八十八《武备·驿传（附铺递）·保宁府·广元县》，第2册，巴蜀书社，1984年

288

神宣驿　在广元县北。北至陕西宁羌州驿交卸，南至县属望云铺五十里，驿路崎嵚入川首站。康熙二十九年奉设。站马二十四匹，马夫十二名，五十七年增马六匹，马夫三名，实在马三十匹，岁支草料银六百三十七两二钱。马夫一十五名，岁支工食银二百五十四两八钱八分。买补马九匹，岁支价银七十二两。棚厂槽铡岁支银四十二两六钱。扛夫二十名，岁支工食银一百四十四两。以上岁共支银一千一百五十两六钱八分。

——〔清〕常明、杨芳灿等纂修：（嘉庆）《四川通志》卷八十八《武备·驿传（附铺递）·保宁府·广元县》，第2册，巴蜀书社，1984年

289

瓷窑铺　在县东北十五里。石桥铺，在县东北二十里。垒石铺，在县东北三十里。望云铺，在县东北四十里。上关铺，在县东北五十里。金堆铺，在县东北六十里。杂果铺，在县东北七十里。榆林铺，在县东北八十里。纸房铺，在县东北百里。中子铺[37]，在县东北一百一十里。转斗铺，在县东北一百二十里。椿树铺，在县东北一百三十里。

——〔清〕常明、杨芳灿等纂修：（嘉庆）《四川通志》卷八十九《武备·铺递·保宁府·广元县》，第2册，巴蜀书社，1984年

【作品提要】

清代官修的四川省志有三部。第一部是康熙十二年（1673）成书的《四川总志》（36卷），清蔡毓荣（？—1699）等修，钱受祺等纂。该志为清代首次纂修之四川省志，乃全国各省中成书最早的一种，较明修诸志为详。所以仍袭用旧称"总志"，也是以此称名的清代唯一的一种省志。其后纂修的各种省志，均为"通志"。今存康熙十二年（1673）原刻本。第二部是雍正十一年（1733）成书的《四川通志》（47卷），清黄廷桂等修，张晋生等纂。鉴于明修《四川总志》谬误甚多，黄氏肆力搜讨，尽补其遗，校订其误，有关田赋、边防、土司、兵制的记述十分详备。此书为本省第一部内容翔实、体制得宜的通志。今存雍正十一年（1733）刻本、乾隆元年（1736）补版增刻本、乾隆《四库全书》抄写本。第三部是嘉庆二十一年（1816）成书的《四川通志》

（226卷），清常明、杨芳灿等纂修。嘉庆《四川通志》卷帙浩繁，但其门类不脱旧志窠臼，尽管如此，它对旧志中的讹舛多有订正。如舆地门中，对于四川省十二府八直隶州六直隶厅所辖十一州六厅百十九县之疆域沿革、形势山川、关隘津梁、古迹寺观等，不只是记载详细，且作了精确的考证，并附刻各种圆绘、图表。这对研究四川省及其毗邻各省边界之地理沿革、历史变迁提供了丰富而翔实的史料。职官门自三代迄于清中叶的一品以至流外，凡属曾设之官均分别叙录，各为一表。题名中自汉迄清，各人物附简历，政绩中均有传记，可谓四川省有史以来的人事档案资料库。全志分12门63目，另附卷首22卷。体例完备，内容丰富，为旧志的五倍，可谓四川通志之集大成者，对于研究四川省全史具有重要价值。

今存嘉庆二十一年（1816）刻本。

【注释】

①筦簟（guǎn diàn）　筦：古代绕丝的竹管。簟：竹席。

②俎（zǔ）豆　俎和豆，古代祭祀、宴飨时，用来盛祭品的两种礼器。亦泛指各种礼器。

③葳蕤（wěi ruí）　草木茂盛貌。

④巘崿（yǎn è）　山崖，峰峦。

⑤翳（yì）凤骖（cān）虬龙　翳凤：本谓以凤羽为车盖，后用为乘凤之意。骖：乘、驾。

⑥鞺鞳（tāng tà）　钟鼓声。亦指其他类似的响声。

⑦环玦（jué）亦璁（cōng）茏　环玦：玉环和玉玦，并为佩玉。璁茏：即璁珑，明亮光洁的样子。

⑧连鳌（áo）　形容崭然屹立的样子。

⑨鳞鬣（liè）　指龙的鳞片和鬣毛。

⑩侙偯（chì yì）　犹豫不决。

⑪僭（jiàn）窃　越分窃取。

⑫牛渚犀　比喻用以揭露黑暗或怪异之物。

⑬晦霾（huì mái）　昏暗。

⑭荦（luò）确　怪石嶙峋貌，险峻不平的样子。

⑮饔（yōng）　熟食，早饭。

⑯札（zhá）付　官府下行的文书。

⑰觌（dí）　相见。

⑱睽（kuí）　不顺，乖离。

⑲甿（méng）　同“氓”，旧指农民。

⑳虺隤（huī tuí）　也作虺尵，有病、生病，多指马而言。

㉑傒（xī）　古同“徯”，等候。

㉒黕黮（dǎn dǎn）　黑貌。

㉓跖（zhí）　脚掌。

㉔双翮（hé）　鸟的翅膀。

㉕賨（cóng）　古代四川、湖南等地少数民族。

㉖烧畬（shē）开碲矶（fèi jī）　烧畬：烧荒种田。碲：用石头拦水；堤坝。矶：水边突出的岩石或石滩。

㉗崚嶒（léng céng）　山势高峻重叠。

㉘岝崿（zuò è）　山势高峻貌。急疾貌。

㉙葱蒨（qiàn）　草木竹子长得青翠茂盛的样子。

㉚孤嫠（lí）　孤儿、寡妇。

㉛仲达　司马懿（179—251）的表字，河内郡温县孝敬里（今属河南省温县）人。三国时期魏国杰出的政治家、军事家，西晋王朝的奠基人。曾任职曹魏大都督、太尉、太傅，是辅佐魏国三代的托孤辅政重臣，后期成为全权掌控魏国朝政的权臣。平生最显著的功绩是多次亲率大军成功对抗诸葛亮的北伐。死后谥号舞阳宣文侯，次子司马昭被封晋王后，追封司马懿为宣王。司马炎称帝后，追尊司马懿为宣皇帝。

㉜辛毗　生卒年不详，字佐治，颍川阳翟（今属河南省禹州市）人。三国时期曹魏大臣。当初，辛毗跟随其兄事袁绍。曹操任司空时，征召辛毗，他不受命。官渡战后，辛毗事袁绍的儿子袁谭。204年，曹操攻下邺城，上表推荐辛毗任议郎，后为丞相长史。220年，曹丕即皇帝位，以辛毗为侍中，赐爵关内侯，后赐广平亭侯。魏明帝即位，封辛毗颍乡侯，食邑三百户，后为卫尉。234年，诸葛亮屯兵渭南，司马懿上表魏明帝。魏明帝任辛毗为大将军军师，加使持节号。诸葛亮病逝后，辛毗返回，仍任卫尉。不久，逝世，谥肃侯。

㉝扃（jiōng）　上闩，关门。

㉞鼋鼍（yuán tuó）　指中国神话传说中的巨鳖和猪婆龙（扬子鳄）。

㉟飞甍（méng）　甍，屋脊。飞甍比喻高大的屋宇。

㊱崪屴（zè lì）　高大险峻的样子。

㊲中子铺　今四川省广元市朝天区中子镇。南宋淳熙三年（1176）置，是金牛道上著名的邮驿递铺之一。民国元年（1912）废。相传，唐天宝十五载（756），唐玄宗避安史之乱入蜀，到达这里时，路上红云笼罩，无法前行，于是他走下御辇观看红云。只见天空月明如镜，林中红雾缭绕，香气袭人，不由诗兴大发，吟诗一首："中天玉蟾辉如银，子规夜半无啼声。彩云祥雾铺五里，金辇银鞘走锦城。"人们取这首诗前两句的头一个字"中"和"子"，为这里命名"中子"。"中子铺"一名沿用至今。

〔清〕黎学锦 涂双桂等修 史观等纂

（道光）保宁府志

［广元县］

290

广元县 蜀北门户。接壤秦陇，虽弹丸之邑，实咽喉之区。汉水之东滨，为蜀北门锁钥。郡壤故错氐羌，昔若称苴饶舆上庸、百濮、徽庐、彭髳①，俱前接关表，后据剑阁。所谓扼全蜀吭②而为四集之国者也。自金牛诈取，五丁凿险，崎岖鸟道，一线仅通。如潭毒、七盘、朝天诸关，率多架木凿石，泥丸可塞，石燕蔽其西，葭萌障其南，漫天二岭雄于东北。其他叠嶂层峦，历目枚举。其环拱而为一邑之屏卫者，又可谓极其险要矣。

——〔清〕黎学锦、徐双桂等修，史观等纂：（道光）《保宁府志》卷之四《舆地志·形势二·广元县》，四川省地方志编纂委员会辑《四川历代方志集成》，第三辑第6册，国家图书馆出版社，2016年

291

北云雾山，在县北一百二十里。潭毒山，在县北九十里，其下深潭，有一铁索，见则兵动。又有九曲山、姬公山，皆在县北。

——〔清〕黎学锦、徐双桂等修，史观等纂：（道光）《保宁府志》卷之六《舆地志·山川·广元县》，四川省地方志编纂委员会辑《四川历代方志集成》，第三辑第6册，国家图书馆出版社，2016年

292

木寨山，在县北一百四十里。可允山，在县东北三十里。《元和志》："天宝初改义清县为允山县。"即以此名。

——〔清〕黎学锦、徐双桂等修，史观等纂：（道光）《保宁府志》卷之六《舆地志·山川·广元县》，四川省地方志编纂委员会辑《四川历代方志集成》，第三辑第6册，国家图书馆出版社，2016年

293

龙门山，在县东北八十二里。又有龙门洞在县北。凡有三洞，自朝天程入谷十五里，有水自第三洞发源贯通二洞，下合嘉陵江。《寰宇记》："亦名葱岭山。"《梁州记》："葱岭有石穴，高数十丈，其状如门，俗号为龙门。"《元和志》："山在绵谷县东北八十二里。出好钟乳。"旧志："又有乾龙洞在县东北二百五十里。"

——〔清〕黎学锦、徐双桂等修，史观等纂：（道光）《保宁府志》卷之六《舆地志·山川·广元县》，四川省地方志编纂委员会辑《四川历代方志集成》，第三辑第6册，国家图书馆出版社，2016年

294

朝天岭，在县北五十里，路径绝险，其后即朝天程。旧路在朝天峡栈阁。遂开此道。

五盘岭，在县北一百七十里。一名七盘，旧与陕西宁羌州接界，为秦蜀分界处。

漫天岭，在县东北三十五里。一名槀本山。《明统志》："大小二岭相连，为蜀道极险。后唐清泰初，孟知祥置二砦。宋乾德中伐蜀，史进德夺其小砦，蜀人退保大漫天，即此。"《县志》："与陕西宁羌州蟠冢山接。"

——〔清〕黎学锦、徐双桂等修，史观等纂：（道光）《保宁府志》卷之六《舆地志·山川·广元县》，四川省地方志编纂委员会辑《四川历代方志集成》，第三辑第6册，国家图书馆出版社，2016年

295

明月峡，在县北八十里。一名朝天峡。《晏殊类要》云："三峡谓巫峡、巴峡、明月峡也。"

——〔清〕黎学锦、徐双桂等修，史观等纂：（道光）《保宁府志》卷之六《舆地志·山川·广元县》，四川省地方志编纂委员会辑《四川历代方志集成》，第三辑第6册，国家图书馆出版社，2016年

296

阳模洞，在县北六十里。峭壁如削，中辟洞门，高不可上。一名羊模谷。

丙穴，在县北二十五里。汉水之南，出入肥美。

——〔清〕黎学锦、徐双桂等修，史观等纂：（道光）《保宁府志》卷之六《舆地志·山川·广元县》，四川省地方志编纂委员会辑《四川历代方志集成》，第三辑第6册，国家图书馆出版社，2016年

297

嘉陵江，在县西。自陕西宁羌州流入，又经昭化县东，过剑州东界，又南迳苍溪、阆中二县至重庆府，入大江，即西汉水也。《通志》："自宁羌州入广元县境，流一百二十里至县城西南，又三十里达昭化县界，二十里至县城东北，合白水，又南过剑州东七十里，历一百十里达苍溪县界，又六十里过县城，西三十里达阆中县界，二十里至郡城，西转东十里合宋江，又八十里达南部县界，又二十五里迳转东北，又东南七十里入蓬州界。"《一统志》按《汉书地理志》："出陇西郡西县嶓冢山，南入广汉白水，东南至江州，入江者西汉水也。"郦道元云："汉水，南入嘉陵道为嘉陵水。"后世嘉陵江之名始此。自是至葭萌为白水，潜水至阆中为渝水，阆水至垫江为涪水。随地异名，要之皆嘉陵江，即皆西汉水也。其以此为漾水者，自《水经》始《汉志》："《禹贡》漾水出陇西氐道县，至武都入东汉水。一名沔，过江夏入江。"则漾水乃东汉之源，与西汉绝无交涉。《旧志》皆为水经所误。而嘉陵江遂兼漾水之名。

——〔清〕黎学锦、徐双桂等修，史观等纂：（道光）《保宁府志》卷之六《舆地志·山川·广元县》，四川省地方志编纂委员会辑《四川历代方志集成》，第三辑第6册，国家图书馆出版社，2016年

298

潜水，在县北八十里。《尔雅》："水自汉出为潜。"郭璞《音义》："水从汉中沔阳南，流至梓潼汉寿，入大穴中，通峒山下，西南潜出。一名沔水，即禹贡之潜也。"《括地志》："潜水，出绵谷县龙门山石穴。"《元和志》："出县北龙门山。"《县志》："出县北一百三十里木寨山，

流经神宣驿龙洞口至朝天驿，穿穴而出，入嘉陵江。"按《汉书》颜师古注："潜水出汉中沔阳县流至汉寿，入石穴复出。"与郭璞合，则是。潜水之源在沔阳，而木寨山、龙门山皆其流经所经入，误以为出也。《舆地纪胜》："朝天有三石洞，水自第三洞贯通两洞，下合嘉陵江，即所谓'西南潜出者也。'"故嘉陵江亦谓之潜水。

——〔清〕黎学锦、徐双桂等修，史观等纂：（道光）《保宁府志》卷之六《舆地志·山川·广元县》，四川省地方志编纂委员会辑《四川历代方志集成》，第三辑第6册，国家图书馆出版社，2016年

299

九井滩，在县北。有巨石曰鱼梁、龟堆、芒鞋嘴，参差相望为行舟所患。宋元祐四年，转运使陈鹏悉凿平之。《县志》："一名空舻滩。"

——〔清〕黎学锦、徐双桂等修，史观等纂：（道光）《保宁府志》卷之六《舆地志·山川·广元县》，四川省地方志编纂委员会辑《四川历代方志集成》，第三辑第6册，国家图书馆出版社，2016年

300

朝天关，在县北朝天岭上。

龙门关[③]，在县北。《方舆胜览》："其他阁道虽险，然在山腰，亦微有径。独此阁，石壁斗立，虚凿石窍，而架木其上，比他处尤险。"

——〔清〕黎学锦、徐双桂等修，史观等纂：（道光）《保宁府志》卷之八《舆地志·关隘·广元县》，四川省地方志编纂委员会辑《四川历代方志集成》，第三辑第6册，国家图书馆出版社，2016年

301

飞仙关，在县北飞仙岭下。

七盘关，在县北七盘岭上。

望云关，在县北四十五里。山势高耸，与云霄相接。今名望云铺。

——〔清〕黎学锦、徐双桂等修，史观等纂：（道光）《保宁府志》卷之八《舆地志·关隘·广元县》，四川省地方志编纂委员会辑《四川历代方志集成》，第三辑第6册，国家图书馆出版社，2016年

302

潭毒关，在县北九十里。

老鼠关④，在县东北大漫天岭上，为入蜀故道。

——〔清〕黎学锦、徐双桂等修，史观等纂：（道光）《保宁府志》卷之八《舆地志·关隘·广元县》，四川省地方志编纂委员会辑《四川历代方志集成》，第三辑第6册，国家图书馆出版社，2016年

303

朝天镇，在县北六十里。雍正七年置巡司于此。《九域志》："绵谷县有朝天、嘉川二镇。"即此。

——〔清〕黎学锦、徐双桂等修，史观等纂：（道光）《保宁府志》卷之八《舆地志·关隘·广元县》，四川省地方志编纂委员会辑《四川历代方志集成》，第三辑第6册，国家图书馆出版社，2016年

304

小峨眉寺，在县北六十里。又有灵崖寺，在县北七十里。又相近有净因寺。

——〔清〕黎学锦、徐双桂等修，史观等纂：（道光）《保宁府志》卷之十三《舆地志·寺观·广元县》，四川省地方志编纂委员会辑《四川历代方志集成》，第三辑第6册，国家图书馆出版社，2016年

305

飞仙观，在县北二十五里。江中一山如笋，周围浪涌，两旁悬崖万丈。行三里始达观。观后有井，名仙应。

——〔清〕黎学锦、徐双桂等修，史观等纂：（道光）《保宁府志》卷之十三《舆地志·寺观·广元县》，四川省地方志编纂委员会辑《四川历代方志集成》，第三辑第6册，国家图书馆出版社，2016年

306

笔峰观⑤，在县北九十里。上真观，在县北金山。

——〔清〕黎学锦、徐双桂等修，史观等纂：（道光）《保宁府志》卷之十三

《舆地志·寺观·广元县》，四川省地方志编纂委员会辑《四川历代方志集成》，第三辑第6册，国家图书馆出版社，2016年

307

张佐明墓，在县北四十里、嘉陵江东岸。为大将军文略公之裔。官忠武校尉。

——〔清〕黎学锦、徐双桂等修，史观等纂：（道光）《保宁府志》卷之十四《舆地志·陵墓·广元县》，四川省地方志编纂委员会辑《四川历代方志集成》，第三辑第6册，国家图书馆出版社，2016年

308

华阳废县，在县北。《隋志》："绵谷县有华阳郡。梁置华州，西魏并废。"《通志》按《宋志》："梁州有华阳郡。"《徐志》："新立，寄治州下，领华阳、兴宋、宕渠、嘉昌四县，盖刘宋置。郡本在南郑，齐梁时徙而西南也。"

——〔清〕黎学锦、徐双桂等修，史观等纂：（道光）《保宁府志》卷之十五《舆地志·古迹·广元县》，四川省地方志编纂委员会辑《四川历代方志集成》，第三辑第6册，国家图书馆出版社，2016年

309

石亭废县，《一统志》："在县北，疑是齐永泰初，分东晋寿郡时所置。后魏正始二年，邢峦取汉中诸城戍。梁晋寿郡守王景印屯据石亭，峦遣将李义珍击走之。即此。后废为戍。"

——〔清〕黎学锦、徐双桂等修，史观等纂：（道光）《保宁府志》卷之十五《舆地志·古迹·广元县》，四川省地方志编纂委员会辑《四川历代方志集成》，第三辑第6册，国家图书馆出版社，2016年

310

筹笔驿，在县北九十里。诸葛武侯出师尝驻军筹划于此。

——〔清〕黎学锦、徐双桂等修，史观等纂：（道光）《保宁府志》卷之十五《舆地志·古迹·广元县》，四川省地方志编纂委员会辑《四川历代方志集成》，第三辑第6册，国家图书馆出版社，2016年

311

飞仙阁，在县北飞仙岭。

——〔清〕黎学锦、徐双桂等修，史观等纂：（道光）《保宁府志》卷之十五《舆地志·古迹·广元县》，四川省地方志编纂委员会辑《四川历代方志集成》，第三辑第6册，国家图书馆出版社，2016年

312

李义山碑，《碑目考》："在筹笔驿。"《栈道铭》，《碑目考》："唐欧阳詹撰文。"山谷纪行碑，《碑目考》："在废嘉川县灵溪寺。元丰三年题。"

——〔清〕黎学锦、徐双桂等修，史观等纂：（道光）《保宁府志》卷之十六《舆地志·金石·广元县》，四川省地方志编纂委员会辑《四川历代方志集成》，第三辑第6册，国家图书馆出版社，2016年

313

广元营，驻劄（扎）广元县。原设分防广元汛，千总一员。嘉庆二十三年，四川总督将攸锸⑥奏请设立广元、巴州二营，添设游击、守备等员、马战守兵，买资弹压。

一分防朝天汛。把总一员，带领马战守兵共七十四名。

一分防七盘关汛。外委一员，带领马战守兵十名。

——〔清〕黎学锦、徐双桂等修，史观等纂：（道光）《保宁府志》卷之二十九《武备志·兵制》，四川省地方志编纂委员会辑《四川历代方志集成》，第三辑第6册，国家图书馆出版社，2016年

314

望云铺，在广元县东北。北至县属神宣驿五十里，南至县城问津驿四十里。康熙五十一年奉设站，马一十四匹，马夫七名。五十七年增马一十六匹，马夫八名，实在马三十匹。岁支草料银六百三十七两二钱，马夫一十五名。岁支工食银二百五十四两八钱八分。买补马九匹，岁支价银七十二两。棚厂槽铡岁支银四十二两六钱。以上岁共支银一千零六两六钱八分。

——〔清〕黎学锦、徐双桂等修，史观等纂：（道光）《保宁府志》卷之三十

《武备志·驿传》，四川省地方志编纂委员会辑《四川历代方志集成》，第三辑第6册，国家图书馆出版社，2016年

315

神宣驿，在广元县北。北至陕西宁羌州驿交卸，南至县属望云铺五十里，驿路崎嵚⑦入川首站。康熙二十九年奉设，站马二十四匹，马夫十二名。五十七年增马六匹，马夫三名，实在马三十匹。岁支草料银六百三十七两二钱。马夫一十五名，岁支工食银二百五十四两八钱八分。买补马九匹，岁支价银七十二两。棚厂槽铡岁支银四十二两六钱。扛夫二十名，岁支工食银一百四十四两。以上岁共支银一千一百五十两六钱八分。

——〔清〕黎学锦、徐双桂等修，史观等纂：（道光）《保宁府志》卷之三十《武备志·驿传》，四川省地方志编纂委员会辑《四川历代方志集成》，第三辑第6册，国家图书馆出版社，2016年

316

石桥铺，在县东北二十里。垒石铺，在县东北三十里。望云铺，在县东北四十里。上关铺，在县东北五十里。金堆铺，在县东北六十里。杂果铺，在县东北七十里。榆林铺，在县东北八十里。纸房铺，在县东北百里。中子铺，在县东北一百一十里。转斗铺，在县东北一百二十里。椿树铺，在县东北一百三十里。

——〔清〕黎学锦、徐双桂等修，史观等纂：（道光）《保宁府志》卷之三十一《武备志·铺递·广元县》，四川省地方志编纂委员会辑《四川历代方志集成》，第三辑第6册，国家图书馆出版社，2016年

317

梁　尹天宝，华阳太守。

隋　杨文思，华阳人，隆州刺史。

唐　李言忠，蜀王后倶，七盘令。

——〔清〕黎学锦、徐双桂等修，史观等纂：（道光）《保宁府志》卷之三十二《职官志·题名·总部》，四川省地方志编纂委员会辑《四川历代方志集成》，第三辑第6册，国家图书馆出版社，2016年

318

朝天镇巡检　　范伦，浙江会稽吏员，雍正九年任。张得仁，浙江钱塘人，未满吏，乾隆十六年任。薛翼衮，福建尤溪附生，乾隆二十年任。沈思忠，乾隆二十五年任。刘熺，乾隆五十五年任。张孙诒，乾隆六十年任。张谱，嘉庆三年任。周楷，嘉庆四年任。古世芳，嘉庆五年任。李沛，嘉庆十二年任。张东果，山西临汾监生，嘉庆十三年任。

——〔清〕黎学锦、徐双桂等修，史观等纂：（道光）《保宁府志》卷之三十二《职官志·题名·广元县》，四川省地方志编纂委员会辑《四川历代方志集成》，第三辑第6册，国家图书馆出版社，2016年

319

神宣驿驿丞　　许国章、赵应升、缪尔廖、欧承恩、贯奎文、冯延尘、韩荣、夏尚珍、武显文、李杰、屈恒昌、钟绍庆、董弘化、沈贝、徐道昌、周南英、朱成麟、罗士相、李庆章、杨酉山（乾隆二十四年任）、张锡榖（乾隆五十三年任）、陈鲤（嘉庆三年任）、王弼（嘉庆四年任）、黄淮（嘉庆九年任）、卫通洲（嘉庆十六年任）、姚联甲（甘肃宁朔吏员，嘉庆二十五年任）。

——〔清〕黎学锦、徐双桂等修，史观等纂：（道光）《保宁府志》卷之三十二《职官志·题名·广元县》，四川省地方志编纂委员会辑《四川历代方志集成》，第三辑第6册，国家图书馆出版社，2016年

320

广元营游击

张万林，华阳人，嘉庆二十五年任。

吴宇英，广元人，崇祯四年辛未科陈于泰榜。

——〔清〕黎学锦、徐双桂等修，史观等纂：（道光）《保宁府志》卷之三十二《职官志·题名·广元县》，四川省地方志编纂委员会辑《四川历代方志集成》，第三辑第6册，国家图书馆出版社，2016年

321

(宋)陈鹏《九井滩记》：

九井滩有大石三，其名鱼梁、龟堆、芒靴嘴，危险参差，相望于波间。操舟之人力不胜舟，而辄为石所触，而抵于败。诚令绝江为长堤，度其南，别为河道，以分水势，则北流水益减而石出矣。以火煅、醯沃、金锤随击之，宜可去。如其言，治之，明年三大石不复见，而九井遂平。宋元祐五年转运使陈鹏记。

——〔清〕黎学锦、徐双桂等修，史观等纂：(道光)《保宁府志》卷之五十八《艺文志·广元县》，四川省地方志编纂委员会辑《四川历代方志集成》，第三辑第6册，国家图书馆出版社，2016年

【作品提要】

道光《保宁府志》（62卷），清黎学锦、徐双桂等修，史观等纂。黎学锦，字云屏，湖南龙阳（今汉寿）人，嘉庆十一年（1806）任四川省分巡川北兵备道。徐双桂，字秋山，汉军正蓝旗举人，嘉庆二十年（1815）任保宁府知府。史观，字梅裳，山东济宁人，嘉庆十八年（1813）拔贡。道光《保宁府志》开修于道光元年（1821），仿照新旧通志，分门别类，与他府志不殊。其兵制一目记载历代官军与各种反政府军之战斗过程，有参考价值。

节选部分介绍了广元县的形势，朝天的山川、关隘、寺观、陵墓、古迹、兵制、铺驿、职官、地方行政机构及其任职官员，对研究清代朝天的一些史实具有一定的价值。

道光《保宁府志》版本有道光二十三年（1843）补刻本、2017年巴蜀书社出版的《中国地方志集成·四川府县志辑》之《道光保宁府志》影印本和2016年国家图书馆出版社出版的《四川历代方志集成》（第三辑）之道光《保宁府志》影印本。

【注释】

①髳（máo） 中国古代西南少数民族的一支。
②吭（kēng） 出声，发言。
③龙门关 唐置，在今四川省广元市朝天区朝天镇龙门村。关口设于龙门

三洞背北口，地形险要。

④老鼠关　又名洪督关，唐置，在今四川省广元市朝天区麻柳乡天师山上，是白羊古栈道上由蜀入秦的重要关隘。

⑤笔峰观　又名碧峰观，在今四川省广元市朝天区中子镇清泉村，山峰高耸，形如一支巨笔直指云霄，挺拔俊秀，故名。其上有道观，始建于明宣德年间（1426—1435），清雍正年间（1723—1735）、道光年间（1821—1850）复修。清张赓谟纂《四川保宁府广元县志》卷三《寺观》载："笔峰观，县北九十里。"民国《重修广元县志稿》第二编第五卷《学宫坛庙仓廪·十三区寺观》载："笔峰观，县北一百二十里神宣驿，山峰高耸，状如文笔。"笔峰观距今已有近600年的历史，它与飞仙观、洪督观、朝阳观、上真观、中华观、黄洋观、显灵观并称清代广元"八大名观"。历代文人骚客，到此多有题咏。清雍正七年（1729），果毅亲王爱新觉罗·胤礼探访笔峰观、筹笔驿，留下诗作《题筹笔驿》："笔峰高耸云霞空，仙山蓬莱在个中。蹬道草拂马蹄静，绿荫蔽日柏林重。再同侍从灵台进，仕隐笑迎前阶恭。松烟烧笋棘火酒，怀人清梦已晓钟。"清嘉庆十三年（1808），江苏扬州画家朱本登临笔峰观，眺望不远处的嘉陵江，触景生情，遂挥毫作画《望江图》，并赋诗："秋江渺渺无津涯，江边游客何处家。往返不知路远近，一行秋雁更思家。"

⑥将攸锸（yōu chā）　此误。应为"蒋攸锸"。

⑦崎嵚（qīn）　形容山路险阻不平。指崎岖的山路。引申指艰难险阻。

〔清〕张赓谟纂修

（乾隆）四川保宁府广元县志

322

藁本山，县东北十里起，上小漫天岭、大漫天岭逶迤四十里。上白羊栈①、虎狼沟，上高岩麦子坪、梨树垭，登广尔山至土地林。下山交汉中府宁羌州界，嶓冢山相接，统名藁本山。其中，悬岩万丈，与古洞幽邃莫测者不可胜数，土人恃以为险。

——〔清〕张赓谟纂修：（乾隆）《四川保宁府广元县志》卷二《封域·山川》，四川省地方志编纂委员会辑《四川历代方志集成》，第四辑第16册，国家图书馆出版社，2017年

323

潭毒山，县北九十二里，即石垭栈。北云雾山，县北百二十里。木寨山，县北百九十里。齐寨山，俨若文笔一支。

——〔清〕张赓谟纂修：（乾隆）《四川保宁府广元县志》卷二《封域·山川》，四川省地方志编纂委员会辑《四川历代方志集成》，第四辑第16册，国家图书馆出版社，2017年

324

大小漫天岭，即今大小光坡也。自古利州多猛风，一时陡起，则拆屋拔木，惟大小漫天岭为最。于康熙五十二年六月初一日，猛雨二日，山半土石崩流，广袤数里，恍若龙行之状。

——〔清〕张赓谟纂修：（乾隆）《四川保宁府广元县志》卷二《封域·山川》，四川省地方志编纂委员会辑《四川历代方志集成》，第四辑第16册，国家图书馆出版社，2017年

325

飞仙岭，一名威凤山，三面环江，峭壁千仞，上有观名飞仙观。一面与前山相接，其间起一阁，名飞仙阁。道中之险要也。

——〔清〕张赓谟纂修：（乾隆）《四川保宁府广元县志》卷二《封域·山川》，四川省地方志编纂委员会辑《四川历代方志集成》，第四辑第16册，国家图书馆出版社，2017年

326

龙门山，在县东北八十二里，出好钟乳。亦名葱岭山，有石穴，高数十丈，其状入门。又东山之北有燕子谷，出好磐石。又有龙门洞，在县北。凡有三洞，自朝天程入谷，十五里有石洞及第二第三洞，有水自第三洞发源贯通二洞，下合嘉陵江。《旧志》："在县北六十五里。又有乾龙洞，在县东北二百五十里，极高大，深入数里。"宋人《龙门记》云："三泉县西二里有洞，深七十二，步广半之。"

——〔清〕张赓谟纂修：（乾隆）《四川保宁府广元县志》卷二《封域·山川》，四川省地方志编纂委员会辑《四川历代方志集成》，第四辑第16册，国家图书馆出版社，2017年

327

朝天岭，在县北五十里，路径绝险。其后即朝天程，旧路在朝天峡栈阁。遂开此道，后人便之。

——〔清〕张赓谟纂修：（乾隆）《四川保宁府广元县志》卷二《封域·山川》，四川省地方志编纂委员会辑《四川历代方志集成》，第四辑第16册，国家图书馆出版社，2017年

328

五盘岭，在县北一百五十里，杜甫诗："五盘虽云险，山色佳有余。仰凌栈道细，俯映江木疏。"又岑参诗云："平旦驱驷马，旷然出五盘。江回两崖斗，日隐群峰攒。"一名七盘岭，旧与陕西宁羌州接界，自昔为秦蜀分界处。

——〔清〕张赓谟纂修：（乾隆）《四川保宁府广元县志》卷二《封域·山

川》，四川省地方志编纂委员会辑《四川历代方志集成》，第四辑第16册，国家图书馆出版社，2017年

329

嘉陵江，又名西汉水，即古漾水也。源出陕西巩昌府礼县西、高山敞河坝常家河，经略阳县、宁羌州、阳平关，南流入境至朝天关，西受安乐河水，又西受羊模坝河水，至沙河驿，东受沙河水至广元县，城西直下东，受南河水至下西坝，北受回龙沟水，西南流四十里至昭化县，与桓水会经苍溪、阆中、顺庆府，统名之嘉陵江。

——〔清〕张赓谟纂修：（乾隆）《四川保宁府广元县志》卷二《封域·山川》，四川省地方志编纂委员会辑《四川历代方志集成》，第四辑第16册，国家图书馆出版社，2017年

330

钓滩河，源出藁本山之阳，自钓滩嘴崖下流出成河，流数里入穴中，潜行数十里，至徐村、河闰、王扁、三孔水，崖下涌出。即南河源也。

——〔清〕张赓谟纂修：（乾隆）《四川保宁府广元县志》卷二《封域·山川》，四川省地方志编纂委员会辑《四川历代方志集成》，第四辑第16册，国家图书馆出版社，2017年

331

龙门阁，旧传县北十里，千佛崖为龙门阁。盖以《一统志》云："龙门阁在嘉陵江东岸。"不知今龙洞背即其地也。查龙洞背，危栈盘空，逼临潜水，去嘉陵江地不远。而潜水即穿洞中，绕山入嘉陵江合流，因其在东指称东岸，遂以沿误。按《方舆胜览》云："自城北至大安军界，桥栏共一万五千三百六十间，惟石柜、龙门二阁著名。"则千佛崖为石柜阁，而龙门"门"字乃言龙洞门也。且陈子昂《龙门阁》诗有云："流水无昼夜，喷薄龙门中。"已可极见。又按《元和郡县志》："龙门山，在县东北八十二里。一名葱岭山。"《梁州记》云："葱岭有石穴，高数十丈，其状入门，号曰龙门。即今之龙洞，而阁即其背上之栈阁也。"《旧志》又云："龙门阁，石壁斗立，其险，不易登。"则龙门阁为今之龙洞背阁也。明矣。

——〔清〕张赓谟纂修：（乾隆）《四川保宁府广元县志》卷二《封域·古

迹》，四川省地方志编纂委员会辑《四川历代方志集成》，第四辑第16册，国家图书馆出版社，2017年

332

筹笔驿，在县北九十里，诸葛武侯出师尝驻军筹划于此。杜牧诗："永安宫受诏，筹笔驿沉思。画地乾坤在，濡毫胜负知。"李商隐诗："猿鸟犹疑畏简书，风云常为护储胥。"

——〔清〕张赓谟纂修：（乾隆）《四川保宁府广元县志》卷二《封域·古迹》，四川省地方志编纂委员会辑《四川历代方志集成》，第四辑第16册，国家图书馆出版社，2017年

333

广元十二景：

宝峰夜月　县东山顶旧有池，天旱不竭，晦夜有月，月照池。

南渡孤舟　月夜常见一人驾小舟，即之，则不可得县南河。

乌龙宝顶　即乌龙山也。其山之巅，一峰特起，顶圆如宝，上有仙井，傍有砥石，相传仙人弈棋于此。

金山晚照　县北二里，即上真观故址。斜阳反照，如金铺山。

雪峰樵歌　县东十里有雪峰寺，寺后山半有二大石崎立。相传有樵夫歌于石上，风雨不辍。至则歌声出石中，亦仙迹也。

丙穴鱼潜　县北十五里。每岁修禊前后，鱼从穴出。

朝天晓霞　即朝天岭也。凡旭日，山如铺锦。

龙洞秋云　县北八十里。立秋后，锦云恒出。相传二郎神逐蹇龙至此，穿山而过，下即为龙洞。石上尚有剑迹。

七盘拱镇　即七盘岭。全蜀扼要之地。

九峰排戟　山环九十九峰，如剑戟排列，即九龙山也。

筹笔怀古　县北水站，九十里，相传孔明出师驻此。唐杜牧诗云："永安宫受诏，筹笔驿沉思。"

大云千佛　即千佛岩（崖），县北十里，滨西汉水。岩侧有大云寺，尚有基址，剥落神像。

——〔清〕张赓谟纂修：（乾隆）《四川保宁府广元县志》卷二《封域·古迹·十二景》，四川省地方志编纂委员会辑《四川历代方志集成》，第四辑第16册，

国家图书馆出版社，2017年

334

李义山碑，在筹笔驿。《栈道铭》，欧阳詹撰。山谷纪行碑，在废嘉川县，灵溪寺元丰三年题。

——〔清〕张赓谟纂修：（乾隆）《四川保宁府广元县志》卷二《封域·古迹·古碑记》，四川省地方志编纂委员会辑《四川历代方志集成》，第四辑第16册，国家图书馆出版社，2017年

335

月儿洞　居藁本山之东，悬岩千仞，洞口远望如月。高十余丈，宽亦如之，其深莫测。其平如砥，土人尝避乱于此。

鱼洞峡　城东八十里、藁本山之阳。两岩如削，中通一线口，午乃能见日。南河发源于此。上下六七里，岩高潭深，无径可入。上峡有水帘洞、赵家洞、常家洞，下峡有官木洞、穿洞、土洞、梯子洞。东西峡口有鱼洞二。东洞幽深，清明前后，群鱼涌出；西洞鱼不满尺，土人利之。

——〔清〕张赓谟纂修：（乾隆）《四川保宁府广元县志》卷二《封域·洞寨》，四川省地方志编纂委员会辑《四川历代方志集成》，第四辑第16册，国家图书馆出版社，2017年

336

尖山寨，皆出云表，人不易登。铁旗寨，绝壁万仞，形似铁旗。

——〔清〕张赓谟纂修：（乾隆）《四川保宁府广元县志》卷二《封域·洞寨》，四川省地方志编纂委员会辑《四川历代方志集成》，第四辑第16册，国家图书馆出版社，2017年

337

天仙洞　藁本山之阳，洞口如门，高二丈许。烛行半里，豁然开阔。广袤十余丈，可见天日。所谓"壶中别有天"者，殆此类乎。

鸣水洞　藁本山之侧，洞分上下。上洞广七八丈，高半之，深不可测。水声如雷，流半里入下洞。洞高二十余丈，广亦如之。水声恍与上洞相呼应，流半里出下洞，成河，即沙河源也。

鱼洞河　鸣水洞之右，相去十里许，清明后出鱼，甚美。流数里，即与潜水会，同为沙河。

胡家洞　亦藁本山之阳，县东百里。岩势千寻，巨穴东向，可望而不可即。

——〔清〕张赓谟纂修：（乾隆）《四川保宁府广元县志》卷二《封域·洞寨》，四川省地方志编纂委员会辑《四川历代方志集成》，第四辑第16册，国家图书馆出版社，2017年

338

神仙洞　县北百里，神宣驿龙洞背之下。

——〔清〕张赓谟纂修：（乾隆）《四川保宁府广元县志》卷二《封域·洞寨》，四川省地方志编纂委员会辑《四川历代方志集成》，第四辑第16册，国家图书馆出版社，2017年

339

羊模洞　在县北六十里，有山万仞，峭壁如削，中开洞门，高不可上。一名杨模河。

丙穴　在县北二十五里，汉水之南。出鱼肥美。

——〔清〕张赓谟纂修：（乾隆）《四川保宁府广元县志》卷二《封域·洞寨》，四川省地方志编纂委员会辑《四川历代方志集成》，第四辑第16册，国家图书馆出版社，2017年

340

广元县　汉水之东滨，为蜀北门锁钥，郡壤故错羌氐，昔若称苴饶与上庸、百濮、微卢、彭髳，俱前接关表、后据剑阁，所谓扼全蜀吭而为四集之国者也。自金牛诈取，五丁凿险，崎岖鸟道，一线仅通。如潭毒、七盘、朝天诸关，率多架木凿石，泥丸可塞，石燕蔽其西，葭萌障其南，漫天二岭雄于东北。其他叠嶂层峦，靡可枚举，其环拱而为一邑之屏卫者，又可谓极其险要矣。

——〔清〕张赓谟纂修：（乾隆）《四川保宁府广元县志》卷二《封域·形势》，四川省地方志编纂委员会辑《四川历代方志集成》，第四辑第16册，国家图书馆出版社，2017年

341

乡曰：则天、嘉川、广化、卫屯、神沙、柏龙。

堡曰：顺坝、大石、高址、柏龙、上西、下西、回龙、三堆、东山、磁磘、鱼硐、石竹、东沟、宣河、中子、茅坝、西沟、安乐、丰乐、文安、元吉、菜井、三山、白水、金帽、撑腰、上百丈、下百丈、黄洋、通坪、高城、钟岭、梁山、水磨、流坪、木门、木毡、大沿、西关、回岔、杨老、礶子、汶水、两会、伏溪、石槽、木瓜、李子坝、盐井、西流、宽川、千金、李子园、李打石、枫香、双河、乾河。

广元县共计六乡、五十七堡，以堡分隶各乡。

——〔清〕张赓谟纂修：(乾隆)《四川保宁府广元县志》卷二《封域·乡堡》，四川省地方志编纂委员会辑《四川历代方志集成》，第四辑第16册，国家图书馆出版社，2017年

342

朝天镇巡检司，在县北六十里，雍正七年复设。

神宣驿丞，在县北九十里，今改设巡检司。

——〔清〕张赓谟纂修：(乾隆)《四川保宁府广元县志》卷三《营建·廨署》，四川省地方志编纂委员会辑《四川历代方志集成》，第四辑第16册，国家图书馆出版社，2017年

343

问津驿，在县治东侧。望云驿，在县北四十里。神宣驿，在县北九十里。问津水驿，在县西嘉陵江。

——〔清〕张赓谟纂修：(乾隆)《四川保宁府广元县志》卷三《营建·驿传》，四川省地方志编纂委员会辑《四川历代方志集成》，第四辑第16册，国家图书馆出版社，2017年

344

石桥铺，在县东北二十里。垒石铺，在县东北三十里。望云铺，在县东北四十里。上关铺，在县东北五十里。金堆铺，在县东北六十里。杂果铺，在县东北七十里。榆林铺，在县东北八十里。纸房铺，在县东北百里。钟

（中）子铺，在县东北一百一十里。转头（斗）铺，在县东北一百二十里。椿树铺，在县东北一百三十里。

——〔清〕张赓谟纂修：（乾隆）《四川保宁府广元县志》卷三《营建·铺递》，四川省地方志编纂委员会辑《四川历代方志集成》，第四辑第16册，国家图书馆出版社，2017年

345

飞仙观，在县北二十五里。江中一山如笋，周围浪涌，两旁悬崖万丈，俯视战栗。约行三里始达观。后有仙应井。

——〔清〕张赓谟纂修：（乾隆）《四川保宁府广元县志》卷三《营建·寺观》，四川省地方志编纂委员会辑《四川历代方志集成》，第四辑第16册，国家图书馆出版社，2017年

346

小峨眉，县北六十里。东山庙，县北六十里。净因寺，县东北六十里。灵崖寺，县北七十里。大庵寺，县北八十里。笔峰观，县北九十里。大安寺②，县北百里。万寿寺，县北百里。

——〔清〕张赓谟纂修：（乾隆）《四川保宁府广元县志》卷三《营建·寺观》，四川省地方志编纂委员会辑《四川历代方志集成》，第四辑第16册，国家图书馆出版社，2017年

347

潭毒关，县北八十里，入蜀故道，即今石垭栈。山下有潭，广袤数十亩，静深莫测，人莫敢近，形似有毒，故曰潭毒。旧志云："潭下有一铁索，见则兵动。先朝曾有御前军屯此，以捍蜀口。"

——〔清〕张赓谟纂修：（乾隆）《四川保宁府广元县志》卷三《营建·关隘》，四川省地方志编纂委员会辑《四川历代方志集成》，第四辑第16册，国家图书馆出版社，2017年

348

老鼠关，县东北四十里大漫天岭之上。十里计入蜀故道，由潭毒石垭栈、柏杨（白羊）栈、老鼠关入利州。视七盘、朝天较险。

——〔清〕张赓谟纂修：（乾隆）《四川保宁府广元县志》卷三《营建·关隘》，四川省地方志编纂委员会辑《四川历代方志集成》，第四辑第16册，国家图书馆出版社，2017年

349

七盘关，在县北一百四十里。望云关，在县北四十五里，山势高耸，与云霄相接。朝天关，在县北朝天岭上。龙门关，在县北八十二里，即龙洞背。

——〔清〕张赓谟纂修：（乾隆）《四川保宁府广元县志》卷三《营建·关隘》，四川省地方志编纂委员会辑《四川历代方志集成》，第四辑第16册，国家图书馆出版社，2017年

350

将军桥，在县北四里。石栏桥，在县北十里，千佛崖南。朝天渡③，在县北六十里，朝天镇。

——〔清〕张赓谟纂修：（乾隆）《四川保宁府广元县志》卷三《营建·津梁》，四川省地方志编纂委员会辑《四川历代方志集成》，第四辑第16册，国家图书馆出版社，2017年

351

国朝顺治元年甲申，广元尚为逆贼张献忠④所据，遂入寇汉中。

顺治二年乙酉，张献忠进踞广元，于葭萌山下修御营，僭号大顺⑤。元年铸大顺钱⑥，先是甲申之变，街民尽避远乡，至是一半归城，城中居民，不论老幼男女，一切人籍不得遗漏一名。

三年丙戌，张献忠于民之犯令者剥皮，实之以草衣人衣冠入冠植于道旁以示威服几捉获士民，倔强不跪者抽膝筋，不顺者断手，先伸右手者断一手，先伸左手者两手俱断。罹惨者以千计。城中百姓不许交头接耳，犯者全家立斩。道路以目。至九月，将居民照籍点出杀于南河坝，尸积山横，血流水赤，遗籍关王庙。合计杀戮十万有奇。张献忠常曰："人命在我，我命在天，四方有路，在劫难逃。"

四年丁亥，张献忠移营保宁，所属地方罹惨亦同。

——〔清〕张赓谟纂修：（乾隆）《四川保宁府广元县志》卷八《兵事》，四川

省地方志编纂委员会辑《四川历代方志集成》，第四辑第16册，国家图书馆出版社，2017年

352

五年戊子，肃王⑦奉命讨贼，广元平定。知县高培元任广元利州卫。设兴屯道一员，理屯田。时苦岁荒。先是赵荣贵、武大定、姚天动流贼数千，不时往来骚扰百姓，农业尽废。至是每市米一斗价五两，百姓易子折骸，弱肉强食，且疫痢流行，死亡遍野。苟全性命者仅存十一。于千百百姓屡遭流寇，耕牛杀绝者，以人代牛，数人牵挽于前，一人秉耒于后。

——〔清〕张赓谟纂修：（乾隆）《四川保宁府广元县志》卷八《兵事》，四川省地方志编纂委员会辑《四川历代方志集成》，第四辑第16册，国家图书馆出版社，2017年

353

康熙十三年甲寅，吴三桂⑧踞云南以叛，僭称周。元年正月初三日，闻吴逆之变，川北镇游击潘成龙即日禁城。初五日，川北镇营兵分商货托名借用以济军需。初九日，放妇女出城，吴逆传檄全川俱顺发兵踞守七盘关，广元遂失，伪知县龙门伉任。五月，总督周有德⑨起复王师西下。初八日，攻破朝天关，我朝复得。广元知县仰一元任王师，至保宁盘龙山扎营。我朝虽得广元，而径通一线，东西深山皆贼党盘踞，牢不可破。伪总兵彭时亨踞河西一带，凡我朝运粮船只尽数抢夺；伪总兵陈国良踞藁本山一带，凡我朝运粮之夫，获者尽割其鼻。至十二月，王师无粮，兵退陕西，广元复为吴逆所踞。

——〔清〕张赓谟纂修：（乾隆）《四川保宁府广元县志》卷八《兵事》，四川省地方志编纂委员会辑《四川历代方志集成》，第四辑第16册，国家图书馆出版社，2017年

354

十九年庚申正月，王进宝⑩由葭萌关取保宁，赵梁栋出朝天、白水取成都，广元遂平。

——〔清〕张赓谟纂修：（乾隆）《四川保宁府广元县志》卷八《兵事》，四川省地方志编纂委员会辑《四川历代方志集成》，第四辑第16册，国家图书馆出版社，2017年

355

曹友闻，利州都统，有智勇，屡败元兵。遂扼仙人关。蜀帅强檄徙大安，与弟友谅、部将刘虎齐发御敌，立战，一军皆死，血流三千里。

——〔清〕张赓谟纂修：（乾隆）《四川保宁府广元县志》卷九《名宦》，四川省地方志编纂委员会辑《四川历代方志集成》，第四辑第16册，国家图书馆出版社，2017年

356

明进士　吴宇英⑪，利州卫人，崇祯丁卯科中式、戊辰科联捷，初任北直隶良乡调繁、浙江定海县行，取户科给事中。有进士坊，建立中街，明末并焚无存。

——〔清〕张赓谟纂修：（乾隆）《四川保宁府广元县志》卷十一《选举》，四川省地方志编纂委员会辑《四川历代方志集成》，第四辑第16册，国家图书馆出版社，2017年

357

果亲王⑫《题七盘岭》（碑在关上）："蓟州曾向盘山过，蜀道今经岭七盘。盘入岭头天宇阔，剑门云栈掌中看。"

——〔清〕张赓谟纂修：（乾隆）《四川保宁府广元县志》卷十三上《艺文》，四川省地方志编纂委员会辑《四川历代方志集成》，第四辑第16册，国家图书馆出版社，2017年

358

司马光《嘉川驿》："嘉川之西过新栈，几里朱栏绕青壁。我行落月尚在水，水影照人襟袖白。繁英杂缀修蔓上，绿锦缬带垂百尺。清香满马去未休，赖尔春风慰行客。"

——〔清〕张赓谟纂修：（乾隆）《四川保宁府广元县志》卷十三上《艺文》，四川省地方志编纂委员会辑《四川历代方志集成》，第四辑第16册，国家图书馆出版社，2017年

359

（清）张赓谟（邑令）《广元十二景》：

《南渡孤舟》："秋山澹澹水溶溶，奁开倒揷⑬青芙蓉。半掩蓬窗过飞雨，谁家艇子来虚空。柳暗沙明江头路，欸乃一声寒烟暮。城内游人归未归，当天皓月临古渡。"

《宝峰夜月》："利州城起凤凰麓，凤距嶙峋高矗矗。半翼舒来列宝屏，巅有灵湫漾轻縠⑭。阵阵霜风秋波盈，楼头帘卷新镜明。天边月晦无明月，偏向宝峰池中生。"

《金山晚照》："上春晼晚⑮天欲暮，彩霞遥射珊瑚树。珠光熠耀翠云开，赤城流焰争四布。由来有金山方鸣，而今看山今铸成。前溪影落风不定，琉璃破碎锦鳞生。"

《乌龙宝顶》："一峰岊起何嵯峨，横空倒影摇晴波。蜿蜒游龙势矫若，排云直欲饮天河。曾说仙人顶上弈，上有孤松挺千尺。月夜棋子声犹闻，几度柯烂迷踪迹。"

《雪峰樵歌》："雪峰峰头风雪急，屹然双石如人立。依稀柴担晚归来，时有歌声石内出。元仲当年兴何豪，雪里买樵立断桥。我欲日日策杖至，倾尊大白浮山椒。"

《九峰排戟》："蜀山攒黛多崇峻，九十九峰揷万仞。千年偶驻赤帝营，至今排戟作岩阵。长剑倚天天外长，光摇碧落参微茫。日暮白云吹不散，阴阴犹覆温公堂。"

《大云千佛》："五丁劈山山石裂，幻出千佛无生灭。衢路日日车马喧，阅尽浮尘根断绝。江如圆镜清光溶，亿万法象稞粟中。一度西风岩花落，散将天女色为空。"

《丙穴鱼潜》："石柜阁下巴字水，上连丙穴清且泚。年年看春上巳前，恒见潜鱼澄潭里。潭里有鱼嘉无伦，渔户结网复垂纶。勖哉鲲鲕⑯戒无取，留待满尺能几旬。"

《龙洞秋云》："突兀葱岭拔地起，古洞窈渺深涧里。几年神龙穿壁过，往往飞霞散成绮。自从洞辟通江流，不怕银山浪打头。洞上闲云空长在，龙兮龙兮今何求。"

《朝天晓霞》："铜壶滴断霜天晓，鸡声喔喔⑰乱啼鸟。阳乌赤水惊初飞，万缕红霞散缭绕。朝天一览锦绣中，晴云旭日光瞳瞳。犹忆日观峰上立，决眦海门扶桑东[18]。”

《筹笔怀古》：“江上隐隐筹笔驿，人代速于掣电疾。井龟依然在眼前，忆煞上将行军日。屯田此去何从回，五丈星沉心未灰。赢得偏安绵汉祚，都自神笔筹谋来。”

《七盘拱镇》：“造物作意判秦蜀，特地高岭盘七曲。一曲一盘盘入云，开门镇断秦山绿。拱镇边原势巍然，咫尺管钥开全川。于今争吟蜀道易，梯航职贡来年年。”

——〔清〕张赓谟纂修：（乾隆）《四川保宁府广元县志》卷十三上《艺文》，四川省地方志编纂委员会辑《四川历代方志集成》，第四辑第16册，国家图书馆出版社，2017年

360

（清）张赓谟《羊模坝》：“心倦蚕丛路，平原喜暂开。麦苗随雨绿，冻雀向人来。成俗豚鸡静，纪时草木催。漫云山僻处，犹得识无怀。”

（清）张赓谟《羊模河水》：“羊模小河深见底，万山着黛总分明。可怜出峡临官处，一入长江再不清。”

（清）张赓谟《飞仙岭》：“飞仙真绝险，陡起万山头。九面圆于前，一江曲似钩。峰高云拂寺，境寂夏长秋。如线关门路，凌虚不可求。”

（清）张赓谟《过水槽坪》：“踏雪山腰不待晴，每将勤补对生平。一丛木叶覆蛇迳，万壑奔泉飞雨声。过岭人从天外至，入沟马自地中行。芟他僻处风犹古，下者巢兮上者营。”

（清）张赓谟《筹笔驿怀古》：“王师千载此持筹，玉帐牙旗驻上游。星象不缘沉五丈，歌声已唱复中州。毫端自昔空才思，山势依然作阵楼。日暮烟寒风紧处，还疑刁斗起江头。”

——〔清〕张赓谟纂修：（乾隆）《四川保宁府广元县志》卷十三上《艺文》，四川省地方志编纂委员会辑《四川历代方志集成》，第四辑第16册，国家图书馆出版社，2017年

361

（清）葛峻起（河南虞城）《过七盘岭赋赠广元张企丰（学院）》：“群峰矗矗抱层巅，蜀道欣看万里天。势压秦川通御气，形吞巴徼接蛮烟。时平斥堠[19]无烽火，俗羡乡村听管弦。为奉简书深祗畏，心悬马首望

旌旆。"

（清）达鲁花赤（广元路总管）《朝天岭》："奉使朝天岭若仙，俯观锦绣蜀山川。古今豪杰知多少，回首燕都路八千。"

（明）刘崇文（邑令）《龙门洞》："岩岭灵湫汩汩流，空王八部此中留。高僧浥注惊龙起，潭底寒生万顷秋。"

（明）姚诚（川北道）《龙门洞》："功德渊源接派流，白龙传说此淹留。海天将雨归何处，一片黄云万亩秋。"

（清）石法鲁（贡生，邑人）《游羊模谷》："散步寻芳近洞天，羊模谷里问神仙。金炉丹灶今何在，空听江流野鸟喧。"

——〔清〕张赓谟纂修：（乾隆）《四川保宁府广元县志》卷十三上《艺文》，四川省地方志编纂委员会辑《四川历代方志集成》，第四辑第16册，国家图书馆出版社，2017年

362

（明）刘崇文《祭飞仙岭文》（碑在岭上）：

维大明万历九年，岁在辛巳，正月丙寅，朔越祭日己亥，钦命巡抚四川等处地方督察院右副都御史张士佩[20]，谨以牲醴[21]之仪，敢昭告于飞仙山岭之神曰：

"庚辰之冬，除道朝天。三月告成，行者便焉。朝天以西，岭曰飞仙。路出沙河，一径峭悬。仅侧踵蹄，莫并两肩。编木嵌虚，下临岩阡。冰雨凌兢，仆马蹉颠。人悲畏途，我心悁悁[22]。因续前功，时维新年。以辟险隘，以攻磊坚。蜀道有荡，昏垫可迁。既舒商旅，亦利辎轩。讵惜一劳，实图万全。诹日布程，告以吉蠲[23]。神其相之，众用勉旃[24]。往来无颇，惠泽斯宣。"

——〔清〕张赓谟纂修：（乾隆）《四川保宁府广元县志》卷十三下《艺文》，四川省地方志编纂委员会辑《四川历代方志集成》，第四辑第16册，国家图书馆出版社，2017年

【作品提要】

乾隆《四川保宁府广元县志》，共十三卷首一卷，清张赓谟纂修，乾隆二十二年（1757）成书付梓。张赓谟，字企丰，山东单县人，贡生，乾隆十四年

（1749）任广元县知县。此志分十门附三门。部分门类下列有细目，共三十一目附一目，约10万字。志书大量收载唐宋时期著名文人学士的著述、题咏，约占全书的一半，如陈子昂、岑参、李白、杜甫、刘禹锡、李商隐、文同、司马光等人的诗文。作为陇蜀要冲之地方史料，有较高的研究价值。

节选部分记载了广元市朝天区境内的山川、古迹、景致、乡堡、驿传、铺递、寺观、关隘、津梁、兵事、名宦、选举、艺文，考证确切。史料颇有价值，是中国古代朝天史料集大成者。

今存乾隆二十二年（1757）刻本和清同治年间抄本，抄本藏四川省图书馆。有2017年国家图书馆出版社出版的《四川历代方志集成》（第四辑）之乾隆《四川保宁府广元县志》影印本。

【注释】

①白羊栈　即白羊栈道，在今四川省广元市朝天区曾家镇境内。此栈建于汉初，北起朝天区两河口镇何家村观音岩，南至朝天区麻柳乡洪督关，全长60余公里，因栈道东侧石白如羊，势如群羊下山，故名。元代以后，从宁强入蜀多从七盘关至转斗铺，不再经白羊栈道入川，白羊栈遂成民间道路。

②大安寺　在今四川省广元市朝天区朝天镇小安牛峰包南山腰。初名"圆通寺"，建于唐初。宋乾德元年（963）培修。元初毁于兵火。明正德七年（1512），古鉴法师重建，改名"观音寺"。清康熙年间培修，更名"大安寺"。2007年6月14日，四川省人民政府将其公布为"第七批省级文物保护单位"。

③朝天渡　在今四川省广元市朝天区朝天镇小中坝、嘉陵江与潜溪河的交汇处，是金牛道上、嘉陵江上游历史最悠久的渡口。秦汉时称两河口渡。唐天宝十五载（756），唐明皇幸蜀，群臣在筹笔驿（即朝天驿）朝拜天子，"朝天渡"因而得名。北宋以后，渡口两岸居民市肆夹河布列，形成一体，成为金牛道上的热闹繁华之地。明嘉靖年间，礼部尚书陈以勤曾题诗《两河口次何太复》："风雪过秦岭，山川异益门。两河交渡口，万树合烟村。栈迥侵云影，桥危架石根。吾生倘可寄，修阻信乾坤。"直至民国初期，嘉陵江仍岸高河深，水量充足，航路通畅，朝天渡码头尚可停靠数百石大船，当地之大豆、核桃等农副产品，由此装船发运南充、成都、汉中等地。抗日战争时期，这里是红四方面军北上抗日、建立革命根据地的重要通道。新中国成立后，这里一直是渡口兼码头，是物资进出的集散地，可渡运马车和汽车。1997年，连接朝天

火车站与朝天城区的嘉陵江大桥建成。朝天渡遂废。

④张献忠（1606—1647）　字秉忠，号敬轩，陕西省延安柳树涧（今榆林市定边县）人，明末农民起义领袖，自号八大王。明崇祯十三年（1640）进兵四川省，在七盘关与李自成军激战，李自成军败。崇祯十七年（1644），张献忠建立大西政权，定都成都。清顺治三年（1646），清军南下，张献忠引兵拒战，在西充凤凰山中箭被俘，壮烈牺牲。

⑤僭（jiàn）号大顺　僭号：冒用帝王的称号。大顺：明朝末年李自成建立的国家，国号"大顺"。此处误，应为"大西"。明朝末年张献忠建立的国家，国号"大西"。

⑥大顺钱　此处误。应为"大西钱"。

⑦肃王　肃王是中国古代王爵，唐至清朝皆有。此指清太宗长子爱新觉罗·豪格。

⑧吴三桂（1612—1678）　辽东人，明末清初著名政治军事人物。崇祯时为辽东总兵，镇守山海关。后封汉中王、济王。崇祯十七年（1644）降清，引清军入关，被封为平西王。康熙十二年（1673）三月，吴三桂联合尚之信、耿精忠以反清复明为号召起兵反清，史称"三藩之乱"。康熙十七年（1678），吴三桂在湖南衡阳称帝，国号为周。是年八月在长沙病逝。在中国历史上，吴三桂几乎是家喻户晓的人物，他因开关降清，被明人指为"汉奸""叛臣"，又因举兵反清，被清朝定为"逆臣""反贼"，在历史上留下千古骂名。吴三桂起伏跌宕、充满变数的一生，赋予了这个人物太多的传奇色彩。他既有"冲冠一怒为红颜（陈圆圆）"的艳丽故事，又有金戈铁马、叱咤风云的铁血篇章，还有为权力、私欲而角逐拼杀，无视"忠义"的不耻行径。因而，他也经常成为小说、戏剧乃至诗文中的话题人物。

⑨周有德　字彝初，汉军镶红旗人，清朝将领。自贡生授弘文院编修。累迁侍读学士、弘文院学士。康熙二年（1663），授山东巡抚。迭疏请宽登、莱、青三府海禁、以德州驻防兵旧给民地仍还于民、蠲免逋赋、赈济灾民等事。擢两广总督，主持安置沿海边民回乡复业事宜。后因坐居丧营造，被劾夺官。吴三桂叛后，起授四川省总督。康熙十八年（1679），调云贵总督。寻卒。

⑩王进宝（1626—1685）　字显吾，甘肃省靖远人，清朝名将。王进宝早年隶属甘肃省总兵张勇麾下，随张勇转战湖广、云贵，升任经略右标中营游击。康熙二年（1663），王进宝改任甘肃省提标左营游击，后由参将、副将，累升至西宁总兵。三藩之乱时，王进宝在陕甘屡破叛军，被授为陕西省提督、

奋威将军、一等男爵。后夺取汉中、保宁，留镇四川省，因病返回固原。建昌失陷后，再次到保宁督军，进封三等子爵。康熙二十四年（1685），王进宝病逝，追赠太子太保，谥号忠勇。

⑪吴宇英（？—1648） 广元县神宣驿（今四川省广元市朝天区中子镇宣河村）人，明崇祯元年（1628）进士，授户部给事中。见第172页（乾隆）《大清一统志》之“吴宇英”注。

⑫果亲王 爱新觉罗·胤礼（1697—1738），清康熙帝第十七子，雍正帝异母弟，封果毅亲王。工书法，善诗词，好游历，四川省名山大川皆布其足迹。清雍正十二年（1734），游历四川省广元朝天，留有诗作《七盘关》《惊险龙门阁》。《惊险龙门阁》诗云：“不知秦蜀险，拨雾下龙门。深窦长六里，宛转山三宫。雷鸣走其内，乱水相争中。胆碎出溪谷，汉流眼朦胧。”

⑬奁（lián）开倒揷（chā） 奁：女子梳妆用的镜匣，泛指精巧的小匣子。揷：古同“插”。

⑭轻縠（hú） 轻细的绸。

⑮上舂（chōng）晼（wǎn）晚 舂：把东西放在石臼或钵里捣去皮壳或捣碎。晼晚：日将西落。

⑯勖（xù）哉鲲鲕（kūn ér） 勖：古同“勖”，勉励。鲲鲕：小鱼。

⑰呃喔（e wō） 状声词。形容鸡、雉等的啼声。

⑱决眦（zì）海门扶桑东 决眦：裂开眼眶，表示极目远视。常用以表示盛怒的情绪。扶桑：古时传说的东方神木和国名，也指传说中太阳升起的地方。后世常用来指代日本。

⑲斥堠 也作“斥候”，侦察敌情的哨兵。

⑳张士佩（1531—1609） 明代陕西省韩城（今陕西省韩城市）人，字政夫，号濂滨。嘉靖三十五年（1556）进士。曾任四川省巡抚。官至南京户部尚书。有《六书赋音义》。

㉑牲醴（lǐ） 指祭祀用的牺牲和甜酒。

㉒悁悁（yuān） 忧思、忧闷。

㉓吉蠲（juān） 谓祭祀前选择吉日，斋戒沐浴。

㉔勉旃（zhān） 努力。多于劝勉时用之。旃，语助，之焉的合音字。

〔清〕王士禛撰

蜀道驿程记（节选）

363

十五日雨，过七盘关，入四川保宁府广元县界。次神宣驿，上龙洞背。两山夹峙一山，如狞龙奋脊横跨两山之间，下有洞似重城，门可通九轨，水流其中，下视烟雾翁郁，不测寻丈。自是盘折而上，骑龙背行。四望诸山，如剑芒戟牙。二十里许，始下山渡河，即分水岭。以西水入嘉陵江，处南山之巅为朝天关。孙樵所谓"朝天双峙以亏蔽，中惨栗而阴翳"是也。其下江岸，小有聚落，止宿，明日登舟。

十六日，夜大风，晨稍霁，入舟遣从骑山行。舟中宽首尾狭，竹箬覆之，仅蔽风雨。左右用桨六枝，不施桅篷，制如江浙之梭船，川人呼为板船。过朝天峡，两峡各高数十丈，削立如关门。石壁上有巨洞，云是献贼①所凿，可容万夫。壁下近水多石孔，昔人缘崖架栈于此。三十里，一山秀拔，石如剑劈，上有飞仙阁。江平舟驶，未午次广元县，蜀王弟葭萌所封，古苴侯国。《华阳国志》曰"晋寿县"，刘氏更曰"汉寿"，《蜀梼杌》曰"利州四会五达之地"是也。昭烈②使陈氏③绝马鸣阁道④，即此。

朝天峡上有武侯筹笔驿。孙樵云："眎山川以怀古，得筹笔于途说。指前峰之孤秀，传卧龙⑤之余烈。"城西二里，有乌奴山，陆游诗"暮雪乌奴停醉帽，秋风白帝放归船"者也。

——〔清〕王士禛撰：《蜀道驿程记》，四川省地方志编纂委员会辑《四川历代方志集成》，第四辑第25册，国家图书馆出版社，2017年

【作品提要】

《蜀道驿程记》系康熙十一年（1672）王士禛典试四川省时，由京入蜀所见撰成。此书始撰于康熙壬子（1672），到康熙辛未（1691）才最后成书，经长时间检阅修改，考订自为详密，"记其衰，记其胜，可以观其声，后有揽者

参考互考之，可以观世变"。上卷所记，自京城至成都历时62天，记述沿途所见所闻所感；下卷所记，自成都至河南新乡县，历时43天，"因年于新乡，闻讣旋里，未及还京故也。"该书记载了王士祯入蜀途中所经的驿站、重要关隘、道里行程、名胜古迹，沿途所经地名、山水的考证。其内容多辨证古事。此外，书中对沿途所经州县的经济状况、史迹，也略有所记。尤其是驿站里程的记载，对研究清代交通价值尤大。

节选部分记述了进入四川省境过七盘关、神宣驿、龙洞背、朝天关、朝天峡、飞仙阁、筹笔驿等地的自然景观和历史古迹。特地记载了当地的一种特别的交通工具"板船"，这对清代蜀道交通地理研究有一定的参考价值。

王士祯（1634—1711），山东新城（今山东淄博市桓台县）人。字子真、贻上，号阮亭，又号渔洋山人。原名王士禛，死后因避雍正帝（胤禛）讳，诏命改称士正，乾隆年间又赐名士祯，补谥文简。清顺治十四年（1657）进士，康熙四十三年（1704）官至刑部尚书，颇有政声。清初杰出诗人、文学家，继钱谦益之后主盟诗坛，与朱彝尊并称"南朱北王"。诗论创"神韵"说，于后世影响深远。两次奉命入蜀，撰写的游记《蜀道驿程记》《秦蜀驿程后记》和《陇蜀余闻》，是研究清代蜀地自然地理、社会经济的重要史料。

《蜀道驿程记》版本有清康熙八年（1669）刻本，收入《小方壶斋舆地丛抄》和《四库全书存目丛书》。袁世硕主编、2007年齐鲁书社出版的《王士禛全集》，囊括了山东师范大学古籍研究所整理的《蜀道驿程记》《秦蜀驿程后记》《陇蜀余闻》等杂著，并进行了详细精当的整理与校勘，是目前学术界和广大读者公认的权威版本。

【注释】

①献贼　指明末农民起义军领袖张献忠。清廷称他为"献贼"。

②昭烈　指汉昭烈帝刘备。刘备（161—223），字玄德，东汉末年幽州涿郡涿县（今河北省涿州市）人，西汉中山靖王刘胜的后代，三国时期蜀汉开国皇帝，政治家，史家又称他为"先主"。

③陈氏　此处误，应为"陈式"。陈式，三国时蜀汉将领。刘备军中重要的基层指挥官，后期成长为高级将领。在诸葛亮的军事指挥下有过攻克魏国两个郡的辉煌战绩。可惜的是，《三国志》并没有为他单独列传，只能在其他人的传记里找到只言片语，从中了解他大概的生平事迹。

④马鸣阁道　古道路名，在今四川省广元市昭化区昭化镇北。东汉建安二十三年（218），刘备取汉中，屯阳平关，遣陈式绝马鸣阁道，为徐晃所败。曹操称"此阁道，汉中之险要咽喉也"（《三国志·魏书·徐晃传》），即此。

⑤卧龙　指诸葛亮。诸葛亮（181—234），字孔明，号卧龙（也作伏龙），徐州琅琊阳都（今山东临沂市沂南县）人，三国时期蜀汉丞相，杰出的政治家、军事家、散文家、书法家、发明家。在世时被封为武乡侯，死后追谥忠武侯，东晋政权因其军事才能特追封他为武兴王。其散文代表作有《出师表》《后出师表》《诫子书》等。曾发明木牛流马、孔明灯等；并改造连弩，叫作诸葛连弩，可一弩十矢俱发。

[清]王士禛撰

秦蜀驿程后记（节选）

364

（康熙三十五年四月）十六日，晴。州西南一水屈曲，北流入汉，曰回水。凡数十渡，食黄坝驿。一水南流入广元，曰潜水。《禹贡》："沱潜既道。"郦注引郑康成曰："汉别为潜。"即此水也。汉谓西汉也。门人陕西驿传道程佥事天石兆（麟）遣使送至蜀界。归西安，历百牢关、闵家坡、七盘关，皆险峻。宿转头店。四川保宁府广元县境，行八十里。

十七日，食神宣驿。题一诗。上龙门阁，松栝皆参天。潜水流经洞门滩石，拒之有声，甚厉。《梁州记》所云"葱岭山有石穴，高数十丈，号为龙门"者也。下山十五里宿朝天镇。潜水入嘉陵江处，行六十里。

十八日，晴。登舟出朝天峡。或云："朝天峡上有筹笔驿故址。"过飞仙阁。阁在山椒，相传徐佐卿化鹤跧泊之地。又十五里千佛崖。镌石为慈氏像，多至百千万亿。唐苏许公颋有《利州佛龛记》。食广元县。

——[清]王士禛撰：《秦蜀驿程后记》卷上，四川省地方志编纂委员会辑《四川历代方志集成》，第四辑第25册，国家图书馆出版社，2017年

365

（康熙三十五年五月）二十七日，雨。舟行嘉陵江。江涨，逆流颇费牵挽。暮宿朝天镇。夜大风雨。

二十八日，阻雨朝天镇。江涨，增数尺。记称："明皇命李思训、吴道子各画嘉陵山水于大同殿壁。王维又别用绢素写之谓之小簇。"宋王履道诗云："江山已谙大同殿，弦管犹喧凝碧池。别写嘉陵三百里，右丞心事欲谁知。"

二十九日，有河鱼之疾。自夜达辰惫甚。广元沈知县录：藿香正气散方来，服二剂稍瘥。午，大晴霁。力疾行，登龙门阁，宿神宣驿。

六月初一日乙酉，晴。食转头铺①，过七盘关、陕西境闵家坡，与七盘

相距五里,秪隔潜水。其高不啻数倍,险亦牛头②、柴关③之比,而以坡名,失其实矣。宿黄坝驿。

——〔清〕王士禛撰:《秦蜀驿程后记》卷下,四川省地方志编纂委员会辑《四川历代方志集成》,第四辑第25册,国家图书馆出版社,2017年

【作品提要】

《秦蜀驿程后记》(二卷),是康熙三十五年(1696)王士禛"奉命典四川省乡试,又奉命陕西省四川省祭告西岳"时所撰写。该书以编年体形式,记述了路上的所见所闻。该书撰时,距其第一次入蜀已过了二十余年。作者再写蜀道,增添了一些有价值的信息。上卷所记,自京城至成都,历时84天,除少数的风景忘乎所以之外,几乎每天都在记录行程。下卷自成都至其家新城止,历时83天,很少记录每天的行程,也许是因为返程路上美不胜收的风景,让王士禛恢复了诗人天真烂漫的本性。

节选部分记录了作者由陕入川过朝天和返程再过朝天的行程,以及沿线的自然风光、风土人情、民间传说,对了解研究当时的朝天经济社会发展颇具参考价值。

《秦蜀驿程后记》版本有清康熙年间刻本,收入《小方壶斋舆地丛抄》和《四库全书存目丛书》。2007年齐鲁书社出版的《王士禛全集》,收录了《秦蜀驿程后记》,并进行了详细精当的整理与校勘,是目前学术界和广大读者公认的权威版本。

【注释】

①转头铺 即转斗铺。见第202页雍正《四川通志》之"转头铺"注。

②牛头 即牛头山,在今陕西省勉县东北。《新唐书·地理志》:褒城县有牛头山。《太平寰宇记》卷一百三十三褒城县:"牛头山,山形如牛头,高百仞,云覆如笠即雨,故彼人一号为戴笠山。"

③柴关 即柴关岭,在今陕西省留坝县西北五十里,接凤县界。古为汉中通向东北宝鸡古栈道必经之关口。有310国道经此。

〔清〕王士禛撰

渔洋精华录集释

[七盘岭]

《七盘岭》:"七日行褒斜①,目瞆耳亦聋。浊浪崩崖垠,征衣碎蒙茸。不知天地阔,讵测造化功。炭然土囊口,鸡帻摩苍穹。蹬道上七盘,大翮②排天风。绝顶忽开豁,白日当虚空。褒水出谷流,汉江绕其东。巴山跨秦蜀,蜿蜒连上庸③。川原尽沃野,天府如关中。桔柚郁成林,稻苗亦芃芃。襄阳大艑来,千里帆樯通。当年号天汉,运归隆准公。将相得人杰,驱策芟群雄。一战收三秦,遂都咸阳宫。智勇久沦没,山川自笼苁④。跋马向褒国,日落烟蒙蒙。"

——〔清〕王士禛撰:《渔洋精华录集释》卷五,康熙十一年壬子《蜀道集》,中册,上海古籍出版社,1999年

【作品提要】

《渔洋精华录集释》由清初著名诗人王士禛编著。王士禛一生创作诗歌三千余首,载于其所编《渔洋集》等诸书中。《渔洋精华录》是在康熙三十九年(1700)编写的。全书十卷,前四卷所载古体诗,后六卷所载是今体诗,共一千六百九十四首,每首诗都附有题解、注释、集译。

节选部分是作者由陕入川过七盘岭时留下的诗作《七盘岭》。此诗写出了攀登七盘岭的艰难和站在七盘岭上所见的平畴沃野的汉中风光。作者选取远望的镜头,通过仰观俯察的行踪和视线移动,写出了蜀道山川的雄奇和伟岸,显示了诗人宏阔的胸襟。

1999年上海古籍出版社出版的李毓芙等整理本《渔洋精华录集释》是目前最好的版本。

【注释】

①褒斜　指褒斜道，又称斜谷道。秦、汉以来往来秦岭南北的交通要道。因取褒水、斜水（今名石头河）两河谷而得名。自今陕西省眉县沿斜水及其上源石头河，经今太白，循褒水及其上源白云河至汉中。《史记·货殖列传》载：关中南则巴蜀，"栈道千里，无所不通，唯褒斜绾毂其口"。五代以后斜谷道废，公私行旅由褒谷北上，遂西北折由故道出散关。

②翮（hé）　羽毛；鸟的翅膀。

③上庸　北魏永平四年（511）改东上洛郡置，属洛州，治所在丰阳县（今陕西省山阳县）。辖境相当今陕西省商州市及丹凤、商南、洛南、山阳等县地。西魏废。

④岧岮（lóng zōng）　山势高峻貌。

[清]陈奕禧撰

益州于役记（节选）

七日，十里上闵家坡，崭凿难行。十里下坡，已尽陕南境，水皆南流。有百牢关。义山诗："武关犹怅望，何况百牢关。"者也。渡小水，上七盘岭。褒城七盘岭一倍其高，岭上有关，即四川广元地矣。十里木寨山，五里小屯宿。茆店店主云："北去三十里有藁本山，山有洞，洞门广二十许。间入洞里许，有门，甚狭。入门，过大溪。溪不知何来，下入深穴，于洞下流出。溪内又有门，入门路甚平，广可驰马，无杂毒物，亦干燥。中有石林石柱天成。内分三路，益进不可穷极。上顶不知几何高，其险处亦费登陟。居民数十家，避难于此，携粮燃火自照，夜以继日。虽冬，每著单衣流汗，未尝寒也。张献忠等之乱俱不能破洞。二层门内石壁高三丈，缘梯而上，有石楼。下临洞口四五丈许，上视不可见。数人守之，虽万人莫能窥。"天壤间真有此仙境矣。晓上屯北小阜，野眺，见绿鹦群飞，巧语相唤，夕阳在山，红叶满林，村家篱落掩映于山水间，不知身之在客也。

八日，二十五里四川广元县神宣驿。十五里有水，自黄坝北流至山下阻绝，高岩青壁陡峻，壁下石洞东向，高广五丈许，嵌空天成。水奔腾入洞中，勃然发兴降崖，往观，莽无道路。茆深丈许，二里其遥，茆尽密林，遮前丛棘蔽之。仆役拔刀斩棘而入。茆中有虎，野不识人，骤见乃惊遁去。三里出林，临崖绝步，坠葛藟①者三。数丈至于沙岸，虎豹之迹交错。沙上缘岸里余，巨石森立，聱牙②当溪，水来触石，溅沫喷涛，寒风冷雪极，壑阴、洞远、魂骨，目悸神摇。逾石而过，得至洞所闻，洞中有苏长公题字，今已漶灭③。乘旧路而返，从北崖转行，历山背四五里，石皆竖立，玲珑秀丽，如太湖石，不与常同。路南碥上三穴作"品"字，穴大如瓮口，各去五尺。水从此南出，转西注于白水江，俗呼为龙背洞，即潜水也。十五里渡潜，朝天驿宿。茆店至此，水甚深广，已通舟楫。

九日，十里上朝天岭。南崖有瀑布数百尺，练练如雪。岭下即峡，嘉陵水行其中。两壁陡立，断缺见斧凿之痕。禹导江汉，当是神功所治矣。此岭为西来第一险峻。下岭廿里沙河驿，五里飞仙阁。有山崒崒阻绝，栈道稍低处置关。由关右经行山脊二里许，有阁，巍然山巅，三面皆绝。俯临关门，恒有起势，所谓"飞仙阁"也。稍下，有明万历时川抚张士佩开岭石碑。五里石桥铺，小尖。五里金龟背，亦有张士佩碑。二碑文俱佳。五里千佛崖。前川藩萧山来天球书字，方丈庄严，有平原风格。慈像千尊刻于岩间。上下三层，大者丈余缕，龛空广容若殿宇。小者或一二尺、四五尺者，相比密坐下层，俱元明人，题刻甚多。仄径尺许，上数十蹬至中层，有二龛。其向南小龛东壁上刻"剑南道按察使银青光禄大夫行，益州大都督府长史韦抗功德"两行廿五字，知此崖佛为韦公弘愿也。南壁西壁及东大龛中多宋人题纪，不能尽录。至颜鲁公书，不知在何所镌。上层倾崭步，所不到也。稍前转山脚，有元修路碑。稍前过小桥，为大云寺址，西侧有刘崇文碑。云广元北去有二道：一由藁本至垭口；一由龙门至黄坝，即古所谓龙门阁也，其路最险，自凿石垂慈，便成坦道。藁本一路极寒，今行旅断绝矣。十里广元县，宿于邑尉署。

——〔清〕陈奕禧撰：《益州于役记》，《巴蜀珍稀交通文献汇刊》第1册，成都时代出版社，2016年

【作品提要】

康熙二十一年（1682），陈奕禧运饷银入川，把在四川省的沿途见闻辑为《益州于役记》。此书属于旅行记，行纪按行程逐日记事，内容以记沿途的地名、名胜、风俗、异闻等为主，但其中也有专题性探讨或总结。陈奕禧（1648—1709），字六谦，又字子文、文一，号香泉，晚号葑叟，浙江海宁盐官人。官户部郎中，后出任贵州石阡府知府，又补江西南安知府。清代书法家、金石收藏家。

节选部分记录了入川过七盘岭、藁本山、神宣驿、朝天岭等地的自然风光、民俗风情，对飞仙阁、千佛崖等古迹进行了考证。还特地记载了山林中老虎的出没。当时四川省各地的虎患相当严重，这反映了明清战乱给四川省造成的破败萧条窘况。

《益州于役记》版本有清光绪十七年（1891）上海著易堂《小方壶斋舆地丛钞》排印本。

【注释】

①葛藟（lěi）　植物名，又称"千岁藟"。落叶木质藤本。叶广卵形，夏季开花，圆锥花序，果实黑色，可入药。藟，古同"蘲"。

②聱（áo）牙　老树枝干杈丫蟠屈的样子。

③漶（huàn）灭　模糊，无法辨识。

〔清〕方象瑛撰

使蜀日记（节选）

（康熙二十二年八月）十五日，过闵家山、木架山、七盘岭。岭最高陡，凡七折，四面危峰峭石，下视皆百尺深涧，人伛而行，前后顶趾相触，以铁鞋系足心，状如马鞍，铁着石得不滑也。绝顶四望，全蜀山川历历，在西南另辟一境，是为秦蜀分界处。

十六日，次神宣驿。山石险恶，或高如浮图，或连亘如列幛，下有洞甚修广，神龙所居，道乃出其上，曰龙洞背。三十里至朝天铺①。西北即剑州，古剑阁也。

十七日，始更舟。凡陆行，由朝天铺上朝天关、大小梅岭、大小二郎，曰南栈，视北栈尤险峻，舟行避险也。晚发嘉陵江，俗呼白龙江②，经剑州、广元、昭化、阆中界，其曰阆水、巴水、渝水、汉水，皆此江之异名也。疾流激石，舟行如驶。榜人唱渝州歌，悠扬清越，可听。仰睇朝天诸岭，高入天际。崖半石穴数千，亦古栈阁故迹也。下有千佛崖，凿石为屋，镂诸佛罗汉其中，大小数百，或立或坐，变相毕具，川东诸处亦有之。是夕，泊广元县（古葭萌地）。询武侯筹笔驿，已非旧矣。

——〔清〕方象瑛撰：《使蜀日记》，《清代诗文集汇编》第128册《健松斋集》，上海古籍出版社，2010年

【作品提要】

方象瑛（1632—？），字渭仁，号霞庄，浙江遂安（今淳安）人。康熙六年（1667）进士，官至翰林院侍讲。康熙二十二年（1683）典试四川省时，留下有关巴蜀的日记、诗歌及游记。《使蜀日记》是方象瑛创作的中国史类书籍，收入《健松斋集》卷七。卷首说明使蜀缘由："先是十九年春，四川平。明年辛酉，例当举秋试。博中行，无遣词臣者。上以文教怀柔远人，特命象瑛及吏部员

外郎王君材任往。"卷后有吴江沈桥惠跋。从日记中可知方象瑛使蜀历程。自七月初一出京，经河北、山西、陕西省入川，九月初二到达成都，九月初三至十月初四，在成都主持乡试，并在蓉游览饮宴。十一月初五辞行，初六发成都，至重庆，具舟顺江东下。康熙二十三年（1684）正月初二到达汉口，有疾，二十日复东下，至安庆。三月初六自扬州入京，因向有日记，则不复记。《使蜀日记》以日为次，其中有关巴蜀的文字在一半以上，内容主要是记述巴蜀自然形胜、人文古迹及巴蜀历经战乱后，人口锐减、民生凋敝的情况。日记对清代入蜀道路的研究，具有一定的史料价值。

节选部分记述了入四川省境过七盘岭、神宣驿、朝天关、朝天岭等地的自然风光、名胜古迹。

方象瑛《使蜀日记》通行版本为2010年上海古籍出版社出版的《清代诗文集汇编》第128册《健松斋集》之《使蜀日记》。

【注释】

①朝天铺　即今四川省广元市朝天区朝天镇，筹笔驿（朝天驿）废址即其地。南宋淳熙三年（1176）置，金牛道上著名邮驿递铺之一。民国元年（1912）废。

②白龙江　嘉陵江支流。在四川省北部和甘肃省南缘。源于甘肃省玛曲县岷山北麓郭尔莽梁，东流经四川省若尔盖县北部，复入甘肃省东南流，经迭部、舟曲、陇南等县市，至文县经碧口水库后入四川省青川县，到广元市昭化区昭化镇北入嘉陵江。全长576千米，主要支流有白水江、清江河等。白龙江与秦岭、淮河同为中国地理上重要的分界线。

[清] 孟超然 撰

使蜀日记（节选）

（清乾隆三十三年十一月）二十二日，发宁羌州。雨雪。五十里至黄坝驿。时水已涸，车马皆行乱石中，往往有颠踬之虞。一望四山积素，行人断绝，山路纡折，惟闻泉流，瀺灂声中过百牢关①。悬崖对峙，孙可之赋所云"越百牢而南指"者是也。分水岭在其下，岭东水北流，西则南流矣。食毕，过七盘关，入四川保宁府广元县界。七盘关亦陡绝，盘折处下临不测。旁立一碣，大书"小心移步"四字，以告行者。与丁亦前推后挽而行。关上遥望，云气郁勃，山外有山，皆如图画。而俯视，怪石巉岩，中辟一径，令人悚然。是夜，次转斗铺，雪不止。

二十三日，晓起，雪晴。赴神宣驿。途中，间有小岭。凭高一望，四山雪色明莹，而村落烟火错落其中，江流一线，真为绝景。不啻行故乡南浦桥、梦笔山霁雪气候也。至此，天气亦和暖，虽雪后微风，不觉其冻。随登龙洞背，洞边遥望，深广无际。其上，两山对峙，中如龙脊，盘旋而上。时午后，雪消，颇有登顿之劳。而翠岭烟林，极为胜景。背上有亭，循背而下，又十里，计二十里始下山，次于江岸馆舍。南山之巅为朝天关。馆人以为，水陆路俱可达广元。但由陆则过关，颇有劳顿。余思自北来，将五千余里俱陆行，不若江行之为快也，遂定以明日登舟。

二十四日，晨兴渡江。舟制与江南小船略有不同。推窗四望，心目旷然。过朝天峡，峡两山对峙，峡口水略急。余虽下水，实俱平波。时届中冬，水涸，水中石粼粼可数。近水数里，山岩皆凿，即古所谓"龙阁"。悬岩架栈而行者，亦名葱岭山。昔人云："其他阁道虽险，然在山腰，亦微有径，可以增置阁道。惟此阁，石壁斗立，虚凿石窍，而架木其上，比他处极险。"杜少陵诗："清江下龙门，绝壁无尺土。长风驾高浪，浩浩自太古。危途中萦盘，仰望垂线缕。滑石欹谁凿，浮梁袅相拄。目眩陨杂花，头风吹过雨。百年不敢料，一坠那得取。饱闻经瞿塘，足见度大庾。终身历艰险，恐惧从此数。"将近县十数里，岩际石上皆凿空刻佛像，大小不一，多至千余，且有凿洞为室宇，中供石佛者盖始唐韦抗②，今名千佛岩。午次县治，令及广交俱来见。是日，始于馆舍瓶中见腊梅花，别此花九年矣。怅触乡思，灯下赋诗以志。广元，蜀王弟葭萌所封。武侯筹笔驿，在朝天峡上。杜牧之诗："永安宫受诏，筹笔驿沉思。画地乾坤在，濡毫胜负知。"李商隐诗："猿鸟犹疑畏简书，风云长为护储胥。"孙樵赋："沔山川以怀古，得筹笔于途说。"即此地也。

二十五日，广元县馆舍中，五鼓，叩祝。

——〔清〕孟超然撰：《使蜀日记》卷一，李德龙、俞冰主编《历代日记丛钞》第29册，学苑出版社，2006年

【作品提要】

《使蜀日记》五卷，是乾隆三十三年（1768）至乾隆三十五年（1770）孟超然督学四川省时所作，极具史料价值。卷一主要是记述从北京到成都的驿程，卷二为历试嘉、叙、泸、渝、夔州的情况，卷三为历试通州、顺庆、保宁、潼川、龙安等处的情况，卷四为历试邛、雅、宁远各州的情况，卷五则是记录由成都到四川省各地沿途见闻及相关考据。此书不仅记录了孟超然沿途所见所闻，还记录陆游《入蜀记》以及王士祯《蜀道驿程记》所没有记录的蜀道疮痍萧条之态。孟超然（1731—1797），字朝举，号瓶庵，福建闽县（今福州市）人。乾隆二十五年（1760）进士，乾隆三十四年（1769）提督四川省学政。以清廉著称，《清史稿》有传。著有《亦园亭全集》，另有《七经掌诀》一卷。

节选部分记述了入川过七盘关、转斗铺、神宣驿、龙洞背、龙门阁、朝天关、朝天峡、筹笔驿等地的自然风光、人文古迹，对朝天区历史文化遗产的发掘与整理具有一定的参考价值。

孟超然《使蜀日记》版本有清嘉庆二十年（1815）刻本、嘉庆二十七年（1822）刻本。

【注释】

①百牢关　在今陕西省勉县西南。《元和郡县志》卷二十二西县：百牢关"在县西南三十步。隋置白马关，后以黎阳有白马关，改名百牢关。自京师趣剑南，达淮左，皆由此也"。《太平寰宇记》卷一百三十三西县："百牢关在县西南。隋开皇中置。以蜀路险，故名百牢关。一云置在百牢谷。"《舆地纪胜》卷一百八十二：百牢关"在县（西）三十里"。

②韦抗（？—726）　韦安石从子，唐京兆万年人。历任永昌令、益州长史、蒲州刺史、大理卿诸职，官终刑部尚书。以清谨著称。

〔清〕郭尚先撰

使蜀日记（节选）

（清道光八年十月）二十三日卯刻行，逾百牢关。孙可之①赋所谓："越百牢而南指者也。"岭虽大却不甚峻，蹬道不治，故颇以登垲为劳耳。黄坝饭。其地仍属宁羌。饭讫。至鲍家山，遇成都将军瑚松额②君。谈经时始行至七盘关，为入蜀之始。关不甚高而峻绝。蹬道平治，行者尚易。过转斗铺，其岭延缘。十余里次神宣驿。自转斗铺以下皆循嘉陵江行。江水碧净，真可见底，亦不甚湍也。广元令春明君来迓来见。

二十四日卯刻行。过龙洞背，岭洞深广，江水贯其中，如浑河之穿石景山然。朝天铺饭讫。逾朝天关，岭甚高，然蹬道平治，不甚觉其险。度关下，岭则益平，大约与凤岭比大，而路之宽广胜之。筹笔驿在其上，遗迹湮矣。既下岭，即循嘉陵江而下，石壁鳞次，所谓马鞍岭者甚多。有极险者飞仙岭，于石壁上镵③石蹬数十级，其下斗绝，过者震掉。将至县时，一石壁尽琢石佛，各为龛，大小无数，所谓千佛岩也。唐韦抗始为之。次广元，文武及教官俱出迓来见。广元为葭萌封国。大山逶迤而来，至县乃起一方平小冈，城闉④之嘉陵江带之，形势自佳。在唐为利州。金轮感孕处，闻尚有遗像，是一比丘尼，未及往视。

——〔清〕郭尚先撰：《使蜀日记》，四川省地方志编纂委员会辑《四川历代方志集成》，第四辑第25册，国家图书馆出版社，2017年

【作品提要】

郭尚先的《使蜀日记》是作者赴任四川省学政，于清道光八年（1828）八月十一日从京师出发，经冀豫陕三省入川，于十一月一日到达成都，十二月二十七日返京的旅行记，包括沿途的自然资源、名胜古迹、民俗风情、历史文化以及各地官场应酬之事。郭尚先（1785—1832），字元开，号兰石，福建莆

田（今福建省莆田市）人。嘉庆十四年（1809）进士，道光八年（1828）任四川省学政。道光十二年（1832），授大理寺卿、礼部右侍郎，专司学政吏考之事。著有《芳坚馆印存》《增默庵文集》《增默庵诗集》《使蜀日记》等。工书法，"本学欧阳，后兼颜、褚"，以致当时朝鲜、日本诸国人争相以重金求购其墨宝。善绘画，山水之外，尤擅兰石；其篆刻则古朴浑厚，法度精严，被誉为"深入汉人之室"。

节选部分记述了作者由陕入川过七盘关、龙洞背、朝天关，循嘉陵江而下到达广元县的行程见闻。

郭尚先《使蜀日记》版本有清同治七年（1868）刻本。

【注释】

①孙可之　孙樵，生卒年不详，约唐懿宗咸通中（867）前后在世。字可之（一作隐之），唐关东人。大中进士，授中书舍人。黄巢起义军入长安，随僖宗奔岐陇，迁职方郎中。长于古文，所作对当时统治集团的昏愦无能，颇多讽刺。有《孙可之集》。

②瑚松额（？—1847）　巴岳忒氏，满洲正黄旗人，西安驻防，清朝将领。道光五年（1825），擢成都将军。道光七年（1827），署四川省总督。道光九年（1829），调吉林将军。道光十年（1830），母忧回旗，寻署盛京将军。道光十二年（1832），署福州将军。道光十三年（1833），加太子太保，复调成都将军。道光十五年（1835），授陕甘总督。道光二十七年（1847）卒，赠太子太傅，谥果毅。

③镵（chán）　刺、戳。

④扆（yǐ）　置于门窗之间的屏风；形似屏风之物。

〔清〕张邦伸撰

云栈纪程（节选）

十四日，自宁羌西行，山环水折，中得平川，丰草茂林，殊郁佳气。二十里至界碑，岭路迤渐险。李调元《界碑岭》云："冬行虽幽墨，冰雪出明爽。新曦下危峨，稍见天宇广。岭陆颇回互，郁勃如修蟒。我从尾上行，步步不敢仰。山房盖木皮，居民讶魈魈①。见人或不冠，白练谁事丧。俗恶虽可憎，方言吾乡仿。饭饱一谈余，眼底失抵掌。何须见鹿头，始作故山想。"

又十里至回水河。盖因牢固关水曲折东流故得是称。其水东流至宁羌州城北，合滴水岩水为养河，即漾水也，俗谓之养家河。由城东北折至五丁峡②与峡水合，东北流入沔水，道提纲白岩河。自宁羌州城东北流合平溪河来会，水势始壮，即此水也。第小注云："白岩河出州，西南与四川界之七盘关，北流经州城西北，则悮③矣。"七盘关在百牢关之西，其水西流不入宁羌十里，至牢固关④，高五里，盖嶓冢过峡处也。其东北为嶓冢山，又东北为鲋嵎山，为云雾山，为紫柏山。其南为漫天岭，为藁本山，为大巴山、小巴山。要皆嶓冢之绵亘，因地而异名尔。关以东，水东北流入汉关以西，水西南流入嘉陵江。《汉中记》："嶓冢以东，水皆东流；嶓冢以西，水皆西流。即其地势。源流所归，故俗以嶓冢为分水岭。"吴融《分水岭》云："两派潺湲不暂停，岭头长泻别离情。南随去马通巴栈，北逐归人达渭城。澄处好窥双黛影，咽时堪寄断肠声。紫溪旧隐还如此，清夜梁山月更明。"《蜀道驿程记》云："分水岭东，水皆北流，至五丁峡北，合漾水，入沔。岭西，水皆南流，迳七盘关、龙洞，合嘉陵水，为川江。"又云："黄坝驿，一水南流入广元，曰潜水。《禹贡》'沱潜既道'，郑康成曰'汉别为潜'。即此水也。"水出蔡山岭下，西流至转头铺，南会七盘关水，入嘉陵江。

由驿西上闵家坡，十里至庙亭子，五里至七盘关，是为秦蜀之界。《秦蜀后记》："闵家坡与七盘相距五里,秪隔潜水。其高不啻数倍,险亦牛头、柴关之比,而以坡名,失其实矣。"《一统志》:"七盘关在保宁府广元县北一百七十里。一名五盘岭。杜诗:'五盘虽云险,山色佳有余。'是也。"祝穆《方舆胜览》谓:"五盘岭属利州,亦名七盘岭。"按七盘岭即今鸡头关,属褒城,祝氏误。关在岭际,路皆石磴,盘旋七折,始陟其岭,极为险峻。道旁有"小心移步"四字碑。杜甫《五盘岭》云:"五盘虽云险,山色佳有余。仰凌栈道细,俯映江木疏。地僻无网罟,水清反多鱼。好鸟不妄飞,野人半巢居。喜见淳朴俗,坦然心神舒。东郊尚格斗,巨猾何时除?故乡有弟妹,流落随丘墟。成都万事好,岂若归吾庐。"岑参《早上五盘岭》云:"平旦驱驷马,旷然出五盘。江回两崖断,日隐群峰攒。苍翠烟景曙,森沉园树寒。松疏露孤驿,花密藏回滩。栈道溪雨滑,畲田原草干。此行为知己,不觉蜀道难。"方象瑛《七盘关》云:"鸡头关前七盘岭,蚓曲蛇蟠才见顶。氐中又复度七盘,诘屈纡回势相引。层崖邃谷路转通,拾级忽见云霞空。却怪顶触前人趾,不知举膝当心胸。宁心息魄诧奇绝,万里山川风气别。一关中断陇蜀分,羌笛渝歌乍相接。遥望川巴万点明,白云紫雾还纵横。鄰鄰仿佛峨眉雪,不知何处锦官城。北望京华南望越,怀人两地情偏切。今朝身入大荒西,凉风古驿中秋月。"关下水出窦山西南,流迳关下,又西流合木寨山水,至转头铺南,与黄坝驿水合。按:七盘关为入蜀门户,行人登陟既难,驿处亦多不便。今相厥形势,循山脚而西,于水次南岸略加开治,不过半里许即合大路,毋庸陟此峻阪。移关于新开岭下,诘暴防奸,亦属妥便。至关下水不过涓涓细流,添设桥梁,纵遇夏水泛涨,亦断不致有冲塌之虑。如此一转移,间化险为平,既可惠及行人,亦可节省马力。愿与留心驿站者商之。李白《送友人入蜀》云:"见说蚕丛路,崎岖不易行。山从人面起,云傍马头生。芳树笼秦栈,春流绕蜀城。升沉应已定,不必问君平。"李远《送人入蜀》云:"蜀客本多愁,君今是胜游。碧藏云外树,红露驿边楼。杜魄呼名语,巴江作字流。不知烟雨夜,何处梦刀州。"

由岭西行踰新开岭,度木寨山,逶迤上下,颇类马鞍岭,而岈嵯礚确⑤之石较少。十里至转头铺。

十五日,自转头铺循潜水而南,五里度石垭栈。逾岭行五里,至钟(中)子铺。十里至温家坟,十里至神宣驿。《方舆胜览》筹笔驿在利州绵谷县北九十九里,诸葛武侯出师,常驻军筹划于此。李商隐《筹笔驿》云:"猿鸟犹疑畏简书,风云常为护储胥。从今上将挥神笔,终见降王走传车。

管乐有才真不忝,关张无命欲何如。他年锦里经祠庙,《梁父吟》成恨有余。"石延年《筹笔驿》云:"汉室亏皇象,坤乾未即宁。奸臣与逆子,摇岳复翻溟。权表分江域,曹袁斗夏坰⑥。虎奔咸逐逐,龙卧独冥冥。从众非无术,欺孤乃不经。嘉思恢正道,直起复炎灵。管乐赖方略,关徐骇睹听。一言俄遇主,三顾已忘形。南既清蛮土,东期赤魏庭。出师功自著,治国志谁铭。历剑兵如水,临秦策若瓴。举声将溃房,横势欲逾泾。仲达耻巾帼,辛毗严壁扃⑦。可烦亲细务,遽见堕长星。战地悲陵谷,来贤赏德刑。意中流水远,愁外旧山青。想像音徽在,侵寻毛骨醒。迟留慕英气,沉叹抚青萍。"

驿西岩上石洞,名老君洞,一名通仙洞,有石刻载:"唐明皇幸蜀,见老君于此。"陆游《老君洞》云:"丹凤楼头语未终,崎岖蜀道复相逢。太清宫阙俱煨烬,岂亦南来避贼锋。"洞旁有老君庙,明时有老僧焚修庙中,后归寂,尸僵不化,今犹存。

又五里迳黄荆岭,缘坡而西,五里至龙洞背。一名龙门山,有石穴高数十丈,其状如门。潜水奔注其中,声甚厉,穿山腹而出,分为三洞。水迳二洞、出三洞西南流入嘉陵江。洞中有人鱼,重百余斤,巨口四足,能上树作婴儿声,时出洞,见者以为不祥。《寰宇记》:"龙门山一名葱岭。"《梁州志》:"葱岭有石穴,高数十丈,其状如门,号曰龙门,出好钟乳。"《尔雅》:"水自汉出为潜。"《禹贡锥指》、郭璞《尔雅音义》云:"有水从沔阳县南流,至梓潼汉寿入大穴中,通峒山下,西南潜出,一名沔水。旧俗云:即《禹贡》'潜'也。"渭案《括地志》云:"潜水一名伏水,今名龙门水,源出绵谷县东龙门大石穴下。"《元和志》云:"龙门山在利州绵谷县东八十二里,潜水所出,即郭氏所谓'潜'也。"汉晋寿故城在今保宁府昭化县东南,绵谷亦晋寿地,今为广元县。又云《水经注》云:"西汉即潜水,自西汉溯流而届于晋寿界,阻漾枝津,南历岗穴,迤逦而接汉。"沿此入漾,书所谓"浮潜而逾沔"矣。枝津即郭璞所云水,从沔阳县南流至汉寿。《寰宇记》所谓"三泉故县南大寒水西流"者也。历岗穴、迤逦而接汉,岗穴即郭璞所谓"峒山",《括地志》所谓"龙门山大石穴"者也。龙洞背路极斗折,上有阁道曰龙门阁。冯铃韩田云:"其他阁道虽险,然在山腰,亦微有径可以置阁道,惟此石壁斗立,虚凿石窝而架木其上,比他处极险。"沈佺期《过蜀龙门》云:"龙门非禹凿,诡怪乃天功。西南出巴峡,不与众山同。长窦亘五里,宛转复嵌空。伏湍煦潜石,瀑水生轮风。流水无昼夜，喷薄龙门中。潭河势不测，藻苪垂彩虹。我行当季月，烟景共春融。江关勤亦甚，巆崿意难穷。势将息机事，炼药此山东。"杜甫《龙门阁》云："清江下龙门，绝壁无尺土。长风驾高浪，浩浩自太古。危途中萦盘，仰望吹过雨。百年不敢料，一坠那能取。饱闻经瞿唐，足见度大庾。终身历险艰，恐惧从此数。"方象瑛《龙洞背》云："神龙穿石飞，洞壑昼常晦。人乃捷于龙，盘旋出龙背。蹑衣入重云，势与风雨会。危崖千万状，不知始何代。突兀浮图高，纵横屏障大。鳞鬣树千章，泉流吐飞沫。下注不测泾，沉沉气冥昧。倘燃牛渚犀，百灵宛然在。羌山多灵奇，策名此为最。何必御风行，旷然天地外。"王士祯《龙门阁》云："众山如连鳌，突兀上龙背。鳞鬣中怒张，风雨昼晦昧。出爪而作之，神奇始何代。乱水趋嘉陵，波涛势交汇。万壑争一门，雷霆走其内。直跨背上行，四顾气什倍。夕阳下岷峨，天彭光破碎。咫尺剑门关，益州此绝塞。子阳昔跃马，佚梦成怡懻。区区王与孟，泥首终一概。李特亦雄儿，僭窃竟何在。"又绝句："四围碧玉色崚嶒，着个行缠盏饭僧。松末风来龙背冷，坐看流水入嘉陵。"彭端淑《龙洞背》云："万山互回环，嶙峋阻绝涧。群流争一窟，水石相哄战。晦明霾白昼，神物时隐见。创辟惊鬼工，俯瞰目亦眩。在昔闻龙门，平生未及践。禹功不到处，宇宙多怪变。巨石结构牢，允矣终古奠。"

又西南行十五里至杂果铺，十里至朝天镇。《蜀道驿程记》："上龙洞背。两山夹峙，一山如狞龙奋脊，横跨两山之间，下有洞似重城，门可通九轨，水流其中。下视烟雾蓊郁，不测寻丈。自是盘折而上，骑龙背行。四望诸山，如剑芒牙戟。牙二十里许，始下山渡河，即分水岭。以西水入嘉陵江。处南山之巅为朝天关。孙樵所谓'朝天双峙以亏蔽，中惨栗而阴翳'是也。其下江岸小有聚落，曰朝天镇，即嘉川废县也。"陆游《嘉川铺得檄遂行，中夜次小柏》云："黄旗传檄趣归程，急服单装破夜行。肃肃霜飞当十月，离离斗转欲三更。酒消顿觉衣裘薄，驿近先看炬火迎。渭水函关元不远，著鞭无日涕空横。"《寰宇记》："嘉川废县本汉葭萌县地，宋武帝于此置兴乐县，西魏恭帝元年，改为嘉川，取嘉陵江所经为名也。"《九域志》："咸平五年，改属利州，元并入绵谷县。"武元衡《题嘉陵驿》云："悠悠风旆绕三川，山驿空蒙雨似烟。路半嘉陵头已白，蜀门西上更青天。"杨慎《嘉陵江》云："嘉陵江水向西流，乱石惊滩夜未休。岩畔苍藤悬日月，崖边瑶草记春秋。板居未变先秦俗，刳木从疑太古舟。三十六程知近远，试凭高处望刀州。"王士祯《嘉陵江上忆家》云："自入秦关岁月迟，栈云陇树苦相思。嘉陵驿路三千里，处处春山叫画眉。"

十六日，至朝天镇，买舟西南行，渡嘉陵江，即西汉水也。一名白水，一名阆江，其源有四：一出甘肃秦州西南八十里天水郡五泉山，即汉西县嶓冢山也。《通典》云："嶓冢山有二，一在天水，一在汉中。汉中之嶓冢，汉水所出；天水之嶓冢，则西汉水所出也。"水自山腰五泉涌出，其下为五泉寺。《水经注》："今西县嶓冢山西汉水所导也，西流与马池水合，又西南合杨廉川水，又西南迳始昌县故城西，又西南迳宕备戍南，又西南迳祁山军南，又西迳兰仓城南，又南入嘉陵道，为嘉陵水。又东南迳瞿堆西，又屈迳瞿堆南，又东南迳浊水城南，又东南迳修城道南，又东南于盘头城南与浊水合。又东迳武兴城南，又西南迳关城北，又西南迳通谷，又西南、寒水注之，又西迳石亭戍，又迳晋寿城西，又南合汉寿水，又东南迳葭萌县东北，与白水合。又东南迳巴郡阆中县，又东南迳宕渠县，又东南合宕渠水，又东南迳江州县东南入于江。"以今舆地言之，自秦州发源，迳西和县东北，至礼县西南嘉陵道为嘉陵江，又东南迳成县西，又东南迳略阳县城北盘头郡，与故道水合。又东迳略阳县城南，又西南历阳平关，迳宁羌州西北，入广元界朝天镇，潜水入之，即《禹贡》导江之潜也。又西迳广元城西，又西南迳昭化城东北，与白水合。又南迳剑州东，又东南迳苍溪县城东，又东南迳阆中县西南名阆江，因其曲折三回，形如巴字，又谓之巴江。又东南迳南部县北，又东南迳蓬州东，又西南迳南充县城东，又南迳合州东北合渠江，又十里至州城东南合涪江，又南至巴县东北入江。

一出陕州凤翔府宝鸡县南煎茶岭，名故道水，《水经注》故道水出大散关，西南流与马鞍山水合，又西南流、北川水注之。又西南历广香交、合广香川水，又西南入秦岗山、尚婆水注之，又右会黄卢山水，南入东益州之广业郡界，与沮水枝津合，谓之两当溪。又南注于浊水，又南迳盘头郡南注于西汉水。以今舆地言之，水出煎茶岭，西南流迳凤县城北，又西南迳两当县南，又西至略阳县东北，注于嘉陵江。

一出甘肃洮州卫西南西倾山，曰桓水，《禹贡》西倾因桓是来是也。桓水一名白水，西倾山一名强台山。《水经注》白水出临洮县西南西倾山，水色白浊，东南流与黑水合，又东迳洛和城南，又东南迳邓至城南，又东南与大夸祝水合，又东与安昌水会，又东南入阴平、得东维水。又东南迳阴平道故城南，又东迳阴平大城北，又东迳偃城北，又东北迳桥头，与羌水合。以今舆地言之，自姚州卫东南流，经文县、平武、剑州，至昭化县东入西汉水。

一出西藩界参狼谷，曰羌水。《水经注》羌水出羌中参狼谷，东南流迳宕昌城东，又东南迳宕婆川城东，而东南注。又东南、阳部水注之，又东南迳武街城西南，又东南迳葭芦城西，又东南迳五部城南，又东南至桥头合白水，东南去白水县故城九十里。以今舆地言之，水出西蕃界，东南流经青川所，历平武县、剑州，至文县桥头合白水，流入昭化县界。

按《禹贡》文只载潜与桓，则当以潜名嘉陵，以桓名白水。至别出枝津，止依条引附，一切汉、巴、阆等名，均可不立。自《水经》误以漾水合白水，于是有东西两汉之名，而常氏则以白水为汉，郭氏则以沔为潜，并有东西两嶓冢，愈加回护、愈觉支离。虽渊博如道元，犹有川流隐伏之疑；精核如胐明，亦有江涨回流之说，况其他乎？不知时代虽殊，川流不改，今就《水经》源流分合，按厥脉络，证以今名，俾桓与潜之原委了如指掌，不至彼此混淆，诸家之论，可不辨而自明矣。

《明皇杂录》："天宝中，明皇忽思蜀道嘉陵山水，假吴生驰驿写貌。及回，帝问其状，奏曰：'臣无粉本，并记在心，遣于大同殿图之嘉陵三百余里山水，一日而成。'时有李思训，亦画大同殿壁，累月方毕。明皇曰：'思训数月之功，道子一日之迹，各极其妙也。'"或曰王维又别用绢素写之，谓之小簇，宋王履道诗云："江山已谙大同殿，弦管犹喧凝碧池。别写嘉陵三百里，右丞心事欲谁知。"

朝天镇至昭化县，水可行舟，陆可通骑。自南来者，因溯江而上、牵挽维艰，多舍舟从骑；自北来者，因朝天险峻、登陟不易，多舍骑从舟。彭端淑《嘉陵舟中》云："临江思歇马，解缆得安流。暂释崎岖苦，犹悬道里愁。岩廊千佛子，风雨一孤舟。翻似安禅静，飘然物外游。"

朝天关即汉葭萌关也⑧。石磴盘空，下临江水，其险数倍于鸡头凤岭，为入蜀第一厄塞。李化楠《自广元县至朝天关道中作》云："始发自龙门，绝壁痕如削。悬崖多佛像，不知何年凿。江水傍崖趋，激越鸣溪壑。杈丫天半石，向人头上落。金鳌亦有背，飞仙尚留阁。怪石浮江湍，孤根潜水窟。行当绝险处，顾盼生骇愕。似人立舟中，虚荡难稳著。行行登山椒，始觉天宇廓。雄关厄形胜，烟光浩漠漠。性僻爱奇险，幽居苦萧索。兹来得壮观，耳目因寄托。"《蜀志》汉建安十七年，张鲁兵犯葭萌关，刘璋增备兵，使击张鲁。备西袭璋，使霍峻、孟达守葭萌，璋将向存、扶禁等帅师万余人攻峻，峻选精兵出击，大破之。张鲁又令马超取葭萌关，超与张飞屡战不胜，孔明使李恢说超降。其峡曰朝天峡，一名明月峡，两崖各高百十丈，削立如关门。石壁上有巨洞，可容万人。壁下近水石窦排列，约深五六寸，皆昔人缘崖架栈之所，虽屡经水战，其迹不没。费密《朝天峡》云："一过朝天峡，巴山断入秦。大江流汉水，孤艇接残春。暮色偏悲客，风光易感人。明年在何处，妻子共沾巾。"王士祯《朝天峡》云："朝登嘉陵舟，日出羌水赤。履险倦鞍马，即次亦称适。默黮双峡来，突见巨灵跡。崭岩无寸肤，青冥厉双翮。阴崖积龙蜕，跳波畏鲸掷。往往压人顶，骇此欲崩石。洞穴峡半间，兵气尚狼藉。蛇豕据成都，置戍当险厄。至今三十年，白骨满梓益。流民近稍归，天意厌兵革。"胡德琳《朝天峡》云："旬日走云栈，登顿劳下上。舆中因掀簸，厌闻马蹄响。今晨改水涉，失喜听双桨。羌舟小如叶，羌水平如掌。健疑青鹋飞，疾类枋榆抢。滩转峡角来，双屿袤千丈。石裂怒欲落，长压不敢仰。洞阴中惨栗，白日迷惝恍。其深蟠蛟龙，其毒聚蛇蟒。侧目望天关，周道更渺茫。行人偶失足，一坠讵可想。"

峡西北羊模谷有仙洞，时有异仙见。宋文同《利州绵谷县羊模谷仙洞记》云："熙宁庚戌春，余还朝过利州，通判寇谭为余言，近季按朝天驿人云，此去七八里岩谷中，有神仙出见洞口，因往观之。自龙洞阁具舟西下，过小峡，有山峣然崛起，万仞翠壁如削，中辟石门，可五六丈。时正晴，日光下照，有二童子先出，次有一人，白衣皂巾，曳杖垂长髯，襟带随风翩然。往来下视久之，左右数青衣从行，有物若鸡犬、若虎、若鹿者先后之，又有执扇与伞者，隐隐若绘画甚可爱。人之长者才尺余，举止详缓如人，行二十里许乃不见。问其下居民云：'相传五代时土人有王姓者种山下，尽室敛获于此，因遣妇取水。妇汲还，路有病僧，疮秽甚、满身腥腐不可近，辄前索饮。妇恶之且惧，弛担走，僧就饮殆半，遂去，妇不能易之，隐其事。置水田上，其家人无长少同来饮、尽之，妇以故独不沾口。晚又令妇致馌，既至其所，得僧饮余水者尽飞入此洞。妇既不见，号哭嚣呼、跳荡如狂，忽闻洞口有呼者，妇仰应不得去。自是茺童牧叟惯见，不以为异。近每至天色开霁则出，必尽日，就中花木盛发时出尤屡。'向读《封禅记》，见祥符中利州路转运使李允元奏：'绵谷县羊模谷山洞中有神仙见，自言尝往见凡三，数人或立或行，衣裾皆有异光，至日暮乃没，盖此地耳。'"

又西南十五里至望云铺，十五里至沙河驿。一名望喜驿，李义山诗"嘉陵江水此东流，望喜楼中忆阆州"是也，即古石亭戍。《水经注》："西汉水又西迳石亭戍，广平水西出百顷川，东南流入汉，又有平阿水出东山，西流注汉。"平阿水即沙河水也。

又西十里至飞仙岭。一名威凤山,三面环江,峭壁千仞,上有祠宇名飞仙观,其下为飞仙阁。系经行大路,亦栈中之险要。《益州于役记》云:"飞仙阁二里许,有阁岿然山巅,三面皆绝,俯临关门,恒有起势,所谓飞仙阁也。"《方舆胜览》:"飞仙阁相传徐佐卿化鹤跧泊之地。"《四川通志》:"明皇九日猎沙苑,射中飞鹤,带矢飞去。益州道观有道士徐佐卿寄寓,是日自外持一箭归,曰吾为飞矢所伤,已无恙,因挂箭于壁,书其月日,且云后十年箭主至此、付之。后明皇幸蜀至观中,乃见箭。"杜甫《飞仙阁》云:"土门山行窄,微径缘秋毫。栈云阑干峻,梯石结构牢。万壑欹疏林,积阴带奔涛。寒日外淡泊,长风中怒号。歇鞍在地底,始觉所历高。往来杂坐卧,人马同疲劳。浮生有定分,饥饱岂可逃。叹息谓妻子,我何随汝曹。"杨慎《飞仙阁》云:"飞仙阁上元珠侣,千佛崖前巴字水。夜来取水涤元珠,剑舞函关鹤鸣垒。我生本是乘虚人,芒鞋初试杖藜春。振衣忽到凌风馆,不傍桃花空问津。"王士祯云:"山行喜乘流,江平况如练。岝崿有开阖,竹树一葱蒨。人言利州风,今朝冷然善。滩如涂毒鼓,舟剧离弦箭。仰眺飞仙阁,鸟道危一线。弯环历三朝,向背穷九面。峰云卷轻绡,白日递隐见。嘉陵碧玉色,晴雨皆婉娈。想见吴道元,应诏大同殿。此生两经行,天遣追胜践。醉帽停乌奴,已泊益昌县。"李调元云:"入峡只一舍,峰峦更逼仄。人担豹虎忧,江带鼋鼍色。巍巍飞仙阁,高际入无极。飞甍照山光,荡漾何崱屴。上有连云愁,下有沉潭黑。蛇蟠九曲湾,鸟道一竿直。丹梯不在地,白日忽西侧。艰哉徒旅人,跋涉无时息。却羡荡舟子,凌波如鸟翼。"

又南经乾龙洞,绕金鳌岭。李调元《金鳌岭》云:"连日沿江岸,陂陀异昔遭。兹岭恐惧始,脊起径益高。压仆惊魂磊,洞窒深山聊嶅。人与马相警,逐彼升木猱。咫尺目花眩,恐落万丈涛。我闻龙伯人,巨钓连六鳌。疑谊五真时,遗此一遁逃。亦如禹治水,支祈加锁牢。居人指其顶,有神飨腥臊。前明御史碑,首纪开路劳。当年椎牛祭,毋乃太贪饕。何不铲之平,犹苦贩与挑。语罢神亦怪,江风中怒号。"

三十二里至千佛岩。千佛岩即古石柜阁也。《方舆胜览》:"石栏桥在绵谷县北一里,自城北至大安军界,管桥栏阁共一万五千三百一十六间,其著名者惟石柜、龙门二阁。"《方舆纪要》:"明洪武二十四年,景川侯曹震相视开凿,垒石为岩,益为坦途。"《四川通志》:"千佛岩在县北十里江东岸，石崖蜿蜒，其形如门，上有千佛，唐利州刺史韦杭⑨所凿。"《秦蜀后记》："千佛崖镵石为慈氏像，多至百千万亿，唐苏许公颋有利州佛龛记。"

又十里至广元县，本苴侯国也。

——〔清〕张邦伸撰：《云栈纪程》卷五《自宁羌州至广元》，上海古籍书店，1979年

【作品提要】

《云栈纪程》八卷，是清张邦伸对四川省古蜀道行程的记录，研究古蜀道的重要历史资料。张邦伸（1737—1803），字石臣，号云谷，汉州（今四川省德阳广汉市）人。乾隆二十四年（1759）举人。官河南固始县知县。著有《锦里新编》十六卷。又有《云谷诗钞》《云谷文钞》。《四川通志》有传。

节选部分记述了进入四川省广元朝天的行程见闻，写景状物，考据故实，辨析疑误，包括所经道路里程、水陆交通、山川形势、地理沿革、名胜古迹、关塞建筑、典故遗闻、土风民俗、相关诗文、所任役事等，内容丰富多样。阅读行纪，既可以跟随他们的笔墨，感受朝天沿途的历史、风光，也可以借此了解古代为官之道、驿道运行等制度，对道路交通、地方历史、相关行役官事有更为真切而具体的感受。由于其涉及面极广，提供的史料翔实丰富，故在历史研究、文化旅游开发、文学创作、方志编修、地方建设等领域都具有十分重要的参考价值。

《云栈纪程》版本有清乾隆五十九年（1794）敦彝堂刻本。

【注释】

①魍魉（wǎng liǎng）　传说中的一种鬼怪。

②五丁峡　在今陕西省宁强县城关镇北，五丁山脊垭口。古为川陕驿道（即金牛道，又称南栈道）的垭口。南有滴水崖，北有五丁峡（又称金牛峡）。周围山势高峻陡峭，盘道崎岖曲折，历来为蜀道著名险隘。今古道遗迹尚存。108国道经此。

③悮（wù）　同"误"，谬。

④牢固关　在今陕西省宁强县西南。《大清一统志·汉中府二》"铁锁

关"条下:"又牢固关,在州南四十里。"

⑤岈嵯(yá cuó)礯(yīng)确　岈嵯:即"嵯岈",错杂不齐的样子。礯确:坚硬的礯石。礯,石名。

⑥垧(jiōng)　离城远的郊野。

⑦扃(jiōng)　上闩,关门。

⑧朝天关即汉葭萌关也　此处误。朝天关在今四川省广元市朝天区朝天镇南朝天岭上。汉葭萌关在今四川省广元市昭化区昭化镇。朝天关与汉葭萌关是两个不同的关隘。

⑨韦杭　此处误。应为"韦抗"。见第259页孟超然《使蜀日记》之"韦抗"注。

〔清〕李保泰撰

入蜀记（节选）

清乾隆四十五年十月二十五日，十五里为七盘关，四川保宁府广元县所辖。岭不高而甚曲艰，于折旋行者告疲。十五里至转斗铺。并崒岩难行。又三十里至神宣驿。东道逢迎，已烦候馆。遂历龙洞背，极险峻。三十里而为朝天镇。

二十六日，朝过朝天关。高十五里，石磴盘纡，滑不留步。步行而上，其下为朝天峡。峡可通舟，自此至昭化以及顺庆①皆可。一苇水势甚急，而平流浊浪，不闻吼声。其下所受愈多，地势逾峻，则冲激逾险。三峡②之名于天下者，以此总。九十三里为广元县治。城东半倚于山，西则江临之。城北八里为千佛崖。佛因石疏，凿大小高下，实不止于千。唐剑南道节度韦抗石辟立江岸，了无寸土。往时架梁空际，危绝无比，所谓"一坠那得取"也。辟上元人题名甚多。跋云："抗时欲作道，恐人惮劳。因惜佛以设教令其旁，宽二丈余。实抗大功德也。"上有洞，名"大云"，如来端坐于上。可三四十人，有王钦若③题名在其余狮像，庄严无乎不备。遂为千古圣境。

——〔清〕李保泰撰：《入蜀记》，李德龙、俞冰主编《历代日记丛钞》第145册，学苑出版社，2006年

【作品提要】

《入蜀记》是李保泰受命调查四川省方伯送礼行贿之事，于清乾隆四十五年（1780）九月十日从京师出发，经冀豫陕三省入川，于当年十一月六日到达成都的旅行记。该书记述了每天的行程、道路环境、沿途的自然风光、人文历史，间或载以古迹考证、城镇农村发展情况。书中记录了作者的人生经历，融入了浓厚的身世之感。李保泰（1742—1813），字茝生，宝山（今上海市宝山区）人。清乾隆四十五年（1780）庚子恩科进士。历任扬州府教授、国子监博

士。精通经史，善诗古文词。著有《入蜀记》《松林庵古柏记》等。

节选部分描写了七盘关、龙洞背、朝天关的艰险以及千佛崖的文化古迹。《入蜀记》版本有清抄本，今存复旦大学图书馆。

【注释】

①顺庆　指顺庆府。南宋宝庆三年（1227）升梁州置，治南充县（今四川省南充市，淳祐九年迁青居山，蒙古还旧治）。元至元四年（1267）改置东川路，元至元十五年复为府，二十年升为路。明洪武中复为府。辖境相当今四川省南充、西充、仪陇、蓬安、营山、渠县、岳池、邻水、大竹等市县地。宋属潼川府路，元属四川省行省，明、清因之。1913年废。

②三峡　北宋乐史《太平寰宇记》卷一百三十五《山南西道三·利州》载："三峡，谓巫峡、巴峡、明月峡。惟明月峡乃在此郡界。"明月峡当在今四川省广元市朝天区城南。文中的"三峡"当指此义。现在的三峡，一般指瞿塘峡、巫峡和西陵峡。

③王钦若（962—1025）　字定国，新喻（今江西省新余市）人。北宋初期政治家，宋真宗时期宰相、主和势力代表。因主编《册府元龟》而知名。

〔清〕李惪淦撰

蜀道纪游（节选）

二十日，至神宣驲①。（一百一十里，属四川之广元县。）

回水铺之南，依岩为栈，有洞，接以短檐，闭以朱门，以祀神祇，不见其为洞也。其外，长廊覆之，曲栏周之，亦不觉其为栈也。而回首望之，则飞阁凌空，下临无地，似非人工，盖智者之所设施也。

七盘关，一名五盘。界秦蜀之交，北属陕西之宁羌，南属四川之广元。峻岭横空，若夫堑焉。山半凿石为磴。曾累而上者，二百六十余阶。侧仄处有碑，大书"小心移步"四字，险可知矣。上有关帝庙，平仓坐侍，武弁守之，一夫当关，亦鸡头之亚也。

野蚕成茧，瑞也。秦蜀间往往有之，非白非黄，其色似土。村人缫之，作为绅（绸）亚于山东，亦可取也。

二十一日，至广元县。（一百二十里。入川首邑，即古汉寿。）

黄荆岭之南有龙洞，名龙门关。其山四围，西面石壁崭绝如削。中开巨洞，溪水贯之，至朝天关之左麓，始合于江。洞中可藏万人，避乱者依之以为固。相传为龙所开，夫禹迹不到，山障水壅，民其鱼矣。裂石疏流，信乎，非龙之神莫能为也。或谓："龙为灌口神所逐至此，穿石而过，遂成洞，石上犹有剑迹。"齐东之语，不足信也。

"蜀道之难，难于上青天。"又曰："山从人面起，云傍马头生。"李太白诗也。余至朝天关而益信。夫蚕业、鸟道、蚁旋、猱升，入栈以后，何处不然。至此，则向之上，如梯者如绳斯引矣。向之下，如缒者如渊斯堕矣。向之石级，以十数以百数者，不知几千百重矣。其上为关。于焉凭眺，举头红日，回首白云，摩天插汉之峰若揖若拱，皆可平视。飘飘然，若将御风而行者，倘遇浮丘公，竟可把袂而去，亦可谓极平生之大观，而无憾已②。

米元章③爱石，至具袍笏拜之。今犹刻其像，以为清玩者。是非不韵，而所见小矣。朝天关之石，质似太湖而奇隽，过之，耸为峰平、为峦，玲珑弗穿，孔孔相接，曰秀、曰瘦、曰透，无美不具。带萝铺藓皱染家，不及也。使元章见之，又当如何？自余观之，石为云根，岂兹石飞去，而即化为云与抑。云来归岫，而仍化为石与。山上之阁，曰"停云"。山下有铺，曰"望云"。俱以石得名。未可知也。

——〔清〕李德淦撰：《蜀道纪游》卷上，《巴蜀珍稀交通文献汇刊》，成都时代出版社，2014年

【作品提要】

《蜀道纪游》记述了李德淦受命奉解四川省兵饷十万两之公事，于清嘉庆十二年（1807）六月十日从安徽省安庆府出发，经皖豫陕三省入川，于九月二日到达成都，在成都逗留一个月，又于十月二日从成都出发，经渝鄂二省，于十二月十五日返回安庆府的行程见闻。文中写人记事，写景状物，考据故实，辨析疑误，包括所经道路里程、水陆交通、气候物产、山川形势、地理沿革、名胜古迹、关塞建筑、典故遗闻、土风民俗、赋税徭役、交游燕会、书画鉴定、相关考据、所任役事，内容丰富。阅读行纪，既可跟随作者的笔墨，感受沿途的自然风光、历史文化，也可借此了解古代为官之道、驿道运行等制度，对道路交通、地方历史、相关行役官事有更为真切而具体的感受。由于其涉及面广，提供的史料翔实丰富，故在历史研究、旅游开发、文学创作、方志编修、地方建设等领域都具有十分重要的价值，是值得珍视的一笔宝贵财富。李德淦，字梅岩，直隶延庆（今属北京市）人，乾隆五十五年（1790）进士。嘉庆九年（1804），任安徽省泾县知县，修有《泾县志》。入蜀，撰有《蜀道纪游》。

节选部分突出描写了南栈的特点、朝天关奇石的特点、七盘关的险峻、朝天关的壮观，记述了龙门洞的民间传说及农村蚕茧生产情况，对今天当地农旅文融合发展极富参考价值。

该书版本有清嘉庆十三年（1808）学修堂刻本。

【注释】

①神宣驲（rì）　即神宣驿。见第121页明官撰《寰宇通衢》之"神宣驿"注。
②而无憾已　"已"字误，应为"矣"字。

③米元章　指米芾。米芾（1051—1107），初名黻，后改芾，字元章，自署姓名米或为芊，时人号海岳外史，又号鬻熊后人、火正后人。北宋书法家、画家、书画理论家，与蔡襄、苏轼、黄庭坚合称"宋四家"。曾任校书郎、书画博士、礼部员外郎。能诗文，擅书画，精鉴别，书画自成一家，创立了"米点山水"。集书画家、鉴定家、收藏家于一身。其个性怪异，举止癫狂，遇石称"兄"，膜拜不已，因而人称"米癫"。宋徽宗诏为书画学博士，又称"米襄阳""米南宫"。

〔清〕陶澍撰

蜀輶日记（节选）

374

（嘉庆十五年庚午七月）十七日晨，出黄坝驿，陟冈家坡，上下凡十五里。名为坡，实即岭也。有深涧焉，为秦蜀分界。过涧，登七盘岭，入四川保宁府广元县地。石磴延缘，下临深潭，不可逼视。往时有失足堕者，人马皆化乌有。杨中丞刻"小心移步"四字于路旁，以儆行旅。岭西为武侯坡，五里教场坝，十里转斗铺，十里钟子堡①。途间颇有佳壤，惜无知之者。十里扶嘉坟。扶嘉，云阳人，善占验，尝劝汉王还定三秦，官至廷尉，食邑朐忍②。不知坟何以在此。或云："扶嘉，云安盐井神，犹陈子昂之称川主矣。"溪北有高梁山，其顶峭石如小廪。十里宿神宣驿。四川督藩诸公，遣巡捕官迓。

——〔清〕陶澍撰：《蜀輶日记》卷二，四川省地方志编纂委员会辑《四川历代方志集成》，第四辑第25册，国家图书馆出版社，2017年

375

十八日，自神宣驿循溪西行，十里至龙洞背。两山忽合而为一。其合处，高岩墙立，横截而过，有如长虹。下岈一洞，门户俨然。溪水奔入其中，礧硠震动，声满四山，伏流数里始出，《禹贡》潜水即此，以其潜伏地中，故以名焉。上有龙头庙，或曰即杜工部诗中之龙门阁也。洞内产石燕，风雨则飞，煅③水饮之，可疗心胃痛。从者购得十数枚，有若舞者，有若栖者，有雌雄相负者，有对视若呢喃者，形质毕肖，亦一奇也。缘岩直上达山脊，反觉平旷。

二十里下山，渡潜水，尖朝天镇。凤县嘉陵水经略阳，合西汉水来会于潜，合流出朝天峡，南趋广元也。五里登朝天关，盘旋十馀折，始达山顶，险峻不亚于鸡头。其下即朝天峡，万仞陡起，削崿如门，悬崖间凿孔甚多。盖昔时取道山下，以之架栈者。按武侯与兄瑾书："赤岸以北，阁道缘谷百

余里。其阁梁，一头入山腹、一头立柱于水中，水大而急，不得安柱。盖自入广元，谓之南栈，其近水处尤多。飞崖陡壁，与北栈之以木作栈、补坡坨之缺者异矣。"

关南北凡二十里。下山五里至望山铺④，十五里沙河驿。沿江风帆云树，想见吴道子绘水绘声时。十五里飞仙岭，相传仙人徐佐卿尝憩此，佐卿化鹤入上林苑，为唐明皇射中者也。山腰弹指可穿，而石脊隆起，挺而西去，遏江水，旋绕几三里许，上有飞仙阁焉。十五里石鼓铺，十五里千佛崖。石壁赭赪⑤，盖即武侯所谓赤岸者。舆中恍惚见壁上刻有"竹城子方清⑥"诗。方浮梁人，明嘉靖中曾官吾邑，教谕有政绩。石壁凿佛千万，按苏颋有《利州北佛龛记》，则其来久矣。

五里宿广元县。古葭萌国，賨夷⑦所居，魏以后为利州，舟航四达，西蜀要冲。唐武士彟为利州都督，生武后于此，皇泽寺是其故宅，中有像作比丘尼。又有梳妆楼，西望山势，波起作金水形，为入栈来所罕见。

——〔清〕陶澍撰：《蜀輶日记》卷二，四川省地方志编纂委员会辑《四川历代方志集成》，第四辑第25册，国家图书馆出版社，2017年

【作品提要】

《蜀輶（yóu）日记》是清代陶澍（1778—1839）典试四川省时所作，蕴含了丰富的历史地理资料。陶澍为当时能臣，所记所见，在于实用，以求有补于当时。他入蜀行经各地，详记其地理形势，讨论战守得失，分析人文风情，言明治理之要，结合江河形势，论及漕运水利，见解精辟。对所经地区建制沿革、山川河流详细考证，纠正了古籍资料的相关记载。历史地理学家、巴蜀文化研究者，自能从中获得重要资料。清人王锡祺将此书辑入《小方壶斋舆地丛钞》。本文选自其入川过朝天入广元的行程记载。嘉庆十五年（1810），陶澍任四川省乡试副考官，从七月十七日过七盘关进入四川省，十八日到广元县，其间行程二天。

选文记述了沿途的山川、河流、峡谷、栈阁、铺驿、寺庙，引经据典，感咏历史，极大地丰富了蜀道的历史文化内涵。

《蜀輶日记》版本有清道光四年（1824）刻本、道光五年（1825）刻本、光绪十七年（1891）上海著易堂铅印本。

【注释】

①钟子堡　此处误,应为"中子铺"。见第216页嘉庆《四川通志》之"中子铺"注。

②朐(qú)忍　古邑名。战国秦邑,在今重庆市云阳县西。《华阳国志·巴志》:秦昭襄王时,白虎为害,"于是夷朐忍廖仲药、何射虎、秦精等乃作白竹弩于高楼上,射虎"。秦置县。

③煆(xiā)　热。

④望山铺　此处误,应为"望云铺"。见第201页雍正《四川通志》之"望云铺"注。

⑤赭烯(zhě xì)　赤色光耀的样子。

⑥方清　字竹城,号廉夫,又字竹城子,浮梁(今江西省景德镇市浮梁县)人,嘉靖二十二年(1543)安化儒学教谕,升南京国子监学录。

⑦賨(cóng)夷　历史上的少数民族,属巴人的一支,秦时称"賨夷"。

〔清〕张素含撰

蜀程纪略（节选）

二十里，界牌铺，由此入四川界。《入蜀界偶成》："森森古木噪归鸦，一步栈云一忆家。山到七盘犹北望，不知身已在三巴。"

十里，回水河铺。十里，牢固关。十五里，黄坝驿。自大安驿至此，蹊径拗折，一水蜿蜒，俗谓之七十二道脚不干。

十五里，七盘关，旧名五盘岭。岭下一溪，为秦蜀分界处。关与剑阁齐雄，山形险峻，鸟道斜盘，凡历七曲折，始至岭顶。岭旁有"小心移步"碑。唐岑参诗："平旦驱驷马，旷然出五盘。江回两岸斗，日出群峰攒。"可想见其险。少陵诗："五盘虽云险，山色佳有余。仰凌栈道细，俯映江木疏。"不言险而险寓其中。

题诗《七盘关》："绝壁依天险，严关虎踞雄。七盘分蜀陇，一水划蚕丛。人渐香夷杂，梯犹碧落通。穷荒谁凿破？翘首问鸿蒙。"

十里，木寨山。五里，转牛铺①。山形皆酷肖青螺，回环缭绕，累累若贯珠。尤妙在远山外罩，使螺鬓分外鲜明。环视静对，如二十八宿罗心胸，造物于此别有化工。

十五里，钟子铺②。二十里，神宣驿。壁上有石刻李商隐及杜牧诗。过此五里，有水名"三泉"，泉上有指险碑，碑刻云："此沱深不可测，中有旋涡，且藏水怪，行人误浴其中，往往见入不见出。"读之使人神悚；近视之，水色深黑，令人望而却步。

题诗《筹笔驿》："管乐才名信不虚，经营惨淡意何如？可怜前后《出师表》，博得谯周一纸书。"

十里，龙洞背，即《寰宇记》所谓葱岭山。有石壁，高百仞，形如削出。下有石门，其形如辟，号曰"龙门"，系潜水入嘉陵江处。按：潜水自沔汉逶迤而来，水随山转，至此连山排插，横拒水口，潜水无地宣泄，忽于葱岭下开辟一门，高十丈许，阔半尺，两岸石形皆夭矫如龙，口鼻鳞甲皆俱，雄涛迅浪奔赴其中。潜行六七里，从山背流入嘉陵江。鬼凿神工，奇险骇人。尤可异者，水中产石燕，首尾翅足，无不曲肖。风雨骤至，趁势高飞，土人捕之，持以为宝。是地多有鬻③石燕者，细视之，翅足不全。鬻者云，翅足若全，则飞去矣。

题诗《龙洞背》："水从沔汉来，峡束成一线。蜿蜒百余里，到此忽不见。谁知丹穴底，走下澄红练。地坼④石为门，浪阔龙作扞⑤。拍岸水风飞，出没倾刻幻。雷声动地来，疑是蛟龙战。又如万斛珠，跳入水晶殿。石骨更嵚崎⑥，鳞甲峥嵘现。始知造物奇，耳目多怪变。更闻迅浪中，往往产石燕。每逢骤雨来，凌风飞片片。张网偶得之，璠玙比璀灿。平生好古心，动我临渊羡。坐久心骨冷，老树叶同颤。奇景难再逢，欲去频回盼。"

十里，杂角铺。烟火十余家，屋宇随水势为曲折，钩心斗角，整整斜斜，最有风味。

十里，朝天镇。自此至广元有水陆两路，水路泛嘉陵江，陆路由朝天关。关为蜀道第一险峻，雨后尤滑，不可登。由此买棹嘉陵，顺流而西，绿水三篙，青山满眼，较之云栈蹉跌，劳逸不啻霄壤。

题诗《泛嘉陵江》："嘉陵江上雨初收，软浪淙淙下小舟。客子晓随残月渡，乱滩争入大荒流。寒猿三咽征夫老，杜宇一声岭树愁。巴曲渝歌听不得，初春风物似深秋。""木落霜寒水气清，扁舟饱挂一帆轻。山连秦岭青无尽，雾锁巴江雨易成。惊定才知云栈险，心闲转觉浪花平。宜人最是鸥千点，飞入船头作伴行。"

题诗《江行望朝天阁⑦》："换棹嘉陵渡，严关入望惊。乱峰围鸟道，三面走江声。路拟天闾接，人如月窟行。波心遥望处，雉堞与云平。"

六十里，飞仙阁。嘉陵江两岸皆山，中夹江水，山束水溜，仿佛三峡。行数十里，危峰陡起，突插江心，峰顶有阁，号曰"飞仙"，相传系徐佐卿化鹤跧泊之地。峰飘水面，阁立峰尖，信非飞仙莫渡。

题诗《飞仙阁》："江面插青山，飞阁峰尖露。仙人徐佐卿，化鹤从兹去。不见鹤归来，但见攒烟树。巉岩⑧碍归云，江水发微怒。绕屋蹙浪花，不许飞仙渡。篙师荡桨来，拨开山头雾。现出白玉童，启户东西顾。双双齐招手，引我此间住。我欲陟其巅，山灵或我妒。峭壁与童岩，阻绝攀跻路。转眼失烟鬟，又被云封固。自愧无仙缘，临风空企慕。"

十里，石柜阁，一名千佛崖。在嘉陵江南岸，有石柜十余间，大小不一，每柜凿石佛一尊，金壁照耀，面面玲珑，为巴江名胜。柜皆天成，佛系唐韦抗所凿。杜工部《石柜阁》诗，即此。

二十里，广元县。系汉之葭萌关，张桓侯⑨夜战马超⑩处，昭烈帝⑪改为汉寿关⑫。关帝封亭侯，即此。县北十里有潭毒山，下有深潭，潭中沉铁索一缕，见则动兵。县南有刀环山，赤铜水出焉，故川中每有兵厄。

题诗《广元道夜泊》："十里褒斜路，今宵得快游。三篙葱岭水，一棹嘉陵舟。邑为蛮烟接，山因瘴雨愁。荒城聊解缆，灯火伴渔鸥。"《广元道中》："苍崖小立望斜曛，云栈萦纡一线分。马足踏残葱岭月，吟鞭敲碎蜀天云。浓纤螺翠沾衣湿，断续猿声隔水闻。笑指山腰谁结舍？樵歌起处犬争狺。"《入栈》："人云蜀道难，我云蜀道易。眼孔放开时，险巘⑬皆平地。初历金牛峡，已惬寻幽意。渐入剑门峰，云水滴苍翠。一鞭细雨中，心胆了无悸。不须羡王尊，叱驭浑闲事。"

——〔清〕张素含撰：《蜀程纪略》，政协枣庄市峄城区文史资料委员会编《峄城文史资料》，第四期，第114—127页、第148页，山东工人报社印刷，1991年

【作品提要】

张素含，字霜三，山东峄县人，生活于清嘉庆、道光年间。道光四年（1824），张素含应族弟之邀从峄县出发去四川省隆昌，历时三个月，行程2350公里，写下3万字札记、137首诗，结集为《蜀程纪略》。所记多为里程、地名、古迹略考；间或记写名山胜水、名人逸事、仙踪怪异、奇物殊风，但数量不多，文笔简约。其诗作，写景、抒情与咏史相结合，严谨工整，气势雄浑，深得少陵要旨；想象奇特，豪情奔放，颇具太白遗风。纪略文体新颖奇妙，诗文情景交融，具有很高的纪游文学价值。其文体运用、文笔技巧、所载诗篇、作者识见等方面，比之陆游的《入蜀记》、王士性的《入蜀稿》、王士祯的《蜀道驿程记》，均毫不逊色。

节选部分记述了作者由陕入川过七盘关、神宣驿、龙洞背、朝天镇、朝天阁、飞仙阁等地进入广元县的里程及其沿途的自然环境、古迹由来。触景生情，把个人怀才不遇的坎坷命运与历史人物的兴衰沉浮联系起来，借古人之遗迹，泄胸中之垒块，吟出了一首首情真意切的即景怀古诗篇。

该书版本有清道光年间抄本、民国年间抄本。通行版本为1991年第4辑《山东峄城文史资料》山东工人报社排印本。

【注释】

①转牛铺　此处误，应为"转斗铺"。见第202页雍正《四川通志》之"转头铺"注。

②钟子铺　此处误，应为"中子铺"。见第216页嘉庆《四川通志》之"中子铺"注。

③鬻（yù）　卖。

④坼（chè）　地裂。

⑤扞（hàn）　古同"悍"，强悍的意思。

⑥嶔（qīn）崎　山势险峻的样子。

⑦朝天阁　见第161页《明史纪事本末》之"朝天阁"注。

⑧巀嶭（jié niè）　高峻貌。

⑨张桓侯　张飞（166—221），字益德（罗贯中的长篇小说《三国演义》里为翼德），幽州涿郡（今河北省保定市涿州市）人，三国时期蜀汉名将。勇武过人，与关羽并称"万人敌"。建安十三年（208），刘备于长坂坡败退时，张飞仅率二十骑断后，曹军无人敢逼近，刘备因此得以免难。章武元年（221），刘备称帝，张飞晋升为车骑将军、领司隶校尉，封西乡侯。同年，张飞被其部将所害，谥号"桓侯"。

⑩马超（176—222）　字孟起，扶风茂陵（今陕西省咸阳市兴平市）人，汉末三国时期蜀汉名将。陈寿在撰写《三国志》的时候，将马超与关羽、张飞、黄忠、赵云合为一传（《三国志·蜀书·关张马黄赵传》），罗贯中的长篇小说《三国演义》中又将该五人并称"五虎上将"，广为世人所知。马超在刘备称帝后任骠骑将军，领凉州牧，进封斄乡侯。章武二年（222）病死，终年47岁，刘禅时期被追谥为威侯。

⑪昭烈帝　指汉昭烈帝刘备。见第246页王士祯《蜀道驿程记》之"昭烈"注。

⑫汉寿关　东汉建安二十二年（217）刘备于汉寿县（在今四川省广元市昭化区昭化镇）改葭萌关置。属三国蜀汉名关。

⑬险巇（xī）　艰困险阻。

〔清〕许鸿磐撰

方舆考证

[广元县]

377

龙门山,在广元县东北。《隋书·地理志》:"义城(郡)有龙门山。"《元和志》:"利州绵谷县龙门山在县东北八十二里。出好钟乳。"《寰宇记》:"绵谷县龙门山亦名葱岭山。"按《梁州记》:"葱岭有石穴,高数十丈,其状如门,遂号为龙门。又东山之北有燕子谷,中出好磐石。"《舆地广记》:"绵谷有龙门山。"按县北十里有龙门阁道,非此山也。

——〔清〕许鸿磐撰:《方舆考证》卷六十六《四川二·保宁府·山川》,国家图书馆出版社,2013年

378

大小漫天岭,在广元县东北。《通鉴》:"五代唐长兴元年,董璋引兵趋利州,遇雨,粮运不继,还阆州。孟知祥闻之,惊曰:'比破阆州,正欲径取利州。吾获其仓廪,据漫天之险,北军终不能西救武信。今董公僻处阆州,远弃剑阁,非计也。'欲遣兵三千助守剑门。璋固辞曰:'此已有备。'"胡三省注:"漫天寨在利州北,有小漫天大漫天二寨。按武信军名,今遂宁县也。"《宋史·王全斌传》:"乾德二年伐蜀,蜀人断阁道。全斌议取罗川路以进。康延泽谓崔彦进曰:'罗川路险,军难并进,不如分兵治阁道,进与大军会于深渡。'以白全斌,全斌然之。遂进击金山寨,破小漫天寨。全斌由罗川趋深渡,与彦进会。蜀人退保大漫天寨。彦进、延泽分三道击,大破之,拔其寨。大将王昭远引兵来战,三战三败,追至利州北。"《方舆纪要》:"大漫天岭,在广元县东北三十五里,峻出云表。又北为小漫天岭。二岭相连。一名台笠山,蜀道之险也。"《四川通志》:"大漫天岭,一名藁本山。"

——〔清〕许鸿磐撰:《方舆考证》卷六十六《四川二·保宁府·山川》,国家

图书馆出版社，2013年

379

嘉陵江，即西汉水也，亦曰渝水。《水道提纲》："嘉陵江经宁羌州之阳平关西，又西南洛索河自西来注之。又南流百里，经四川广元县北界，有小水自西北来注之。南经大小漫天岭山麓，又南至朝天关西，有水东北自七盘岭关南来注之。水自关下西南流，经神宣驿北，又西经大山麓，至朝天关西北入嘉陵江。嘉陵江又西南九十里，经广元县城西，又西南，有稻坝河南北来，经城南西注之。又西南至昭化县东北，白水江自西北来会。嘉陵江既会白水江于昭化东北，南流经城东，又南稍西，曲曲流百五十里，有剑水西北自剑州来注之。又南八十里经苍溪县西，稍南折而东，经城南，稍东又折而西南，又东南经保宁府城西，有北溪河出苍溪县西北山东，南流来注之。稍南折而东经府南境，稍东有东河北自陕西宁羌州界，西南经重山四百里来注之。又南有苟溪，东北合塘溪来注之。又南稍西六十里至南部县西北，折东流经县城北，又东南流有禹迹山，水自县北境来注之。稍东折南流数十里，有安居场水自东北来注之。又南至蓬州西北，有西河西北自剑州来注之。"《元史·赵阿哥潘传》："徙伐蜀，斩朝天关，乘嘉陵江至阆州。"《方舆纪要》："嘉陵江在府南二里，自宁羌州西南流入，亦曰汉水，亦曰阆水，亦曰渝水，亦曰巴水，皆嘉陵江之异名也。"《旧志》："唐光启三年，王建自葭萌袭阆州，沿嘉陵江而下。有明月峡，在县北八十里。九井滩，一名空舲滩，在县北一百八十里。皆江水所经也。"按《水经注》："汉水又南入嘉陵道而为嘉陵水。"此嘉陵所由名也。是嘉陵本西汉水之名，而近世指出凤县之水为嘉陵江，乃《水经注》之故道水耳。

——〔清〕许鸿磐撰：《方舆考证》卷六十六《四川二·保宁府·山川》，国家图书馆出版社，2013年

380

七盘关，在广元县北七盘岭，与陕西接界。《通鉴辑览》："明崇祯十年，李自成窥蜀中空虚，乘间陷宁羌，破七盘关。注：关在广元县北七盘岭上。"《东华录》："康熙十三年，安西将军叶赫自汉中抵七盘关，破贼于关口。按时讨吴三桂也。"《方舆纪要》："七盘岭，在广元县北一百七十里，与陕西宁羌州接界，自昔为秦蜀分界处。有七盘关。"《通志》："五

盘岭，一名七盘岭。"杜诗《五盘》："五盘虽云险，山色佳有余。"

——〔清〕许鸿磐撰：《方舆考证》卷六十六《四川二·保宁府·关镇》，国家图书馆出版社，2013年

381

朝天关，在广元县北，以朝天岭而名。有峡曰朝天峡，亦名明月峡。《寰宇记》："利州绵谷县。三峡，谓巫峡、巴峡、明月峡。惟明月峡乃在此州界。"《元史·赵阿哥潘传》："徙伐蜀，斩朝天关，乘嘉陵江至阆州。"《明史·曹变蛟传》："贼瞰蜀中，洪承畴率变蛟等由沔县历宁羌，过七盘、朝天二关。山道高狭，士马饥疲。岁暮抵广元。"《东华录》："康熙十三年，安西将军叶赫破贼于关口及钟子堡①，进抵朝天关。又十九年正月，王进宝克朝天关，复广元。按十二年冬，吴三桂反，吴之茂等以全蜀应之。王师进讨克七盘、朝天诸险，进屯广元。至十三年冬，贼潜屯踞七盘、朝天诸关，以断广元粮道。俄而，王辅臣兵变，宁羌经略、莫、洛而七盘、朝天等险，复陷于贼。十八年，大兵两路入川。赵良栋由阆道趋白水；王进宝由大路克朝天关，收复广元。遂定全蜀，进平云南。"《方舆纪要》："朝天岭在广元县北六十里，路径险绝，有朝天驿。自汉中褒城县至此四百四十里。自此而南，则由保宁潼川而达成都；自此而西，则由剑门绵汉而达成都。盖衿束之地也。"《名胜志》："广元县北三十里有大小漫天岭，极高峻。罗隐诗云：'西去休言蜀道难，此中危险已多端。'又北五十里为朝天岭，路径险绝。《方舆记》云：'旧路在朝天峡栈阁，后开此路，人甚便之。'按今设有沙河驿。沿江行，其曰朝天者，水驿也。又四十里为潭毒关。向有御前军屯此，以捍蜀口。"《通志》："明月峡，在广元县北八十里。亦名朝天峡，江流所经。又望云关，在广元县北四十五里，山势高耸，与云霄相接。"

——〔清〕许鸿磐撰：《方舆考证》卷六十六《四川二·保宁府·关镇》，国家图书馆出版社，2013年

382

龙门阁，在广元县北，即栈道也。《名胜志》《舆程记》云："自城北至大安军寨，管桥阁共万五千三百六十一间，惟石栏、龙门二阁著名。冯钤云：'其他阁道虽险，然在山腰，亦微有径，可以增置阁道。惟此阁，石

壁斗立，虚凿石窍，而架木其上，比他处极险。'"杜甫有《龙门阁》诗。《本志》："县北十里千佛岩，即古龙门阁②。先是凿崖架木作栈而行，后凿石为千佛像，成通衢矣。"

——〔清〕许鸿磐撰：《方舆考证》卷六十六《四川二·保宁府·关镇》，国家图书馆出版社，2013年

383

嘉川废县，在广元县东。《寰宇记》："集州嘉川县在州西一百二十里，宋武帝于此置。宋熙郡及兴乐县后入于魏。至恭帝元年改兴乐为嘉川县，取嘉陵江所经为名。隋开皇三年，以县属利州。唐贞观二年改属静州，十七年复属利州。永泰元年属集州。"按宋始置兴安县，齐改曰兴平，魏改曰兴乐，后更名嘉川。元省。顾氏曰："在广元县东北五十里。"

——〔清〕许鸿磐撰：《方舆考证》卷六十六《四川二·保宁府·古迹》，国家图书馆出版社，2013年

384

石亭县，在广元县西，即石亭戍也。《水经注》："汉水又西经石亭戍，又经晋寿城西而南。"《方舆纪要》："梁天监四年，魏将邢峦取汉中诸城戍，晋寿太守据石亭，峦击走之。石亭在广元西北。"按魏置石亭县属东晋寿郡，后省道，元时盖已省为戍也。

——〔清〕许鸿磐撰：《方舆考证》卷六十六《四川二·保宁府·古迹》，国家图书馆出版社，2013年

385

筹笔驿，在广元县北，相传武侯筹笔处。李商隐《筹笔驿》诗："猿鸟犹疑畏简书，风云常为护储胥。徒令上将挥神笔，终见降王走传车。管乐有才终不忝，关张无命欲何如。他年锦里经祠庙，《梁父吟》成恨有余。"《读史方舆纪要》："筹笔驿在广元县北八十里，即今之朝天驿也。"按《舆程记》："自广元县六十里至沙河驿，又二十里朝天岭，又四十里神宣驿，又五十里宁羌州。"

——〔清〕许鸿磐撰：《方舆考证》卷六十六《四川二·保宁府·古迹》，国家图书馆出版社，2013年

386

诸葛寨,以武侯名也。《通志》:"诸葛寨在南江县西一百里。山有泉,四时不竭。武侯尝屯兵于此。"按南江县西至广元界止三十里,寨应在广元县界。

——〔清〕许鸿磐撰:《方舆考证》卷六十六《四川二·保宁府·古迹》,国家图书馆出版社,2013年

【作品提要】

《方舆考证》是清道光十七年(1837)成书的继顾祖禹《读史方舆纪要》之后的又一部全国性的历史军事地理巨著。清代济宁人许鸿磐(1756—1837)撰。全书一百卷首一卷。主要为辨正清初顾祖禹《读史方舆纪要》而作,重点论述沿革、形势、山川、古迹、险要、兵机、河防、海防、屯政、水利等。许氏一生致仕,70岁后归而著书,阅历广泛,考据翔实,可惜剩山东一省未写完时辞世。后由其同乡李相延续完此书。该书"历考古今图籍,于省、府、州、县志,搜采无遗",在资料取材的广泛与考据详博上都胜过顾祖禹《读史方舆纪要》。

节选部分对龙门山、大小漫天岭、嘉陵江、七盘关、朝天关、龙门阁、嘉川废县、石亭县、筹笔驿进行了详细考证,补所未备、正其舛误,对今天发掘与整理地方历史文化遗产、推进文旅融合发展具有一定的参考价值。

《方舆考证》的传世版本有清道光二十一年(1841)杨氏海源阁刻本、民国二十二年(1933)刻本。

【注释】

①钟子堡 此处误,应为"中子铺"。见第216页嘉庆《四川通志》之"中子铺"注。

②千佛岩,即古龙门阁 此处误。千佛崖即古石柜阁,亦即唐代诗人杜甫所记载的石柜阁遗址。龙门阁在千佛崖北50公里处,踞于神宣驿与朝天岭之间。见第62页《唐代交通图考》之"龙门阁"注。

〔清〕范涞清撰

增修广邑道路碑记

蜀道之难莫如栈，而西栈之险又甚于北（栈）。上自宁羌①、下逮武连②，钩山带河，绵亘六百里。所谓连云者也，而耸西栈之脊。作连云之柱者，厥惟朝天关。是关也，石磴盘空，下临江水，其险数倍于鸡头③、凤岭④，为入蜀第一扼塞。李白云："蜀道难，难于上青天。"信非虚语也。

（国）朝定鼎⑤以来，百废俱兴。雉堞⑥巍然，洵属⑦川陕锁钥重地。惜基址松陷，历久崩塌。往来行人，望而却步。

余于丁未中秋后，代庖兹土，毅然有修举之思，奈⑧差使络绎，左支右绌，欲为而辄止者，屡矣。今岁民和年丰，颇乏案牍之劳。除邑之城垣、文昌楼、关帝坊、奎星阁倡捐修理外，复谋诸邑中士者，平治道涂⑨。一时向风者，不特本处绅民愿襄斯举，即余旧治客商，亦莫不倾囊相助。

签日鸠工⑩，自陕西接界之七盘关起，至昭化交界之榆钱⑪止，上下联络，计程二百余里。中间岭之最著者，曰五盘，曰新开，曰黄荆⑫。关之最著者，曰七盘，曰朝天。山之最著者，曰木寨⑬。其崎岖不易行者，若龙门、飞仙、石柜三阁⑭，尤为秦蜀未有之险。雇夫庀材⑮，向之筑以土者，今累以石。土之下，以石为脚。基之旁，以石为桿。相度经营，不遗余力。历半载而关势巍峨，化险为夷。数百年之缺陷，一旦从而弥之，又树以表道。古有明文："兹自七盘关至榆钱树，道路既修，树木亦应栽植。所植之树，惟柏与桑，相间而植，柏以表道，桑以养蚕，行人更便于憩息。"

是举也，非余一人之力，实阁邑绅民、行商居贾，好义乐施，相与以有成也。

余抚而乐之，是以濡毫⑯而为之记。

——〔清〕范涞清撰：《增修广邑道路碑记》，《广元县志》之《附录（三）·碑记》，四川辞书出版社、国家图书馆出版社，1994年

【作品提要】

《增修广邑道路碑记》，清道光年间署理广元县令事务的资州资阳县知县范涞清撰，今收入1994年四川辞书出版社出版的《广元县志》。碑文描述了蜀道的险峻、难行，"其险数倍于鸡头、凤岭，为入蜀第一扼塞"；"其崎岖不易行者，若龙门、飞仙、石柜三阁，尤为秦蜀未有之险"。碑文记述了清代道光二十八年（1848）秋剑门蜀道修建的情况。这是一处有关剑门蜀道的历史见证。同时，碑文也介绍了倡修道路的背景及组织捐资、道路施工等情况。这对于研究当时广元县的经济社会发展情况，具有较高的历史考古价值。

【注释】

①宁羌　即宁羌州，在今陕西省汉中市西南。见第163页《明史·地理志》之"宁羌州"注。

②武连　即武连驿，清乾隆二十七年（1762）于旧武连县置，属剑州。在今四川省剑阁县武连镇。自朝天驿至此，皆栈道所经。民国设县佐。

③鸡头　指鸡头岭。在今陕西省汉中市西北。岭上建有关（鸡头关）。《读史方舆纪要》卷五十六褒城县：鸡头关"关口有大石，状如鸡头。自此入连云栈，最为险峻"。明置巡司于此。

④凤岭　在今四川省广元市利州区南。晋永康二年（301），有凤栖此岭，故名。清道光四年（1824），邑令谢玉珩倡建"崇文塔"一座，此岭易名"塔子山"。

⑤定鼎　定都，建都。

⑥雉堞（zhì dié）　古代城墙上掩护守城人用的矮墙，也泛指城墙。

⑦洵属　确实属于。

⑧奈（nài）　同"奈"，怎样，如何。

⑨道涂　即道途。涂，同"途"。

⑩筮（shì）日鸠（jiū）工　筮日：行卜筮礼仪之当日。鸠工：聚集工匠。

⑪榆钱　即榆钱树，亦称榆钱铺。在今四川省广元市昭化区昭化镇境，古剑门蜀道上。

⑫中间岭之最著者，曰五盘，曰新开，曰黄荆　五盘岭（即七盘岭）、新

开岭在今四川省广元市朝天区中子镇北。黄荆岭，今名黄家岭，在四川省广元市朝天区朝天镇龙门村与中子镇宣河村之间。

⑬山之最著者，曰木寨　木寨山在今四川省广元市朝天区中子镇，转斗铺与七盘关之间。

⑭龙门、飞仙、石柜三阁　龙门阁、飞仙阁在今四川省广元市朝天区，石柜阁在今四川省广元市利州区千佛崖侧。

⑮庀（pǐ）材　备齐材料（多指建筑材料）。

⑯濡毫　濡笔。谓蘸笔书写或绘画。

〔清〕沈炳垣撰

星轺日记（节选）

清咸丰二年七月二十三日，卯初三刻行。过小坡，上下五里又上坡，十里石道甚高，有积水，泥滑处险甚。至七盘关，有"小心移步"石碑，地系四川境，属广元县界。又五里下坡，至较场坝①，其地有大店。又十里至转斗塘（铺），有业丝者。又三十里过河两次，水至膝。过小坡约二三里，至神宣驿。今日本拟至朝天关住，因离此三十里有河，路雨后淤泥壅阻，不能过。且此地向来为入川第一宿站，朝天关恐多不便。遂在此宿。馆甚宽。自入宝鸡后山馆，每以地限局促者多，得此颇快意。天晴凉，巡捕候补州吏目钧平（汉军内务，府人，蓝舫，行一）来接，并带各官名帖（总督徐泽醇，号梅桥；将军裕瑞，号集庵；署藩苏敬衡，号蔗林；署臬胡兴仁，号恕堂；提调监茶道清安泰，号秋浦；监试成绵道马秀儒，号艺林；署首府松潘同知李宗沅）。

二十四日，卯初二刻，行十里，至龙洞背。四山忽合，中空一洞，水自洞入窈而深。上有龙门阁。人在山上行，渐下二十里渡河。河宽里许，深二尺，正当嘉陵江口，水势甚急。无渡船，涉水极险。登岸即朝天镇，居民颇多，无大户。又上坡十数盘，至朝天关，计十里。时值小雨，云气迷茫，四顾天壤一色。其高比北栈之凤岭、煎茶坪殆过之。幸数千级皆石道，且有徐梅桥制军修筑石栏，着脚甚稳。下坡十五里，过金鳌岭至望云驿②尖。馆内有戏台，盖后层本佛殿也。尖后沿嘉陵江行十五里，至沙河驿。有水从东南来，西流入嘉陵，乱流而渡。江中有小艇。自朝天关至县城，可通水道。又约二十里，过飞仙岭，其北有瀑布，宽丈许。又约十五里，经千佛崖，峭壁镌大小佛像千尊，涂以丹漆。摩崖题咏不少奇观也。又行十余里，内过沟水两次甚险，沙泥过膝。至广元县，有边连秦陇雄据葭关木坊。北门名"怀羌"，向不开。绕道至西玉带，堤有蚕桑十二事藏龟处，石上镌"嘉陵砥柱"四字。

——〔清〕沈炳垣撰：《星轺日记》，《近代中国史料丛刊》，文海出版社，1969年

389

（清咸丰二年九月）广元、昭化多种包谷。徐令云："此地去年甚荒，自正月至六月，人死不少，金秋尚有七八分。年岁地多柿，一钱易两枚。"

二十四日，卯正行六十五里，望云驿尖。路上遇微雨。又行五十里，至黄荆关。又五里至神宣驿宿。驿丞孙礼渭郊迎。今日过沙河驿及朝天镇，向时涉水之处，皆成木桥，下有微水而已。

二十五日，卯正二刻行，孙驿丞送。六十里至黄坝驿尖。五十里至宁羌州宿。

——〔清〕沈炳垣撰：《星轺日记》，《近代中国史料丛刊》，文海出版社，1969年

【作品提要】

《星轺日记》系沈炳垣（1819—1857）奉命典试四川省乡试，由京师入蜀，沿途记其见闻撰成。该书记载了沈炳垣由京师出发，经直隶、山西、陕西省到四川省成都的道里里程，对途中的先哲圣人祠墓、风景名胜、寺院古迹都有记述，至于各地土地的肥沃、民俗的勤惰、年谷丰凶贵贱也不乏述陈，而对壬子科四川省乡试，记载尤为详尽。从另一个侧面，该书反映出主考官地位之尊和清末官场的一些习气。《星轺日记》史料蕴涵丰富，对于交通史、经济史、民俗学及区域史研究都有重要的史料价值。

节选部分记述了沈炳垣由陕入川经七盘关、校场坝、转斗塘（铺）、神宣驿、龙洞背、朝天关、望云驿、沙河驿、飞仙岭入广元县以及从广元县出发过朝天到陕西省宁羌州的所见所闻，从一个侧面反映了当时广元朝天政治、经济、社会发展的一些情况。

《星轺日记》版本有清光绪十一年（1885）海监沈氏蜀南道署刊印本，今存复旦大学图书馆。

【注释】

①较场坝　在今四川省广元市朝天区中子镇校场村，因明崇祯十年（1637）十月李自成军在此操练而得名。

②望云驿　即今四川省广元市朝天区沙河镇望云村，中唐置。见第51页《太平广记》之"望云"注。

〔清〕文祥撰

蜀轺纪程（节选）

咸丰四年八月十六日，由宁羌州至黄花铺。五十里早尖，路甚偏，饭后二十里逐①出陕境，渡小河，入七盘山②。山侧有"小心移步"之碑。又行四十里至广元县属之神宣驿，乃蜀栈。适逢大雨，路滑，山隘危，坐不安钓，使人恭轿亦有。然未至神宣驿十数里，天已昏黑，雨复不止。然炬而行，半明半灭，摸索于蜀路中，洵可危也。（共行一百一十里）

十七日，由神宣驿起程，行三十里至朝天街。中过龙硐背山，水由硐下穿过。早尖后度朝天关，上下三十里，虽高，尚不险，俱系广元县令朱公（印）凤云捐资所修。广元乃蜀之东北门户。朱令办理团练名著，远近亦伟才也。午后过千佛崖，随崖刻佛像，高下大小错落不一，绵亘半里许。俯临汉水，惜栈路仄。加以乡勇排列，未能驻观。申正，抵广元。是日，并站而行，幸夜雨早晴，尚不致十分艰苦。（此行一百二十里）

——〔清〕文祥撰：《蜀轺纪程》第三章，《巴蜀珍稀交通文献汇刊》，成都时代出版社，2016年

【作品提要】

《蜀轺纪程》记载清咸丰四年（1854）瓜尔佳·文祥的四川省之行，反映了当时中国西北及南方一些地区的政治、经济情况。瓜尔佳·文祥（1818—1876），字博川，号文山，满洲正红旗人，世居盛京（今辽宁沈阳）。晚清名臣，"洋务运动"的主要参与者和领导人之一。道光二十五年（1845）进士。曾任都察院左都御史、工部尚书、吏部尚书、协办大学士、武英殿大学士等职。有《蜀轺纪程》（一卷）、《巴林纪程》存世。

节选部分记述了作者由七盘关入广元的路况、里程、自然环境、天气情况及其感受。

《蜀轺纪程》版本有民国二十五年（1936）《辽海丛书》排印本。

【注释】

①逐 此处误，应为"遂"。
②七盘山 即七盘岭。见第62页《唐代交通图考》之"五盘岭"注。

〔清〕吴焘撰

游蜀日记（节选）

同治十三年六月初十日，发宁羌州。三十里至回水河。过河，地渐高。仰面登陟，约六七里至牢固关，亦秦蜀冲要也。由牢固关南去峻坂相续，自上下下，层出不穷。李白诗所谓："山从人面起，云傍马头生。"是也。十里至黄坝驿①。小憩时，薄云韬日，凉风动衣，遥望山谷，白雾济漫，雨声隐隐。自南来下山，不数里，风驰雨骤，有舆行泥坂上，百步九折，倍极艰危。须臾，又上一坡路更陡滑。余垂帘坐舆中，目无所见，惟听雨声滂沛而已。行数里路，忽左转，舆夫每一举足，辄小作停顿。余心知为险地，俄风动帘开，瞥见道旁一石碑，书"小心移步"四字，信为往来畏道矣。又里许至七盘关。七盘关古名五盘岭。唐岑嘉州诗："平旦驱驷马，旷然出五盘。"杜工部诗："五盘虽云险，山色佳有余。"是也。同人小住避雨，有老僧为余言："此山为川陕分界，适所过乃七盘之最险处也。相传乾隆初，有某抚军眷属道经其地，一女公子坐骡轿，崖高路狭，一骡失足，轿随骡堕，人骡俱为齑粉。后当事者缭为短垣，并立碑以戒行旅焉。"雨止，下坡行五里，至较场坝，地属广元县治，川北之边界也。居民数百家，处众山中，周围平地。不及十里，秧畦麦陇，绣错绮分，视北栈之瘠苦风景，固殊焉。

十一日，阻雨。

十二日，晴。骡夫以溪水新涨，驼载不能过，坐俟水落干后。余登北山闲眺，循石径陂陀而上数十步，有土崖可以驻足。崖畔农夫数人，荷笠锄禾。再上皆沙坂，滑不容趾。余鼓勇而登，又数十步始至半山。俯视，阁关撑地，炊烟香霭起于竹树间。南望清流一道，自东来绕山麓西去，盖山间小河。下合于嘉陵江者渡口，系扁舟一叶，旁设溜箭②，村童三五浴于水面，浮漾若凫鹥③。仰瞻，峰顶相去，尚不知其几千仞也。忆道光甲午年，余曾游金陵楼、霞山，登最高峰，目穷千里，至今思之，犹以为快。蜀地之山则不然，虽至高处亦不能望远，可见蜀山之高且多矣。

十三日，发较场坝。时溪涨渐消，野航可渡。骡行水中，水才及腹。二十里至中子铺。路过小溪无数，盖人行山峡，溪流盘西，水逆折而人顺行，故有一水而屡过者。又十五里至神宣驿。过神宣驿十里至龙洞背，一名龙门山，在广元县北八十二里。两山夹涧，石壁对峙，中间相连如脊，下即龙洞，涧水流入洞内。（洞深不可测，中多石燕，余买得数枚，大如指头一颗石耳。不知何以在洞中能飞也。）伏行十五里，穿洞而出，入嘉陵江，即《禹贡》之潜水也。洞之背有阙门危立。阙门之右，一坡陡上，老木参天。独南有古庙，岿然立于山顶者，为"禹王庙"。自下至上约三四里，盘纡苍郁，登顿为劳。杜工部诗云："清江下龙门，绝壁无尺土。长风驾高浪，浩浩自太古。危途中萦盘，仰望垂线缕。滑石欹谁凿，浮梁袅相拄。"岑嘉州诗云："汗流出鸟道，胆碎窥龙窝。"王渔洋诗云："众山如连鳌，突兀上龙背。万壑争一门，雷霆走其内。"方象瑛诗云："神龙穿石飞，洞壑昼常晦。人乃捷于龙，盘旋出龙背。"山川之奇险，诸诗形容殆尽，非亲至其地考不知也。按杜工部诗为龙门阁作。龙门阁亦名龙门山，一名葱岭山。《梁州记》云："葱岭山有石穴，高数十丈，其状如门。"是也。而《广元县志》云："龙门阁在县北千佛崖侧。"千佛崖去县仅十里，此地距广元九十里。又按《方舆胜览》云："他阁虽险，犹在山腰。惟此阁虚凿石窍，架木其上，比他处极险。"据此，则龙门阁似仍在嘉陵江上。千佛崖之侧大约阁道久废。后人求龙门阁遗址不可得，遂谓今之龙洞背即龙门阁矣。过龙洞二十里至朝天镇。镇背山面江，商旅辐辏，川北一巨镇也。时方过午，余与同人赴南街观剧。有神祠建于山半，神台背临江岸，台下人声鼎沸。余不耐久坐，就寺外树阴小立。俯视，江平如掌，江面小舟往来不绝。盖蜀道至此，水陆皆通矣。

十四日，发朝天镇。有汛。官马姓率弓兵送于郊外。是日，骡夫尽卸，骡载登舟，骡数头随肩舆。缓行十里至朝天关，一名朝天岭。《广元县志》云："朝天岭在县北五十里，路径绝险。"舆夫谈及此岭，靡不动色相戒。盖南栈第一高坡也。

国朝岳大将军钟琪④诗云："盘曲上崇椒，崎岖倍觉劳。水深因岩狭，山峻带云高。"李鼎元诗云："险势过牛头，峻极出天界。钩梯与危栈，到此益奇怪。"盖蜀地山形多瘦削，唯此，山穷窿⑤兀，嵂⑥不见巅际。初登路稍阔，愈进愈仄，蜿蜒一线，旁行斜上，高出云表。昔人登泰山云：

"前人见后人顶，后人见前人踵。"斯地有焉。山半有石碑，书"小心移步"四字，视七盘道中之碑，正方一小垂堂之戒，不啻重言申明矣。行数里至朝天关。关门雄峙，崇墉巩固，环以雉堞。停舆四望，诸山如在地底。昔李太白登落雁峰曰，此间呼吸之气相通，帝座兹山或庶几焉。关之左有铁炮数尊，临瓦砾中间。同治初尝有兵戍守。下关不数里，道左大石上，镌"金鳌岭"三字。过金鳌岭为大石岩，两山相连，皆石壁千仞。俯瞰江面，光滑无草木。又数里为望云铺，亦名望云关。《县志》云："望云关在县北四十五里，山势高耸，与云霄相接，故名望云。"又数里过飞仙阁。《县志》云："飞仙阁在县北飞仙岭上。"杜工部诗所谓"土门山行窄，微径缘秋毫。"渔洋诗所谓"仰眺飞仙阁，鸟道危一线。弯环历三朝，向背穷九面。"者，是也。近日，注杜诗引《方舆胜览》云："飞仙阁在兴州东三十里。"兴州为今陕西之略阳县地，去广元甚远。未知孰是。按飞仙阁，相传即徐佐卿化鹤跧伏⑦之所。《集异记》："唐明皇猎于沙苑，有孤鹤，上亲射之，其鹤带箭矫翰，西南而逝。时益州明月观有道士徐佐卿，楼上，一日自外来，语院中人曰：'吾行山中，偶为飞矢所加。然此箭非人间所有，留于壁上。后年箭主到此，即宜付之。'及明皇幸蜀，至斯观，忽睹挂箭，命侍臣取之，即当日射鹤之箭也。"又十余里至石桥铺。余与范孝廉入茶肆饮茶。矮屋一间，背临江岸，庄窗望隔江，烟峦如画，修篁乔木，野寺楼台。二村镇也。地产煤炭。贩卖者，往来如织。过石桥铺十五里，为千佛崖。《县志》云："千佛崖在县北十里、嘉陵江东岸上，即古之石柜阁。石崖如门，先是悬崖架木作栈而行。唐时韦抗凿石为路，并作千佛，遂成通衢。"

——〔清〕吴焘撰：《游蜀日记》卷下，四川省地方志编纂委员会辑《四川历代方志集成》，第四辑第25册，国家图书馆出版社，2017年

【作品提要】

吴焘，字子明，别署倦游逸叟，人称吴四先生，云南昆明人。清光绪丙子（1876）进士。同治十三年（1874）由北京前往成都，撰有《游蜀日记》。

节选部分记写了作者入川过朝天入广元的行程。登七盘关、朝天关，上龙门阁、飞仙阁，过较场坝、望云铺，借历代诗文描写朝天如画的山水。旁征博引，存留他人资料较多。

《游蜀日记》版本有清抄本，今存国家图书馆。

【注释】

①黄坝驿　在今陕西省宁强县汉源镇。《大清一统志·汉中府二》："黄坝驿在宁羌州西南八十里。有驿程。南至四川省保宁府广元县神宣驿四十里。今有把总分防。"

②筩（tǒng）　同"筒"。

③凫鹥（yī）　凫和鸥。泛指水鸟。

④国朝岳大将军钟琪　即岳钟琪（1686—1754）。岳钟琪，字东美，号容斋，又号姜斋，成都人。官至川陕总督、宁远大将军。好吟诗，有《姜园诗草》《蛮咏诗草》《复荣诗草》。

⑤窿（lóng）　古同"隆"，高。

⑥崶（lù）　山高峻的样子。

⑦跧（quán）伏　趴在地上。

〔清〕钟登甲撰

蜀景汇览

[望喜楼　望喜驿　沙河驿　望云铺　飞仙阁　飞仙岭]

望喜楼，今废。按望喜楼在望喜驿，即广元县沙河废驿，在望云铺北十五里①。

飞仙阁，在广元县北飞仙岭。

——〔清〕钟登甲撰：《蜀景汇览》卷三·唐元稹《望喜楼》·题注，《巴蜀珍稀名胜古迹文献汇刊》，成都时代出版社，2015年

【作品提要】

钟登甲（1852—1929），字多寿，名启和，学名登甲，四川省广汉人。清代著名藏书家，一生著述甚丰，钟登甲刻本的问世和广泛传播，为更多学者了解巴蜀乡邦人物及其著作做出了重要贡献。编撰的《蜀景汇览》《蜀景汇考》是清代两部重要的地理著作。《蜀景汇览》以汇集历代四川省景物诗赋为主，《蜀景汇考》则重在对每一景物进行撰述和考证。两书对复原或重建历史时期四川省人文和自然景观、开发旅游文化产品等方面都具有重要的文献价值。

节选部分介绍了清代朝天境内望喜楼、飞仙阁两处名胜古迹的具体位置。

《蜀景汇览》版本有清光绪八年（1882）乐道斋刻本。

【注释】

①望喜驿，即广元县沙河废驿，在望云铺北十五里　此载有误。见第188页《读史方舆纪要》之"县北四十里有望喜驿，唐名也，今曰沙河马驿"注。

〔清〕王锡祺辑

小方壶斋舆地丛钞

[神宣驿　望云驿]

393

褒城县开山驿五十里至沔县黄沙驿①，四十里至沔县顺政驿②，九十里至沔县大安驿③，九十里至宁羌州柏林驿④，四十五里至宁羌州黄坝驿，六十里至广元县神宣驿，五十里至广元县望云驿，四十里至广元县问津驿⑤，四十里至昭化县昭化驿，四十里至昭化县大木树驿，四十里至剑州剑门驿⑥，六十里至剑州驿。

——〔清〕王锡祺辑：《小方壶斋舆地丛钞》第一辑《驿站路程》，杭州古籍书店，1985年

【作品提要】

《小方壶斋舆地丛钞》，为清代中外地理著作汇钞。全书分为三部分，即《小方壶斋舆地丛钞》《小方壶斋舆地丛钞补编》《小方壶斋舆地丛钞再补编》。王锡祺（1855—1913）辑。王氏早年从事经、史、诗、文，但尤喜地理学。从光绪三年（1877）起，共搜集清初以来中外有关地理的各种著述一千二百余种，编为十二帙，共数百万字，至光绪十七年完成并出版，是为《小方壶斋舆地丛钞》。该书卷帙浩繁，内容充实，包括地理总论、中国各省和边区形势、抚绥武功、旅行纪程、山水游记、各地风土人情、少数民族风俗，以及当时世界其他各国的山川地理形势与各大洋情况。《小方壶斋舆地丛钞补编》于光绪二十年出版，系作者继续收集地理资料编成。全书共收地理著述五十八种，分为十二帙。甲午中日战争后，王锡祺又搜集当时中外的国情资料和地理方面的新论述，辑为再补编，以唤醒国人。《小方壶斋舆地丛钞再补编》于光绪二十三年完成。全书共收地理论著一百八十种，分为十二帙。《小方壶斋舆地丛钞》及其补编、再补编范围广泛，内容翔实，保存了清代相当完

整的珍贵的地理资料,是研究清代中外历史地理方面很重要的一部丛书。

节选部分记述了经金牛道入川过神宣驿、望云驿、问津驿至剑州驿的里程、线路,对研究清代广元交通具有一定的价值。

《小方壶斋舆地丛钞》版本有清光绪辛卯(1891)上海著易堂排印本。大连图书馆藏王锡祺《小方壶斋舆地丛钞三补编》稿本,为海内孤本。

【注释】

①黄沙驿 即今陕西省勉县东黄沙镇。《大清一统志·汉中府二》:黄沙驿"明置。本朝初设驿丞,乾隆五十五年裁"。

②顺政驿 在今陕西省勉县西。《读史方舆纪要》卷五十六勉县"大安关"条下:"又顺政驿在今县治西。"

③大安驿 明初改金牛驿置,即今陕西省宁强县大安镇。《大清一统志·汉中府二》:大安驿"在沔县西南九十里。本名金牛驿。明初置。旧有驿丞。今裁。设有把总分防"。

④柏林驿 在今陕西省宁强县北。《大清一统志·汉中府二》:柏林驿"在宁羌州治北"。

⑤问津驿 原名嘉陵驿,在今四川省广元市利州区上西坝。唐姚鹄《问津驿》诗云:"楼压寒江上,开帘对翠微。斜阳诸岭暮,古渡一僧归。窗回云冲起,汀遥鸟背飞。谁言坐多倦,目击自忘机。"

⑥剑门驿 即今四川省剑阁县北剑门镇。《大清一统志·保宁府》:剑门驿在"剑州东北六十里。本朝乾隆二十七年置驿丞"。民国时有县佐驻此。

〔清〕佚名撰

栈程随笔（节选）

394

（光绪四年戊寅）十二月十一日丙戌，卯初二刻起，辰初二刻发宁羌，已正卅里至回水铺。早尖①。午初二刻发回水，未正二刻四十里至教场坝②。路甚险峻，以其隘而高也。过七盘关，关路上有"小心回步"碑，即入川境矣。是日，落阴早望，四山积雪，晓霞横出岭，手小能烘。到行馆，六人同住，晚饭草率，尖。初略计行七十里。

十二日丁亥，初卯二刻起，辰初发教场，已正二刻四十里至神宣驿，换马，早尖草率。午初二刻发神宣，未正卅里至朝天镇。行馆甚秽且隘。三人同住，岁气容胆，处天阴雾大，却于观山水颇有雅致，惟店屋湿潮。北方人习惯干晚饭，自作水角，尖。正睡。是日，行七十里。

十三日戊子，卯初起，辰初发朝天镇，里余遇朝天关，高峻难行，下坡路即尖站。已初廿三里至望云铺，公馆新葺仅三楹，同大公馆在一处。已正三刻发望云，路稍平，高下难定。由朝天镇有水路可通船楫，本处货船什物多有往来。未正一刻七十里至广元。

——〔清〕佚名撰：《栈程随笔》，《古籍珍本游记丛刊》，线装书局，2003年

【作品提要】

《栈程随笔》是清光绪四年（1878年）十月十八日作者从京师出发，经晋陕二省入川，经七盘关、朝天、广元、剑州、绵州，于当年十二月二十一日至成都的旅行记。行记主要记录每天的行程、里数、天气、食宿情况，间或记载沿途的自然风光、名胜古迹、民俗风情、官员的迎送等情况。

节选部分记述了作者过七盘关、教场坝、神宣驿、朝天镇、朝天关、望云铺至广元的日程、行程里数、道路、天气、周围环境情况。

《栈程随笔》版本有民国年间钞本，收入《历代日记丛钞》。

【注释】

①尖　工间或旅途中小憩并略进饮食。早尖：旅客在晨间用饭休息。尖站：大路上隔一定里程供休息吃饭的地方。
②教场坝　即较场坝。见第293页《星轺日记》之"较场坝"注。

〔清〕俞陛云著

蜀輶诗记（节选）

395

（清光绪二十八年七月）十八日，关西诸水皆入嘉陵江。十五里过黄坝驿，登闵家山，高倍牢固关。左柴岭尤高，山土纯紫色。绝顶有寺，磬声冷然，与天风相回薄。下山有深涧，入四川广元县境。凡行秦境一千七百里。西去上七盘岭，峻险与鸡头山埒。修治以来，设拦马墙以护行客。道旁刻乾隆年杨中丞"小心移步"碑，想见当日之危。岭头设石峡关，过武侯坡，至教场坝宿。川督奎乐峰令巡捕臻寿、王有寿等来迎。行七十里。

《七盘岭入蜀境》："垂髫曾吟李白篇，久闻危栈上青天。偶随博望秋槎使，来听相如蜀国弦。文藻江山人代远，君臣鱼水霸图偏。严关白马舒雄眺，万壑云涛走鸟边。"

十九日，早凉。登木架山，由山壁盘折而上，十里转头铺。疏蓼飓波，丛芦霁雪，水国秋意颇深。隔溪穹阜上，隐约露招提绀宇。时啯匪啸聚，各城镇名捕严惩之。行十里中子铺。涉河二道。浅草平漪，非复狂澜狠谷。篁阴柳翠，错互道旁。十里纸房铺。十里神宣驿。山下建石柱，四周刻佛号，上镌佛像。尖后，逾一土阜，遂登龙洞背。奇峰陡削数十丈，石棱怒出。下有巨穴，窅然①深黑。潜水奔灌穴中，声撼崖谷。倒垂银汉，俯烛幽都，神禹疏凿之奇也。洞产石燕，鳞鳞起纹，形若弹丸半剖，遇阴雨则飞舞洞中，伏则黏石壁上。以一钱购一枚，谛视之，绝不似燕。山顶路甚平，草树阴翳，颇似原野。俯见潜水一痕，明灭于双崖断处，始知身在峰头也。十里折角铺②。下山见万瓦高低，一川浩荡。抵朝天镇宿。行七十里。

《龙洞背观潜水伏流处》："万川皆直下，此独向山奔。猿鸟愁临穴，雷霆怒夺门。九幽椎地肺，一线灌云根。疏凿窥神迹，方知禹德尊。"

二十里，登朝天岭。半山折角处，一树斜欹，颇饶古致。江流至此渐宽。小舟数十，雁次泊岸。在山中盘绕约十三里，石径颇广。回眺，则崖树荠浮，江船萍泛，旧刻"小心移步"石碣尚在。下山，十二里食于望云驿，后屋祀马王。出驿，折栀子花插瓶。山中杂花遍地，栀子最香，槿花最艳。

途中捡石子，异色咸备。洞穴中偶见黄色貂，如松鼠而大，见人驰去。午倦小睡，比醒已行二十里，至沙河镇。江船逆流而上，百丈争牵，喧呼应谷。石壁题曰"云栈康庄"。十里飞仙岭，云屏一片，横截江心。峰顶三面斜削，飞仙阁踞其上。长松环翠，清梵入云，当是吴道子画中佳处。十里大堂子，崖壁有石穴二，望之深黑。各村蜀黍丰收，崇墉比栉。十里须家河，由石桥渡溪。地产煤，村旁路侧处堆积。村人云："此间之山无不生煤，能设法运远，无尽之利也。"过村后见一山，乃无数小石子攒结，而若人力累积者。十里千佛崖。遥望前山，五色照眼。心颇讶之。迫视之，全山悉凿佛像，密布无隙，自尺许至丈不等，化身各异，丹漆相辉，直达崖顶，尚有佛龛数处。唐益州都督韦抗所造。苏颋有《利州千佛岩记》。摩崖字如"千佛一心""嘉陵胜景"等，皆国朝人所题。前行出石柜阁下，沿江十里至广元县宿。行九十五里。

《飞仙阁》："仙人三角髻，高拥碧云端。石势西奔健，江身左让宽。村烟团树密，渔火带星寒。缁服萧然意，何须百炼丹。"

——〔清〕俞陛云著：《蜀輶诗记》卷上，第31—33页，上海书店，1986年

【作品提要】

《蜀輶诗记》是俞陛云典试四川省，主持科举考试的纪程之作，是一部描述沿途风光的诗集。书凡上、下二卷，上卷纪自北京经陕西省越秦岭入川；下卷纪其蜀闱校士既毕，自成都放船东下长江的所历闻见。俞陛云（1868—1950），字阶青，别号乐静居士，晚号乐静老人、存影老人，浙江德清人。经学家俞樾之孙，红学家俞平伯之父，近代知名学者、诗人，并精通书法。清光绪二十四年（1898）进士，官翰林编修。光绪二十八年（1902）典试四川省。民国改元，受聘协修《清史》。

节选部分记述了作者由陕入川经行七盘关、转头（斗）铺、神宣驿、龙洞背、朝天岭、飞仙岭等地的所见所闻，包括沿途的自然风光、人文古迹、物产资源介绍等，以及三首写景诗。

《蜀輶诗记》版本有民国十年（1921）铅印本。通行版本有1986年上海书店排印本。

【注释】

①窅（yǎo）然 幽深遥远的样子。
②折角铺 又称扎脚铺、杂果铺。见第201页雍正《四川通志》之"杂果铺"注。

〔民国〕陈涛撰

入蜀日记（节选）

396

光绪乙未十月朔日，早沿山，跨回水河，至牢固关（初名白马，后改百牢，今称牢固）。凡四十里，俱彳亍①上下，虽无北栈险峻，然陡坡常寻丈，对面竖立路窄，褊若剑芒戟牙，亦大不易行。下关涉潜水，复缘山腰，扪萝攀葛。十里至黄坝驿。居人折松作棚。针芒紫翠，充架盈庭。清风徐至，忽落异香。画中仙境也。约十里过石峡关，昔人谓为"西秦第一关"。下关即俗称广元县界。又历七盘关。与石峡对峙，盘坳而上，高可连云。唐人谓："天河入户低。"是也。十里至较场坝宿。共行七十里。然攀缘之苦，脚力俱惫，殊不减于昨日。吾乡之俗是："早咽水饺，午上坟，祀祖。"今余初辞陕境，蹭蹬长途，不获与家人聚。值此佳节，天阴云晦，其奈之何。心绪作恶，仅得"江静疑无水"一句。

初二日，昨晚沈阴四合夜分，枕畔闻浙沥声。及明，则两点三点，细不粘衣。振袂欲行，舆夫拥被坚不起，疲于登降，遂畏泥泞，若虎止焉。回首家园，心绪如麻。此处踞县路八程，重山回合。及晚，云容如墨气，蒸蒸欲湿襟袖。而寒气凛凛，岂将酿为雪耶。明日行止，尚未可知。客况萧索无可自遣，围炉向火，仰天叹息而已。

初三日，阻雨，未行。路逢扶榇归者，其家人成都，父在伊犁将军幕病死，奉其母与妹偕归。值回，逆凶狼，拔刀相向，与仆辈狼奔鼠窜，幸刃不及胸，而母妹以为掠去，踪迹渺然。尤惨者，灵輀②被贼破裂，寸断尸骨而去，呜呼。彼寇亦具有人心者，死者何知毒戮至此。其于生者更可知矣。引领西顾，不识河狄间成何景象。秦陇唇齿，诸军疲蔽彷徨，瞻望心胆为寒。乃其人丰肌润色，乘肩舆四人舁之。日与冤魂、碎骨相栖止无少，悽然，见于颜面。但闻呼土妓咙粱肉，与仆辈侮嬉焉，为乐嘻。人而如此，天何以堪。欲厌乱得乎。此事，河南卖人为余述，并乎为呆少爷云。

附近数日栈中杂诗。《神宣驿》："劳顿供军忆，蜀能制中原。云帆辽海远，惆怅过神宣。"

初四日，微雨。一夜及明，犹有滴沥声。八钟雨止，启行。仰见四山兀硉③，顶上白如聚沙，盖雪痕薄幕也。与山色岚气相间。更错以绿树红荼，新雨甫湿，如染如然。轻寒送爽，忘路之滑。十里至转头铺④，十里至中子铺。骄阳灼灼，和气煦人。山路多沙土，不如山外泥淖。途径坦然。初念不及，十里至纸房堡⑤，十里至神宣驿。驿东北山经迂曲旋折，上下无定。西带群山，众峰辐积，穿蚁珠曲路。拾级而登，十里至龙门阁。峻岭一条横跨两山。青石嶙峨，如切如剉。其下幽谷千寻，深洞无底。水流其中，可通九轨。由洞中蛰伏而行，小径达朝天，较通衢捷数里。岭即龙攻背。土人谓洞，实龙攻者，非也。《元和郡县志》《华阳国志》俱谓"蜀葱岭有龙门阁，在绵谷东北"者，此耳。山多寿藤，丛木蟠虬，走兽、根株黝然。下二十里朝天镇。未至里许，俯见江流清碧，环绕如带，瓦屋鳞比，山市霏烟，殊饶幽。兴逾石桥数十步，抵宿。桥长数丈，石栏回护，一平如掌。下凡十五洞，光绪年创建，亦巨工也。葱岭高峻，巅顶望诸山如儿孙，亦南栈伟峰也。杜公有《龙门阁》诗，形容岩洞刻画深细。独惜此老，由同谷⑥入蜀，不及见陈仓⑦诸险耳。南栈除朝天、剑门，今尚未经馀，俱不敌凤岭、鸡帻。

宿五盘逾雨二首（诗已录）。

初五日，早晴。因舆人疲不堪，遂买舟，顺流下嘉陵。十一钟始行。始谓"扁舟轻迅，瞬息可达"。及登，则货物填委盈板满仓，人无驻处，得容膝地于蓬背，终日不能便，旋苦甚于车是役也。乘马驾舟，肩舆步趋泥行。夜征备极尝试，亦备经险阻，然则行不綦⑧难哉。此日，尤不便途。出朝天峡，双峰秀峙，石骨嶙峋。上即朝天关，栈路所经，往往遇道旁卧石，巨细纵横，具别透露瘦之奇。如好事者，以数骆驼载之，当亦赏鉴。家所必许也。陆路极不易行，素称南栈之险，其下傍水缘山，旧凿方寸石窦屡千，盖即昔人架木作栈之遗迹。将抵广元，十里经千佛崖，倚石壁镌慈氏像无量。时江水文波，一泻千里；红林白石，隐映山间；渚凫沙鸥，往来浮泛。极江天杳霭之致，亦堪慰耳。予自丙子赴嘉定⑨，随亲舟行数日，景物之清、行程之便，今尝念之此际，又怆然欲绝矣。计程九十三里。广元即古之益昌。

——〔民国〕陈涛撰：《入蜀日记》，《二十世纪日记知见录》，国家图书馆出版社，2014年

【作品提要】

《入蜀日记》是清光绪二十一年（1895）九月十三日，陈涛因经商之事，由周家道出发，由陕入川，沿金牛道，经七盘关、广元至剑门关，历时两个月到达绵州直趋成都的旅行记。行记记述了每天的日程、行程、里数、天气以及沿途的自然风光、人文古迹、民间传说、部分即兴诗词，寄寓了作者的思亲怀乡之情。陈涛（1866—1923），陕西省三原县人，近代学者、诗人。戊戌变法失败后，为躲避清政府追查，携家眷南入粤都陶肃勤幕府，襄办学务。后历任周馥、张人骏、岑春煊、张鸣岐诸部幕僚。曾赴日本考察。辛亥革命后，徘徊沪上，后供职于中华民国财政部。著有《入蜀日记》（一卷）。

节选部分记述作者过七盘关、较场坝、神宣驿、龙门阁、朝天镇、朝天峡等地的所见所闻。对朝天关的记载，体会到了朝天关之险。对昔日南栈于悬崖峭壁间凿孔、以木作栈等方面还作了考察。

该书版本有民国十三年（1924）《审安斋遗稿》排印本。

【注释】

①彳亍（chì chù）　慢步行走；徘徊。
②灵輀（ér）　丧车。
③硉（lù）　高耸突出物。
④转头铺　此处误，应为"转斗铺"。见第202页雍正《四川通志》之"转头铺"注。
⑤纸房堡　即纸房铺。见第202页雍正《四川通志》之"纸房铺"注。
⑥同谷　即同谷县。西魏恭帝元年（554）改白石县置，治今甘肃省成县，属广业郡。北周属康州。隋属河池郡。唐属成州。乾元二年（759），诗人杜甫寓此，感伤安史离乱，作《同谷七歌》。宝应元年（762）地入吐蕃。咸通十三年（872）复置。后为成州治。蒙古至元七年（1270）废入成州。
⑦陈仓　此指陈仓道（即故道）。北起陈仓（今陕西省宝鸡市东、渭水北岸），西南出散关，沿故道水河谷至今凤县，折东南入褒谷，至汉中。汉高祖元年（前206），刘邦自汉中由故道出陈仓还定三秦。
⑧綦（qí）　极，很。

⑨嘉定　南宋庆元二年（1196）以宁宗潜邸升嘉州置，治所在龙游县（清改名乐山，今四川省乐山市）。属成都府路，辖境相当今四川省乐山、峨眉山、夹江、洪雅、犍为等市县地。元至元十三年（1276）改为嘉定府路。明洪武四年（1371）复为嘉定府，属四川省。洪武九年（1376）降为嘉定州。清雍正十二年（1734）复升为嘉定府，辖境相当今乐山、峨眉山、夹江、洪雅、犍为、威远、荣县、峨边等市县地。1913年废。

〔民国〕赵尔巽等撰

清史稿

［广元］

397

广元　冲，繁，难①。府北三百里。

东：凤凰山②。西：乌奴③、白马。北：金城。东北：可沆山。

——〔民国〕赵尔巽等撰：《清史稿》志四十四《地理十六·四川·保宁府》，中华书局，1998年

398

潭毒山在北，下瞰大江。又七盘岭为秦、蜀分界处。

——〔民国〕赵尔巽等撰：《清史稿》志四十四《地理十六·四川·保宁府》，中华书局，1998年

399

嘉陵江自陕西宁羌州入，迳城西，又西南入昭化。

北：潜水源出龙门山，迳龙洞口，至朝天驿入嘉陵江，汉寿水、涤溪从之。

——〔民国〕赵尔巽等撰：《清史稿》志四十四《地理十六·四川·保宁府》，中华书局，1998年

400

巡司二，驻神宣驿、百丈关。

驿三：问津、神宣、望云。

——〔民国〕赵尔巽等撰：《清史稿》志四十四《地理十六·四川·保宁府》，中华书局，1998年

【作品提要】

《清史稿》是民国初年设立的清史馆编写的记述清代历史的未定稿。赵尔巽（1844—1927）等撰。全书536卷，包括本纪25卷，志142卷，表53卷，列传316卷。所记之事，上起1616年清太祖努尔哈赤在赫图阿拉建国称汗，下至1911年清朝灭亡，共296年的历史。《清史稿》取材"以实录为主，兼采国史旧志及本传，而参以各种记载，与夫征访所得，务求传信"。大部分依据《清实录》《宣统政纪》《清会典》《国史列传》和一些档案资料写成，系统整理了清代的史料，为后人研究清代历史积累了丰富的素材。然纂修者多为清室遗老，眷恋清朝的心态甚重，故书中很多反对革命、诬蔑先烈、谀扬清朝之词，政治立场有很大问题；当时清朝的档案尚未清理，修史者只能根据原国史馆中的稿件和有关史籍，不能直接利用原始档案，故价值较逊；《清史稿》成书时，国民党的北伐军即将入北京，仓促付印，未能对全书统一修改和认真校勘，故史实、人名、地名、时间的错误遗漏比比皆是。尽管《清史稿》存在许多缺陷，在新修《清史》未出版时，这部未定稿的正史，也就成了我们研究清史的一部很有价值的史书。

节选部分记述了广元的区位、山川、河流、关隘、驿站等方面内容。文字极其简略。

《清史稿》通行版本是2015年中华书局出版的《清史稿》（全48册）版本。

【注释】

①冲，繁，难　清雍正间，由广西布政使奏准，分定全国州县为冲、繁、疲、难四类，以便选用官吏。冲谓地方冲要；繁谓事务繁重；疲谓民情疲顽；难谓民风强悍难治。

②凤凰山　在今四川省广元市城区。相传唐贞观初，精通星相学的袁天纲从京师长安南下入蜀，于端阳节这天到达利州城（今广元市）。当时，嘉陵江上正举行龙舟赛，利州都督武士彟携小女武则天坐在船上观看。突然，从江水深处窜出一条乌龙，摇头摆尾地向西山飞去。同时，一只凤凰伴着彩霞飞来，在东山顶上长鸣一声，然后向北方飞去。于是后人将利州城西的紧贴皇泽寺的

那座山叫乌龙山，利州城东的那座山叫凤凰山。

③乌奴　指乌奴山。又名乌龙山。在今四川省广元市利州区西嘉陵江边。《舆地纪胜》卷一百八十四利州：乌奴山"在绵谷县。以李乌奴得名"。《读史方舆纪要》卷六十八广元县：乌奴山在"县西二里嘉陵江岸。峭壁如削，高不可上。晋、宋间有氐李乌奴者，踞此作乱，因名。有乌奴城。齐永泰初，尝置东晋寿郡于此。一名乌龙山"。

〔日本〕竹添进一郎撰

栈云峡雨日记（节选）

401

二十日

冲雨发。经小河四道，过牢固关，抵黄坝驿，所谓"脚不干者"，至此而尽矣。

逾闵家坡，山隘而隆。次为七盘关，尤高峻。会天雨，泥深尺许，足一陷不可复拔。乃取道于山麓，自溪中行。水深没膝，舆夫蹑石以取浅，左深则右，右险则左。余在舆中，摇摇不已。舍正路而侥幸于危险，似智实愚矣。

宿木寨山。一名教场。夜寒甚，一灯闪青明灭，觉鬼气逼人。

二十一日

出日杲杲①，人马生影。过神宣驿。抵龙洞背，即葱岭。有洞名曰龙洞。一水奔突，趋于洞中，有声潨②然。岭上有玉皇观，甍宇绀碧③，隐见于林木间。循丛薄而登以达巅。大石攒列遍地，有昂头而仰天如巨鼋④者，有隆肩而曲喙如橐⑤驼者，有如蜂房者，有如燕垒者，伛偻而跪拜者，偾起⑥而暴怒者，面平如砥者，顶纤如笋者，钟卧者，鼓悬者，凿成七窍者，皱裂成披麻皴者，殊形诡状，备极奇观。道左又有屹然矗立如数朵莲花相附着成一大片者，高广各可三十尺，最为绝特。葱岭古龙门阁，记之者曰："石壁斗立，虚凿石窍，架木其上，比他处极险。"杜少陵亦云："途危石滑。"今则孔道豁开，蹈磴而上矣。

宿朝天镇，镇枕嘉陵江，距昭化百三十五里，乘舟而下，一日可至，然大险矣。

——〔日本〕竹添进一郎撰：《栈云峡雨日记》上《汉中地区》，中华书局，2007年

402

二十一日

逾朝天岭，石磴盘空，为"之"字状。数步一憩，贾勇而上。前人之已远者，却来在后人头上矣。盖蜀道之难在栈，而北栈凤岭为最高峻，西栈则莫过于朝天。遍山大石，皆穿百孔，自面达背，如水波冲击而成者。隔江断崖有飞瀑数条，皆异其势。有数级相承，水循焉而散漫，如冰绡段段相续飘飘于虚空者；有崖腹深陷，水自崖唇一直泻下，如万斛珠玑倾筐翻倒者，洵巨观也。沿江之山，其著者曰"金鳌"，曰"飞仙"，皆生毛而小矣。

抵千佛崖。断壁拔江而立。唐利州刺史韦抗凿为栈道，镌佛像于崖面，尔后继镌者益众。有如巨人者，有不盈尺者，有立者，有坐者，有特露头面者，有笑若颦者，有合掌者，有举手者，刻划精巧，金碧辉煌。崖尽则石柜阁，与龙门、飞仙号为三阁。阁中罗汉寺，乾隆中所创。一农夫耕于山腹，获石似神像者二十余躯以禀官，官为募化作寺奉之即是。愚氓喜怪，犹可恕焉；官面诱掖之，何与？

宿广元县，为古利州，西蜀之首站也。夜多蚊，初设幮[7]。是日为清农闰五月朔。

——〔日本〕竹添进一郎撰：《栈云峡雨日记》上《四川境内上》，中华书局，2007年

【作品提要】

《栈云峡雨日记》记录了竹添进一郎一行三人1876年5月2日从北京出发，经河北、河南进入关中，横跨秦岭栈道进入四川省，顺流下长江，过三峡，8月21日抵上海的旅程。这部汉文体游记，有日记有诗作，有实录有感发，诗文并茂，生动优美，可与陆游《入蜀记》、范成大《吴船录》媲美。《栈云峡雨日记》是日本国内流传最广的一部汉文体中国游记。除记录沿途的史迹、物产、风土人情，还论及政治、经济诸问题，对了解川陕等地的自然与社会状况颇具参考价值。

节选部分记述了作者由陕入川过七盘关、神宣驿、龙门洞、朝天镇、朝天关、千佛崖等地的所见所闻，突出了龙门洞之奇、朝天关之险、千佛崖之绝。竹添进一郎（1842—1917），讳光鸿，字渐卿，号井井，世人多以"竹添

井井"称之。日本汉学家。历任北京公使馆员、天津领事、朝鲜常驻公使等外交官职。辞官后在东京大学讲授汉学。著有《栈云峡雨日记》《纪韩京之变》《左氏会笺》等。

该书版本有日本明治十二年刻本。2007年中华书局出版的张明杰整理本是目前学术界和广大读者公认的权威版本。

【注释】

①杲杲（gǎo） 明亮的样子。

②潈（cōng） 水声。

③薨（méng）宇绀（gàn）碧 薨宇：屋宇。绀碧：天青色；深青透红色。

④鼋（yuán） 大鳖。亦称"绿团鱼"，俗称"癞头鼋"。

⑤橐（tuó） 骆驼。

⑥偾（fèn）起 隆起；突出。

⑦㡡（chú） 古代一种似橱形的帐子。

〔日本〕山川早水著

巴蜀旧影（节选）

403

第十日　城西，江的西岸，有皇泽寺①。内有则天武后的石像，其像很像一个比丘尼（译者注：梵语音译，对出家女子的称呼）。唐时，武士彟镇守利州时，生则天，时值袁天罡到朝天关，见利州有真龙下凡之气，而且气兆就在其馆，故谒见士彟曰：公贵得嗣，请视之。士彟曰：女也。袁曰：龙眉凤眼可当天子。后来武后果真秉政。皇泽寺是武后所建。

第十一日　出广元县城，向北走十清里，到千佛崖，就是古石柜阁。崖在江的东岸，载足之处，架有栈道。佛像全雕刻在崖面上，是唐时利州之刺史韦抗所凿建。佛像之数，不胜枚举。其形状也异样百出，一一难记。有唐之苏颋《利州佛龛记》。过千佛崖走三十清里到金鳌岭，经乾龙洞，到飞仙岭。岭又名威凤山，三面环江，峭壁如千仞削成。山上有一祠宇，名曰飞仙观，其下为飞仙阁。属行经之大路，也是栈中之险处。由飞仙岭向东走十清里，到沙河驿。此驿又名望喜驿。唐代李义山之诗："嘉陵江水此东流，望喜楼中忆阆州。"就是指此地。又走五十清里，经望云铺，再走十五清里到朝天岭，距广元县八十清里。岭在嘉陵江东岸，两崖各高数百尺，削立如关之大门，名曰朝天峡，又称明月峡。此岸之壁下近水处穿有无数之石洞，深约五六寸，皆属昔人缘崖架栈之址。对岸悬泉数条，隔江望之，如玉屑，如匹练。循岭登之，石磴盘空，直至下临江水，纡回九折，实险于鸡头②、凤岭③数倍，是出蜀之第一扼塞。

越过朝天岭到朝天镇。镇在江岸，属小部落，是古嘉州废县之地。由朝天镇可赴广元昭化地方，水可行舟，陆可通骑。由南而上者，因逆水而上牵舟极难，所以多走陆路。由北而下者，因朝天之险峻不易登攀，所以多取水路。朝天镇与昭化之间夹有朝天岭，真所谓嘉陵江水之最。玄宗由蜀返驾后，命李思训④、吴道子⑤两人各在大同殿壁上作画。道子曰，臣无粉本，但记在心中。当即挥笔画之。嘉陵三百里山水，一日而成。思训亦画，累月方毕。帝曰，思训数月之工，道子一日之迹，各其妙极。王维⑥又用素绢画之，名谓小簇。宋时王履道为题诗曰："江山已暗大同殿，弦管犹喧凝碧池。别写嘉陵三百里，右丞心事欲谁知。"

第十二日　由朝天镇往东北走二十五清里，至一峻山，是龙洞背。龙洞背又名葱岭，山中有石穴，高数十丈，其状如门。故又号称龙门山。山内潜藏之水奔腾注入其中，声甚响。水穿山腹出，流往西南注入嘉陵江。有一路架有阁道通向岭、谓之龙门阁。

此阁石壁陡立，所架之木全在石窝之上，其险比他处更甚。登至顶巅，四望诸山，如剑芒戟牙。往下走约五清里，再越黄荆岭，又走五清里到神宣驿。走二十五清里，经石垭栈，再向北走五清里到转头铺，距朝天镇六十清里。

第十三日　从转头铺出发走十清里，跨木寨山、新开岭，到七盘岭，又名五盘岭。杜诗曰："五盘虽云险，山色佳有余。"路旁有碑，题曰"迈步小心"四个字。上山之路全是石磴，盘旋七道弯，才到其顶巅。这就是此山名的由来。山北属陕西省，也就是说，秦蜀以七盘岭为界。由新开岭走五十清里，到陕西宁羌州城，距转头铺六十清里。

由宁羌州至西安府（长安），大约一千二百余清里，其行程十四天。经过之地，两府八县一厅，即沔县、汉中府、褒城县、留坝厅、凤县、凤翔府、岐山县、扶风县、武功县、兴平县、咸阳县。

由成都经七曲⑦，北至七盘关，八百里有余，逐程所述之景色，所说之史实，尚有许多没有提及的东西。叙之草草。

——〔日本〕山川早水著：《巴蜀旧影》之《自蜀赴秦驿程》，四川人民出版社，2005年

【作品提要】

《巴蜀》是日本著名学者山川早水在明治三十八年（1905），受聘于四川高等学堂时游历四川所著，明治四十二年（1909）由东京成文馆出版，因记录内容为巴蜀地区地理风貌、人文历史，故取名《巴蜀》。该书不仅是清末国外最详细的四川省游记，也是国内最详细的四川省游记。2005年，通过李密、李春德、李杰的翻译，蓝勇审定，由四川人民出版社出版中译本，改名为《巴蜀旧影——一百年前一个日本人眼中的巴蜀风情》。《巴蜀旧影》是一部关于巴

蜀地区的游记，采用日记体记录，并配有150多幅珍贵的黑白照片。其中，广元朝天阁照片是国内外唯一一张朝天阁照片。全书记载较为直观、详尽地展现了清末四川省的风土人情、历史文化、物产科技、地理资源、生产生活等，为现在的研究提供了丰富的素材和史料，有很高的学术价值和史料价值。

节选部分记录了作者由蜀入秦，第十日至十三日经广元、朝天进入陕西省宁强的行程，详细介绍了飞仙岭、沙河驿、朝天峡、朝天岭、龙门阁、七盘岭等地的自然风光、历史文化、民间传说、古迹考证，成为我们研究和了解当时广元朝天历史地理文化不可多得的第一手材料。

【注释】

①皇泽寺　在今四川省广元市利州区西嘉陵江西岸乌奴山麓。旧名乌奴寺，亦称川主庙。因武则天出生于广元，后人改名皇泽寺。《新定九域志》卷八利州：皇泽寺"有唐武后真容殿。按：武士彠为利州都督，生皇后于此"。《舆地纪胜》卷一百八十四利州：则天顺圣皇后庙"在州西告成门外。旧碑云：其母感慨龙而生后，庙旧号则天金轮皇帝庙。嘉定乙亥运使曹彦约谓理有未安，乃改曰则天顺圣皇后庙"。《大明一统名胜志》称："即今之临清门川主庙。"据传旧名乌奴寺、川主庙，始建于南北朝。在唐以后改建为皇泽寺，为祭祀武则天之寺庙。寺出土有五代后蜀广政二十二年（959）《大蜀利州都督府皇泽寺唐则天皇后武氏新庙记》石碑。今寺为清代建筑，主要建筑除则天殿外，有小佛楼、小南海、五佛亭、吕祖阁。有南北朝、隋、唐、宋时摩崖造像六窟、一千二百零三躯，宋、明、清时人题记、碑刻三十四处。大佛楼处石窟佛高5.1米。殿门有郭沫若书写《广元皇泽寺》石碑及对联。殿内有则天石雕像，陈列有1963年宋庆龄题词："武则天是中国历史上惟一的女皇帝，封建时代杰出的女政治家。"（见史为乐主编《中国历史地名大辞典》，中国社会科学出版社2005年版）

②鸡头　指鸡头关。在今陕西省汉中市西北。《读史方舆纪要》卷五十六褒城县：鸡头关"关口有大石，状如鸡头。自此入连云栈，最为险峻"。明置巡司于此。

③凤岭　见第137页嘉靖《四川总志》之"凤岭"注。

④李思训（651—716，一作648—713）　字建睍，一作建景，陇西成纪（今甘肃省秦安县）人，唐代杰出画家。唐朝宗室，唐高祖李渊堂弟长平王李叔良

之孙,原州都督府长史李孝斌之子,奸相李林甫的伯父。以战功闻名于时,唐玄宗时期晋封彭国公,卒后追赠秦州都督。曾任右武卫大将军,世称"大李将军"。明代董其昌推其为山水画"北宗"之祖。

⑤吴道子(约685—758) 又名道玄,阳翟(今河南省禹州市)人,唐代第一大画家,被后世尊称为"画圣"。开元年间以善画被召入宫廷,历任供奉、内教博士、宁王友。曾随张旭、贺知章学习书法,通过观赏公孙大娘舞剑,体会用笔之道。擅长画佛道、神鬼、人物、山水、鸟兽、草木、楼阁等,尤精于画佛道、人物,长于壁画创作。

⑥王维(701—761) 字摩诘,原籍祁(今山西省祁县),迁居河东(今山西运城市永济市)。唐开元九年(721)进士,官至尚书右丞,世称"王右丞"。他是盛唐山水田园诗派的代表诗人,与孟浩然齐名,并称"王孟",世称"诗佛"。有《王右丞集》。

⑦七曲 即七曲山。在今四川省梓潼县东北二十里。山腹有路,盘转七曲,因名。有庙曰顺济王庙,今称七曲山大庙。

〔德国〕李希霍芬 著

李希霍芬中国旅行日记（节选）

404

（1872年2月2—3日）我们终于走进了四川省。道路依旧追随着那条山溪向下，但这条河在它转弯的地方陡然切入地层，使得道路只得翻越上下坡都很陡的横向的山岩，因为河边已没有空间。从五丁关①开始的路段糟糕透顶，远不及秦岭山里的路修得仔细。我们常常是踩着一种因长年使用而被磨得十分光滑的石灰石铺成的阶梯上行。时而一下子就有40—50阶，旁边就是陡峭的悬崖。而令人吃惊的是，牲口倒敏捷地通过了这些地方。

略微花上时间和精力便可以在这里搜集到十分丰富的保存完好的化石。较场坝②和神宣驿③或许是搜集化石的人应当到的好地方。巨大的珊瑚石到处都是，完全裸露在外面且保存完好。将这些岩石托盘状的底面冲外，就可以把它们用作房前影壁旁的装饰。这里是我在中国见到的最丰富的化石区。

四川的风景和人物迄今为止都让人觉得无可挑剔。风景十分诱人，长满灌木的丘陵向北靠着陡峭的大山，再往北耸起几个又高又险的圆顶山峰。人们举止娴静有礼。我在中国旅行唯独在从西安府到这儿的路上所受的骚扰最少，然而这些都是山里的居民。到那些大的山谷里可能就不同了，像在汉中山谷里人们的好奇已经开始显现了。这里的村庄保持得比陕西的好，客栈不再像那里的那么简陋不堪。仍旧有成群结队的逃荒的人走过，他们都是因为物价高涨而被迫离开四川的——基本都是一大家人都走。背上背着祖父母，6岁以下的小孩放在两个筐里用竹扁担挑着。还有点不值钱的家当也都自己拖着。所有的人都是去汉江山谷的，有钱的到那里买地种，没钱的去做点小买卖。

（2月5日）为我的挑夫和他们的骡子着想，我今天决定休息，因为已经人困马乏。由于草料价格昂贵，他们自己担负不起休息当天的草料钱。因为他们怎么看都十分优秀，从未制造哪怕是最小的麻烦，所以今天我为他们买单。

这是个粗犷的山区，地层隆起，形成一系列平行的山脉。这些山跨过嘉陵河，河从陡峭的峡谷中穿过。狭窄的山路无法追随河流，必须高高地翻过石灰岩山脊。山脊都是石灰岩质的，非常陡峭，当中柔软的板岩构成了盆地。这个地区人口稀少，特别是南部广大的地区据说因为有野兽（野猪，据说还有老虎）根本无人居住。这里种的庄稼有小麦、豌豆、大豆、土豆，人们还栽了许多桐树。到处生长着绿树，有些是阔叶树。

今天，我们沿着嘉陵河往南继续顺流而下，行李用一只小船载着走水路，因为这段路是挑夫们避之唯恐不及的。天空阴云密布，但空气很清新。这是一次十分享受的旅行，就风景而言有很多壮丽的景色，就地质考察而言也十分有意思。这一段旅途是从大巴山系向四川盆地的过渡阶段。山体的构造貌似十分简单，但却很难搞清楚由来。

先要翻越一座高山，此山的最高点为朝天关④，在朝天这个地方的上方高350米处。这里的石灰岩向上弯成了波状，嘉陵江经一个窄如罅隙、岩壁垂直有350米高的峡谷穿过此波状山岩。向上的道路修得很仔细，一条有着好几百个石阶的弯弯曲曲的宽道，冲外砌有护墙。到另一侧下山的路又很陡峭，通往龙房口盆地，距离朝天20里，那里出现一个出自高山的、多峡谷的山谷。

于是到了广元县。往回看，首先看到的是煤岩层形成的低矮的排列得很规则的丘陵地带，它的南坡漫长，裂口陡峭。丘陵后面是较老的岩层形成的更高的深色山脉，它的轮廓线又长又平，对应着漫长的山脊。广元是很大一个地区的小买卖的枢纽。在城墙和江之间绵延着一条热闹的商业街，商铺林立，人群拥挤，但我没看到特别吸引人的商品。这里的人们跟我在迄今所经过的小地方所见到的一样聪明，是真正具有模范性的人民。

——[德国] 李希霍芬著：《李希霍芬中国旅行日记》之《最后一次大旅行：直隶—山西（蒙古）—陕西—四川—沿长江而下》第二段：从西安府越过秦岭山到成都府，下册第635—637页，商务印书馆，2016年

【作品提要】

《李希霍芬中国旅行日记》为德国著名地理学家费迪南德·冯·李希霍芬在中国旅行时的日记，包括部分手稿和一些私人信件（主要是写给父母的）。李希霍芬去世后，书稿由其学生整理，于1907年出版。该书经德国E.蒂

森选编，李岩、王彦会翻译，华林甫、于景涛审校，列入《国家清史编纂委员会·编译丛刊》，于2016年6月由商务印书馆出版。此书除了详细记载李希霍芬在中国考察时的科研成果之外，也记录了他在中国的旅行见闻、经历、感受，以及对中国城市、农村、交通、风土人情的评价。日记中不时出现他为了实现科研目标，与中国官民沟通过程中使用的种种有趣手段，让人忍俊不禁；还有他总充满自豪地讲述他是如何实现"精致奢侈"的欧式旅途生活的，让人对他的考察之旅充满艳美；最重要的一点是，年轻读者在跟随李希霍芬"走完"中国之旅后，能够从他身上学到真正的科学精神和科研手段，这才是阅读本书最大的收获。

节选部分记录了李希霍芬由陕入川经广元朝天的所见所闻，内容丰富，包含了对朝天山脉、地质结构、气候、经济、文化及人们生活状况的介绍；语言通俗、生动，为我们了解当时朝天的面貌提供了翔实的资料。

【注释】

①五丁关　在今陕西省宁强县城关镇北，五丁山脊垭口，古为川陕驿道（即金牛道，又称南栈道）的垭口。南有滴水崖，北有五丁峡（又称金牛峡）。周围山势高峻陡峭，道路崎岖曲折，历来为蜀道著名险隘。今古道遗迹尚存，108国道经此。

②较场坝　见第293页《星轺日记》之"较场坝"注。

③神宣驿　见第121页《寰宇通衢》之"神宣驿"注。

④朝天关　见第12页《新斠注地理志》之"朝天关"注。

方志朝天

中华民国

宋育仁总纂修

（民国）重修四川通志稿

[广元县]

405

（广元县）交通　陆路——川陕公路由昭化入境，经河西乡达城南，复由城北经沙河乡①、朝天驿、中子铺、较场坝，赴陕西省，汽车畅通。水道——嘉陵江自陕西省来，流经城西，注昭化，通舟楫。

——宋育仁总纂修：（民国）《重修四川通志稿》，陶元甘主撰：《四川省方志简编》分论第十四区《广元县》，第62册，国家图书馆出版社，2015年；《四川省方志简编》分论第十四区《广元县》，第8册，中华书局，2008年

【作品提要】

《重修四川通志稿》，由四川省近代著名学者宋育仁担任总纂，初稿成于1931年，宋氏于是年病逝。此稿虽已具雏形，但因其病逝而未定稿，仅以稿本传世。今存民国二十年（1931）前的残稿本，为卷五十二之部分。1969年，由四川省图书馆收藏此书稿，其内容包括建置、舆地、官政、食货、礼俗、学校、艺文、人物、民职诸门，计170卷。其价值主要体现在，编纂所采集的资料除采自旧志外，多取当时政府文件、报告、统计资料及时人著述等，资料来源广泛。另一方面，此稿体例严整，其资料取裁、谋篇布局、考释详略诸方面均胜于旧志。此稿由宋育仁亲自审定，其中宋氏之修改、批校，俯拾即是，具有重要的文献参考价值。这是民国时期，四川省唯一一部大型通省地方志稿，填补了清嘉庆后至20世纪初百年间四川省无省志的空白，对于四川省近代政治、经济、军事、文化建设史等方面的研究有着重要的文献和学术价值。2015年9月，《重修四川通志稿》（全62册）由国家图书馆出版社出版。

该书第59册至第62册为《四川省方志简编》，陶元甘主撰。陶元甘，中国

古代史和四川省地方史专家，1942年担任四川通志馆采访组组长。《四川省方志简编》纪事至民国初期，分"总论""分论"两部分，总论下设十三门，分论下则依地区逐一列载，县各为章，门类设置同于总志，共约40万字。大部分是从各种旧省志转录，也搜集了一些自嘉庆《四川通志》以后失载的史料，特别是清末至民国初期一些重要人物和重大事件。

节选部分介绍了广元县交通方面的内容，对研究朝天历史文化具有参考价值。

今存民国三十三年（1944）抄本。

【注释】

①沙河乡　在今四川省广元市朝天区南，沙河废驿即其地。民国二十九年（1940）置，1950年复置。1958年改设沙河公社，1984年恢复沙河乡。1992年，鱼洞乡、蒲家乡部分村并入置沙河镇。2019年，鱼洞乡、蒲家乡并入沙河镇。有飞仙阁、望云铺等古迹。

龚煦春纂

（民国）四川郡县志

［晋寿郡　益昌郡　邵欢县　嘉川县　三泉县　朝天镇］

406

（晋）梁州晋寿郡　《晋书·地理志》：桓温平蜀后，又于晋寿置剑阁县，属梁州。又于梓潼北界立晋寿郡，统晋寿、白水、邵欢①、兴安四县。领县四：晋寿，郡治。《元和志》益昌县下云：晋寿故城在县东南五十里，治今昭化县东南。白水，治今昭化县西北。邵欢，治未详。兴安，《元和志》：东晋孝武帝分晋寿县置兴安县。《寰宇记》：晋太元十五年，分晋寿置兴安县，属晋寿郡，治今广元县治。

——龚煦春纂，四川大学历史研究所四川地方史研究室、四川温江地区史志办公室校点：（民国）《四川郡县志》卷二《晋宋齐疆域沿革考》，第53—54页，成都古籍书店，1983年

407

（南朝宋）梁州东晋寿郡②　宋文帝于元嘉十二年以侨流立，寄治彭县。县五：晋寿、兴安、兴乐、邵欢、白马。

（南朝宋）梁州晋寿郡　《宋志》引《晋地记》云：孝武帝太元十五年，梁州刺史周馥表立。领县四：晋寿、白水、邵欢、兴安。邵欢，《宋志》：永初郡国，何、徐并有，不注置立。治同前。

——龚煦春纂，四川大学历史研究所四川地方史研究室、四川温江地区史志办公室校点：（民国）《四川郡县志》卷二《晋宋齐疆域沿革考》，第58页、第66页，成都古籍书店，1983年

408

（南朝齐）梁州东晋寿郡　《寰宇记》：齐明帝永泰元年，分晋寿郡之兴安县，置东晋寿郡于乌奴北一里，即今州是也。领县四：晋寿、邵欢（治

同前)、兴安、白水。

——龚煦春纂,四川大学历史研究所四川地方史研究室、四川温江地区史志办公室校点:(民国)《四川郡县志》卷二《晋宋齐疆域沿革考》,第77—78页,成都古籍书店,1983年

409

(唐)山南道 《旧唐志》:治梁州兴元府。

(唐)利州都督府益昌郡 《旧唐志》:隋义城郡。武德元年,改为利州。领绵谷、葭萌、益昌、义清、岐坪、嘉川、景谷七县。二年,置总管府。管利、龙、始、蓬、静、沙六州。三年,割绵谷东界置南安州。四年,割景谷县置沙州。七年,又割岐坪、义清二县置南平州。其年,改总管府为都督府。督利、龙、沙、隆、始、南、平、静八州。利领绵谷、益昌、葭萌、嘉川四县。

八年,废南安州,割三泉县来属。贞观元年废州。二年废南平州,复以景谷、岐坪、义清三县来属。其年,以嘉川属静州。六年,罢都督府。天宝元年,改为益昌郡,仍割三泉县属梁州。乾元元年,复为利州。领县六:绵谷、胤山、嘉川、葭萌、益昌、景谷。绵谷,州治。《旧唐志》:汉葭萌县地。蜀为汉寿县。晋为晋寿县,又分晋寿置兴安县。隋改兴安为绵谷。南齐于晋寿县置西益州,后梁改为利州。《元和志》:西汉水一名嘉陵水,经县西,去州一里。治今广元县东。嘉川,《旧唐志》:本静州。贞观十七年,割属利州。《寰宇记》:宋武帝于此置宋熙郡兴乐县,后入于魏。至恭帝元年,改兴乐为嘉川县,取嘉陵江水为名。隋开皇二年,罢郡,以县属利州。贞观二年,改属静州。十七年,复属利州。永泰元年,割属集州。治今广元县东北一百一十里。

——龚煦春纂,四川大学历史研究所四川地方史研究室、四川温江地区史志办公室校点:(民国)《四川郡县志》卷七《唐代疆域沿革考》,第273—275页,成都古籍书店,1983年

410

(宋)利州路 利州 《宋地理志》:利州都督府,益州郡,宁武军节度使。本旧昭武军。嘉祐四年改。《舆地广记》:武德元年曰利州。天宝元年曰益昌郡。王蜀知昭武军节度使。后唐改郡曰益州。皇朝因之。嘉祐四年,改宁武军。端平三年,兵乱,废。《九域志》:伪蜀昭武军节度使。皇朝嘉祐四年,改宁武军。治绵谷县。领县四:绵谷、葭萌、嘉川、昭化。绵

谷,《舆地广记》：隋开皇十八年，改兴安曰绵谷。唐因之。《九域志》：二十二乡，朝天、嘉川二镇，有龙门山、潜水、绵谷。

——龚煦春纂，四川大学历史研究所四川地方史研究室、四川温江地区史志办公室校点：（民国）《四川郡县志》卷九《两宋疆域沿革考》，第350—351页，成都古籍书店，1983年

411

广元，《明志》：府北，少西。冲广元路。洪武四年，改为府。九年降州，二十三年复降县。《广元志》：有则天、嘉川、广化、卫屯、神沙、柏龙六里，以绵谷县省入。《一统志》：府北三百五十里。编户三里。

——龚煦春纂，四川大学历史研究所四川地方史研究室、四川温江地区史志办公室校点：（民国）《四川郡县志》卷十《元明疆域沿革考》，第393—394页，成都古籍书店，1983年

【作品提要】

民国《四川郡县志》（12卷），龚煦春纂。龚煦春，字熙台，号几山，井研县人，清光绪时廪生。他博闻强记，精于古文，擅长史学。民国二十四年（1935），龚煦春参加《四川通志》重修工作，负责编纂地理门，"甄采舆地专书，广辑职方掌故"，对有关四川省政区沿革考订精详，历三年修成《四川郡县志》。该书资料丰富，条目清晰，考订有征，对四川省及邻省边地由汉代迄清末各府、州、厅、县的建置变迁、历史沿革列之甚详。并附有历代疆域沿革表。但因成书匆匆，又缺乏实地勘察，仅从史籍所载采辑汇编，再加上版刻之错讹，使此书略显粗糙。

节选部分记述了晋宋齐、唐、两宋、元明广元的建置变迁、历史沿革，对朝天历史沿革的考证具有参考价值。

今有民国三十五年（1946）永宁李氏据民国二十四年（1935）龚氏古美堂刻本，1983年成都古籍书店铅印校点本。

【注释】

①邵欢　见第17页《补三国疆域志》之"昭欢"注。
②东晋寿郡　南朝齐置，治兴安县（今四川省广元市）。北周改为晋寿郡，辖境相当今四川省广元市利州、昭化、朝天、青川及陕西省宁强县等区县一带。

郑励俭编著

（民国）四川新地志

[嘉陵江　南栈道　川陕路　筹笔驿]

412

略阳至四川朝天驿①间一九〇公里，两岸虽稍较宽坦，但仍夹山中，滩险亦多。最著者为青石背（略阳下二〇二华里）、斗堂子（略阳下二一三华里）、观音滩（略阳下二七七华里）等处。此段往来木船，较大长者可达五丈五尺，吃水一尺六寸（营造尺），载重可三万斤。中水位时，略阳、阳平关间，下水一日可达，阳平关、广元间三日。

朝天驿、昭化间，山势稍展，沙石沈积，险稍灭矣，乃又病浅。枯水时，广元、昭化间必须提驳在昭化纳白龙江后，水量倍增。但直至苍溪一〇〇余公里间，全束峡中，水流急湍，滩险共计二四处之多；而险滩又多于浅滩。由昭化溯白龙江西北行，一四〇公里至碧口，为通陇南文阶一带捷路。

——郑励俭编著：（民国）《四川新地志》第二编·人文地理志·第二章·交通地理（水上交通）·第一节·川江航程·（三）嘉陵江，第261页，中正书局，1946年

413

川北大路由成都斜向东北，经德阳、绵阳、梓潼、昭化、广元以达陕西沔县，为川陕联络惟一大路，俗称大川北路，全长一一八三华里，步行十二日可达。

此路南段，在盆地中，较为平坦。北段横渡大巴山，坡度甚大，是即古之金牛道也，亦称南栈道，或曰蜀栈。由成都经新都、广汉至德阳，一四〇里，行于川西平原中康庄坦途，田丰人稀。由德阳经绵阳至梓潼间之二六五里，丘陵起伏，道路甚高。然除德阳、罗江间之白马关②，绵阳、梓潼间之胡家背、沈香铺山势峻陡，道路稍较崎岖外，余尚平顺。白马关位罗江西南十里，踞平原之边缘，为山路之开始，南望平原，全在目中。梓潼而东北，

经广元至沔县间，七八〇里，为古南栈道之全部。广元居四川盆地之边缘，北为盆边南坡，南为盆地之底部。由广元而梓潼，五〇里间，渐渐降落。中途以剑阁县北之剑门关最称峻拔。剑阁南经贾家铺、柏子山之坂路，止于梓潼县北十里之送剑亭而蜀栈以终。广元北至沔县四〇〇里，须翻越米仓山之中脊，道路居全程最为险峻。县北八〇里朝天峡，驿道由峡而东北，离嘉陵正谷而攀急坂，经神宣驿而升七盘，西秦第一及牢固三关。西秦第一关一二〇〇公尺，居于中央，是为最高北之牢固关一〇五〇公尺，南之七盘关一一〇〇公尺，然川陕二省以七盘关为分界。再北降南河（汉水支流）河谷，而止于汉水北岸之沔县。

——郑励俭编著：（民国）《四川新地志》第二编·人文地理志·第三章·交通地理（陆路交通）·第一节·道路·（一）盆内线，第286—288页，中正书局，1946年

414

川陕路　川陕公路线，完全与昔日之川北大道及陕西境内之北栈道一致。由成都经广汉、德阳、罗江、绵阳、梓潼、剑阁、广元至七盘关入陕境。再经宁羌、沔县、褒城、留坝、双十铺、凤县而达宝鸡。由宝鸡东行接陇海铁路可通西安。西行接西兰公路可通兰州。此路由成都至宝鸡全长八二〇公里，在川境者四一三公里先通，全线亦于（民国）二十六年五月通车。班车行程，由成都出发，第一日宿梓潼，次日广元，三日褒城，四日双十铺，第五日正午达宝鸡，共需四日半。自四川公路局成立后，宁羌以南归其管理，以北属西北公路局，旅客须于宁羌换车。成都广汉（四十五公里），成都绵阳间（一四〇公里），皆有短程班车。

——郑励俭编著：（民国）《四川新地志》第二编·人文地理志·第三章·交通地理（陆路交通）·第二节·公路·（一）干路，第295—297页，中正书局，1946年

415

广元　位昭化上游二七公里，嘉陵江东岸，当鱼洞河来会之口，五〇〇公尺高等线，由此通过，已达嘉陵谷湾入之顶部。平铺之白垩地层亦以此为尽头。由此而北三十华里至须家河，即达横行之侏罗纪层地带。广元者，实居于盆底盆边之真正边缘。川陕路由此北上，蜿蜒峡谷高山中，为昔日栈道之极艰险一段。广元北出栈道，可通汉中、宝鸡；西连甘南，可由文阶而趋兰州。当三省往来之枢纽，故商旅甚盛。川省公路，以此为要邑。将来川甘

路,当由广元以南之昭化接通碧口。

——郑励俭编著:(民国)《四川新地志》第三编·区域地理志·第二章·盆地边部·第一节·北部边缘·(四)昭广地方,第360—362页,中正书局,1946年

416

栈道 昔日栈道,自广元而北,全沿嘉陵江之东岸。城北十里至千佛崖,东壁断崖突起,上刻千百佛像。再北经许家河,凡三五里至飞仙关。当飞仙关背斜横过处,峭壁如削。再北又三五里至朝天关,居朝天峡中,峡当大巴山二叠纪石灰岩层向西延长通过嘉陵江处,峡壁高五六百尺,循蹬道盘旋数回,始达山顶,实为蜀栈大险。崖壁有多数石,实为古栈道遗迹。关东十三里为朝天驿,有潜水自东来注。嘉陵谷自朝天驿直向正北,而栈道由朝天驿东折,再溯潜水之谷而上行,经龙洞背三十里至神宣驿。潜水流经龙洞背山下,穿破长五里之深狭山隙,是曰龙洞。路行山头,是曰龙洞背。朝天驿、神宣驿各居长峡一端,为广元北之第一屏障。由神宣驿而东,行沟中,四十里至山麓之较场坝,街长半里,街村也,为川省最后村落,与神宣驿各居沟之一端。出村攀山,五里至巅有七盘关,为省界所经。盘旋而下,七折始至谷底,距宁羌县五十里。

广元以北,川省之栈道百六十里。由朝天驿中分驿东沿潜水谷者八十里(公路二十九公里),南沿嘉陵江谷者亦如之朝天关路径险绝。驿居关下,为蜀栈要道,昔诸葛武侯出师运筹于此,故又称筹笔驿。

——郑励俭编著:(民国)《四川新地志》第三编·区域地理志·第二章·盆地边部·第一节·北部边缘·(四)昭广地方,第360—362页,中正书局,1946年

【作品提要】

郑励俭(1902—?),河北衡水人。历任东北大学教授、四川大学教授、西北大学教授。编著的(民国)《四川新地志》是一部记载四川省现代地理、气候、交通、物产、人口的专书。该书分自然地理、人文地理、区域地理三编,自然地理包括地质构造、地形气候,人文地理包括经济地理、交通地理,区域地理包括盆地内部、盆地外部。共十章,章下分若干节。各章节、各类详略不等,但不失为研究巴蜀人文地理、经济发展的珍贵史料,特别是其中关于交通、物产、人口、民族、工商业、各种加工技饰的资料。

节选部分记述了广元朝天境内的山川地形、河流分布特点及水陆交通开发利用情况。今有杨文华撰写的论文《从〈四川新地志〉看地方志的近代转型》(《中国地方志》2017第6期)全面评析此书,被誉为"近代方志转型新范式",可供参阅。

今存民国三十五年(1946)中正书局铅印本。

【注释】

①朝天驿　即筹笔驿。见本书附录《"筹笔驿"即"朝天驿"——中国蜀道筹笔驿遗址新考》论述。

②白马关　在今四川省德阳市东北,与鹿头关相对,形势险要。《新唐书·地理志》之绵州罗江县(今德阳市东北罗江):"有白马关",即此。旁有落凤坡,相传三国庞统卒于此。

谢开来等修 王克礼 罗映湘纂

（民国）重修广元县志稿

417

广元位北纬二十二度一十九分，地居温带，然因离治城三十里外概属高山，空气稀薄，气候多寒。李家坝距城百四十里，山之高度里约七十，盛夏围炉，毫无暑气。其他高山多似之，则知广元气候，概随高度而变。又因嘉陵江上游有峡两段，高原空气坠入，一经出峡，异常急迫，每大风不时，而气候亦无定准。更以高山漩窟过多，气从空泄，亦为空气易生变化之原，以故有利风之特称焉。

——谢开来等修，王克礼、罗映湘纂：（民国）《重修广元县志稿》第一编卷一《舆地志一·气候》，《中国地方志集成》（四川府县志辑⑲），第18—19页，巴蜀书社，1992年；《四川历代方志集成》，第二辑第30册，国家图书馆出版社，2015年

418

旧志云：广元形胜，汉水之东滨，为蜀北锁钥，郡□故错氐羌，若称苴饶、百濮、微卢、彭髳，俱前接关表、后据剑阁，所谓扼全蜀吭而为四集之国者。自金牛诈取，五丁凿险，崎岖鸟道，一线仅通。如潭毒、七盘、朝天诸关，率多架木凿石，泥丸可塞，石燕蔽其西，葭萌障其南，漫天二岭雄于东北。其他叠嶂层峦，靡可枚举，其环拱而为一邑之屏卫者，又可谓极其险要矣。

——谢开来等修，王克礼、罗映湘纂：（民国）《重修广元县志稿》第一编卷一《舆地志一·疆域》，《中国地方志集成》（四川府县志辑⑲），第20页，巴蜀书社，1992年；《四川历代方志集成》，第二辑第30册，国家图书馆出版社，2015年

419

邵欢县，地理今释，南朝宋县，梁州晋寿郡，南齐因之。今阙。当在四

川保宁府境。按：当在广元县境。

华阳县，地理今释，南朝宋县，梁州华阳郡，南齐因之，今四川保宁府广元县北。

石亭县，《水经注》："汉水历关城、通谷、石亭戍，广平水注之，迳晋寿城西，而南合汉寿水。"《府志》云："属东晋寿郡，后废。地理今释，北魏县，益州东晋寿郡，今四川保宁府广元县北。"

——谢开来等修，王克礼、罗映湘纂：（民国）《重修广元县志稿》第一编卷一《舆地志一·沿革》，《中国地方志集成》（四川府县志辑⑲），第25—26页，巴蜀书社，1992年；《四川历代方志集成》，第二辑第30册，国家图书馆出版社，2015年

420

上游水程，由治城码头启行，至朝天镇九十三里，再至陕西阳平关一百九十里，共水程二百八十三里。下游水程，由治城码头启行，至昭化七十二里，再至阆中四百五十八里。

嘉陵江由治城至略阳水程及滩险：北一里北门滩，五里李子滩，十五里磁窑滩，二十六里冉家滩，四十里飞仙滩，六十里青枫滩，七十里楼房滩，八十里大坝滩，八十五里俞家滩，九十三里穿眼石滩。此上为至朝天之滩及程。

朝天北十里安乐滩，五里苟家滩、险，三里三滩、险，十里筹笔滩、恶陡，五里立石子，十里沙碛子、恶陡，五里黑崖子、恶陡，十五里横梁子、恶陡，十里大滩、恶，十里蔡伯滩、恶陡，十里清滩庙、恶陡，五里长梁子、恶陡，五里凉水井、险，五里二郎滩、恶陡，十里木槽滩、险，五里观音滩、恶陡，五里石桥、险，五里小河口、恶陡，十里金刚背、险，五里竹园子，五里石龙船、险，十里龙门寺、险，十里灶门子、险。此上为朝天至阳平关之滩及程，皆为阳平下行水险。

——谢开来等修，王克礼、罗映湘纂：（民国）《重修广元县志稿》第一编卷二《舆地志二·道里·水程》，《中国地方志集成》（四川府县志辑⑲），第28页，巴蜀书社，1992年；《四川历代方志集成》，第二辑第30册，国家图书馆出版社，2015年

421

大北路，由治城启行，出北门北行，六十里至沙河驿，三十里至朝天镇，又三十里至神宣驿，又五十里至七盘关，又七十里至陕西宁羌县治。南行出南门，渡汉寿水，迤西二十里至皂角铺，又三十三里至昭化县治。

公路线，民国二十四年测定川陕公路线，改旧行陆路由昭化至治城一段于宝轮院，渡白水郭家渡至走马岭，衔接本县公路。自走马岭起至嘉陵江，经何家渡穿治城，沿大北路至七盘关止，共长七十三公里。中间沙河驿桥梁一座，工程最大，经外国工程师二次复修，征工征料，邑民负担何啻万金？闻乡人言，盖木材亦值四万余元也。

按公路自民国二十四年六月令行下县，征用民地民工，地免除粮税、工给奖金，颁《征工筑路会》暨《征工筑路实施大纲》《筑路人员考成条例》，于八月成立路委会，令行各区，遵限九月十六日开工。广元民工征到三万一千余名，苍溪补助民工实到七千余名，应征石工二千名，由公路局于各县征调。计县境公路全长一百八十三华里，合公里七十三，至期通毕，补助工具费二万元，督工各费三千元，工完奖金二万元。规定医药费未领，死于工者千计，征地之粮至今未能免除，区署皆不与办，良可慨也。义务征工，食粮自备，因匪因旱，更因工程测量误时，食粮不济，借用赈款万四千元。其民工编队，在工宿所，自带工具，代工抚恤医药等，虽经法定，而承事诸人，未能尽遵行之也。

邮线路计分五支。北路，逐日昼夜班，计广元五十里沙河驿，四十里朝天镇，三十里神宣驿，一百一十里宁羌县。朝天、神宣各设有代办所，现公路既通，改由车运。

电线路，广元在前为川陕入京要道。机要公文，概由驿飞递，限日勒时，不稍违延。民国四年四月设局通电，初则上至宁羌、南郑，下至剑阁、保宁，而南郑剑阁为正线，保宁为支线。计辖线上至神宣正线，长一百二十五里，电杆四百六十根，自神宣达宁羌之线，归宁羌电局安设。下至大木戍正线，长九十三里，计电杆三百五十二根，自大木戍达剑阁之线，归剑阁电局安设。电杆附设之电话线，军机重政、消息灵速，近则上通西安、下通成渝，电报电话，更为便利矣。

——谢开来等修，王克礼、罗映湘纂：（民国）《重修广元县志稿》第一编卷二《舆地志二·道里·陆程》，《中国地方志集成》（四川府县志辑⑲），第31—

33页，巴蜀书社，1992年；《四川历代方志集成》，第二辑第30册，国家图书馆出版社，2015年

422

栈道之作，据史始于秦、凿于汉，续修于蜀，至唐犹盛称之，沿及清世，凿痕尚有存焉。兹汇列于次，以为计道里者之资焉。

《史记》："蔡泽谓范睢曰：'今君相秦，计不下席，坐致诸侯，栈道千里，通于蜀汉。'"又曰："秦欲伐蜀，尚不知道，乃作五石牛，以金置尾下，言能粪金，以遗蜀。蜀负力而贪，使五丁开道引之，秦因使张仪、司马错寻路灭蜀。"《元和志》："剑阁道自利州益昌县界西南十里，至大剑镇合今驿道，秦惠王使张仪、司马错从石牛道伐蜀，即此。"《华阳国志》："诸葛亮相蜀，凿石架空，始为飞阁，以通行道。"《方舆纪胜》："自城北至大安军界，管桥栏阁共万五千三百六十一间，惟石柜、龙洞二阁著名。他阁道虽险，然在山腰，亦有微径，可以增置阁道。独惟此阁石壁斗立，虚凿石窍，而架木其上，比他处极险。旧志：千佛崖即古龙门阁（误），先是悬崖架木作栈而行，后凿石为千佛像，成通衢矣。"《宋史》："王全斌既至嘉川，会蜀人断阁道。全斌议取罗川路入。别将康延泽曰：'罗川路险，军士难进，不如修阁取大路。'全斌从之。"

——谢开来等修，王克礼、罗映湘纂：（民国）《重修广元县志稿》第一编卷二《舆地志二·道里·栈道》，《中国地方志集成》（四川府县志辑⑲），第33—34页，巴蜀书社，1992年；《四川历代方志集成》，第二辑第30册，国家图书馆出版社，2015年

423

（唐）刘禹锡《山南新修驿路记》：

开成四年，梁州牧缺，上玩其印，凝旒[1]深思曰："伊尔卿疾归氏，以文儒再世居喉舌。今天官贰卿融能嗣其耿光，尝自内庭历南台，尹毂下，政事以试，可为元侯。"乃付印绶，进秩大宗伯兼御史大夫，玉节兽符，镇于妫墟。公拜手稽首曰："臣融敢扬王休于天汉之域！"既泣止，咨于群执事，求急病者先之。咸曰：华阳黑水，昔称丑地。近者尝为王所，百态丕变，人风邑屋与山水，俱一都之会，自为善部矣。惟驿遽之途，攲危隘束，其丑尚存，使如周道，在公颐指耳。于是因年有秋，因府无事，军逸农隙，

人思贾余。乃悬垦山刊木之佣，募其力揆[2]攒凿撞秘之用，庀[3]其工具畀辇畚插[4]之器，膺其要蓉鼓以程之，糗醪以犒之。说使之令既下，奋行之徒坌集。我之提封踞右扶风，触剑阁千一百里。自散关抵褒城，次舍十有五，牙门将贾黯董之；自褒而南，逾利州至于剑门，次舍十有七[5]，同节度副使石文颖董之。两将受命，分曹星驰。并山当蹊，顽石万状：坳者垤者[6]，兀者铦者，磊落倾欹，波翻兽蹲。炽炭以烘之，严醯[7]以沃之，溃为埃煤，一帚可扫。栈阁盘虚，下临含谺[8]，层崖峭绝，柟木亘铁。因而广之，限以钩栏。狭径深陉，衔尾相接。从而拓之，方驾从容。急宣之骑，宵夜不惑。郄曲[9]棱层，一朝坦夷。兴役得时，国人不知。繇是驶行者忘其劳，吉行者徐其驱，拏行者家以安，货行者肩不病，徒行者足不茧，乘行者蹄不刓[10]。公谈私咏，溢于人听。伊彼金其牛而诱之以利，曷若我子其民而来之以义乎？既讫役，南梁人书事于牍，请纪之以附于史官地里志。

——谢开来等修，王克礼、罗映湘纂：（民国）《重修广元县志稿》第一编卷二《舆地志二・道里・栈道》，《中国地方志集成》（四川府县志辑⑲），第35—36页，巴蜀书社，1992年；《四川历代方志集成》，第二辑第30册，国家图书馆出版社，2015年

424

（明）方孝孺《蜀道易》并序：

唐李白作《蜀道难》以讥将帅之酷虐，厥后韦皋治蜀，陆畅反其名作《蜀道易》以美之。今其词不传。伏惟今天子以大圣御极，殿下以睿哲之姿为蜀神明主，临国以来，施惠政、崇文教，中外同声称颂。四方万里之外，水浮陆走，无有寇盗，商贾骈集如赴乡闾。蜀道之易，于斯为至矣！臣才虽不敢望白，而所遇之时，白不敢望臣也，因奉教作《蜀道易》一篇，以述圣上及贤王之德，名虽袭畅而词溢美，颇谓过之。

美矣哉！西蜀之道，何今易而昔难？陆有重岩峻岭、万仞镵天[11]之险阁，水有砯雷掣电、悬流怒吼之江关。自昔相戒不敢至，胡为乎今人操舟、秣马、夕往而朝还？大圣建皇极，王道坦坦如弦直。西有雕题凿齿之夷，北有毡裘椎髻之貊，东南大海际天地，岛居州聚千万国，莫不奉琛执贽效朝贡，春秋使者来接迹。何况川蜀处华夏，贤王于此开寿城。播以仁风，沾以义泽。家和人裕，櫜[12]兵敛革。豺狼变化作驺虞[13]，蛇虺[14]消藏同蜥蜴。凿山焚荒秽，略水铲崖石。帆樯扇覆任所往，宛若宇宙重开辟。美哉！蜀道之易

有如此，四方行旅，络绎来宾；成都万室，比屋如云。桑麻蔽原野，鸡犬声相闻。文翁[15]之化，孔明之仁，严郑之节，扬马之文；遗风渐被比邹鲁[16]，士行彦哲方回参。方今况有贤圣君，大开学馆论典故，坐令教化希华勋。徵贤一诏到岩穴，咄尔四方之士，孰不争先而骏奔？王道有通塞，蜀道无古今。至险不在山与水，只在国政并人心！六朝五季时，王路嗟陆沉；遂令三代民，尽为兽与禽。当时岂惟蜀道难？八荒之内皆晦阴！今逢天子圣，贤王之德世所钦。文教洽飞动，风俗无邪淫。孱夫弱妇怀千金，悍吏熟视不敢侵。蜀道之易谅在此，咄尔四方来者不惮山高江水深！

——谢开来等修，王克礼、罗映湘纂：（民国）《重修广元县志稿》第一编卷二《舆地志二·道里·栈道》，《中国地方志集成》（四川府县志辑⑲），第42—43页，巴蜀书社，1992年；《四川历代方志集成》，第二辑第30册，国家图书馆出版社，2015年

425

（陈）阴铿《蜀道难诗》：“王尊奉汉朝，灵关不惮遥。高岷长有雪，阴栈屡经烧。轮摧九折路，骑阻七星桥。蜀道如此险，功名讵可要。”

（宋）郭祥正《蜀道篇送别府君吴龙图》：“长吟李白蜀道难，蜀道之难难于上青天。长蛇并猛虎，杀人吮血毒气何腥膻。锦城虽乐不可到，侧身西望泣涕空涟涟。其辞辛酸语势险，有如曲折顿挫万丈之洪泉。世人不识宝玉璞，每砍酬价齐刀铅。求之往古疑未有，惜哉不经孔子之手加镵镌[17]。公今易节帅蜀国，为公重吟蜀道篇。旌旗翻空度剑阁，甲光照雪参林巅。云鼍[18]连推谷声碎，画角漫引斜阳悬。竹马争迎旧令尹，指公长髯皓素非往年。蜀道何坦然，和气拂拂回星躔[19]。长蛇深潜猛虎伏，但爱雄飞呼雌响亮调朱弦。时乎乐哉，公之往也。九重深拱尧舜圣，庙堂论道丘轲贤。抚绥斯民赖良守，平平政化公能宣。来宾兴学有源本，何必早夜开华筵。尝闻家家卖钗钏，只待看舞青春前。此风不革久愈薄，稔岁往往成凶年。噫吁嘻！今我无匹马，安能从公游，尽书政绩来中州。献之明堂付太史，陛下请损西顾忧。”

——谢开来等修，王克礼、罗映湘纂：（民国）《重修广元县志稿》第一编卷二《舆地志二·道里·栈道》，《中国地方志集成》（四川府县志辑⑲），第44页，巴蜀书社，1992年；《四川历代方志集成》，第二辑第30册，国家图书馆出版社，2015年

426

按广元古道为栈，唐宋后为驿，近为大路，率因军事而改进，政治民事，亦得随之而分享其利焉。

——谢开来等修，王克礼、罗映湘纂：（民国）《重修广元县志稿》第一编卷二《舆地志二·道里·栈道》，《中国地方志集成》（四川府县志辑⑲），第44页，巴蜀书社，1992年；《四川历代方志集成》，第二辑第30册，国家图书馆出版社，2015年

427

广元山脉分两支，一嶓冢位嘉陵江之东，一南陇位嘉陵江之西。嶓冢自秦沔分左右开，左支自五丁关再前经宁羌，入广元而七盘，逾七盘逶迤至转斗铺，东行名藁本山，即全境各山之望。由藁本起，宋江东西各山，又分北山山脉、南山山脉，宋江又东或曰巴山山脉。藁本至官沟分两支，一东行向大沿、回岔，出水磨、梁山，至高城分水岭，是为北山。下普子岭经宋江以东，起大南山，入苍溪、南江、阆中，是为南山，迤逦至于营山、蓬安而止。一西行经伏溪、李打石、河润、石竹、李子园，至三山堡以东，是为北山。由三山左右开，左行为大南山，经金帽堡入苍溪境，尽宋江之右，至阆中东河口而止。右行经柏龙上堡，为二南山，曲折迂回，至昭化梅树铺，经虎跳驿转东，至苍溪永宁铺。或西或南，至烟峰楼，西行至阆中嘉陵江岸而止，均为南山。而北山旁出之支，即由李家坝、梨树坪、麦子坪、高崖、白羊栈、大小漫天岭，至治城而止。若巴山山脉，或自陕西宁羌别支，至南江、巴中，更由通江至绥定入巴县，广元似无巴山之脉，略辨识之，以俟达者履而定论焉。此嶓冢一支，嘉陵江东、宋江东西、南北之大势也。

南陇自甘肃经陕西宁羌阳平嘉陵江西北岸，南下经燕子砭、广平河、安乐河，入广元境安乐堡陈家坝、东山堡、蔡子坝、云雾山，下羊模坝、仇坝、九峰山、走马岭，至昭化白河北岸土基坝而止。此南陇山脉之大势也。

——谢开来等修，王克礼、罗映湘纂：（民国）《重修广元县志稿》第一编卷二《舆地志二·山川·山脉》，《中国地方志集成》（四川府县志辑⑲），第44—45页，巴蜀书社，1992年；《四川历代方志集成》，第二辑第30册，国家图书馆出版社，2015年

428

藁本山　县境山脉总干。旧志云："由县北十里上小漫天岭、大漫天岭，迤逦四十里上白羊栈[20]，至虎狼沟（恶石峥狞如虎狼），上高崖、麦子坪、梨树坪，登广耳山，至土地林下山，交汉中宁羌界，与嶓冢山相接，统名藁本山。其中悬崖万丈与古洞幽深莫测者，不可胜数，土人恃以为险。"按：治北千佛崖、朝天峡，前皆栈道，所谓南栈者是也。自汉烧绝栈道后，唐始开凿，由秦入蜀者多行此道。

大小漫天岭　旧志云："即大小光坡也。利州自昔多风，时起则拆屋拔木，尤以大小漫天为最。清康熙五十二年六月初一日，猛雨二日，山半土石崩流，广袤数里，恍若龙行之状。"唐高骈《题漫天岭》："万水千山音信稀，空劳魂梦到京畿。漫天岭上频回首，不见虞封泪满衣。"唐元微之《漫天岭赠僧》："五上两漫天，因师仍业缘。漫天无尽日，浮世有穷年。"《漫天岭智藏师兰若》："僧临大道阅浮生，来往憧憧利与名。二十八年何限客，不曾闻见一人行。"

——谢开来等修，王克礼、罗映湘纂：（民国）《重修广元县志稿》第一编卷二《舆地志二·山川·山脉》，《中国地方志集成》（四川府县志辑⑲），第44—45页，巴蜀书社，1992年；《四川历代方志集成》，第二辑第30册，国家图书馆出版社，2015年

429

潭毒山　县北九十二里，即石垭栈，俗呼石盘。绕山二十里，过赵家垭，又十八里到白羊栈，山麓削壁，下临深潭，水势凛冽，形若有毒，溢出半里，入汉王硐。白羊栈右下五里即蛇藏沟，樵斧不入，上十里即虎狼沟，已开垦通行，二十里抵曾家河场市。

——谢开来等修，王克礼、罗映湘纂：（民国）《重修广元县志稿》第一编卷二《舆地志二·山川·十一区名山》，《中国地方志集成》（四川府县志辑⑲），第49页，巴蜀书社，1992年；《四川历代方志集成》，第二辑第30册，国家图书馆出版社，2015年

430

威凤山　一名飞仙岭，三面环江，峭壁千仞，有观名飞仙，为川陕经行大道，亦栈道之险要也。

——谢开来等修，王克礼、罗映湘纂：（民国）《重修广元县志稿》第一编卷二《舆地志二·山川·十二区名山》，《中国地方志集成》（四川府县志辑⑲），第50页，巴蜀书社，1992年；《四川历代方志集成》，第二辑第30册，国家图书馆出版社，2015年

431

鸡公山　县北一百六十里，与东云雾山对，由河岸石门村正觉寺后侧出一峰，四围崖壁千仞，圆□如塔，攀枝抓石，仅乃可登。咸丰元年蓝大顺扰广，堡民避此获免者达百余人。

——谢开来等修，王克礼、罗映湘纂：（民国）《重修广元县志稿》第一编卷二《舆地志二·山川·十二区名山》，《中国地方志集成》（四川府县志辑⑲），第50页，巴蜀书社，1992年；《四川历代方志集成》，第二辑第30册，国家图书馆出版社，2015年

432

北云雾山　县北一百二十里，广袤五十余里，穷日之力乃登绝顶，属东山堡，为县境著名灵山。明万历三十年，王华倡铸真武铁像，清嘉庆三年补修。光绪十四年，乡人张仁元、王淑仁募修。山由秦阴平道蜿蜒而东，长三百余里，高压群峰，三面悬崖，自金钩河至山顶五十里，山势峻险，四时雾集，俗有头道嘴、二道嘴、三道嘴之称。头道嘴仙人桥路极狭，依林木为关，二道怀抱石，三道望乡台，路皆壁立，前者之踵可接后者之肩。岁三月三日、四月八日，不远千里朝拜者甚众，由明迄今，盖未尝替云。

——谢开来等修，王克礼、罗映湘纂：（民国）《重修广元县志稿》第一编卷二《舆地志二·山川·十二区名山》，《中国地方志集成》（四川府县志辑⑲），第50页，巴蜀书社，1992年；《四川历代方志集成》，第二辑第30册，国家图书馆出版社，2015年

433

东云雾山　县北一百三十里，界东沟、宣河二堡，顶有蟠龙坪，天然石龙，蟠踞如生。侧有漩坑，水出坑弦，复反坑中，颇有异趣。立足四望，可观十余堡，俗呼牛峰包。

——谢开来等修，王克礼、罗映湘纂：（民国）《重修广元县志稿》第一编卷二《舆地志二·山川·十二区名山》，《中国地方志集成》（四川府县志辑⑲），第50页，巴蜀书社，1992年；《四川历代方志集成》，第二辑第30册，国家图书馆出版社，2015年

434

鹰嘴岩　县北七十里，山峰高耸，秀插云霄，形如鹰嘴，登临四望，眼界一扩。嘴后下三里，一峰达真武宫，俗呼红庙子，松柏苍翠，四时不凋，当踏青时，朝礼者众。

铁钯山　县北百里，山梁九条如铁钯，故名。东沟、鱼洞、宣河、丰乐皆交界于此。

——谢开来等修，王克礼、罗映湘纂：（民国）《重修广元县志稿》第一编卷二《舆地志二·山川·十二区名山》，《中国地方志集成》（四川府县志辑⑲），第50页，巴蜀书社，1992年；《四川历代方志集成》，第二辑第30册，国家图书馆出版社，2015年

435

三龙山　县北九十五里，东山堡临江寺侧，山势起伏如龙游泳，尽处似龙翘首，林木葱茏，松竹茂秀。有真武祖师庙，创于清康熙十年，每上巳节，朝礼者众。

马鞍山　距县八十五里，东山堡西北，乃蟠龙垭支山，多石，形长瘦削，中似马。前耸石岩高数丈，岩麓穴藏白石一，常白气蒸腾，掩映岩壁，取石作器，愈取愈增，咸引为异。

——谢开来等修，王克礼、罗映湘纂：（民国）《重修广元县志稿》第一编卷二《舆地志二·山川·十二区名山》，《中国地方志集成》（四川府县志辑⑲），第50页，巴蜀书社，1992年；《四川历代方志集成》，第二辑第30册，国家图书馆出版社，2015年

436

天池山　县北一百七十里文安堡。山顶一池四时不竭，张献忠入蜀，避兵于山者赖此池水为活。

——谢开来等修，王克礼、罗映湘纂：（民国）《重修广元县志稿》第一编卷二《舆地志二·山川·十三区名山》，《中国地方志集成》（四川府县志辑⑲），第50页，巴蜀书社，1992年；《四川历代方志集成》，第二辑第30册，国家图书馆出版社，2015年

437

石笋山　县北一百九十里石笋沟。山峰巍然，矗立高耸，望之如石笋然。

——谢开来等修，王克礼、罗映湘纂：（民国）《重修广元县志稿》第一编卷二《舆地志二·山川·十三区名山》，《中国地方志集成》（四川府县志辑⑲），第50页，巴蜀书社，1992年；《四川历代方志集成》，第二辑第30册，国家图书馆出版社，2015年

438

潜水　县北八十里。《尔雅》："水自汉出为潜。"郭璞《音义》："水从汉中沔县南流至梓潼汉寿，为入大穴中，通岗山下西南潜出，一名沔水，即《禹贡》之潜也。"考《括地志》："潜水出绵谷县龙门山石穴。"《元和志》："出县北龙门山。"旧志："出县北一百三十里木寨山，流经神宣驿龙洞口，至朝天驿穿穴而出，入嘉陵江。"按《汉书》颜师古注："潜水出汉中沔县，南流至汉寿，入石穴复出。"与郭璞合。则是潜水之源在沔阳，而木寨山、龙门山皆其流之所经。《舆地纪胜》："朝天有三石洞，水自第三洞贯通两洞，下合嘉陵江。"即所谓西南潜出者也，故嘉陵江亦谓之潜水。考汉中汜，嶓冢以东水皆东流，嶓冢以西水皆西流，即其地势源流所归，故俗以嶓冢为分水岭。《蜀道驿程记》："分水岭东水皆北流，至五丁峡北合漾水入沔；岭西水皆南流，迳七盘龙洞合嘉陵江水为川江。"《秦蜀驿程后记》："黄坝驿一水，南流入广元曰潜水。"《禹贡》："沱潜既道。"郑康成曰："汉别为潜"，即此水也。水出蔡山岭下，西流至转斗铺南，会七盘关水入嘉陵江。《括地志》："潜水一名伏水，今名龙

门水，源出绵谷县东龙门大石穴下。"《蜀都赋》："演以潜、沫，注曰《禹贡》沱潜既道，有水从汉中沔阳县南流至梓潼汉寿县，入穴中通岗山下，西南潜出，今名复水，即潜水也。又沫水出岷山之西，东流过汉寿县南流，有高山上合下开，水经其中，曰沫水。水潜行曰演，此二水伏流，故曰潜水。"

——谢开来等修，王克礼、罗映湘纂：（民国）《重修广元县志稿》第一编卷二《舆地志二·山川·十四区名山》，《中国地方志集成》（四川府县志辑⑲），第50页，巴蜀书社，1992年；《四川历代方志集成》，第二辑第30册，国家图书馆出版社，2015年

439

桓水　《水经注》："自西倾至葭萌入于西汉，即郑玄之所谓潜水者也，自西汉溯流而届于晋寿界。"因漾枝津南历岗穴，迤逦而接汉，沿此入漾，书所谓浮潜而入沔矣。

——谢开来等修，王克礼、罗映湘纂：（民国）《重修广元县志稿》第一编卷二《舆地志二·山川·十四区名山》，《中国地方志集成》（四川府县志辑⑲），第51页，巴蜀书社，1992年；《四川历代方志集成》，第二辑第30册，国家图书馆出版社，2015年

440

嘉陵江　《汉书·地理志》："武都郡属县有嘉陵道，江源经此得名。"清《皇朝通志》："嘉陵江即西汉水，出秦州西南之嶓冢山，山在汉源嶓冢之西北四百余里，非《禹贡》之嶓冢也。"西汉水西南流，有横水岭水自西和县来会，折西流至礼县东南，又西经西和县西北，有岷峨江水来会。经阶州东北、成县西南，有潭河来会，经成县、略阳县西北，有黑峪江自秦州来会。又东南有九龙池水自徽县来会，又南有嘉陵谷水自凤县经两当县合诸水来会，始名嘉陵江。南流经略阳县西，又经宁羌州西北，又南经四川广元县北界，有七盘关水来会。经朝天镇、潜水会之，至大坝口、羊模水会之，至沙河驿、沙河会之，经广元县西、汉寿水会之，至河湾、回龙水会之。经昭化县东北，有白水江来会，白水江即古桓水，亦曰垫江，出边外洮源东南之西倾山，东南流入甘肃□武都关南，有白龙江自岷州分水岭东南流合诸水来会。经阶州西南，又经文县北，又南入四川界，经昭化县北，有黄

沙江来会，又东南入于嘉陵江。经剑阁、有剑水来会，经苍溪县北，直经保宁府东南，有广元宋江来会。由是经南部县西北、蓬州西北，有两河自剑阁经阆中、南部县来会。又南流，涪江会之，至江北入于大江。

嘉陵江入境所纳诸水　嘉陵江由阳平关燕子砭南流入广元境，东至大滩场，受黄坝河水，由青边河出注之。西受横梁子小河水，由切刀岭出注之。又西受八庙口水，由宁羌大津流出注之。东至朝天镇受神宣驿、龙门阁之潜水，西受宁羌安乐河水。又西至大坝口，受羊模坝河水。至沙河驿，东受沙河水，绕飞仙岭麓下注，经千佛崖下，过治城西南，受汉寿水，下流入昭化界。

——谢开来等修，王克礼、罗映湘纂：（民国）《重修广元县志稿》第一编卷二《舆地志二·山川·十四区名山》，《中国地方志集成》（四川府县志辑⑲），第51页，巴蜀书社，1992年；《四川历代方志集成》，第二辑第30册，国家图书馆出版社，2015年

441

青边河　源出甘肃文县，入川境□家河，至得胜关，与黄坝水会，名两河口，直下枫香滩、严家河，曲折潆洄，由青边峡出河口，入嘉陵江。

——谢开来等修，王克礼、罗映湘纂：（民国）《重修广元县志稿》第一编卷二《舆地志二·山川·十四区名山》，《中国地方志集成》（四川府县志辑⑲），第52页，巴蜀书社，1992年；《四川历代方志集成》，第二辑第30册，国家图书馆出版社，2015年

442

安乐河　一名陈家坝河，源出甘肃阶州太平川，经陕西宁羌□羊坝大浪河北来。入县西安乐堡，过天井坝之西，至陈家坝，绕场东至银矿崖入峡，形成大湾。至锦屏庵转东，入丰乐界朝天上峡，会大江。

——谢开来等修，王克礼、罗映湘纂：（民国）《重修广元县志稿》第一编卷二《舆地志二·山川·十四区名山》，《中国地方志集成》（四川府县志辑⑲），第52页，巴蜀书社，1992年；《四川历代方志集成》，第二辑第30册，国家图书馆出版社，2015年

443

小安河　有两源，一出石竹张家沟之龙洞嘴，至东沟石板河数里入峡；

一出石笔之王家沟，经东沟之罗家沟数里入峡。峡岸壁立，崖半石如和尚，形貌逼肖。邑人于万里题句："此僧真谛得西方，不食烟火日月长。耻以丛林为静室，凭将峭壁作禅堂。弗能共众参经典，岂屑同人做道场。不灭不生千古在，饱食精华普佛光。"崖上石驴，鞍辔皆具，俗谓石僧之御也。水出峡后即名小安河。过数里，又入下峡，峡左孙家洞、右赵家洞，上洞尤高阔爽朗，足容千人。峡两岸相迫，仅能容水，人不克渡，出筒槽后，经铁钯山下神仙洞，与潜水合。至朝天入嘉陵江，计自发源入江约六十里。

——谢开来等修，王克礼、罗映湘纂：（民国）《重修广元县志稿》第一编卷二《舆地志二·山川·十四区名山》，《中国地方志集成》（四川府县志辑⑲），第52—53页，巴蜀书社，1992年；《四川历代方志集成》，第二辑第30册，国家图书馆出版社，2015年

444

羊模河　源有二，一出楼房山琵琶寺，一出波罗玉，偕甘肃阶州属二水至钱坝合，入宁羌三颗石界，经五马河、金山寺、刘家场，至鱼筌坝广平河。三十里入县属梧桐院，二十里至菜子坝，四十里受二岔河，至临江寺。五里受头岔河，至羊模坝受瓦子坝、石峡沟及小河坝三水，至水磨沟十里受西沟、鸣水洞水，至大坝口，十里入嘉陵江。共长三百四十里。

——谢开来等修，王克礼、罗映湘纂：（民国）《重修广元县志稿》第一编卷二《舆地志二·山川·十四区名山》，《中国地方志集成》（四川府县志辑⑲），第53页，巴蜀书社，1992年；《四川历代方志集成》，第二辑第30册，国家图书馆出版社，2015年

445

沙河　水源不一，皆出于洞，一出石竹鸣水洞，经东沟之郭家河，二十里至两河口，与鱼洞河水合，名沙河。二十里入嘉陵江。

——谢开来等修，王克礼、罗映湘纂：（民国）《重修广元县志稿》第一编卷二《舆地志二·山川·十四区名山》，《中国地方志集成》（四川府县志辑⑲），第53页，巴蜀书社，1992年；《四川历代方志集成》，第二辑第30册，国家图书馆出版社，2015年

446

鱼洞河　水源有三，一出鱼洞堡，惠家洞、张家洞水合流，二十里至两河口，与鸣水洞水会，同入嘉陵江。

——谢开来等修，王克礼、罗映湘纂：（民国）《重修广元县志稿》第一编卷二《舆地志二·山川·十四区名山》，《中国地方志集成》（四川府县志辑⑲），第53页，巴蜀书社，1992年；《四川历代方志集成》，第二辑第30册，国家图书馆出版社，2015年

447

黄坝河　县北上蔡井堡，距城二百里，源出柳仙洞、即龙洞，流经清沟里，至黄坝河折由庙垭，直下至转斗铺峡口，入中子铺之小河。

——谢开来等修，王克礼、罗映湘纂：（民国）《重修广元县志稿》第一编卷二《舆地志二·山川·十四区名山》，《中国地方志集成》（四川府县志辑⑲），第53页，巴蜀书社，1992年；《四川历代方志集成》，第二辑第30册，国家图书馆出版社，2015年

448

大稻坝河　源出金龙洞，经三十里，至曾家河，合汉寿水。

八庙河　源出小分水岭，经三十里至曾家河，合汉寿水。

——谢开来等修，王克礼、罗映湘纂：（民国）《重修广元县志稿》第一编卷二《舆地志二·山川·十四区名山》，《中国地方志集成》（四川府县志辑⑲），第53页，巴蜀书社，1992年；《四川历代方志集成》，第二辑第30册，国家图书馆出版社，2015年

449

天井河　源出宁羌鲜家山老土地，经官碑，右行十余里，由八庙沟出口，入嘉陵江。

横梁子小河　元吉堡，源出切刀岭，流入漆林坝，傍斜峰观山麓，曲折回绕玄马坝、麻都坝，直出横梁入嘉陵江。

——谢开来等修，王克礼、罗映湘纂：（民国）《重修广元县志稿》第一编卷二《舆地志二·山川·十四区名山》，《中国地方志集成》（四川府县志辑⑲），第

53页，巴蜀书社，1992年；《四川历代方志集成》，第二辑第30册，国家图书馆出版社，2015年

450

涤溪　县北三里金山下，即平江水也。《事林广记》天下有十二溪，涤溪其一也。

——谢开来等修，王克礼、罗映湘纂：（民国）《重修广元县志稿》第一编卷二《舆地志二·山川·十四区名山》，《中国地方志集成》（四川府县志辑⑲），第53—54页，巴蜀书社，1992年；《四川历代方志集成》，第二辑第30册，国家图书馆出版社，2015年

451

九井滩　县北大滩，有巨石曰鱼梁、龟堆、芒鞋嘴，参差相望，为行舟患。宋元祐四年，转运使陈鹏悉凿平之，一名空泠滩。

——谢开来等修，王克礼、罗映湘纂：（民国）《重修广元县志稿》第一编卷二《舆地志二·山川·十四区名山》，《中国地方志集成》（四川府县志辑⑲），第54页，巴蜀书社，1992年；《四川历代方志集成》，第二辑第30册，国家图书馆出版社，2015年

452

华阳废县　在县北。《隋志》："绵谷县有华阳郡，梁置华州，西魏废。"《宋书》："梁州有华阳郡，徐志新立，寄治州下，领华阳、兴乐、宕梁、嘉昌四县，盖刘宋置。"郡本在南郑，齐梁时从而西南也。

石亭废县　《一统志》："在县北，疑是齐永泰初分东晋寿郡所置。后魏正始二年，邢峦取汉中诸诚，梁晋寿郡守王景印屯据石亭，峦遣李义珍击走之，即此。后废为戍。"

嘉川废县　《寰宇记》："嘉川县在集州西一百五十里，汉葭萌县地，宋武帝于此置宋熙郡及兴乐县，后魏恭帝元年，改为嘉川县，取嘉陵江所经为名。"隋开皇三年罢郡，以县属利州，唐贞观二年改属静州，十七年复属利州，元省入绵谷县。《九域志》："在利州东百十里，今名嘉川乡。"按嘉川废县有二，一在县东，即今嘉川坝，一在县城。考后魏恭帝元年，改兴乐为嘉川县，义取嘉陵江所经，若嘉川坝逼近宋水，绝非嘉陵江经地。再考

问津驿在县西一里,为古嘉陵驿,后魏改设嘉川县。抑以南北朝分争,侨置郡县,南朝宋则设嘉川县于东,北朝魏则设嘉川县于西,势使然也。清张邦伸《云栈纪程》:"以朝天镇为嘉川县,援宋陆游在嘉川驿得檄遂行,诗题'中夜次小柏'为证。"然驿站必不全在治城,多随道路之场镇,夫指朝天驿为嘉川县,似误。

南华县故墟　在金帽堡戚家坝,相传为南华县地,现存城隍庙、将军庙、文庙等遗迹。观溪水从王家坝经戚家坝至文庙,河出偏桥,土人称内有铁碑,但未寻出,别又无考。或又云沙河驿为南华县,未知孰是。

——谢开来等修,王克礼、罗映湘纂:(民国)《重修广元县志稿》第一编卷三《舆地志三·古迹》,《中国地方志集成》(四川府县志辑⑲),第55—56页,巴蜀书社,1992年;《四川历代方志集成》,第二辑第30册,国家图书馆出版社,2015年

453

废较场坝外委汛　在县北,民国二年官产变卖。

废朝天把总汛　在县北朝天镇中街,官产变卖,售于人民。

废朝天巡检署　清雍正七年建,道光六年裁。

——谢开来等修,王克礼、罗映湘纂:(民国)《重修广元县志稿》第一编卷三《舆地志三·古迹》,《中国地方志集成》(四川府县志辑⑲),第58页,巴蜀书社,1992年;《四川历代方志集成》,第二辑第30册,国家图书馆出版社,2015年

454

筹笔驿　在县北九十里,诸葛武侯出师,常驻军筹划于此。

——谢开来等修,王克礼、罗映湘纂:(民国)《重修广元县志稿》第一编卷三《舆地志三·古迹》,《中国地方志集成》(四川府县志辑⑲),第59页,巴蜀书社,1992年;《四川历代方志集成》,第二辑第30册,国家图书馆出版社,2015年

455

望喜楼　今废。

飞仙阁　在县北飞仙岭。

龙门阁　在朝天镇东。

——谢开来等修,王克礼、罗映湘纂:(民国)《重修广元县志稿》第一编卷三

《舆地志三·古迹》,《中国地方志集成》(四川府县志辑⑲),第59页,巴蜀书社,1992年;《四川历代方志集成》,第二辑第30册,国家图书馆出版社,2015年

456

石柜阁　在千佛岩。《方舆纪胜》:"绵谷县北十里至大安军界,桥阁共一万五千三百十六间,最著者石柜、龙门。"

——谢开来等修,王克礼、罗映湘纂:(民国)《重修广元县志稿》第一编卷三《舆地志三·古迹》,《中国地方志集成》(四川府县志辑⑲),第59页,巴蜀书社,1992年;《四川历代方志集成》,第二辑第30册,国家图书馆出版社,2015年

457

望喜驿　县西一里,元稹、李义山皆有诗。

鱼洞峡　治东八十里藁本山之阳,两崖如削,中通一线,正午始能见日。县南汉寿水发源于此峡,上下计里六十,崖高潭深,无径可测,上峡有水帘洞、赵家洞、常家洞,下峡有官水洞、土洞、梯子洞。东西峡口有鱼洞二,东洞幽深清明,前后群鱼涌出,西洞鱼不满尺,土人利之。

——谢开来等修,王克礼、罗映湘纂:(民国)《重修广元县志稿》第一编卷三《舆地志三·古迹》,《中国地方志集成》(四川府县志辑⑲),第60页,巴蜀书社,1992年;《四川历代方志集成》,第二辑第30册,国家图书馆出版社,2015年

458

金龙洞　治东四十里,即稻坝河源,洞深四十五里,传有潜龙,祈雨常应。

月儿洞　普子岭北五十里,山高入云,秋冬积雪,无草木萌蘖。山半明崖湾环,上下左右皆白,光明似月,宽容数屋,故名。清同治壬戌,郭逆扰境,贡士徐简生率生徒读其中三年。

惠家洞　鱼洞对山,深莫测,能避兵,今则洞成深潭,人不能入矣,水出里许,与鱼洞水合。

——谢开来等修,王克礼、罗映湘纂:(民国)《重修广元县志稿》第一编卷三《舆地志三·古迹》,《中国地方志集成》(四川府县志辑⑲),第60页,巴蜀书社,1992年;《四川历代方志集成》,第二辑第30册,国家图书馆出版社,2015年

459

（唐）韦应物《听嘉陵江水声寄深上人》：“凿崖泄奔湍，称古神禹迹。夜喧山门店，独宿不安席。水性自云静，石中本无声。如何两相激，雷转空山惊。贻之道门旧，了此物我情。”

（唐）元微之《咏嘉陵江》：“秦人唯识秦中水，长想吴江与蜀江。今日嘉川驿楼下，可怜如练绕明窗。”“千里嘉陵江水声，何年重绕此江行。只应添得清宵梦，时见满江秋月明。”

（唐）白居易《宿嘉陵江夜有怀》：“露湿墙花春意深，西廊月上半床阴。怜君独卧无言语，唯我知君此夜心。”“不明不暗胧胧月，不暖不寒慢慢风。独卧空床好天气，平明闲事到心中。”

（唐）郑谷《嘉陵江》：“细雨湿萋萋，人稀江日西。春愁肠已断，不待子规啼。”

（唐）罗邺《题嘉陵江》：“嘉陵南岸雨初收，江似秋风不煞流。此地终朝有行客，无人一为棹扁舟。”

——谢开来等修，王克礼、罗映湘纂：（民国）《重修广元县志稿》第一编卷三《舆地志三·古迹·名胜》，《中国地方志集成》（四川府县志辑⑲），第60—61页，巴蜀书社，1992年；《四川历代方志集成》，第二辑第30册，国家图书馆出版社，2015年

460

（明）杨慎《题嘉陵江》：“江上西风晚作颠，江头归思雨如烟。山城鼓动人收市，沙埠潮平客上船。灯影乱随樯影去，滩声相杂雨声喧。傅岩物色人何在，千载中流忆济川。”

——谢开来等修，王克礼、罗映湘纂：（民国）《重修广元县志稿》第一编卷三《舆地志三·古迹·名胜》，《中国地方志集成》（四川府县志辑⑲），第61页，巴蜀书社，1992年；《四川历代方志集成》，第二辑第30册，国家图书馆出版社，2015年

461

（清）王士祯《嘉陵江上忆家》：“自入秦关岁月迟，栈云陇树苦相思。嘉陵驿路三千里，处处春山叫画眉。”

（清）彭端淑《嘉陵江舟中》："临江思歇马，解缆得安流。暂释崎岖苦，犹悬道里愁。岩廊千佛子，风雨一孤舟。翻似安禅静，飘然物外游。"

（清）傅卿额《嘉陵江舟中》："十里江湖梦，登舟一怅然。桑麻深岸雨，橘柚近村烟。打桨闻巴语，扬帆见楚船。感怀清泪落，旅宿不成眠。"

（清）郑王臣《乘舟下嘉陵江》："山行力苦疲，乍喜乘流适。鼓棹下嘉陵，豁然双峡折。苍崖无寸肤，苔色千年积。尚留斧凿痕，知是架栈迹。仰视白云端，人马行络绎。奔濑送轻舫，回头忽已失。出峡见危峰，横江起葎崒[21]。杰阁踞其颠，势若排风翮。曾闻徐佐卿，化鹤此栖息。仙迹半渺茫，松响自萧瑟。前头石壁来，古佛千万亿。龛传韦抗劖[22]，记出苏颋笔。倏见利州城，突兀在江侧。空潭感行云，古寺访皇泽。急雨川上来，停桡系椓杙[23]。稍霁复前行，乌奴山翠滴。团团岩树青，溅溅石泉汩。江鸟与江花，一一入画格。舣舟登葭萌，援笔记所历。清景追亡逋，十已遗六七。"

（清）张问陶《嘉陵江上》："利州山水淡宜秋，波浪潺湲绕郭流。仿佛巴渝东去路，一帆风雨峡中舟。"

——谢开来等修，王克礼、罗映湘纂：（民国）《重修广元县志稿》第一编卷三《舆地志三·古迹·名胜》，《中国地方志集成》（四川府县志辑⑲），第61—62页，巴蜀书社，1992年；《四川历代方志集成》，第二辑第30册，国家图书馆出版社，2015年

462

（唐）岑参《利州道中作》："剖竹向西蜀，岷峨渺天涯。空深北阙恋，岂惮南路赊。前日登七盘，旷然见三巴。汉水出嶓冢，梁山控褒斜。栈道笼迅湍，行人贯层崖。岩倾劣通马，石窄难容车。深林怯魑魅[24]，洞穴防龙蛇。水种新插秧，山田正烧畬。夜猿啸山雨，曙鸟鸣江花。过午方始饭，经时旋及瓜。数公各游宦，千里皆辞家。言笑忘羁旅，还如在京华。"

——谢开来等修，王克礼、罗映湘纂：（民国）《重修广元县志稿》第一编卷三《舆地志三·古迹·名胜》，《中国地方志集成》（四川府县志辑⑲），第62页，巴蜀书社，1992年；《四川历代方志集成》，第二辑第30册，国家图书馆出版社，2015年

463

（宋）李曾伯《利州栈道》：“足迹初来剑北州，试登危栈瞰江流。万山西接地穷处，一水东归天心头。欲访肴函[25]无健马，相忘楚汉付青鸥。丈夫要了中原事，未分持竿老钓舟。”

——谢开来等修，王克礼、罗映湘纂：（民国）《重修广元县志稿》第一编卷三《舆地志三·古迹·名胜》，《中国地方志集成》（四川府县志辑⑲），第63页，巴蜀书社，1992年；《四川历代方志集成》，第二辑第30册，国家图书馆出版社，2015年

464

（唐）武元衡《题嘉陵驿》：“悠悠风旆绕山川，山驿空蒙雨似烟。路半嘉陵头已白，蜀门西上更青天。”

（唐）元微之《嘉陵驿》：“嘉陵驿上空床客，一夜嘉陵江水声。仍对墙南满山树，野花撩乱月微明。”“墙外花枝压短墙，月明还照半张床。无人会得此时意，一夜独眠西畔廊。”

（唐）薛能《嘉陵驿见贾岛题壁诗》：“贾子命堪悲，唐人独解诗。左迁今已矣，清绝更无之。毕竟无谁许，商量众莫疑。嘉陵四十字，一一见天资。”《题嘉陵驿》：“尽室可招魂，蛮余出蜀门。雹凉随雨气，江热傍山根。蚕月缫丝路，农时碌碡[26]村。干将磨欲尽，无位可酬恩。”《又题嘉陵驿》：“江涛千叠阁千层，衔尾相随尽室登。稠树蔽山闻杜宇，午烟薰日食嘉陵。频题石上程多破，暂歇泉边起不能。如此幸非名利切，益州来日合携僧。”

（唐）张蠙《题嘉陵驿》：“嘉陵路恶石和泥，行到石亭日已西。独倚阑干正惆怅，海棠花里鹧鸪啼。”

（唐）雍陶《题嘉陵驿》：“离思茫茫正及秋，每因风景却生愁。今宵难作刀州梦，月色江声共一楼。”

（唐）薛涛《续嘉陵驿诗献武相国》：“蜀门西上更青天，强为公歌蜀国弦。卓氏长卿称士女，锦城玉垒献山川。”

——谢开来等修，王克礼、罗映湘纂：（民国）《重修广元县志稿》第一编卷三《舆地志三·古迹·名胜》，《中国地方志集成》（四川府县志辑⑲），第63—64页，巴蜀书社，1992年；《四川历代方志集成》，第二辑第30册，国家图书馆出版社，2015年

465

（唐）李商隐《望喜楼》："嘉陵江水此东流，望喜楼中忆阆州。若到阆州还赴海，阆州应更有高楼。""千里嘉陵江水色，含烟带月碧于蓝。今朝相送东流去，犹自驱车更向南。"

（唐）薛能《雨霁宿望喜驿》："风雷一罢思何清，江水依然浩浩声。飞鸟旋空啼鸟在，后人常似古人情。将来道路终须达，过去山川实不平。闲想更逢知旧否，馆前杨柳种初成。"

——谢开来等修，王克礼、罗映湘纂：（民国）《重修广元县志稿》第一编卷三《舆地志三·古迹·名胜》，《中国地方志集成》（四川府县志辑⑲），第64页，巴蜀书社，1992年；《四川历代方志集成》，第二辑第30册，国家图书馆出版社，2015年

466

（宋）陆游《嘉川铺遇雨景物尤奇》："一春客路厌风埃，小雨山行亦乐哉。危栈巧依青嶂出，飞花并下绿岩来。面前云气翔孤凤，脚底江声转疾雷。堪笑书生轻性命，每逢险处更徘徊。"

（宋）文同《问津驿》："嘉川之西过新栈，几里朱栏绕青壁。我行落月尚在水，水影照人襟袖白。繁英杂缀修蔓上，绿锦缬带垂百尺。清香满马去未休，赖尔春风慰行客。"

——谢开来等修，王克礼、罗映湘纂：（民国）《重修广元县志稿》第一编卷三《舆地志三·古迹·名胜》，《中国地方志集成》（四川府县志辑⑲），第64—65页，巴蜀书社，1992年；《四川历代方志集成》，第二辑第30册，国家图书馆出版社，2015年

467

（明）杨慎《题飞仙阁》："飞仙阁上元珠侣，千佛崖前巴字水。夜来取水涤元珠，剑舞幽关鹤鸣垒。我家本是乘虚人，芒鞋初试杖藜春。振衣忽到凌风馆，不傍桃花空问津。"

——谢开来等修，王克礼、罗映湘纂：（民国）《重修广元县志稿》第一编卷三《舆地志三·古迹·名胜》，《中国地方志集成》（四川府县志辑⑲），第69—70页，巴蜀书社，1992年；《四川历代方志集成》，第二辑第30册，国家图书馆出版社，2015年

468

（清）王士祯《题飞仙阁》："山行喜乘流，江平况如练。岩崿[27]有开阖，竹树一葱篟[28]。人言利州风，今朝冷然善。滩如涂毒鼓，舟剧离弦箭。仰眺飞仙阁，鸟道危一线。弯环历三朝，向背穷九面。绛云卷轻绡，白日递隐现。嘉陵碧玉色，晴雨皆婉娈。想见吴道元，应诏大同殿。此生两经行，天遣追胜践。醉帽停乌奴[29]，已泊益昌县[30]。"

（清）李调元《题飞仙阁》："入峡只一舍，峰峦更逼仄。人担虎豹忧，江带鼋鼍[31]色。巍巍飞仙阁，高际入无极。飞甍照山光，荡漾何崱屴[32]。上有连云愁，下有沈潭黑。蛇蟠九曲湾，鸟道一竿直。舟梯不在地，白日忽西侧。艰哉徒旅人，跋涉无时息。却羡荡舟子，凌波如鸟翼。"

（清）李骥元《题飞仙阁》："仙人耽白云，不肯尘嚣住。凌峰修一阁，高卧云多处。门栖唐代烟，围种宋时树。欹崖下接江，陡壁中开路。双双白玉童，启门四山顾。举手忽招我，言驾鹤来驭。便当谢石流，追倚王乔去。"

（清）张问陶《题飞仙阁》："断石真奇放，飞仙定有无。野花开白芨，斜日下乌奴。雨霁岚光合，崖倾阁势孤。利州风力劲，何处觅村酤。"

——谢开来等修，王克礼、罗映湘纂：（民国）《重修广元县志稿》第一编卷三《舆地志三・古迹・名胜》，《中国地方志集成》（四川府县志辑⑲），第69—70页，巴蜀书社，1992年；《四川历代方志集成》，第二辑第30册，国家图书馆出版社，2015年

469

（宋）文同《题朝天岭》："双壁相参万木深，马前猿鸟亦难寻。云容杳杳断鸿意，风色萧萧行客心。山若画屏随峡势，水如衣带转岩阴。生平来往成何事，且倚钩栏拥鼻吟。"

——谢开来等修，王克礼、罗映湘纂：（民国）《重修广元县志稿》第一编卷三《舆地志三・古迹・名胜》，《中国地方志集成》（四川府县志辑⑲），第70页，巴蜀书社，1992年；《四川历代方志集成》，第二辑第30册，国家图书馆出版社，2015年

470

（明）杨慎《朝天岭》："落日半山坳，掩映栗叶赤。行客早知休，前溪多虎迹。"

——谢开来等修，王克礼、罗映湘纂：（民国）《重修广元县志稿》第一编卷三《舆地志三·古迹·名胜》，《中国地方志集成》（四川府县志辑⑲），第70页，巴蜀书社，1992年；《四川历代方志集成》，第二辑第30册，国家图书馆出版社，2015年

471

（清）王士祯《朝天峡》："朝登嘉陵舟，日出羌水赤。履险倦鞍马，即次亦称适。黕黮[33]双峡来，突见巨灵跖[34]。崭岩无寸肤，青冥厉双翮[35]。阴崖积龙蜕，跳波畏鲸掷。往往压人顶，骇此欲崩石。洞穴峡半开，兵气尚狼藉。蛇豕据成都，置戍当险厄。至今三十年，白骨满梓益。流民近稍归，天意厌兵革。会见賨[36]卢人，烧畬开硗确[37]。慷慨一扣舷，浩歌感今昔。风便利州城，茫茫波涛白。"

（清）费密《朝天峡》："一过朝天峡，巴山断入秦。大江流汉水，孤艇接残春。暮色愁悲客，风光易感人。明年在何处，妻子共沾巾。"

（清）杨潮观《题朝天峡》："自古襟喉隘，朝天势更加。闻铃仍带雨，筹笔欲生花。云暗疑无栈，江深别有槎。不因天设险，何以控三巴。"

——谢开来等修，王克礼、罗映湘纂：（民国）《重修广元县志稿》第一编卷三《舆地志三·古迹·名胜》，《中国地方志集成》（四川府县志辑⑲），第70—71页，巴蜀书社，1992年；《四川历代方志集成》，第二辑第30册，国家图书馆出版社，2015年

472

筹笔怀古　县北，水程九十里，传武侯出师驻此。

（唐）杜牧诗："永安宫受诏，筹笔驿沉思。"

（唐）武元衡[38]《题筹笔驿》："江东矜割据，邺下夺孤嫠[39]。霸略非匡汉，宏图欲佐谁？奏书辞后主，仗剑出全师。重袭褒斜路，悬开反正旗。欲将苞有截，必使举无遗。沈虑经谋际，挥毫决胜时。圆觚当分画，前著此操持。山秀扶英气，川流入妙思。算成功在彀，运去事终亏。命屈天方厌，人亡国自随。艰难推旧姓，开创极初基。总叹曾过地，宁探作教资。若归新历

数，谁复顾衰危。报德兼明道，长留识者知。”

（唐）李商隐《筹笔驿》：“猿鸟犹疑畏简书，风云常为护储胥。徒令上将挥神笔，终见降王走传车。管乐有才真不忝，关张无命欲何如。他年锦里经祠庙，《梁父吟》成恨有余。”

（唐）薛逢《题筹笔驿》：“天地三分魏蜀吴，武侯倔起赞讦谟。身依豪杰倾心术，目对云山演阵图。赤伏运衰功莫就，皇纲力振命先徂。《出师表》上留遗恨，犹自千年激壮夫。”

（唐）罗隐《题筹笔驿》：“抛掷南阳为主忧，北征东讨尽良筹。时来天地皆同力，运去英雄不自由。千里山河轻孺子，两朝冠剑恨谯周。惟余岩下多情水，犹解年年傍驿流。”

（宋）石延年《筹笔驿》：“汉室亏皇象，乾坤未即宁。奸臣与逆子，摇岳复翻溟。权表分江域，曹袁斗夏垌。虎奔咸逐逐，龙卧独冥冥。从众非无术，期孤乃不经。惟思恢正道，直起复炎灵。管乐韬方略，关徐骇观听。一言俄遇主，三顾已忘形。南既清蛮土，东期赤魏庭。出师功自著，治国志谁铭。历劫兵如水，临秦策若瓴。举声将溃虏，横势欲逾泾。仲达耻巾帼，辛毗严壁扃。可烦亲细务，遽见堕长星。战地悲陵谷，来贤赏德刑。意中流水远，愁外旧山青。想像音徽在，侵寻毛骨醒。迟留慕英气，沉欢抚青萍。”

（宋）陆游《筹笔驿》：“运筹陈迹故依然，想见旌旗驻道边。一等人间管城子，不堪谯叟作降笺。”

（清）王士祯《题筹笔驿》：“当年神笔走群灵，千载风云护驿亭。今日重过吊陈迹，只余愁外旧山青。”

（清）张问陶《题筹笔驿》：“古驿风云积，阴崖秘鬼神。荒祠啼望帝，遗象肃宗臣。老树知何代，青山似故人。重来筹笔地，立马荐溪萍。”

——谢开来等修，王克礼、罗映湘纂：（民国）《重修广元县志稿》第一编卷三《舆地志三·古迹·名胜》，《中国地方志集成》（四川府县志辑⑲），第71—72页，巴蜀书社，1992年；《四川历代方志集成》，第二辑第30册，国家图书馆出版社，2015年

473

（宋）陈鹏《九井滩记》：“九井滩有大石三，其名鱼梁、龟堆、芒靴嘴，危险参差，相望于波间。操舟之人，力不胜舟，而辄为石所触，故抵

于败。诚令绝江为长堤，度其南，别为河道，以分河水势，则此流水益减而石出矣。以火煅醯沃，金锤随击之，宜可去。如其言治之，明年三大石不复见，而九井遂平。宋元祐五年转运使陈鹏记。”（即筹笔滩下之险滩）

——谢开来等修，王克礼、罗映湘纂：（民国）《重修广元县志稿》第一编卷三《舆地志三·古迹·名胜》，《中国地方志集成》（四川府县志辑⑲），第72页，巴蜀书社，1992年；《四川历代方志集成》，第二辑第30册，国家图书馆出版社，2015年

474

老君洞　在筹笔驿西岸，又名通仙洞。有石刻载：“唐明皇幸蜀见老君于此。”

（唐）温庭筠《老君庙》：“紫气氤氲捧半岩，莲峰仙掌共巉巉。庙前晚色连寒水，天外斜阳带远帆。百二关山扶玉座，五千文字闷瑶缄。自怜金骨无人识，知有飞龟在石函。”

（唐）薛能《通仙洞》：“高龛险欲摧，百尺洞门开。白日仙何在，清风客暂来。临崖松直上，避石水低回。贾掾曾空去，题诗岂易哉。”

（宋）陆游《老君洞》：“丹凤楼头语未终，崎岖蜀道复相逢。太清宫阙俱煨烬，岂可南来避贼锋。”

——谢开来等修，王克礼、罗映湘纂：（民国）《重修广元县志稿》第一编卷三《舆地志三·古迹·名胜》，《中国地方志集成》（四川府县志辑⑲），第73页，巴蜀书社，1992年；《四川历代方志集成》，第二辑第30册，国家图书馆出版社，2015年

475

（唐）沈佺期《题过龙门阁》：“龙门非禹凿，诡怪乃天功。西南出巴峡，不与众山同。长窦亘五里，宛转复嵌空。伏湍煦潜石，瀑水生轮风。流水无昼夜，喷薄龙门中。潭河势不测，藻葩垂彩虹。我行当季月，烟景共春融。江关勤亦甚，巇崿[40]意难穷。誓将息机事，炼药此山中。”

（唐）岑参《题龙门阁》：“侧径转青壁，危梁透沧波。汗流出鸟道，胆碎窥龙涡。骤雨暗溪谷，归云网松萝。屡闻羌儿笛，厌听巴童歌。江路险复永，梦魂愁更多。圣朝幸典郡，不敢嫌岷峨。”

（唐）杜甫《龙门阁》：“清江下龙门，绝壁无尺土。长风驾高浪，浩

浩自太古。危途中萦盘，仰望垂线缕。滑石欹谁凿，浮梁袅相拄。目眩陨杂花，头风吹过雨。百年不敢料，一坠那得取。饱闻经瞿塘，足见度大庾。终身历艰险，恐惧从此数。"

（宋）陆游《题龙门阁》："我昔谒紫皇，翳凤骖虬龙。俯不见尘世，浩浩万里空。谪堕尚远游，忽到汉始封。西望接蜀道，北顾连秦中。壮哉形胜区，有此蜿蜒宫。雷霆自鏊鞳[41]，环玦亦璁珑[42]。石屋如建章，万户交相通。来者各自得，尽取知无从。凭高三叹息，自古几英雄。老我文字衰，挥毫看诸公。"《再过龙门阁》："天险龙门道，霜清客子游。一笻缘绝壁，万仞俯洪流。著脚初疑梦，回头始欲愁。危身无补国，忠孝两堪羞。"《风雨中过龙门阁》："飘然醉袖怒人扶，个里何曾有畏途。卷地黑风吹惨澹，半天朱阁插虚无。阑边归鹤如争捷，云表飞仙定可呼。莫怪衰翁心胆壮，此身元是一枯株。"

（明）任翰《题龙门阁》："剑外烟花春可怜，寻芳遥坐翠微烟。君侯未放郎官醉，更上清溪载酒船。"

（清）王士禛《题龙门阁》："四围碧玉色崚嶒，着个行缠盏饭僧。松末风来龙背冷，坐看流水入嘉陵。"《题龙门阁》："众山如连鳌，突兀上龙背。鳞鬣中怒张，风雨昼晦昧。出爪作之而，神奇始何代。乱水趋嘉陵，波涛势交汇。万壑争一门，雷霆走其内。直跨背上行，四顾气什倍。夕阳下岷峨，天彭光破碎。咫尺剑门关，益州此绝塞。子阳昔跃马，妖梦成怡僛。区区王与孟，泥首终一概。李特亦雄儿，僭窃亦何在？"

（清）方象瑛《题龙门阁》："神龙穿石飞，洞壑昼常晦。人乃捷于龙，盘旋出龙背。摄衣入重云，势与风雨会。危崖千万状，不知始何代。突兀浮图高，纵横屏障大。鳞鬣树千章，泉流吐飞沫。下注不测溪，沉沉气冥昧。倘燃牛渚犀，百灵宛然在。羌山多灵奇，策名此为最。何必御风行，旷然天地外。"

（清）彭端淑《题龙门阁》："万山互回环，嶙峋阻绝涧。群流争一窟，水石相哄战。晦霾无白昼，神物倏隐现。创辟类鬼工，俯瞰目亦眩。在昔闻龙门，平生未及践。禹功不到处，宇宙多怪变。巨石结构牢，遥遥终古奠。"

（清）李化楠《题龙门阁》："怪石突兀山嵯峨，溅溅流沫车轮过。但觉风声四山下，那知脚底龙腾梭。只石窦决开水鸣漷，土人云是龙所辟。龙能致水信有之，谓龙开山恐未必。远峰不碍水归东，乾坤特与一窍通。鬼斧神工都不用，龙来恰好作潭洞。君不见，瞿塘峡口剑门关，倚天峭壁青巉巉[43]，是龙非龙谁镌劖[44]。”

（清）陈大文《过龙洞背至朝天峡放舟入广元题》：“每到奇险处，恍惚动心魄。我望龙洞背，下乃蛟龙宅。半壁欹古树，当路蹲巨石。一村一境殊，再接再步却。崇岗数十里，伏流洞口辟。南会出略阳，湛湛江水碧。龙门与石柜，桥阁传在昔。今开新磴道，凿孔遗旧迹。招招呼舟子，泛泛意悦怿。一苇纵所如，利州好停泊。”

（清）李调元《题龙洞背》：“诸水如游龙，曲折赴龙洞。雷霆争荡激，愤怒声相哄。人从背上行，乍觉鳞鬣动。造次出之而，阴风生暗恐。横梁高于墉[45]，跨天俨成蛛[46]。马蹄惧即脱，羊肠抱孤恸。不敢此暂停，去去催我鞚[47]。犹闻远滩鸣，汹汹隔山送。”

——谢开来等修，王克礼、罗映湘纂：（民国）《重修广元县志稿》第一编卷三《舆地志三·古迹·名胜》，《中国地方志集成》（四川府县志辑⑲），第73—75页，巴蜀书社，1992年；《四川历代方志集成》，第二辑第30册，国家图书馆出版社，2015年

476

（宋）陈鹏《龙洞记》：“自三泉西二里，见有若观阙者当其前，迫而视之则洞也。其深七十三步，广半之。其两旁石壁之嵌空突怒者，若目鼻口鳞甲跟肘甚臭。其形皆平石为底，水文其上，若铺筦簟[48]，石堕其间。若设俎[49]豆，期两颜皆瘦，木翠蔓附，石萝生萎蕤[50]，下覆，若缀缨络。水蔓之间，布水之道，后先交映，若垂冕旒[51]，水落石底。其势跳泻与石相斗，若溅玉雪。其声锵鸣与洞相应。若响琴筑，寒清幽邃，殆非人境也。”

——谢开来等修，王克礼、罗映湘纂：（民国）《重修广元县志稿》第一编卷三《舆地志三·古迹·名胜》，《中国地方志集成》（四川府县志辑⑲），第75—76页，巴蜀书社，1992年；《四川历代方志集成》，第二辑第30册，国家图书馆出版社，2015年

477

（清）李调元《题金鳌岭》：“连日沿江岸，陂陀异昔遭。兹岭恐惧始，脊起径益高。压仆惊魂磊[52]，洞壑深聊嶆[53]。人与马相警，逐彼升木猱。咫尺目花眩，恐落万丈涛。我闻龙伯人，巨钓连六鳌。疑谊五真时，遗此一遁逃。亦如禹治水，支祈加锁牢。居人指其顶，有神飨腥臊。前明御史碑，

首纪开路劳。当年椎牛祭，毋乃太贪饕[54]。何不铲之平，犹苦贩与挑。语罢神亦怪，江风中怒号。”

（清）张问陶《题金鳌岭》：“冷冷鳌背雨，萧瑟似残秋。石径临江仄，山风扑马寒。丰碑何代祭，神物此中蟠。愁望嘉陵棹，飞鸟下急湍。”

——谢开来等修，王克礼、罗映湘纂：（民国）《重修广元县志稿》第一编卷三《舆地志三·古迹·名胜》，《中国地方志集成》（四川府县志辑⑲），第76页，巴蜀书社，1992年；《四川历代方志集成》，第二辑第30册，国家图书馆出版社，2015年

478

（清）张问陶《题葱岭》：“西归访名山，葱岭秀无敌。兀如百丈台，丛树团秋色。削壁势横撑，崖下龙门拆。轰然束众流，万马争一枥。颇闻最上头，幽异陵空积。同气得尚禽，钩深复何惜。杖藜寻古径，时见蜿蜒迹。俯惊涂毒鼓，仰接垂云翼。狌鼯[55]咤足音，花草乱扶屐。老干忘冬春，危根养孤直。连林苦纠缠，各拥灵珑石。有石必万窍，肉好出神力。沈沈何王殿，怪鸟聚檐额。玉座长寒苔，衣尘黯如客。更披虎豹丛，忽露仙灵宅。空明小石城，三户敞虚白。日瘦钟乳坚，风泉漏岩隙。寰区扰群动，繁响此中寂。灵境自常留，人心惊乍获。若置蒜山东，弹指炫金碧。葆真畏疏凿，甘向遐荒匿。谈笑谢吴人，金焦奇不得。”

（清）张问安《题葱岭》：“龙洞背奇绝，高垣如层障[56]。洞敞傲黄楼，下建五丈旗。白日闻风霆，石燕惊翻飞。神龙何衙衙，作势骄蹬跜[57]。葱岭踞其旁，悬绝无钩梯。苍秀入云汉，浓翠沾人衣。同游获求点，直上穷攀跻。晻霭辨微迳，阴晦蒙朝曦。巨石交玲珑，透漏纷倾欹。何必笠泽湖，始为天下希。轩然得石屋，钟乳生四垂。往往积龙蜕，久立寒侵肌。造物秘灵秀，不为尘世怡。向来谈名山，所相犹其皮。旷达思古人，搜剔必险巇。何时双行缠，大索寰中奇。”

——谢开来等修，王克礼、罗映湘纂：（民国）《重修广元县志稿》第一编卷三《舆地志三·古迹·名胜》，《中国地方志集成》（四川府县志辑⑲），第76—77页，巴蜀书社，1992年；《四川历代方志集成》，第二辑第30册，国家图书馆出版社，2015年

479

广元天然风景八：

宝峰夜月　治城东山之巅，天然池沼，天旱不竭，月夜微照，景颇清幽。前令张赓谟咏："利州城起凤凰麓，凤距嶙峋高矗矗。半翼舒来列宝屏，巅有灵湫漾轻縠。阵阵霜风秋波盈，楼头帘卷新镜明。天边月晦无明月，偏向宝峰池中生。"

南渡孤舟　月夜泛舟汉寿水南，睹之颇饶嘉兴，常时孤棹荡漾，景殊悠然。温庭筠所以有《利州南渡》之咏也。前令张赓谟咏："秋山澹澹水溶溶，奁开倒插[58]青芙蓉。半掩蓬窗过飞雨，谁家艇子来虚空。柳暗沙明江头路，欸乃一声寒烟暮。城内游人归未归，当天皓月临古渡。"

金山晚照　县北二里上贞观故址，斜阳反映，山如金铺。前令张赓谟咏："上春畹晚[59]天欲暮，彩霞遥射珊瑚树。珠光熠耀翠云开，赤城流焰争四布。由来有金山方鸣，而今看山今铸成。前溪影落风不定，琉璃破碎锦鳞生。"

乌龙宝顶　嘉陵江西岸、乌龙山巅一峰特起，突耸如笠。旁一井泉，清冽甘美。山顶中空，撑有砥石。相传仙人弈棋于此。前令张赓谟咏："一峰蚪[60]起何嵯峨，横空倒影摇晴波。蜿蜒游龙势矫若，排云直欲饮天河。曾说仙人顶上弈，上有孤松挺千尺。月夜棋子声犹闻，几度柯烂迷踪迹。"

雪峰樵歌　县东十里，雪峰寺后，山半有二大石峙立。传有樵夫常歌石上，风雨不辍。至则歌声出石中。亦异迹也。前令张赓谟咏："雪峰峰头风雪急，屹然双石如人立。依稀柴担晚归来，时有歌声石内出。元仲当年兴何豪，雪裹买樵立断桥。我欲日日策杖至，倾尊大白浮山椒。"

九峰排戟　九龙山、县西二十里，山环九十九峰，排列如戟。昔汉高祖驻跸于此，有汉王寨。司马、君实、范景、仁文、与可、苏子，由皆和有诗。温公年谱：公父司马池为利州转运使，公随父之任，游此。旧有祠焉。前令张赓谟咏："蜀山攒黛多崇峻，九十九峰插万仞。千年偶驻赤帝营，至今排戟作岩阵。长剑倚天天外长，光摇碧落参微茫。日暮白云吹不散，阴阴犹覆温公堂。"

丙穴鱼潜　县北十五里，仲春上巳修禊前后，嘉鱼从穴出，现穴为土封，仅清流而已。前令张赓谟咏："石柜阁下巴字水，上连丙穴清且泚。年年看春上巳前，恒见潜鱼澄潭里。潭里有鱼嘉无伦，渔户结网复垂纶。勗哉鲲鲕[61]戒无取，留待满尺能几旬。"

朝天晓霞　县北朝天关下明月峡，当旭日初升，山如铺锦，泛舟踏山，皆增兴趣。前令张赓谟咏："铜壶滴断霜天晓，鸡声呃喔乱啼鸟。阳乌赤水惊初飞，万缕红霞散缭绕。朝天一览锦绣中，晴云旭日光瞳瞳。犹忆日观峰上立，决眦[62]海门扶桑东。"

——谢开来等修，王克礼、罗映湘纂：（民国）《重修广元县志稿》第一编卷三《舆地志三·古迹·名胜》，《中国地方志集成》（四川府县志辑⑲），第81—83页，巴蜀书社，1992年；《四川历代方志集成》，第二辑第30册，国家图书馆出版社，2015年

480

李义山诗碑　碑目考，在筹笔驿，现失所在。
栈道铭　碑目考，唐欧阳詹撰，现失。
山谷纪行碑　碑目考，在废嘉川县灵溪寺，元丰三年题，现失所在。

——谢开来等修，王克礼、罗映湘纂：（民国）《重修广元县志稿》第一编卷三《舆地志三·古迹·金石》，《中国地方志集成》（四川府县志辑⑲），第83页，巴蜀书社，1992年；《四川历代方志集成》，第二辑第30册，国家图书馆出版社，2015年

481

筹笔驿宋诗刻　诗云："卯金运去天难问，筹笔人非地久荒。只有辛勤《出师表》，一披前事重悲凉。"按古筹笔驿，在嘉陵江上游之朝天三十里，土人挖地得石碑，刻有宋神宗熙宁某年立，以其古地录之。

——谢开来等修，王克礼、罗映湘纂：（民国）《重修广元县志稿》第一编卷三《舆地志三·古迹·金石》，《中国地方志集成》（四川府县志辑⑲），第87页，巴蜀书社，1992年；《四川历代方志集成》，第二辑第30册，国家图书馆出版社，2015年

482

石磬　西沟堡石头岭罗家梁道旁，乱石一群，一石似磬，高二尺许，击之蹬然，色白质润。道经者常停车击之，无不叹赏。地距县六十里。

石双龙　东山堡羊模谷洞，下即阿岩腰对山。土人咸称："清同治时，

曾于其处掘金。每天雨后，牧羊者于山塘中，尝见金粒。有石龙二，形屈伸止定，不即不离，时隐时见。晨则云气覆护，日中雾散，山麓石穴二突出双龙，须眉俱备，似欲饮水，谓为二龙朝模谷仙。"

石燕　东山堡菜子坝场十里许，地名鲤鱼沟，积水一塘，沙不能雍，卧长石一约三丈余，头尾鳞甲，双目鳃口，毕肖鲤鱼，有风吹水动，生机活泼，洋洋然也。

石马　迹在东山堡清平岩之麓，临大道旁，白马庙前。土人相传夜月有马食田禾，乡人逐奔入石中，往往见此异。好事者破其石，镌成石马，名曰"白石马"，其异即息。无年月而改。大抵在清初时，说虽荒唐，为古迹所遗。

——谢开来等修，王克礼、罗映湘纂：（民国）《重修广元县志稿》第一编卷三《舆地志三·古迹·金石》，《中国地方志集成》（四川府县志辑⑲），第95—96页，巴蜀书社，1992年；《四川历代方志集成》，第二辑第30册，国家图书馆出版社，2015年

483

张佐明墓　县北四十里，嘉陵江东崖，为大将军文略公之裔，官忠武校尉。

赖经魁墓　名俊升，在县北元吉堡天井河。墓内产玉，土人争掘采之，知县虑肇祸封之。墓旁有石如印，人呼"印把石"；又有所谓"轿子石"，帽盒山，天然形成。

温进士墓　在县北，距神宣驿五里，明时人。墓地纵横数丈，碑碣桅杆至今尚存。土人呼"温家坟"。

刘将军墓　天池梁对山，官利州卫指挥。

冯知县墓　蒲家坝古松观之东北，中有墩，即明中叶正德年间岁进士冯义贤墓。义贤两任知县，事详仕籍。

权将军墓　石竹堡马家塘。

——谢开来等修，王克礼、罗映湘纂：（民国）《重修广元县志稿》第一编卷三《舆地志三·陵墓》，《中国地方志集成》（四川府县志辑⑲），第97—100页，巴蜀书社，1992年；《四川历代方志集成》，第二辑第30册，国家图书馆出版社，2015年

484

县境旧分六乡、五十七堡。清宣统二年筹备自治，分一城二镇七乡，以五十七堡分隶之，民国三年自治停办。四年分属区为十四，二十四年划分行政区为四。

旧志六乡，曰则天、嘉川、广化、卫屯、神沙、柏龙。

宣统二年自治区，曰城区，曰乐宣镇（属堡十一）、黄羊镇（属堡六），曰上西乡（属堡四）、大沿乡（属堡五）、大石乡（属堡七）、白水乡（属堡七）、高城乡（属堡七）、乾河乡（属堡九）、金帽乡（属堡二）。

民国四年团区计分十四。第一区，顺坝、上西、下西、回龙、三堆、磁窑六堡属之。第二区，丈石、三山、宽川、千金、高（墥）五堡属之。第三区，白水、贯子、汶水、伏溪、杨老、枫香、李打石七堡属之。第四区，撑腰、下百丈二堡属之。第五区，上百丈、黄洋二堡属之。第六区，道坪一堡属之。第七区，木门一堡属之。第八区，高城、流坪二堡属之。第九区，中岭、水磨、梁山三堡属之。第十区，大沿、西关、回岔、木甑、两会五堡属之。第十一区，石竹、河润、茅坝、石槽、李子坝、盐井、西流、双河、木瓜九堡属之。第十二区，东沟、西沟、东山、鱼硐四堡属之。第十三区，安乐、丰乐、宣河、中子、蔡井、文安、元吉七堡属之。第十四区，金帽、柏龙两堡属之。

二十四年行政区划分为四。第一区以旧团区之一、二、十四区属之，第二区以旧团区之十一、十二、十三区属之，第三区以旧团区之八、九、十各区属之，第四区以旧团区之三、四、五、六、七各区属之。

场市分属区、堡：

鹰嘴岩、麻柳坝、乾河坝、三道河、橡子潭，第十区大沿堡；两河口、曾家河，第十一区茅坝堡；临溪寺、张家观，第十一区鱼硐堡；李子坝、汪家坝、天心坪，第十一区河润堡；郭家坝，第十一区李子坝堡；沙河，第十二区东沟堡；羊模坝、菜子坝，第十二区东山堡；朝天，第十三区丰乐堡；陈家坝，第十三区安乐堡；神宣，第十三区宣河堡；中子、转斗铺、较场坝，第十三区中子堡；黄坝河，第十三区蔡井堡；横梁子，第十三区文安堡；大滩，第十三区元吉堡。

——谢开来等修，王克礼、罗映湘纂：（民国）《重修广元县志稿》第二编卷四《建置志一·乡镇》，《中国地方志集成》（四川府县志辑⑲），第107—114页，

巴蜀书社，1992年；《四川历代方志集成》，第二辑第30册，国家图书馆出版社，2015年

485
第二区署：
朝天镇巡检司，清雍正七年复设，是为水驿巡检。
神宣驿巡检司，原为驿丞，清乾隆设，民国废。
神宣驿县佐署，就前巡检司署驻，民国十六年改公安局，二十年废。
民国二十四年，定二区署设神宣驿，前署毁，假庙为署。

——谢开来等修，王克礼、罗映湘纂：（民国）《重修广元县志稿》第二编卷五《建置志二·廨署》，《中国地方志集成》（四川府县志辑⑲），第124页，巴蜀书社，1992年；《四川历代方志集成》，第二辑第30册，国家图书馆出版社，2015年

486
九区寺观：
朝天观，中岭山顶。

——谢开来等修，王克礼、罗映湘纂：（民国）《重修广元县志稿》第二编卷五《建置志二·寺观》，《中国地方志集成》（四川府县志辑⑲），第141页，巴蜀书社，1992年；《四川历代方志集成》，第二辑第30册，国家图书馆出版社，2015年

487
十一区寺观：
灵溪寺、高泉寺、张家观、万寿寺、兴佛寺、二圣寺、三教寺、云峰寺、双庙子、金蝉寺、望江寺、接佛寺、花缘寺、雍家寺、望月寺、天灯寺、明月庵、广福寺、神龙殿、白塔寺、九峰寺、万缘寺。

——谢开来等修，王克礼、罗映湘纂：（民国）《重修广元县志稿》第二编卷五《建置志二·寺观》，《中国地方志集成》（四川府县志辑⑲），第141页，巴蜀书社，1992年；《四川历代方志集成》，第二辑第30册，国家图书馆出版社，2015年

488
十二区寺观：
东山庙　县北七十里东山堡，清道光七年，僧智主重建。光绪十四年，

堡人张仁元、李天喜复修前殿及奎星阁两厦，为朝云雾山所必经。

灵崖寺　县北八十里东山堡，又名临江寺，清康熙四十年建，嘉庆五年补修。

兴隆寺　县北八十里。

显灵观　县西一百五十里。

——谢开来等修，王克礼、罗映湘纂：(民国)《重修广元县志稿》第二编卷五《建置志二·寺观》，《中国地方志集成》(四川府县志辑⑲)，第141页，巴蜀书社，1992年；《四川历代方志集成》，第二辑第30册，国家图书馆出版社，2015年

489

大安寺　县北一百里东山堡。

小安寺　县北一百一十里东沟堡，一名曰"西禅寺"，乃古刹，有钟于清道光二十二年重铸。刘运周采记云："寺名小安，别乎大安而名之也。有巨钟铸于明正德七年，迄今已三百年有奇矣。金铁半朽，字半没灭，众寻重为销铸。结善缘于今朝，嗣遗响于前代，今而后洪声发越，山川自效其灵，雅谧铿锵，民物亦彰其盛，即此足知其古矣。"

——谢开来等修，王克礼、罗映湘纂：(民国)《重修广元县志稿》第二编卷五《建置志二·寺观》，《中国地方志集成》(四川府县志辑⑲)，第141页，巴蜀书社，1992年；《四川历代方志集成》，第二辑第30册，国家图书馆出版社，2015年

490

万寿寺　县北六十里东沟堡，有钟铸于明天启二年，则寺甚古矣。境地秀雅，寺后高峰烟云常护，寺旁池水清冽赏目，左流里许，侧出入穴，环寺之右又里许，于千仞悬崖之弦流落崖间，有清泉石上流，银河落九天之趣。且风声与水声悄若丝竹焉。

佛林寺　县北五十里，两山环抱，一峰临境，尘心为之一清。

兴佛寺　万寿寺下十余里，亦古刹。

圆通寺　旧志曰"大庵"，县北一百二十里，东北古刹也。

观音寺　县北一百三十里，东山堡北之云雾山。

南华寺　县北五十里沙河驿岸上。

许庵寺　县北六十里。

南京庵　县北一百二十里东沟堡，庙基前巨，今颓。

佛堂　县北七十里鱼硐堡，即王氏女清修庵。

两会寺　县北鸣水洞之水，与马料溪水相会处，寺久坍。善士沈俊德惜其基关而古，画有其名，募捐重修之。

弥陀院　东山堡大囗村，清嘉庆六年创修。

三清宫　东山堡，明弘化三年建，清同治六年僧智兴重修。

碧峰寺　县北西沟堡。

金台观　县北七十里羊模坝，小河之南，金台岭后，有群峰千仞，庙立岭顶，故名。创自清乾隆间。民国十四年，里人卖油然等倡移峰顶，构石砌涧，拦建石坊，群山拱秀，高雅绝尘，兴至极甚。东山科名鼎盛，其郁灵于此与。

罗汉寺　东山堡羊模坝，明弘化年修，清道光二十年培修。设有小学校。

正觉寺　东山堡石门村，清康熙五十五年，僧明月建。乾隆五十一年，僧道澈云游来寺重建。又于六十一年乙卯建立庙厅，嘉庆八年癸亥，纪事刊碑。

东溪寺　菜子坝小溪村岸，清乾隆三年戊午，僧明月募修。

广华寺　东山堡石门村，清道光十六年戊戌卢尔钟等僧侣募修葺。

云台寺　东山堡头岔村，清乾隆四年建，民国四年李嘉君等修。

大庵寺　县北西沟堡，明正和二年建。清乾隆三十年，湖南僧真徽重修。

白云寺　西沟堡，明弘治十七年建。清光绪二十年，主持董永成培修。

玄真观　西沟堡，明万历时建，清光绪三十年培修。

——谢开来等修，王克礼、罗映湘纂：（民国）《重修广元县志稿》第二编卷五《建置志二·寺观》，《中国地方志集成》（四川府县志辑⑲），第142—143页，巴蜀书社，1992年；《四川历代方志集成》，第二辑第30册，国家图书馆出版社，2015年

491

十三区寺观：

笔峰观[63]　县北一百二十里神宣驿，山峰高耸，状如文笔。

云山寺

小峨眉　朝天镇潜水北岸，寺后小山岸门似眉，故名。按唐白居易《长

恨歌》："峨眉山下少人行。"即此。盖明皇幸蜀，实经此道，曷尝至嘉定之峨眉乎？寺自明建，清康熙时培修。光绪僧普通朝峨眉、青城归来，曾开齐传戒，并设单口。

——谢开来等修，王克礼、罗映湘纂：（民国）《重修广元县志稿》第二编卷五《建置志二·寺观》，《中国地方志集成》（四川府县志辑⑲），第143页，巴蜀书社，1992年；《四川历代方志集成》，第二辑第30册，国家图书馆出版社，2015年

492

蜂儿庵　古刹，距朝天三十里，山势险峻，清幽异常。登高一览，峰峦环绕，有似关画，因何得名无考。

元山寺　中子铺场，明万历时修。平田一突，林木掩映，洵胜境也。有小学校。

柏林寺　上蔡井堡，清康熙时建，光绪三十年设场。

太平寺　转斗铺。

凤凰寺　下文安堡，山形如凤，寺因得名。

甘露寺　下蔡井堡，明弘化时创。

白鹤寺　元吉堡，山势甚高，寺踞山巅，明天启时创。

——谢开来等修，王克礼、罗映湘纂：（民国）《重修广元县志稿》第二编卷五《建置志二·寺观》，《中国地方志集成》（四川府县志辑⑲），第143页，巴蜀书社，1992年；《四川历代方志集成》，第二辑第30册，国家图书馆出版社，2015年

493

军师庙　因武侯伐魏，于此驻节，后人钦之，为之立庙。滩有筹笔之名，亦其故也。

——谢开来等修，王克礼、罗映湘纂：（民国）《重修广元县志稿》第二编卷五《建置志二·寺观》，《中国地方志集成》（四川府县志辑⑲），第143页，巴蜀书社，1992年；《四川历代方志集成》，第二辑第30册，国家图书馆出版社，2015年

494

冉家河渡　县北四十里，由飞仙岭至乾冷二溪之要路。

——谢开来等修，王克礼、罗映湘纂：（民国）《重修广元县志稿》第二编卷六《建置志三·津梁》，《中国地方志集成》（四川府县志辑⑲），第161页，巴蜀书社，1992年；《四川历代方志集成》，第二辑第30册，国家图书馆出版社，2015年

495

沙河渡[64]　县北五十里，东沟白溪濠。夏令水阻，行者不便，清雍正七年，河涨，摆渡者移舟白溪濠，县差。年久飞驰，东西沟两堡乡人续银为义渡。

——谢开来等修，王克礼、罗映湘纂：（民国）《重修广元县志稿》第二编卷六《建置志三·津梁》，《中国地方志集成》（四川府县志辑⑲），第161页，巴蜀书社，1992年；《四川历代方志集成》，第二辑第30册，国家图书馆出版社，2015年

496

临江渡　县北八十五里。

东溪义渡　县北九十里菜子坝，胡姓倡捐及募资，购当菜置。

——谢开来等修，王克礼、罗映湘纂：（民国）《重修广元县志稿》第二编卷六《建置志三·津梁》，《中国地方志集成》（四川府县志辑⑲），第161页，巴蜀书社，1992年；《四川历代方志集成》，第二辑第30册，国家图书馆出版社，2015年

497

朝天渡　由朝天至陈家坝路。

——谢开来等修，王克礼、罗映湘纂：（民国）《重修广元县志稿》第二编卷六《建置志三·津梁》，《中国地方志集成》（四川府县志辑⑲），第161页，巴蜀书社，1992年；《四川历代方志集成》，第二辑第30册，国家图书馆出版社，2015年

498

熊家河渡　县北一百四十里，由文安往元吉、安乐之要路。

横梁渡[65]　县北一百六十里，元吉至大滩之要路。

二郎渡　县北一百七十里，二郎庙鱼蓝阁下。

——谢开来等修，王克礼、罗映湘纂：（民国）《重修广元县志稿》第二编卷六

《建置志三·津梁》，《中国地方志集成》（四川府县志辑⑲），第161页，巴蜀书社，1992年；《四川历代方志集成》，第二辑第30册，国家图书馆出版社，2015年

499

将军桥　县北四里，清康熙时，参将张登科阵亡于此，赠骠骑将军，故名。

——谢开来等修，王克礼、罗映湘纂：（民国）《重修广元县志稿》第二编卷六《建置志三·津梁》，《中国地方志集成》（四川府县志辑⑲），第161页，巴蜀书社，1992年；《四川历代方志集成》，第二辑第30册，国家图书馆出版社，2015年

500

清孀桥　县北七十里羊模坝，宣统二年，节妇黄张氏捐修。

——谢开来等修，王克礼、罗映湘纂：（民国）《重修广元县志稿》第二编卷六《建置志三·津梁》，《中国地方志集成》（四川府县志辑⑲），第161页，巴蜀书社，1992年；《四川历代方志集成》，第二辑第30册，国家图书馆出版社，2015年

501

潜龙桥[66]　县北九十三里朝天镇，清光绪时，知县刘金溪倡修，俗曰“朝天大桥”。

——谢开来等修，王克礼、罗映湘纂：（民国）《重修广元县志稿》第二编卷六《建置志三·津梁》，《中国地方志集成》（四川府县志辑⑲），第161页，巴蜀书社，1992年；《四川历代方志集成》，第二辑第30册，国家图书馆出版社，2015年

502

联升桥　县北六十五里，东西沟两堡交界，二水会处，右平桥一，左拱桥一。

曾家桥　公路要道，昔为曾氏族修。

——谢开来等修，王克礼、罗映湘纂：（民国）《重修广元县志稿》第二编卷六《建置志三·津梁》，《中国地方志集成》（四川府县志辑⑲），第161页，巴蜀书社，1992年；《四川历代方志集成》，第二辑第30册，国家图书馆出版社，2015年

503

知县陈明伦《潜龙桥工记》：

闻之易曰："同人于野，利涉大川。"盖曾必有同志之人而后可为利济之事也。县内朝天镇为秦蜀通衢。镇之北溪水横焉，或以为《禹贡》梁州之潜江，夏水发而激流湍悍，冬水落而泥淖沮洳。行者病之，非一日矣。前之人募金敛货欲造桥梁，以度支不机，中道遂辍。同里刘金溪先生，此方守土官也。耻乘舆之小惠，悯农涉之维艰，慨然以桥工为己任。邑中好义诸君子，又从而赞襄。于是集腋成裘，计得金二千余两、钱二十余缗。伐山取石，庀材鸠工，桥将成而刘公量移开县。余权篆是邦，美刘公之善政，而惜其功亏一篑也，鼓作奖沏，以身倡之。众民踊跃，不期年而功告竣，南北长二十五丈，东西阔一丈四尺。伟哉雄乎！岂徒为行旅之计，而不足以壮山川之色乎？斯役恩，督工乃神宣驿何少尉、仲廉，教职王世义，董事者田德俊、彭来凤、王福荣、杨长春。诸人皆洁己急功，无织毫染，尤不此观焉。非刘公不能成前人之志，非某某诸人不能成刘公之志。余无尺寸之劳，亦夺功成于其后，何幸如之。所谓必有同志之人，而后可为道合之事也！不益利欹。是为记。"

——谢开来等修，王克礼、罗映湘纂：（民国）《重修广元县志稿》第二编卷六《建置志三·津梁》，《中国地方志集成》（四川府县志辑⑲），第161页，巴蜀书社，1992年；《四川历代方志集成》，第二辑第30册，国家图书馆出版社，2015年

504

问津驿　县置东侧，清知县派员专司。俗呼"马号"。

望云驿　县北七十里，统知县管辖。

神宣驿　县北一百二十里。

问津水驿　治南门外一里。

——谢开来等修，王克礼、罗映湘纂：（民国）《重修广元县志稿》第二编卷六《建置志三·驿传》，《中国地方志集成》（四川府县志辑⑲），第164页，巴蜀书社，1992年；《四川历代方志集成》，第二辑第30册，国家图书馆出版社，2015年

505

瓷窑铺，治北二十里。石桥铺，治北三十里，俗呼大塘子。垒石铺，

治北四十里。望云铺，治北七十里。上关铺，治北八十里。金堆铺，治北九十里。杂果铺，治北一百里。榆林铺，治北一百一十里。纸房铺，治北一百三十里。中子铺，治北一百四十里。转斗铺，治北一百五十里。椿树铺，治北一百六十里。

——谢开来等修，王克礼、罗映湘纂：(民国)《重修广元县志稿》第二编卷六《建置志三·铺递》，《中国地方志集成》(四川府县志辑⑲)，第164页，巴蜀书社，1992年；《四川历代方志集成》，第二辑第30册，国家图书馆出版社，2015年

506

丰乐镇会，设神宣驿，以东沟、西沟、东山、鱼硐、安乐、丰乐、宣河、中子、菜井、文安、元吉十一堡属之。

乾河乡会，以石竹、河润、茅坝、石槽、盐井、西流、双河、木瓜、李子坝九堡属之。

清宣统三年九月，甫经成立。适川汉路事起遂停。民国元年，正式开会。三年，袁氏下令解散。六年恢复，国内多故，延至十三年。议员不足法定，会遂停顿。十七年设国民党，会即废止。

——谢开来等修，王克礼、罗映湘纂：(民国)《重修广元县志稿》第二编卷六《建置志三·镇会》，《中国地方志集成》(四川府县志辑⑲)，第165—166页，巴蜀书社，1992年；《四川历代方志集成》，第二辑第30册，国家图书馆出版社，2015年

507

进士坊　为明代进士吴宇英建，当治城中街，兵燹不存。

——谢开来等修，王克礼、罗映湘纂：(民国)《重修广元县志稿》第二编卷六《建置志三·坊表》，《中国地方志集成》(四川府县志辑⑲)，第168页，巴蜀书社，1992年；《四川历代方志集成》，第二辑第30册，国家图书馆出版社，2015年

508

朝天镇巡检：

(清)范伦，浙江会稽吏员，雍正九年任。张得仁，浙江钱塘人，未满吏，乾隆十六年任。薛翼衮，福建尤溪附生，乾隆二十年任。沈思忠，乾隆二十五年任。刘熺，乾隆五十五年任。张孙谅，乾隆六十年任。张谱，嘉庆

三年任。周楷，嘉庆四年任。古世芳，嘉庆五年任。李成，嘉庆十二年任。张东果，山西临汾监生，嘉庆十三年任。

——谢开来等修，王克礼、罗映湘纂：（民国）《重修广元县志稿》第二编卷七《官政志一·文秩》，《中国地方志集成》（四川府县志辑⑲），第175页，巴蜀书社，1992年；《四川历代方志集成》，第二辑第30册，国家图书馆出版社，2015年

509

神宣驿驿丞：

许国章、赵应升、缪尔赓、欧承恩、贯奎文、冯延应、韩荣、夏尚珍、武显文、李杰、屈恒昌、钟绍庆、董弘化、沈贞、徐道昌、周南英、朱成麟、罗仕柏、李庆章、杨西山（乾隆二十四年任）、张锡穀（乾隆五十三年任）、陈鲤（嘉庆三年任）、王弼（嘉庆四年任）、黄湗（嘉庆九年任）、卫通州（嘉庆十六年任）、姚联甲（嘉庆二十五年任）。

神宣驿分县，县佐、公安分局长，各因冲衢，案帙遗失，无考。

——谢开来等修，王克礼、罗映湘纂：（民国）《重修广元县志稿》第二编卷七《官政志一·文秩》，《中国地方志集成》（四川府县志辑⑲），第175—176页，巴蜀书社，1992年；《四川历代方志集成》，第二辑第30册，国家图书馆出版社，2015年

510

纯粹之佛教，唐代最著丛林。若二区之平乐寺、六区之觉林寺，宋代之灵溪寺，明代三区之白水寺，十二区之小安寺，清初之小峨眉，皆其冠也。

——谢开来等修，王克礼、罗映湘纂：（民国）《重修广元县志稿》第四编卷十五《风俗志二·宗教·佛教》，《中国地方志集成》（四川府县志辑⑲），第349页，巴蜀书社，1992年；《四川历代方志集成》，第二辑第30册，国家图书馆出版社，2015年

511

相传清初小峨眉老僧性香，颇具道行。曾于蜡日屠豕，豕逸投僧垦救，僧赎而饲之，尝听经与座，日抗一瓢，赴市乞食，食已归寺，引以为恒，洎性香圆寂，豕亦赴化。人有由汉南归者见豕随僧行不知性香已脱化凡骨矣。性香即小峨眉阋山和尚。

——谢开来等修，王克礼、罗映湘纂：（民国）《重修广元县志稿》第四编卷

十五《风俗志二·宗教·佛教》,《中国地方志集成》(四川府县志辑⑲),第349页,巴蜀书社,1992年;《四川历代方志集成》,第二辑第30册,国家图书馆出版社,2015年

512

伊斯兰教即回教,伊斯兰教堂即清真寺。西欧各国皆以伊斯兰称,惟东土异。广元回教盛于元明。且有螟蛉联姻者,俨若一族,亦进化之一端静,认主归真,至老脱壳,如禅圆寂,命曰归真,道羽化,第于其生示前知,令人信验。于其没留功德为后人所不及,因于遗壳之盖亭处防守,颂曰拱北,取众星拱辰之义。广元北山拱北陈尊者,甘肃人,乾隆丁卯年归真,建亭金鱼山;九井拱北马尊者,固原人,康熙甲寅年归真,九井山建亭;南山拱北马尊者,河州人,乾隆癸酉年归真,建亭玉龙山。

——谢开来等修,王克礼、罗映湘纂:(民国)《重修广元县志稿》第四编卷十五《风俗志二·宗教·回教》,《中国地方志集成》(四川府县志辑⑲),第350—351页,巴蜀书社,1992年;《四川历代方志集成》,第二辑第30册,国家图书馆出版社,2015年

513

广元自光绪四年,先于东路大院建堂,光绪二十二年县城建堂,二十七年东路小寺山建堂,二十九年北路元吉堡横梁子建堂,民国五年南路王家坝建堂,合计城乡共建天主堂五。

——谢开来等修,王克礼、罗映湘纂:(民国)《重修广元县志稿》第四编卷十五《风俗志二·宗教·天主教》,《中国地方志集成》(四川府县志辑⑲),第351页,巴蜀书社,1992年;《四川历代方志集成》,第二辑第30册,国家图书馆出版社,2015年

514

书院　清初名嘉陵书院,乾隆五十年乃改建于文庙侧之山麓。后设四齐,每齐一齐首。治城一曰汉寿,同县东之清江、县南之筹笔,统曰"四大书院",或称"四大齐"。

——谢开来等修,王克礼、罗映湘纂:(民国)《重修广元县志稿》第四编卷十六《教育志一·书院》,《中国地方志集成》(四川府县志辑⑲),第357页,巴蜀

书社，1992年；《四川历代方志集成》，第二辑第30册，国家图书馆出版社，2015年

515

筹笔书院[67] 北道瘠苦，文人素稀，院用常款，多特充当各业，计亦无多。书院之学田价，两契共三百四十钏，当价共五百五十七钏，借放等共三百九十八钏，不可常持。自废科后，上款归劝学所。改设高等小学堂，年脩百二十钏。旋停，改初级。十七年，乃复建完全小学，嗣迁朝天镇。

——谢开来等修，王克礼、罗映湘纂：（民国）《重修广元县志稿》第四编卷十六《教育志一·书院》，《中国地方志集成》（四川府县志辑⑲），第357页，巴蜀书社，1992年；《四川历代方志集成》，第二辑第30册，国家图书馆出版社，2015年

516

区立第五小学校 清光绪三十二年，就前筹笔书院改设高等小学校。民国初年废高等。经费旧筹笔书院学田，司共事者侵蚀盗卖，几至过半。十六年，教育局长王钟翼委人另行筹划，恢复两级，照新学制组成完全小学校，于十七年成立。十八年变卖常产。又经罗遒琼旅长，准将筹笔量定各庙产年出二千元之业保留，校基乃定，现有高级两班，初级二班。红军后二十四年秋，复闻旧筹校款，非后前计之数焉矣。

——谢开来等修，王克礼、罗映湘纂：（民国）《重修广元县志稿》第四编卷十七《教育志二·新制学校》，《中国地方志集成》（四川府县志辑⑲），第362页，巴蜀书社，1992年；《四川历代方志集成》，第二辑第30册，国家图书馆出版社，2015年

517

十二区羊模坝区立第四十九初级小学校 民国九年立，以斗纪牙行陶户地租四项为经费，丝耳称捐附加肉厘为补助费，校址前设罗汉寺，因阻水，于十六年迁张氏宗祠。

十二区沙河场区立第五十初级小学校 民国十年立。

十二区大坝村区立第五十一初级小学校 民国十二年立，以区人充施当价债项捐款生息为经费，靛称为补助费，校地附王氏宗祠。

十二区大安寺区立第五十二初级小学校 民国十七年立，以斗纪庙产为经费，校地借设东溪寺。

十三区朝天镇区立第五十三初级小学校　清光绪三十二年立，以斗纪庙产牙行为经费。

十三区陈家坝区立第五十四初级小学校　清光绪三十三年立。

十三区中子铺区立第五十五初级小学校　清光绪三十五年立。

——谢开来等修，王克礼、罗映湘纂：(民国)《重修广元县志稿》第四编卷十七《教育志二·新制学校》，《中国地方志集成》(四川府县志辑⑲)，第367—368页，巴蜀书社，1992年；《四川历代方志集成》，第二辑第30册，国家图书馆出版社，2015年

518

进士：

吴宇英　利州卫(神宣驿)人，崇祯元年戊辰科，刘若宰榜。

温进士　县北神宣驿人，墓当公路右，乡人皆曰温进士茔云。

——谢开来等修，王克礼、罗映湘纂：(民国)《重修广元县志稿》第四编卷十九《选举志》，《中国地方志集成》(四川府县志辑⑲)，第399页，巴蜀书社，1992年；《四川历代方志集成》，第二辑第30册，国家图书馆出版社，2015年

519

(清)贡士：

恩贡　赵大春(县北沙河人)。

——谢开来等修，王克礼、罗映湘纂：(民国)《重修广元县志稿》第四编卷十九《选举志》，《中国地方志集成》(四川府县志辑⑲)，第401页，巴蜀书社，1992年；《四川历代方志集成》，第二辑第30册，国家图书馆出版社，2015年

520

兵额　本城把总辖兵五十名，朝天镇千总辖兵一百八十名，百丈关把总辖兵五十名，七盘关把总辖兵十名。

分防　朝天汛，把总一员，带领马战守兵七十四名。

七盘关汛，外委一员，带领马战守兵十名。

——谢开来等修，王克礼、罗映湘纂：(民国)《重修广元县志稿》第五编卷二十《武备志一·兵制》，《中国地方志集成》(四川府县志辑⑲)，第409—410页，巴蜀书社，1992年；《四川历代方志集成》，第二辑第30册，国家图书馆出版社，2015年

521

汉唐宋元历兵事

建安二十年九月，曹留夏侯渊守褒斜，别将营秦蜀交隘，刘备善法正策，遣黄忠督师出葭萌，跨藁本山夜袭天荡，擒夏侯尚，夏侯渊拒之，进迫定军山。

宋太祖诏伐蜀　乾德元年十二月，王全斌率师下兴州。崔彦进康延泽副之，先锋史进德进军三泉，蜀人断阁道，军不能进。全斌议取罗川路以入，延泽持议："罗川路险，军难并进，不如分兵治阁道，与大军会与深渡。"全斌然之。数日，阁道成，史乘胜三泉，进攻金山砦，取小漫天砦，蜀人退保大漫天砦。康延泽、崔彦进、张万友分三路夹击，拔之，王审超遁。蜀监军刘延祚、大将王昭远，复悉精锐来夺漫天砦，三战三败，迫至利州北。昭远遁走桔柏津，断浮梁，还保剑阁，遂克利州。

——谢开来等修，王克礼、罗映湘纂：（民国）《重修广元县志稿》第五编卷二十《武备志一·兵事》，《中国地方志集成》（四川府县志辑⑲），第413—415页，巴蜀书社，1992年；《四川历代方志集成》，第二辑第30册，国家图书馆出版社，2015年

522

（明）盗匪蓝鄢李张陷乱屠戮　崇祯十年，陕西贼炽。李自成混天星过天星等，以十月丙寅由宁羌趋攻广元。分其党为三：一由黄坝攻七盘关，一由梨树口麦坪入广元，一由阳平过青冈坪土门塔向白水。总兵侯良柱驻广元，贼至，力战阵亡，有尸无首。自成结七十营于乌龙山下，进犯剑梓。总督洪承畴督曹变蛟大破之，贼溃还陕。

献贼谋由灵溪寺出梨树口，以断贺人龙左臂。东沟大姓赵应升，忿贼残忍搜杀，虑不免，结沟中巨族，石盘河涨，鱼洞河惠，磁磁谷石，历怒族壮，同盟捍患。本谷农常识，以吾字一号令，设机布伏，执猎铳樵斧守要隘，决死生。贼至屡遭覆没，无支旗返，后贼不敢犯东沟一步。最要石姓住沟口，聚族三日，时截贼往来辎重，莫可如何。献忠患之，留刘敬忠守朝天，自移营保宁。

——谢开来等修，王克礼、罗映湘纂：（民国）《重修广元县志稿》第五编卷二十《武备志一·兵事》，《中国地方志集成》（四川府县志辑⑲），第416页，巴蜀书社，1992年；《四川历代方志集成》，第二辑第30册，国家图书馆出版社，2015年

523

（清）吴三桂变犯故广元　康熙十三年甲寅，吴三桂据云南以叛，僭称周。元年正月初三日，闻吴逆之变，川北镇游击潘成龙，即日禁城。初五日，川北镇营兵分商货，托名借用以济军需。初九日，放妇女出城。吴逆传檄，全川俱顺，发兵据守七盘关，广元遂失，任知事龙门伉。五月，总督周有德起复，王师西下。初八日，攻破朝天关，得广元，任知事仰一元。王师营保宁盘龙山，径通一线，东西深山皆贼盘踞。伪总兵彭时亨据河西，粮船尽为所夺。伪总兵陈国良据藁本山，清之粮夫被获者割其鼻。至十二月，王师无粮，退陕西，广元复为吴据。十九年庚申正月，王进宝由葭萌关取保宁，赵良栋由朝天、白水取武都，广元乃平。

——谢开来等修，王克礼、罗映湘纂：（民国）《重修广元县志稿》第五编卷二十《武备志一·兵事》，《中国地方志集成》（四川府县志辑⑲），第417—418页，巴蜀书社，1992年；《四川历代方志集成》，第二辑第30册，国家图书馆出版社，2015年

524

河润堡　民国八年，由团成营，路险山高，匪每据居，团集李家坝，当隐密林，藉资保存，费出货捐与花户民丁或民壮外募。

——谢开来等修，王克礼、罗映湘纂：（民国）《重修广元县志稿》第五编卷二十《武备志一·乡团》，《中国地方志集成》（四川府县志辑⑲），第454页，巴蜀书社，1992年；《四川历代方志集成》，第二辑第30册，国家图书馆出版社，2015年

525

东山堡　民国三年设，械系鸟枪刀矛，丁无常练。十年，置快枪十支，被提入县局。

——谢开来等修，王克礼、罗映湘纂：（民国）《重修广元县志稿》第五编卷二十《武备志一·乡团》，《中国地方志集成》（四川府县志辑⑲），第454页，巴蜀书社，1992年；《四川历代方志集成》，第二辑第30册，国家图书馆出版社，2015年

526

飞仙关 飞仙岭上，即威凤山，三面环江，峭壁千仞，云栈汉中之天险。《益州于役记》云："飞仙岭二里许，有关巍然，三面绝壁。辟关一门，有飞起之势，所谓飞仙关也。"

——谢开来等修，王克礼、罗映湘纂：（民国）《重修广元县志稿》第五编卷二十一《武备志二·关隘》，《中国地方志集成》（四川府县志辑⑲），第456页，巴蜀书社，1992年；《四川历代方志集成》，第二辑第30册，国家图书馆出版社，2015年

527

朝天关 县北八十里、朝天岭上。清雍正三年，设水巡检于此。山高路险，万仞壁立，下瞰三峡，最为岩峻，栈阁毁后，乃开此道。县于此设雄关，有一夫当关、万夫莫开之势。《九域志》云："绵谷县有朝天、嘉川二镇。"关下即峡，崖各百丈，壁削如开，左右屹立，江流其中。壁上巨硐，足容万人，傍水达资梯缘，深五六寸，皆具人达崖架栈之所，屡经水激，迹仍匡然。《云栈纪程》："雷石蹬盘空，下临江水，险比鸡头、凤岭，为入蜀第一扼塞。"惟指为即葭萌关，则误。（明）杨慎《朝天岭》："落日半山坳，掩映栗叶赤。行客早知休，前溪多虎迹。"（清）岳钟琪《题朝天关》："盘曲上崇椒，崎岖倍觉劳。水深因岸狭，山峻带云高。昔过年三纪，今来鬓二毛。停车增慨叹，斜日照秋袍。"（清）李化楠《朝天关》："始发自龙门，绝壁痕如削。悬崖多佛像，不知何年凿。江水傍崖趋，激越鸣蹊壑。权桠天半石，向人头上落。金鳌亦有背，飞仙尚留阁。怪石浮江湍，孤根潜水窟。行当绝险处，顾盼生骇愕。似人立舟中，虚荡难稳著。行行登山椒，始觉天宇廓。雄关扼形胜，烟光浩漠漠。性僻爱奇险，幽居苦萧索。兹来得壮观，耳目因寄托。"（清）唐乐宇《朝天关》："愁听奔雷百折滩，崚嶒峭阁俯江干。戍旗落日关山迥，铃铎西风草树寒。烟外帆樯通广汉，云中宫阙望长安。题诗莫漫愁孤绝，千古魂消蜀道难。"（清）李鼎元《朝天关》："嵯峨朝天关，栈中第一隘。上压千尺石，下截江一派。险势过牛头，峻极出天界。烈日掌中捧，崩云马头挂。钩梯与危蹬，到此益奇怪。俯视江上船，小若坳堂芥。五丁凿不得，架木迹未坏。如何孟达辈，守此亦终败。信哉险难恃，万古一长唉。"（清）张闻安《朝天关》："我行

忽永久，日暮倦行李。履险苦已烦，望舍恋休止。咋闻嘉陵江，烟棹犹可理。风便益昌郭，百里片帆耳。连天走飞龙，雨气暗江汜。万壑想奔腾，汛澜去何已。登舆破清晓，复此青山里。沉沉阴霾重，磴磴烟云委。盘盘到高巅，朗朗关门启。峡壁斗阴森，狭隘仅容苇。俯视一线江，蜿蜒行地底。短垣护马足，栈石补倾圮。缪公昔司皋，于此壁荆杞。作使万夫众，治险平如砥。浩荡指巴渠，极目穷万里。慷慨一登楼，垒垒云山起。”

——谢开来等修，王克礼、罗映湘纂：（民国）《重修广元县志稿》第五编卷二十一《武备志二·关隘》，《中国地方志集成》（四川府县志辑⑲），第456页，巴蜀书社，1992年；《四川历代方志集成》，第二辑第30册，国家图书馆出版社，2015年

528

土门关　县北一百三十里，由神宣驿至中子铺之要道。

——谢开来等修，王克礼、罗映湘纂：（民国）《重修广元县志稿》第五编卷二十一《武备志二·关隘》，《中国地方志集成》（四川府县志辑⑲），第457页，巴蜀书社，1992年；《四川历代方志集成》，第二辑第30册，国家图书馆出版社，2015年

529

七盘关　县北一百五十里，五盘岭上。杜甫咏《五盘》：“五盘虽云险，山色佳有余。”是也，界据陕西宁强县。

（唐）岑参《题五盘岭》：“平旦驱驷马，旷然出五盘。江回两崖斗，日隐群峰攒。苍翠烟景曙，森沈云树寒。松疏露孤驿，花密藏回滩。栈道溪雨滑，畬田原草干。此行为知己，不觉蜀道难。”

（唐）杜甫题：“五盘虽云险，山色佳有余。仰凌栈道细，俯映江木疏。地僻无网罟，水清反多鱼。好鸟不妄飞，野人半巢居。喜见淳朴俗，坦然心神舒。东郊尚格斗，巨猾何时除？故乡有弟妹，流落随丘墟。成都万事好，岂若归吾庐。”

（清）郑日奎《题七盘关》：“迢迢七盘山，地势介梁雍。三秦及两川，形胜资以控。重关树云外，奇险信天纵。我行历荒阻，及此弥惚恫。倭迟幽壑底，风烟莽澒洞。循磴蜿以蜒，势若蛇出瓮。车马疲登顿，往往失衔鞚。仰视山云高，俯闻江浩汹。谢公良矫情，嗒然辍吟讽。圣朝今御宇，此

道通职贡。梯航走西南，行役日以众。怀远唯以德，天险安所用。何事劳山灵，崎岖日迎送。吾欲铲叠嶂，大地一鸿洞。临风重悒然，视天犹梦梦。"

（清）果亲王《题七盘岭》："蓟州曾过七盘关，蜀道今经岭七盘。盘入七盘大字阔，剑门云栈掌中看。"

（清）方象瑛《七盘关》："鸡头关前七盘岭，蚓曲蛇蟠才见顶。氐中又复度七盘，诘屈纡回势相引。层崖邃谷路转通，拾级忽见云霞空。却怪顶触前人趾，不知举膝当心胸。宁心息魄诧奇绝，万里山川风景别。一关中断陇蜀分，羌笛渝歌乍相接。遥望川巴万点明，白云紫雾还纵横。皑皑仿佛峨眉雪，不知何处锦官城。北望京华南望越，怀人两地情偏切。今朝身入大荒西，凉风古驿中秋月。"

（清）岳钟琪题："冒雨冲风度七盘，纡回石磴马蹒跚。行来秦蜀分疆处，好把云山着意看。"

（清）李化南《题七盘岭》："游客思家万里还，艰难初上七盘关。鸟啼绝谷深难见，猿上悬梯近可攀。西指蚕丛开蜀道，北通云栈锁秦关。幸逢老叟闻乡语，强破愁杯一笑颜。"

（清）吕履恒《题五盘岭》："蜀道天难上，梁州路已遥。岷嶓蟠北成，江汉导南条。落日七盘岭，情天万里桥。蜀留怀古意，歌哭未能销。"

（清）葛峻起《过七盘岭》："一关高锁众峰巅，蜀道欣看万里天。气压秦川通绝塞，势吞巴徼接蛮烟。时平斥堠无烽火，俗美乡村有管弦。为奉简书心孔迫，夕阳影里梦吟鞭。"

（清）邑令张赓谟《七盘拱镇》："造物作意判秦蜀，特地高岭盘七曲。一曲一盘盘入云，关门锁断秦山绿。拱镇边原势巍然，咫尺管钥开全川。于今争吟蜀道易，梯航职贡来年年。"

（清）李骥元《七盘山》："南栈七盘促，北栈七盘长。凭高瞰地底，曲折同羊肠。一盘讶天近，举手扪日光。三四盘渐转，如滩下舟航。五盘陟六盘，冷翠沾衣裳。树垂万年古，泉落千丈强。纡回递七折，始得遵平康。江波一天雪，马蹄万点霜。掉首望山巅，烟雾空微茫。"

（清）李鼎元《七盘关》："七盘盘入空，势欲扪青天。路逐石角转，人随树杪旋。误入羊肠中，甘让飞鸟先。风云莽回互，欲出愁无缘。岭水一以分，陇蜀遂相悬。颇似歧路人，挥手揖马鞭。有草烟外香，有花雨中燃。好景写不得，惆怅云峰前。"

（清）张邦伸题："五盘山色佳，晓日丽层巘。水清多游鳞，松密藏隐皭。绕槛环巴山，隔溪见垅坂。故乡行已尽，京华望犹远。穿云石磴纡，诘暴关门偃。稳步上青云，少憩秋林晚。"

——谢开来等修，王克礼、罗映湘纂：（民国）《重修广元县志稿》第五编卷二十一《武备志二·关隘》，《中国地方志集成》（四川府县志辑⑲），第457页，巴蜀书社，1992年；《四川历代方志集成》，第二辑第30册，国家图书馆出版社，2015年

530

望云关　县北四十五里，山势高耸，相接云霄。

——谢开来等修，王克礼、罗映湘纂：（民国）《重修广元县志稿》第五编卷二十一《武备志二·关隘》，《中国地方志集成》（四川府县志辑⑲），第457页，巴蜀书社，1992年；《四川历代方志集成》，第二辑第30册，国家图书馆出版社，2015年

531

风垭子　县北一百三十里，山势雄壮，由神宣至曾家河之要道。军事抄袭，多利用此以设伏出奇。

——谢开来等修，王克礼、罗映湘纂：（民国）《重修广元县志稿》第五编卷二十一《武备志二·关隘》，《中国地方志集成》（四川府县志辑⑲），第457页，巴蜀书社，1992年；《四川历代方志集成》，第二辑第30册，国家图书馆出版社，2015年

532

潭毒关　县北八十里，入蜀故道，即今石垭栈。山下有潭，广袤数十亩，静深莫测，形似有毒，人无敢近，故曰潭毒。旧志云："潭下有铁锁，见则兵动，先朝曾敕禁军屯此，以捍蜀口。"

——谢开来等修，王克礼、罗映湘纂：（民国）《重修广元县志稿》第五编卷二十一《武备志二·关隘》，《中国地方志集成》（四川府县志辑⑲），第458页，巴蜀书社，1992年；《四川历代方志集成》，第二辑第30册，国家图书馆出版社，2015年

533

老鼠关　县东四十里，大漫天岭之上，入蜀故道。由潭毒关、石垭栈、白羊栈，经此乃达利州，视七盘岭、朝天岭较险。

——谢开来等修，王克礼、罗映湘纂：（民国）《重修广元县志稿》第五编卷二十一《武备志二·关隘》，《中国地方志集成》（四川府县志辑⑲），第458页，巴蜀书社，1992年；《四川历代方志集成》，第二辑第30册，国家图书馆出版社，2015年

534

得胜关[68]　县北二百二十一里，由黄坝河至贾宁河大滩分路处，传清蓝逆大顺由较场坝遣贼兵犯境，为乡团环退之，故名。今关已废，遗址犹存。

——谢开来等修，王克礼、罗映湘纂：（民国）《重修广元县志稿》第五编卷二十一《武备志二·关隘》，《中国地方志集成》（四川府县志辑⑲），第458页，巴蜀书社，1992年；《四川历代方志集成》，第二辑第30册，国家图书馆出版社，2015年

535

洪督关　县北五十里，大光坡之前，明时为入陕出蜀之要道。

——谢开来等修，王克礼、罗映湘纂：（民国）《重修广元县志稿》第五编卷二十一《武备志二·关隘》，《中国地方志集成》（四川府县志辑⑲），第458页，巴蜀书社，1992年；《四川历代方志集成》，第二辑第30册，国家图书馆出版社，2015年

536

天心洞　藁本山之阳、石竹堡，对赵家山，距城九十二里，巍然独秀。硐在山麓，门狭小，前半阴暗，进里许豁然开朗，顶开天窗，日光可透。腹里开阔可容多人，古木秀树，阴翳蔽空，低下清泉，白石灿烂。明末清初，农家数百避难其中。筑垣为屋，凿崖为栏，可宿可饲，人畜皆便。磨麦碾米，可驾车马，安居硐内，与外无殊。今视遗迹，犹然显存。每三五月盈，竹桥掩映，尤觉天然如画。古称神仙洞府，别有天地者非欤。旧志曰：“天

仙硐，或音讹字异耳。命曰天心，较易解欤。"

——谢开来等修，王克礼、罗映湘纂：（民国）《重修广元县志稿》第五编卷二十一《武备志二·关隘》，《中国地方志集成》（四川府县志辑⑲），第458页，巴蜀书社，1992年；《四川历代方志集成》，第二辑第30册，国家图书馆出版社，2015年

537

月儿硐　居县之东，悬崖千仞，硐口远望如月，高十余丈，宽亦如之。硐深莫测，其平如砥，乡人尝避乱焉。

——谢开来等修，王克礼、罗映湘纂：（民国）《重修广元县志稿》第五编卷二十一《武备志二·关隘》，《中国地方志集成》（四川府县志辑⑲），第459页，巴蜀书社，1992年；《四川历代方志集成》，第二辑第30册，国家图书馆出版社，2015年

538

漫天岭　县东三十五里。旧志云："即今大小光坡也。自古多猛风，起而拆屋拔木，漫天岭为最。清康熙末，猛雨二日，土石奔突，恍若龙行。"《一统志》云："大小二岭相连，为蜀道极险。后唐清泰初，孟知祥置二砦，宋乾德中伐蜀，史进德夺其砦，蜀人退保大漫天，即此。"唐元微之《题漫天岭赠僧》："五上两漫天，因师忏业缘。漫天无尽日，浮世有穷年。"又《题智藏师兰若》："僧临大道阅浮生，来往憧憧利与名。二十八年何限客，不曾闲见一人行。"唐高骈《题漫天岭》："万水千山音信希，空劳魂梦到京畿。漫天岭上频回首，不见虞封泪满衣。"

——谢开来等修，王克礼、罗映湘纂：（民国）《重修广元县志稿》第五编卷二十一《武备志二·关隘》，《中国地方志集成》（四川府县志辑⑲），第459页，巴蜀书社，1992年；《四川历代方志集成》，第二辑第30册，国家图书馆出版社，2015年

539

铁旗寨　绝壁万仞，形如铁旗。

——谢开来等修，王克礼、罗映湘纂：（民国）《重修广元县志稿》第五编卷二十一《武备志二·关隘》，《中国地方志集成》（四川府县志辑⑲），第459页，

巴蜀书社，1992年；《四川历代方志集成》，第二辑第30册，国家图书馆出版社，2015年

540

尖山寨　高山云表，人不易登。

——谢开来等修，王克礼、罗映湘纂：（民国）《重修广元县志稿》第五编卷二十一《武备志二・关隘》，《中国地方志集成》（四川府县志辑⑲），第459页，巴蜀书社，1992年；《四川历代方志集成》，第二辑第30册，国家图书馆出版社，2015年

541

汉王寨　县北一百三十里，下文安堡，建有军师庙，原名筹笔寨，曾于古墓焉古砚一，碑一，七律一。

——谢开来等修，王克礼、罗映湘纂：（民国）《重修广元县志稿》第五编卷二十一《武备志二・关隘》，《中国地方志集成》（四川府县志辑⑲），第459页，巴蜀书社，1992年；《四川历代方志集成》，第二辑第30册，国家图书馆出版社，2015年

542

望云驿　府志云："县东北，北至县属神宣驿五十里，南至县城四十里，康熙五十一年奉设，宝马一十四匹，马夫七名。五十七年增马一十六匹，马夫八名，实在马三十匹。岁支草料银六百三十七两二钱，马夫一十五名，岁支工食银二百五十四两八钱八分。买补马九匹，岁支价银七十二两。棚厂槽铡，岁支银四十二两六钱。以上岁共支银一千零六两六钱八分。国库动支。"

——谢开来等修，王克礼、罗映湘纂：（民国）《重修广元县志稿》第五编卷二十一《武备志二・驿传》，《中国地方志集成》（四川府县志辑⑲），第460页，巴蜀书社，1992年；《四川历代方志集成》，第二辑第30册，国家图书馆出版社，2015年

543

神宣驿　府志云："县北。北至陕西宁羌州驿交卸，南至县属望云

驿五十里，驿路崎嵚，入川首站。康熙二十九年奉设，站马二十四匹，马夫十二名。五十七年增马六匹，马夫三名，实在马三十匹。岁支草料银六百三十七两二钱。马夫一十五名，岁支工食银二百五十四两八钱八分。买补马九匹，岁支价银七十二两。棚厂槽铡，岁支银四十二两六钱。扛夫二十名，岁支工食银一百四十四两。以上岁共支银一千一百五十两六钱八分。国库动支。"

——谢开来等修，王克礼、罗映湘纂：（民国）《重修广元县志稿》第五编卷二十一《武备志二·驿传》，《中国地方志集成》（四川府县志辑⑲），第460页，巴蜀书社，1992年；《四川历代方志集成》，第二辑第30册，国家图书馆出版社，2015年

544

清邑人金庭和《题沙河驿》："古驿负山隅，云开行栈路。大风驱瓦砾，小市塞薪苏。征鼓春除草，豚蹄夜祀巫。遥怜巴王国，景物已全殊。"

——谢开来等修，王克礼、罗映湘纂：（民国）《重修广元县志稿》第五编卷二十一《武备志二·驿传》，《中国地方志集成》（四川府县志辑⑲），第460—461页，巴蜀书社，1992年；《四川历代方志集成》，第二辑第30册，国家图书馆出版社，2015年

545

清旧志云："乾隆二年六月，复设川省铺司，县属底铺，磁陶，石桥，垒石，望云，上关，金堆，杂果，榆林，纸房，钟子，转斗，椿树，土门，皂角，山下，二郎，思贤，界牌，石井，发马，金岚，歇马，柏林，清水等，共二十五铺，共计铺司兵八十名，每名月给工食银五钱，共银四百八十两，遇闰加增。"

——谢开来等修，王克礼、罗映湘纂：（民国）《重修广元县志稿》第五编卷二十一《武备志二·铺递》，《中国地方志集成》（四川府县志辑⑲），第461页，巴蜀书社，1992年；《四川历代方志集成》，第二辑第30册，国家图书馆出版社，2015年

546

吴宇英　府志云："官户科给事中。里居。散家赀募士三千人，避山

中。崇祯十年，献贼击之，拒守三月，粮尽，自缢死。乾隆四十一年，赐谥忠节。"

——谢开来等修，王克礼、罗映湘纂：（民国）《重修广元县志稿》第五编卷二十二《人物志一·义烈》，《中国地方志集成》（四川府县志辑⑲），第486页，巴蜀书社，1992年；《四川历代方志集成》，第二辑第30册，国家图书馆出版社，2015年

547

赵应升　字云逵，明末东沟堡人，当清顺治初，忿张献忠残杀，约乡人誓一致杀贼，自号生吾，号兄应登云吾，杨某临吾，孙某兴吾，东某乐吾，结为生志。纠团众分伏各隘，伺贼至突出，每冲贼为数段，得计机复。岁春中，贼大队搜索无踪迹，旋又计破贼，屡伤贼无算，贼以是不敢近，乡赖日安。事平开于朝，录功授神宣驿丞。

——谢开来等修，王克礼、罗映湘纂：（民国）《重修广元县志稿》第五编卷二十二《人物志一·义烈》，《中国地方志集成》（四川府县志辑⑲），第486页，巴蜀书社，1992年；《四川历代方志集成》，第二辑第30册，国家图书馆出版社，2015年

548

赵大观　道光时东山堡人，诲人不倦，循循善诱，乡称"第一先生"。两立志第。

——谢开来等修，王克礼、罗映湘纂：（民国）《重修广元县志稿》第五编卷二十二《人物志一·义烈》，《中国地方志集成》（四川府县志辑⑲），第489页，巴蜀书社，1992年；《四川历代方志集成》，第二辑第30册，国家图书馆出版社，2015年

549

羊模洞仙　府志云："广元县西北羊模洞，时有异仙。有王姓者种山下，遣妇取水，妇汲还。路有僧，抢秽腥腐，辄前索饮。妇恶且惧，驰担走。僧就饮殆半，始去。妇隐其事，置水田上，家人无长少尽之，妇以故不沾口。既而饮水者尽飞入洞，洞中呼妇，响应不得去。文与可纪其事。"

——谢开来等修，王克礼、罗映湘纂：（民国）《重修广元县志稿》第五编卷二十三《人物志二·仙释》，《中国地方志集成》（四川府县志辑⑲），第496页，

巴蜀书社，1992年；《四川历代方志集成》，第二辑第30册，国家图书馆出版社，2015年

550

性香　旧志云："赤星头陀，尝修小峨眉，道行感人，皈依者众。"

——谢开来等修，王克礼、罗映湘纂：（民国）《重修广元县志稿》第五编卷二十三《人物志二·仙释》，《中国地方志集成》（四川府县志辑⑲），第497页，巴蜀书社，1992年；《四川历代方志集成》，第二辑第30册，国家图书馆出版社，2015年

551

（唐）元稹《望喜驿》："满目文章堆案边，眼昏侵得暂时眠。子规惊觉灯又灭，一道月光横枕边。"

——谢开来等修，王克礼、罗映湘纂：（民国）《重修广元县志稿》第六编卷二十五《艺文志一·唐宋明清诗歌》，《中国地方志集成》（四川府县志辑⑲），第513—514页，巴蜀书社，1992年；《四川历代方志集成》，第二辑第30册，国家图书馆出版社，2015年

552

（宋）文同《问津驿》："嘉川之西过新栈，几里朱栏绕青壁。我行落月尚在水，水影照人襟袖白。繁英杂缀修蔓上，绿锦缬带垂百尺。清香满马去未休，赖尔春风慰行客。"

（宋）陆游《嘉川铺遇雨景物尤奇》："一春客路厌风埃，小雨山行亦乐哉。危栈巧依青嶂出，飞花并下绿岩来。面前云气翔孤凤，脚底江声转疾雷。堪笑书生轻性命，每逢险处更徘徊。"

（宋）陆游《嘉川铺得檄遂行，中夜次小柏》："黄旗传檄趣归程，急服单装破夜行。肃肃霜飞当十月，离离斗转欲三更。酒消顿觉衣裘薄，驿近先看炬火迎。渭水函关原不远，著鞭无日涕空横。"

——谢开来等修，王克礼、罗映湘纂：（民国）《重修广元县志稿》第六编卷二十五《艺文志一·唐宋明清诗歌》，《中国地方志集成》（四川府县志辑⑲），第514页，巴蜀书社，1992年；《四川历代方志集成》，第二辑第30册，国家图书馆出版社，2015年

553

（明）黄辉《曹友闻祠》："卷地尘来可奈何，大旗风雨动关河。荒林不辨将军树，故岭空传壮士歌。深夜有人闻铁马，斜阳无事看金戈。空江萧瑟英雄泪，流入岩石怨恨多。"

——谢开来等修，王克礼、罗映湘纂：（民国）《重修广元县志稿》第六编卷二十五《艺文志一·唐宋明清诗歌》，《中国地方志集成》（四川府县志辑⑲），第515页，巴蜀书社，1992年；《四川历代方志集成》，第二辑第30册，国家图书馆出版社，2015年

554

（清）尹继善《和岳容斋云栈感怀》："雨后添衣尚觉单，薰风六月似春寒。峰高雾自连天白，木老花犹向日丹。好景偏依云栈险，仕途守止蜀山艰。停车住近清江口，一枕涛声送月残。"

——谢开来等修，王克礼、罗映湘纂：（民国）《重修广元县志稿》第六编卷二十五《艺文志一·唐宋明清诗歌》，《中国地方志集成》（四川府县志辑⑲），第518页，巴蜀书社，1992年；《四川历代方志集成》，第二辑第30册，国家图书馆出版社，2015年

555

（清）张赓谟《题羊模坝》："心倦蚕丛路，平原喜暂开。麦苗随雨绿，冻雀向人来。成俗豚鸡静，纪时草木催。漫云山僻处，犹得识无怀。"

（清）石法鲁《游羊模谷》："散步寻芳近洞天，羊模谷里问神仙。金炉丹皂今何在，空听江流野鸟喧。"

——谢开来等修，王克礼、罗映湘纂：（民国）《重修广元县志稿》第六编卷二十五《艺文志一·唐宋明清诗歌》，《中国地方志集成》（四川府县志辑⑲），第519—522页，巴蜀书社，1992年；《四川历代方志集成》，第二辑第30册，国家图书馆出版社，2015年

556

（清）张问陶《朝天驿舍与胡君夜话》："客舍吾庐似，真忘蜀道难。旧题书夏闰，今雨话冬残。水落金鳌冷，云封石柜寒。关山势辽阔，

何日到长安。"

——谢开来等修，王克礼、罗映湘纂：（民国）《重修广元县志稿》第六编卷二十五《艺文志一·唐宋明清诗歌》，《中国地方志集成》（四川府县志辑⑲），第522页，巴蜀书社，1992年；《四川历代方志集成》，第二辑第30册，国家图书馆出版社，2015年

557

（清）黎启明《题朝天晓霞四首》（邑人）

之一："朝来走马近朝天，万道霞光似欲燃。峡上有人皆日晒，山间无地不花鲜。风情恰似逆霄雨，云脚翻成破浪船。再到龙门回首望，琼楼玉宇澈日边。"

之二："古来胜迹说朝天，画本何曾见米家。我占春风留醉眼，天开瑞日炫琼花。山辉远映山都紫，草色微含草亦葩。可怪谢公先著屐，何如此际看桃华。"

之三："日光欲动晓光迷，一派飞霞万仞低。马走胭脂流血汗，人归锦帐报金泥。彤云远映遥天外，红雾环蒸上峡西。滚出晶球潜水碧，桃花流水胜春澌。"

之四："鸡声唤醒又书声，睡起朝天天色明。开眼便疑新雨案，转瞳恰趁上春晴。桃花水远舟何急，木叶山空路不平。万紫千红随处是，燕然出塞问前程。"

（清）黎启明《又过筹笔驿》："青山郁郁水沉沉，神驿苍然自古今。六出尚能伸士气，三分不肯顺天心。风云未遂龙先老，吴魏犹存马再临。故是英雄多恨事，我来千载泪沾巾。"

——谢开来等修，王克礼、罗映湘纂：（民国）《重修广元县志稿》第六编卷二十五《艺文志一·唐宋明清诗歌》，《中国地方志集成》（四川府县志辑⑲），第527页，巴蜀书社，1992年；《四川历代方志集成》，第二辑第30册，国家图书馆出版社，2015年

558

（清）黎启明《西沟堡十二景》

《笔山晓日》："曙景初开晚气清，争看晓日出东瀛。三山方兴瞳华接，一镜遥连海角晴。搁笔光芒堪共睹，挂钲词句许重赓。将凭杲杲离明

象，散彩中天融众生。"

《学堂晚风》："傍晚山梁映夕晖，祥飚习习远峰微。童蒙几许承嘘植，学士可能效咏归。弦诵咿唔声雅致，书灯晃漾影依稀。程门不远芳型在，长惠春风是也非。"

《金顶霞明》："轩轩金顶照吾家，时觉当门焕绮霞。虹气千寻长散彩，云光照色竺扬葩。晚流馀霁烘天汉，朝漾新晴映日华。远兆簪缨知是否，凭栏凝眺兴无涯。"

《毡帽晴暖》："晴光荡漾弄轻晖，毡帽融融蔼翠微。袄被黄绵献曝去，阳回赤道负暄归。三春寸草和风软，万里长天湛露晞。如是光天化日下，嬉游舆颂遍郊圻。"

《蟠龙飞云》："云自氤氲龙自蟠，云龙相混两无端。有时揭地掀天起，随见乘风驾露抟。变化方饶舒卷势，飞腾早壮纵横观。从龙本属生平志，莫作轻烟一例看。"

《牧马积雪》："牧马峰高逼太虚，萧然积雪映吾庐。烟光深笼嘶风处，云气长屯喷草馀。古树终朝疑睡鹤，梅花何日许骑驴。重吟西岭千秋句，只恐华阳景不如。"

《五台叠嶂》："胜地巍峨推五台，层层叠嶂绝尘埃。烟霞缥缈高无极，石壁嵚崎势欲隤。游士问天扪北斗，仙人骑鹤忆蓬莱。我将竟作天台访，玉洞桃花开未开。"

《三岔回峦》："山因三岔更纤回，四面屹然羡壁垒。云树苍茫风景丽，林峦掩映画图开。形疑阵马周环列，势挟游龙委宛来。斗酒双柑储待久，风前怅望几徘徊。"

《白云仙境》："白云寺近白云乡，观接玄真岁月长。石径寒山人处远，丛林古树寺门藏。此中天地真潇洒，世外烟霞任渺茫。镇月红尘飞不到，悠闲贞静一炉香。"

《清观雅钟》："欣闻清观叩清钟，逸韵悠扬澈数峰。寒夜苏城声隐隐，夕阳地室响雍雍。深山讶处情犹是，明月吟成诗兴浓。撞罢不知人在否，山门应是白云封。"

《中岭拾翠》："踏破春山翠几重，随登中岭更葱茏。马循碧薛思芳草，人醉绿野伏短筇。屐齿深含苔色腻，帽檐斜照树荫浓。清明时节好天气，究在蓬莱第几峰。"

《后峡探幽》："后峡闲探景最幽，深陵夹道暗泉流。天开一线云牢锁，岭列双屏行正修。瘴气有时迷路口，日光终古照峰头。阴苔古树寒烟内，且为莺声一逗留。”

——谢开来等修，王克礼、罗映湘纂：（民国）《重修广元县志稿》第六编卷二十五《艺文志一·唐宋明清诗歌》，《中国地方志集成》（四川府县志辑⑲），第527—529页，巴蜀书社，1992年；《四川历代方志集成》，第二辑第30册，国家图书馆出版社，2015年

559

（宋）太宗太平兴国二年，集州江涨，泛嘉川县。真宗大中祥符九年，利州江涨，漂栈阁万二千八百间。

（清）康熙五十一年九月十二日巳时，地震。康熙五十二年七月十五日子时，地震。康熙五十三年，一妇产二蛇，无恙。康熙五十七年七月，地震。光绪五年己卯五月十三日，大地震。

（民国）九年冬月初七夕，地震。

——谢开来等修，王克礼、罗映湘纂：（民国）《重修广元县志稿》第六编卷二十七《杂志·灾异·天灾》，《中国地方志集成》（四川府县志辑⑲），第561—563页，巴蜀书社，1992年；《四川历代方志集成》，第二辑第30册，国家图书馆出版社，2015年

560

汉王硐　县东北一百二十里，硐深二百里，以上旷阔处有逾，天然殿阁，千门万户，若建帝宫，因或汉王得名。借无探险深入其阻，一谨审其奇绩，兹据土人传略其貌。

清乾隆时，居民结队携锄钎、并柴薪盐米等，深入采硝，利之所征，难险不惧。第进石门，高三四丈，蜡投之似人工。入里许，犹见天光，渐进渐暗。燃松蜡照之，如右壁穿口而上，石室五间，净洁平舒，可容数百人。右壁悬梯而登，穿有暗穴。去十余步，天井一、殿三盈。口至平路，步行十余里进第二层，路低逶迤。约五里过小溪，平沙大坝，可行车走马。五十余里平沙中，涌石莲一座。过十里许，钟鼓楼一。综观其顶，乃众小石结合，形为八角。左右两角悬石钟鼓楼，俨若人造，鬼斧神工，造物天巧，人力焉能为。傍楼壁一硐，呼老龙堂，采硝至此而止。乱采硝至老龙堂者，必投祭诚祷，始敢开工，微不诚敬，则雷声震荡，水势鼎沸，人皆熬骸无口。运硝出

售，是资主计，久亦习为常焉。时瞻巨此七人，深入探之。约三四十里，突大石山一座，横拦其前。山起五峰如人五指，若欲前进，必缠线五指乃前，但起伏曲折又必于石作记，免迷归途，俗名混人堂。五十余里，屹然峭壁如削，壁间立城门五，门相距数十丈。七人共从一门而入，约数十里有大湖一，水色黑窈，深不可测。南北直望，茫无岸畔；东西相隔约二三十丈。以火照视对岸，石匣中似陈设红珠匣一，长约丈余。湖水阻绝，无法济渡，不获抚匣之。俗传汉王所藏兵书宝剑之匣，语不经，但可供一座谈耳。余众候老龙堂七昼夜，继以七人之子续探，乃于混人堂相迎，前之七人始还。及出硐，当僵毙四人、活者三人。逾日乃售硝分利。道其大概如此。余四门，遂无人复窥测，惜焉！

——谢开来等修，王克礼、罗映湘纂：（民国）《重修广元县志稿》第六编卷二十七《杂志·掇拾异闻》，《中国地方志集成》（四川府县志辑⑲），第565页，巴蜀书社，1992年；《四川历代方志集成》，第二辑第30册，国家图书馆出版社，2015年

561

张家洞　鱼洞之右，水流一里即与鱼洞水合。洞中多异迹，祁雨至者俱不敢至尽头处。据深入者道："洞中甚暗，非扎炬半百然之不可。"头门右狮一，水从狮下出。人傍水进，临一峡，过木桥数武，即到阎王堰。左右峭壁深无底，壁有隙可攀以行，约丈余即至二道桥。越桥为乱石，河坝极阔。又三里许，深滩中一石名跳磴。超磴里许即二门，平坝高阔无险。行里许至水田子，石生小田数十丘，田草俨如插秧状。又七八里进三重门，半里至王爷庙，颇奇，虽由石生成，无异匠造。殿宇三楹，神像三，须眉毕具，皆十四级。左右字车金鼓，位置井然。进四重门，行于浅水中。约十余里，不远即五重门，水尽头处。坐师法高者始能到。果于此取水出，决即降雨。

鱼硐　县北九十里，山形如"几"，硐生其下。有小口二：一出细鳞鱼；一出白甲鱼。出则洞游，入则各奔，绝不相混。味极美，不远盖五里外，因此异故以名堡，在藁本山之侧。先犹能入，倾后仅小口二云。

——谢开来等修，王克礼、罗映湘纂：（民国）《重修广元县志稿》第六编卷二十七《杂志·掇拾异闻》，《中国地方志集成》（四川府县志辑⑲），第566页，巴蜀书社，1992年；《四川历代方志集成》，第二辑第30册，国家图书馆出版社，2015年

562

羊模硐　县北六十里，东山堡羊模坝，峭壁万仞，中辟硐门，高不可上。一名羊模谷，羊模坝环其下。（宋）文同有记，列入《艺文》。

——谢开来等修，王克礼、罗映湘纂：（民国）《重修广元县志稿》第六编卷二十七《杂志·掇拾异闻》，《中国地方志集成》（四川府县志辑⑲），第566页，巴蜀书社，1992年；《四川历代方志集成》，第二辑第30册，国家图书馆出版社，2015年

563

鸳鸯池漩洞　传至冰雹所出，池至藁本山之阳两河口玉皇观前。清初独夫九人猎獐，忽遇雨避庵中，见池中数小孩水面嬉戏，猎夫九铳齐发，毙一孩，雨止。一箕大蟾蜍浮出，或即中弹之小孩也。土人每谓三足蟾能治冰雹，各漩洞中遇冰雹时，或有猎夫击毙之。三足蟾不足怪也。

——谢开来等修，王克礼、罗映湘纂：（民国）《重修广元县志稿》第六编卷二十七《杂志·掇拾异闻》，《中国地方志集成》（四川府县志辑⑲），第567页，巴蜀书社，1992年；《四川历代方志集成》，第二辑第30册，国家图书馆出版社，2015年

【作品提要】

民国《重修广元县志稿》，谢开来等修，王克礼、罗映湘纂。谢开来，四川省射洪人，民国十年（1921）广元县知事；王克礼，广元人，四川省梓潼县征收局局长；罗映湘，广元人，清末岁贡。该志按民国十年（1921）四川通志局所颁体例编纂，分舆地、建置、官师、食货、礼俗、教育、选举、武备、人物、烈女、艺文、杂文、灾异、掇拾、序录等六编二十八卷，约45万字，民国二十八年（1939）书成，民国二十九年（1940）铅字印行。各门类记事极详尽，史料丰富。其中武备、艺文、人物、官政等门类中大量收载了明清之际农民革命战争，清末民国初四川省军阀混战之史实。此志最有价值者，详细记述了民国二十一年（1932）至民国二十四年（1935）中国工农红军徐向前等部在川北的艰苦战事，8000余字，这在旧方志中尚不多见。其余如建置、食货、教育等门类亦极详细，许多史料未见他书记载。此志为纂修质量较高的旧县志之一。

节选部分介绍了广元市朝天区境内的气候、地形、山川、古迹名胜、金石、陵墓、乡镇、镇会、寺观、津梁、驿传、铺递、坊表、文秩、宗教、书院、学校、选举、武备、关隘、人物、仙释、艺文、杂志等。

今存民国二十九年（1940）铅印本。

【注释】

①凝旒（liú）　冕旒不动。形容帝王态度肃穆专注。

②揆（kuí）　管理，掌管。

③庀（pǐ）　具备。

④舁（yú）輂畚（běn）插　舁輂：古代用人拉着走的轿车，后多指天子或王室坐的轿车。畚插：一种挖运泥土的用具。

⑤自褒而南，逾利州至于剑门，次舍十有七　据严耕望《唐代交通图考》考证，唐代金牛道上的驿站17个，自南而北是：天回、两女、金雁、万安（罗江）、巴西、奉济、上亭、汉源、方期、望喜、嘉陵、深渡、嘉川（望云）、筹笔、五盘、三泉、金牛驿。

⑥坳（ào）者垤（dié）者　坳：山间的平地。垤：小土堆。

⑦醯（xī）　醋。

⑧含谺（xiā）　同"谽岈"。山势险峻。

⑨郤（xì）曲　曲折，屈曲。

⑩刓（wán）　坏，损坏。

⑪镵（chán）天　刺向天空。

⑫橐（tuó）　此指囊括；聚集。

⑬驺（zōu）虞　一说猎人，一说义兽，一说古代管理鸟兽的官。

⑭蛇虺（huǐ）　泛指蛇类。亦用以比喻凶残狠毒的人。

⑮文翁（前187—前110）　名党，字仲翁，公学始祖，西汉庐江郡舒县（在今安徽省庐江市）人，汉景帝末年出任蜀郡太守，兴教育、举贤能、修水利，政绩卓著。公元前143年至公元前141年间，文翁创建的文翁石室，是中国第一所地方官办学校。在汉武帝时，朝廷下令让全国各郡都设立学校，就是首先由文翁开的头。后以此典称颂地方官吏办学教化、治理有方。

⑯邹鲁　邹，孟子故乡；鲁，孔子故乡。后因以"邹鲁"指文化昌盛之地，礼义之邦。

⑰镵镌（chán juān）　鏨凿。

⑱鼋（yuán）　大鳖。亦称"绿团鱼"，俗称"癞头鼋"。

⑲星躔（chán）　日月星辰运行的度次。

⑳白羊栈　即白羊栈道，建于汉初，是通秦入蜀的军事要道。见第242页《四川保宁府广元县志》之"白羊栈"注。

㉑崒崪（lù zú）　山势高峻的样子。

㉒劖（chán）　用锐利的器具凿。

㉓停桡（ráo）系柮杙（zhuó yì）　桡：桨，楫。柮杙：捶钉木桩。

㉔魑魅（chī mèi）　中国古代神话传说中的山神，也指山林中害人的鬼怪。

㉕肴（yáo）函　肴山和函谷关的合称，相当于今陕西省潼关以东至河南省新安县一带。

㉖碌碡（liù zhóu）　碾谷脱粒的农具，用牛马或人力牵引。

㉗岞崿（zuò è）　山势高峻貌。

㉘篟（qiàn）　竹子长得茂盛的样子。

㉙乌奴　即乌奴山。见第311页《清史稿》之"乌奴"注。

㉚益昌县　古县名。南朝宋置，治今四川省广元市昭化区昭化镇，属白水郡。西魏改为京兆县。北周复改为益昌县。五代唐同光三年（925）改益光县。北宋初复改益昌县。开宝五年（972）改为昭化县。

㉛鼋鼍（yuán tuó）　大鳖和扬子鳄（猪婆龙）。

㉜崱屴（zè lì）　高大险峻的样子。

㉝黕黮（dǎn dàn）　黑貌。

㉞跖（zhí）　脚掌。

㉟翮（hé）　泛指鸟的翅膀。

㊱賨（cóng）　中国秦汉时期四川、湖南等地少数民族。

㊲烧畲（shē）开碛（fèi）矶　畲：刀耕火种的田地。碛矶：用石头拦水。

㊳武元衡　此处误。应为：殷潜之。

㊴嫠（lí）　寡妇。

㊵巚崿（yǎn è）　山崖；峰峦。

㊶鼞鞳（tāng tà）　钟鼓声。

㊷环玦（jué）亦瑽珑（cōng lóng）　环玦：玉环和玉玦，并为佩玉。瑽珑：明洁的样子。

㊸巉巉（chán）　形容山势峭拔险峻。

㊹镌剗（juān chán） 雕凿。

㊺墉（yōng） 城墙。

㊻蛛（dōng） 虹。

㊼鞚（kòng） 驾驭，驰马。

㊽筦簟（guǎn diàn） 筦：古代绕丝的竹管。簟：竹席。

㊾俎（zǔ） 古同"俎"。古代祭祀时放祭品的器物。

㊿葳蕤（wěi ruí） 草名，即玉竹。

㊼冕旒（miǎn liú） 古代大夫以上的礼冠。顶有延，前有旒，故曰冕旒。天子之冕十二旒，诸侯九，上大夫七，下大夫五。

㊾磈（kuǐ）磊 群石高低不平。

㊿嶆（cáo） 山势深空险峻。

㊼贪饕（tāo） 贪吃，嘴馋。

㊾狌鼯（shēng wú） 即"鼪鼯"。鼪鼠与鼯鼠。

㊿陴（pí） 城上的矮墙。

㊼躞跜（xiè ní） 动的样子。

㊾奁（lián）开倒揷（chā） 奁：女子梳妆用的镜匣，泛指精巧的小匣子。揷：古同"插"。

㊿上舂（chōng）晼（wǎn）晚 舂：把东西放在石臼或乳钵里捣掉皮壳或捣碎。晼晚：日将西落。

⑥岄（dǒu） 耸立。

⑥勖（xù）哉鲲鲕（kūn ér） 勖：同"勖"，勉励。鲲鲕：亦作"鲲鱼"，小鱼。

⑥决眦（zì） 裂开眼眶，表示极目远视。

⑥笔峰观 在今四川省广元市朝天区朝天镇清泉村古家山。因山峰高耸，形如一支巨笔直指云霄，挺拔俊秀而得名。见第227页《保宁府志》之"笔峰观"注。

⑥沙河渡 又名深渡，在今四川省广元市朝天区沙河镇飞仙关下。1935年1月22日，在徐向前指挥下，红四方面军在此渡过嘉陵江，突破邓锡侯28师28团防线，直扑羊木坝，取得羊木坝战役的辉煌胜利，使沙河渡在川陕革命史上占有光辉的一页。2013年，飞仙关嘉陵江大桥建成，沙河渡遂废。

⑥横梁渡 在今四川省广元市朝天区大滩镇。2011年，大滩嘉陵江大桥建成，横梁渡遂废。

㊅⑥潜龙桥　在今四川省广元市朝天区朝天镇潜溪河上，始建于清光绪五年（1879），竣工于光绪九年（1883）。广元知县刘金溪倡修，中途迁官开县，继任广元知县陈明伦监修告竣。此桥为密拱型平肩石拱桥，是晚清至民国时期剑门蜀道上的重要桥梁。因桥体每层条石用生铁铸件栓扣，潜龙桥又名"铁龙桥"。2012年7月16日，四川省人民政府将其公布为"第八批省级文物保护单位"。

㊅⑦筹笔书院　位于神宣驿（今四川省广元市朝天区中子镇宣河村），始建于乾隆五十年（1785），由地方人士集资兴办，为清代广元"四大书院"之一。光绪三十二年（1906），筹笔书院改为"广元北路高等小学堂"。解放后，改建成"宣河小学校"至今。

㊅⑧得胜关　又名德胜关、蜈蚣关，在今四川省广元市朝天区水磨沟镇，因关下有蜈蚣溪而得名。此关建于明代。因关名蜈蚣与"无功"同音，于出师不吉利，遂改名"德胜关"，寓含"不战而屈人之兵""以德取胜"之意。20世纪70年代，水磨沟镇公路修通，德胜关古道成为通衢，关隘亦不复存。

王舫撰

（民国）乙卯入蜀记（节选）

（民国四年）九月二十四日晨，发丁家坝，十里川陕交界，又十里大滩①。舟人目为嘉陵上游第一险滩，江船失慎于此者，不知凡几矣。船帮通例：凡商船满载过此，未遇险者，商人须赏酒资及驾长，以表庆喜。又五里沙矶子，亦险滩也。自此以往，急流尚多。虽不若大滩、沙矶子之可惊可怖，要一舟驶过，速如箭发，偶一不慎，舟触礁上矣。下午二时风大，泊周天镇②。

二十五日晨六时，由周天镇③起碇，三十里徐（须）家河，嘉陵产煤处也。十一时达千佛崖，石壁刻盈寸盈尺盈丈之石佛，数以万计。下午一时抵广元县。舍舟入城，寓县之高小校。

——王舫撰：（民国）《乙卯入蜀记》，《新游记汇刊》卷四十八（第八册），中华书局，1921年

【作品提要】

王舫的《乙卯入蜀记》记述了作者于民国四年（1915）7月15日从北平（今北京）出发，经豫秦陇三省入川至成都，于11月20日返京的所见所闻。通过作者的专业勘测，直观地展示了民国时期四川省旅游业涉及的范围：地理、交通、实业、公共处所、礼俗方言、宗教、法规、食宿游览、名胜古迹等，保留了民国时期中国社会变迁过程中的国民生活记录。作为社会史资料，具有丰富的人文内涵，其价值远远超出了旅游的范围。

节选部分记述了作者入川乘船到广元、游历朝天嘉陵江的见闻与感受。王舫，慈溪（今浙江省宁波市慈溪市）人。1912年供职于陇海路政，负责工程测量。

今存民国十年（1921）中华书局排印本、民国十七年（1928）中华书局排印本。收入王文濡编《新游记汇刊》。

【注释】

①大滩　在今四川省广元市朝天区大滩镇，因嘉陵江上段九井驿至羊角碛十里长滩而得名。唐代李白经行大滩留有诗作《夜宿江边》："秦蜀陇相接，界山高入云。远舟荡深谷，波涛雷轰鸣。临窗回旋处，门渡桑榆荫。农家爱征客，留醉赏明月。"解放前的《纤夫歌》道出大滩百姓的艰难岁月："人在江边住，春秋不种田。长滩舟筏多，拉纤挣苦钱。从小拉到老，难饱饭食盐。两手磨破皮，腰疼腿脚弯。"

②③周天镇　此处误，均为"朝天镇"。

周传儒编

（民国）四川省一瞥

［嘉陵江］

565

嘉陵江源出陕西凤县东北的嘉陵谷，其东北即渭水①。江自发源西流，经两当县东，会木瓜河及红崖河。又西流至甘肃徽县东南，会骆驼水。折而南流，入陕西境，至略阳县北，会西汉水。更南流，入四川境，经大小漫天岭山麓，又南经朝天关，入广元县。又西南至昭化县城北，会白水江②。

——周传儒编：（民国）《四川省一瞥》第十六章《嘉陵江流域各城》，商务印书馆，1926年

【作品提要】

民国《四川省一瞥》，周传儒（1900—1988）编。该书共18个章节，选取四川省代表性城市、城市连接带及著名风景地（三峡、峨眉、剑阁）进行介绍，行文简约，不乏对当地人文地理、风物风俗的详细介绍，可见周传儒对所记城市有初步的了解掌握。书名"一瞥"，说明本书仅作为四川省城市文化缩写本，但也有助外省人士了解和认识四川省。

节选部分介绍了嘉陵江的源头、上游流向及其支流。

今存民国十五年（1926）上海商务印书馆铅印本。

【注释】

①渭水　即渭河。黄河最大支流。在今陕西省中部。源出甘肃省渭源县鸟鼠山，主要流经今甘肃省天水、陕西省关中平原的宝鸡、咸阳、西安、渭南等地，至渭南市潼关县汇入黄河。

②白水江　见第12页《新斠注地理志》之"白水"注。

张目寒撰

（民国）蜀中纪游（节选）

（民国二十八年五月）二十三日，晴。余与（张）大千①、（黄）君璧②分乘两车，先后行过千佛崖。石岩蜿蜒，其形如门。先是悬崖架木作栈而行。唐开元三年，韦抗凿石为路，并凿千佛，始成通衢。盖其地巘崿难穷，险在诸栈之上也。途飞仙阁、明月峡诸胜而达朝天驿。朝天岭路径险绝。文与可诗云："岭若画屏随峡势，水如衣带转岩阴。"此真能尽画工之妙，亦非身临此境者不知也。过七盘关，即为陕界，公路甚佳。车行九百九十七里，至宁羌憩焉。按：宁羌，本沔县地，明置卫后升为州，古白马氏羌所居地也。

二十四日晨，大千、君璧饷余，以祝余四十生日也。昔人云："三十功名余碌碌，半生光阴虚度徒。"漂泊于天涯地角间，俯仰依人思之愧作。赴车站，购去留坝之票，此为西北公路局之管辖。站长谓须四五日后始得车。我侪不耐久候，乃议备滑杆返广元。将来时经过暨未及游者，得于归途，一揽其胜焉。由宁羌回行三十里，至青龙寨。余顾谓大千曰："剑锷指天，大似黄山，九龙潭上也。"大千、君璧各作草藁数幅。东南行，沿小径登山，拾级陟山巅，乃西秦第一关也。峡中有石笋，森立峭拔，蔚为奇观。一称牢固关。关以东，水皆东流入沔，为东汉水；关以西，水皆西流入嘉陵江，一名西汉水也。过七盘关，至较场坝宿焉。七盘关在广元北一百七十里，乃川陕分界处。昔称险岭，今则凿通公路，化险为夷矣。杜诗："五盘虽云险，山色佳有余。仰凌栈道细，俯映江木疏。"据考证，即此处也。由蜀入秦，有富一站、穷八站之说。由成都至广元，富八站也；朝天驿至西安，穷八站也。此正穷八站之起点，故较场坝欲觅鸡子亦不可得。遑问肉糜，幸得站长罗君亲为作馔，可感也。

二十五日晴，由较场坝乘车至朝天驿。中经龙洞，溪水穿其中，长十余里。沿前山出甚雄奇也。过神宣驿，感同抚事，为之慨然。达朝天驿，遂买舟去广元。十五里入明月峡，流水澄明，渊无潜鳞，两岸碧嶂插田，江面渐窄，山回水转，自成幽奥。晏殊《类要》云："三峡谓巫峡、巴峡、明月峡也。"今人但知三峡为巫峡、巴峡、西陵峡，此当自《水经注》始，道元盖从谚歌巴东三峡巫峡长所记若《类要》之记不知何据也。已而轻舟荡漾，心情奋发，忽见层岩叠嶂，苍翠欲合，大千、君璧与余，遂舍舟登陆，见石工数百，凿山通道以行汽车。大千、君璧展其画本簌簌写生，忆唐吴道玄，天赋劲毫，幼抱神奥，往往于佛寺画壁，纵以怪石崩滩，若可扪酌。明皇令往嘉陵观山水。回奏曰："臣无粉本，乃记之在心。"令图之，一日而成。是时李将军思训亦善山川。帝令貌，数月方毕。明皇曰："思训数月之功，道玄之迹，并皆妙也。"返舟后，大千、君璧与余二人浴一嘉陵江中，大千善泅水，浅深疾徐，因势成姿，厥状极为灵熟。余与君璧在浅水间，略去尘垢而已。舟行，见两岸淘金者颇多，系用土法，法甚简用，高约尺许木架中嵌一卤状倾斜面木板，底衬一平板，如匣状，架上支一摇篮，一人倾沙石于篮中，一人簸之并冲以水，于是泥沙俱下，由卤状木板层层下溜沙金，则留于衬底，然后以水银倾泻，金为水银所吸而成球体，再以火将水分出便得沙金。十人经久能于衬板上见金。量多寡，若吾人极目力，但见一二闪闪发光，细比沙粒之物而已。据舟子云："运佳者，一日所得可换法币数元。否则，日仅三四角耳。"过飞仙岭，相传徐佐卿尝憩于此。佐卿化鹤入上林苑，为唐明皇射中者地，在广元北二十五里。江中一山如笋，周围浪涌，中通一线，悬崖万丈，不可逼视，上有飞仙阁焉。两山耸立，形如朝天之笏。杜工部过飞仙阁诗云："土门山行窄，微径缘秋毫。栈云阑干峻，梯石结构牢。万壑欹疏林，积阴带奔涛。寒日外淡泊，长风中怒号。歇鞍在地底，始觉所历高。往来杂坐卧，人马同疲劳。浮生有定分，饥饱岂可逃。叹息谓妻子，我何随汝曹。"其艰难避乱之况，有过于吾人今日者矣。晚五时，达千佛崖。山辟为崖，满崖镌佛。其上大洞数十，高皆十余丈。造像可以千计，与伊阙佛龛俱闻其胜。大千得诗云："峡势入朝天，江东荐馔鲜。盘空鉴明月，驰想挟飞仙。青霭人家住，丹霄客梦悬。龙门思礼佛，椎断一怆然。"注云："己卯四月，同君璧、目寒北游归途，自朝天驿买舟至广元，饱看明月峡、飞仙阁诸胜，龙门、千佛崖以修公路摧毁甚多，盖所毁佛像数以百计，佛头悉抛弃江中矣。"曾忆于右公游伊阙龙门诗云："龙门造像名天下，岁岁伤残感不胜。"真可慨也。晚宿广元。

——张目寒撰：（民国）《蜀中纪游》，四川省地方志编纂委员会辑《四川历代

方志集成》，第四辑第25册，国家图书馆出版社，2017年

【作品提要】

民国《蜀中纪游》，张目寒（1902—1980）著。此纪游包含"川东纪游""渝灌纪游""川北纪游""峨眉行""川西纪游"5部分内容。张目寒，号雪盦，安徽省霍邱县人。张大千义弟，著名作家，文艺评论家，撰稿人。

节选部分属"川北纪游"中的一个片段，详述了作者往返朝天途中的所见所闻。文中不乏古迹考证、人生感悟，体现了作者热爱大自然、热爱生活的情怀。

今存民国三十三年（1944）铅印本。

【注释】

①大千　指张大千。张大千（1899—1983），四川省内江市人，名爰，又名季，季菱，号大千居士。被世界舆论誉为"当今世界最负盛誉的中国画大师"，被徐悲鸿誉为"五百年来第一人"。与齐白石并称"南张北齐"，与西画泰斗毕加索并称"东张西毕"，被西方艺坛赞为"东方之笔"。荣获国际艺术学会金牌奖，被推选为"全世界当代第一大画家"，为中华民族赢得了巨大荣誉。过广元朝天，留有画作《飞仙阁》《朝天沙河风光》《明月峡》《龙门阁》《七盘关》及诗作《明月峡》："峡势入朝天，江东荐馔鲜。盘空鉴明月，驰想挟飞仙。青霭人家住，丹霄客梦悬。龙门思礼佛，椎断一怆然。"

②君璧　指黄君璧。黄君璧（1898—1991），本名韫之，别名允瑄，号君翁、君璧，广东南海市人。中国画家、书法家。1955年获第一届中华文艺奖金美术部门首奖；1968年获纽约圣若望大学金质奖章；1971年获南朝鲜庆熙大学最高荣誉大学奖章。1960年被巴西国家美术院授予"院士"衔。曾设白云堂授徒，被尊为"多士师表"。擅山水，笔墨氤氲，苍劲有力，气势雄壮。亦能作工笔仕女和花鸟。有《黄君璧作品集》等行世。

中共广元市委党史研究室编

红四方面军在广元

567

1934年1月下旬，驻朝天驿红军收紧阵地，向东撤退。嘉陵江西岸的敌人1个营紧紧尾随。红278团1个排在向家岭(今朝天区朝天镇俞家村)协同约100名游击队员，阻击敌人。红军和游击队员利用向家岭上有利地形，居高临下，伏击敌人。敌人左突右撞，轮番攻击，战斗持续一整天，敌人伤亡惨重，敌营长被击毙，副营长被活捉，剩下10余人仓惶而逃。当天晚上，红军乘着夜色迅速后撤。

——中共广元市委党史研究室编：《红四方面军在广元》第二章《向家岭伏击歼敌》，第30页，中共党史出版社，2009年

568

1933年12月下旬，驻嘉陵县苏鱼洞乡（今并入朝天区沙河镇）惠家山的红93师278团张连长，率该连红军战士和游击队队员，清剿藏匿在临溪乡望坪村鸣水洞中的反动民团。民团头子杨见贞、郭金祥利用有利地形顽抗。在当地群众配合下，张连长带领红军和游击队员用计诱敌，终将残匪一举歼灭。

——中共广元市委党史研究室编：《红四方面军在广元》第二章《击溃鸣水洞中残匪》，第49页，中共党史出版社，2009年

569

1935年1月22日，北路的红9师和10师，以部分兵力从中子铺沿川陕大道直趋转斗铺。另一部经黄坝河，迂回到转斗铺左侧背，断敌后路。在红军的两面夹击下，驻防转斗铺的敌第1游击支队潘名世部大部被歼，小部向北逃窜，敌第二游击支队张俊耀部闻讯增援，行至黄坝河附近的李家坪时，被红军预伏部队包围，经3个小时的激战，大部被歼，余部突围逃回原防地。红军当即占领转斗铺及黄坝河一带。1935年1月24日《干部必读》上报道："我

西方军一部于本月2日在广元、宁强交界之黄坝河、转斗铺一带,将胡宗南之第一师一营完全缴械,活捉营长一名,官兵无一人逃走,得新式自动步枪八架(支),我军正向后方挺进中。"

攻占转斗铺的当天晚上,红9军25师和30军88师等部由朝天驿、沙溪子、横梁子、三滩等地渡过嘉陵江,兵分两路,向羊模坝进击:一路经陈家坝,穿太平寺沟,翻红岩山,下火石坡,到学堂梁布阵;一路由大巴口出发,经仇坝、乔坝直抵羊模坝东侧。羊模坝周围地势较高,敌人凭借有利地势构筑工事,互为犄角,组成交叉火力网,实行重点防御。23日傍晚,红军抢占了学堂梁制高点,构筑工事,布好火力点后,立即涉羊模河,渡姜家滩,与刚从陕西宁强县广坪河方向开来的疲乏之敌(丁德隆补充旅一部)交火,将其堵在了菜子坝以上,无法向羊模坝前进,并迅即攻占马鞍山、庙子梁等高地。又经4次激战,攻占逃军岭制高点,并在左侧李家包与敌人展开激战。这天夜晚,红军将敌人重重围困后,展开了激烈的白刃战。24日,战斗异常激烈,敌人尸横遍地。红88师师长熊厚发①身先士卒,亲临指挥。下午,红军发起总攻,敌人负隅顽抗,红军也伤亡不小。最后,徐向前②总指挥命令将仅有的1发迫击炮弹打出,击中了敌指挥部。红军趁势猛攻,李家包战斗告捷,其左侧的金台观也被由大巴口进击而来的红军攻占,羊模坝战斗胜利结束。胡宗南补充旅的两个营被红军全歼,由大巴口来增援的另1个营也大部被歼。转斗铺、羊模坝两次战斗,共歼敌800余人,缴枪600余支。红9军25师副师长潘幼卿③、红30军88师副师长丁继才④、269团政委蔡宏安在羊模坝战斗中光荣牺牲。随后,红军乘胜向车家坝进击。27日夜,在太阳湾和枷担湾激战通宵。击溃敌军后,红9军25师一部乘胜追歼三磊守敌,敌第1旅1团闻风向甘肃碧口逃窜。

——中共广元市委党史研究室编:《红四方面军在广元》第三章《首战转斗铺、继战羊模坝》,第54—56页,中共党史出版社,2009年

570

1935年1月25日,川陕省红坪县苏维埃政府在李家坪(今朝天区青林乡)建立,县苏维埃政府主席王守杰。下辖神宣驿、黄坝河2个区苏维埃,全县面积619平方公里,人口5.1万。

——中共广元市委党史研究室编:《红四方面军在广元》第五章《红坪县苏维埃政府的建立》,第95页,中共党史出版社,2009年

【作品提要】

红四方面军在广元的革命斗争，是整个中共广元地方史上最辉煌的一页。在新中国六十华诞到来之际，中共广元市委党史研究室编辑、2009年中共党史出版社出版的《红四方面军在广元》一书，真实地记录了当年红四方面军和广元人民浴血奋战，开展土地革命，进行苏区建设的辉煌历史。该书的出版发行，旨在记史事、忆前辈、利当代、励后人，对进一步激励全市人民艰苦奋斗、创新务实，推进广元经济社会又好又快发展，具有重大而深远的意义。

【注释】

①熊厚发（1914—1937） 湖北孝感市大悟县人，1930年参加罗山独立团，1931年加入中国共产党。同年随罗山独立团编入鄂豫皖主力红军，1932年10月随红四方面-战川陕，1933年6月任红三十军八十八师二六三团团长，在反六路围攻战中，成绩突出，被方面军总部授予二六三团"钢军"奖旗一面。1934年9月任八十八师师长，1935年参加长征，途中在粮食紧缺的情况下，将缴获的一批羊给后续兄弟部队。朱德赞扬说："熊厚发有眼光、有风格、没有本位主义，是一个好师长。"1936年编入红西路军，参加河西作战，1937年3月在战斗中负重伤，后在甘肃省南山草岭大坂被包围，壮烈牺牲。

②徐向前（1901—1990） 原名徐象谦，字子敬。山西五台县人。黄埔军校第一期毕业。曾任国民军第二军第六混成旅教导营教官、参谋、副团长。1927年任武汉中央军事政治学校队长，同年加入中国共产党。广州起义中任工人赤卫队第六联队长。土地革命战争时期，历任工农革命军第四师第十团党代表、师参谋长、师长，中国工农红军第三十一师副师长，红一军副军长兼第一师师长，红四军参谋长、军长，红四方面军总指挥，红军右路军总指挥、西路军军政委员会副主席。参加了长征。抗日战争时期，历任八路军一二九师副师长，八路军第一纵队司令员，陕甘宁晋绥联防军副司令员兼参谋长，中国人民抗日军政大学代校长。解放战争时期，历任晋冀鲁豫军区副司令员，华北军区副司令员兼第一兵团（后改为第十八兵团）司令员兼政委。新中国成立后，历任中央人民政府人民革命军事委员会（中央军委）总参谋长，人民革命军事委员会副主席，中共中央军委副主席，国务院副总理兼国防部部长，第一至三届

国防委员会副主席，第三、四届全国人大副委员长。中共第七、九、十届中央委员，第八、十一、十二届中央政治局委员。1955年被授予元帅军衔。

③潘幼卿（1912—1935） 湖北省孝感市大悟县人。出生于一个贫苦农民家庭。早年加入中国共产党。1930年参加中国工农红军。历任班长、排长、连长、营长、团长、红9军25师副师长等职。1933年8月，率红9军25师74团在攻打仪陇战斗中，以小的代价突破敌人的坚固防线，歼敌200余人，缴枪200余支，俘敌数十人，为营渠战役的胜利作出了贡献。在保卫川陕革命根据地斗争中，率部参加了仪南、营渠、宣达三大战役。1935年1月，在四川广昭战役中，身先士卒，英勇牺牲，时年23岁。

④丁继才（1912—1935） 又名纪才，安徽六安市人。大革命时期加入中国共产党。1930年参加红军。曾参加鄂豫皖革命根据地历次反"围剿"作战。后任红四方面军三十军九十师二七〇团团长、红三十军八十八师副师长。1935年1月下旬在四川省广元市羊模坝牺牲。

方志朝天

◆ 中华人民共和国 ◆

川北区志编纂委员会编

川北区志（1950年1月-1952年9月）

571

1949年6月，中共中央决定，在四川分设川东、川南、川西、川北四个省级行政区以及西康省和中央直辖的重庆市。川北区初辖南充、遂宁、剑阁、达县四个专区35个县。

1950年3月19日，经中共中央西南局批准，川北剑阁分区行政督察专员公署在广元县县城成立，辖剑阁、广元、苍溪、阆中、江油、昭化、北川、青川、平武、旺苍10县。

——川北区志编纂委员会编：《川北区志》之《大事记》，第12页、第16页，方志出版社，2015年

572

清剿广元昭化残匪　1950年年初，中国人民解放军61军182师546团等部遵照中共川北军区党委"对国民党反动派的残余力量及封建势力，采取有步骤有策略地逐步消灭"的指示，开始清剿广元、昭化地区残匪。5月，"川陕甘反共忠义救国军"司令姜东一网罗千余名土匪流窜于广元、昭化、旺苍交界处的两河[①]、临溪[②]、李家[③]、大滩[④]、王家[⑤]、白水[⑥]等边远山区，利用封建会道门等组织，造谣惑众，杀人、放火、抢劫，破坏生产，扰乱社会治安，并企图抢劫广元等县城，进行反革命暴乱。中共广元、昭化县委、县政府，人民武装自卫队，县大队及乡村农民自卫队紧密配合解放军剿匪部队和剑阁军分区所属部队，宣传党的"坦白从宽、抗拒从严、首恶必办、胁从不问、立功受奖"政策，利用各种力量，形成强大的政治攻势，昭化县匪首杨某等百余人在白水缴械投诚，广元县"反共忠义救国军"第1大队队长于某在临溪缴械投诚。至6月底，共击毙土匪3人，俘获匪首李成义、牟桂林等20余人，缴获长短枪1100余支、迫击炮1门、手榴弹8箱、电台1部，昭化县境10余股土匪基本肃清。6月至7月，解放军第546团主力配合驻陕南解放军第170团，对大巴山一带土匪进行汇剿，活捉匪首姜东一等主要头目，余匪大

部自新或被歼，少数残匪由集中转为分散潜匿，进行破坏。11月，广元县和昭化县组织工作团到区乡发动群众，开展"清匪反霸"运动，清理残余分子，建立健全乡村政权和农会、人民武装自卫队等组织。12月中旬，解放军546团在昭化县三道河一带捕获了匪首"反共同盟军"政治组组长王某，先后歼匪747人，匪徒自首1000余人，缴获各类枪支1283支、子弹2033发、炸弹和炮弹289枚、战刀212把、电话机8部。

——川北区志编纂委员会编：《川北区志》之《军事·剿匪平叛》，第216—217页，方志出版社，2015年

【作品提要】

川北区在时任区党委书记、行政公署主任胡耀邦的领导下，走过一段辉煌岁月，留下太多弥足珍贵的历史印记。川北区志编纂委员会编辑、2015年方志出版社出版的《川北区志（1950年1月—1952年9月）》，内容分为政区、自然环境、人口、中共川北区委员会、川北人民行政公署、政事概要、川北区各界人民代表会议、民主党派、群团组织、军事、公安、检察、审判、国民经济、社会事业、宗教、人物等板块，计84.3万字。胡耀邦夫人李昭应邀审读志稿，并为《川北区志》作序。在志稿审读环节，胡耀邦长子、中共中央统战部原副部长胡德平提供了重要史料，并帮助订正个别重要史实。该书全面系统地记述了川北区党委、川北行署领导川北区人民进行社会主义革命和建设的伟大实践，充分反映了川北人民艰苦奋斗、英勇无畏、不怕牺牲的革命品质和敢于探索、勇于创新的开拓精神。该志的问世，填补了地方志书专门记述新中国成立初期的历史空白。

【注释】

①两河　即今四川省广元市朝天区两河口镇，因罐沟河、大沟河交汇之地而得名。

②临溪　即今四川省广元市朝天区临溪乡。

③李家　即今四川省广元市朝天区李家镇。

④大滩　即今四川省广元市朝天区大滩镇，因嘉陵江上游九井滩至羊角碛十里长滩而得名。

⑤王家　即今四川省广元市昭化区王家镇。

⑥白水　即今四川省广元市旺苍县白水镇。

广元市地方志编纂委员会编

广元县志

573

1952年9月，曾家乡民兵队长将万才剿匪成绩显著，出席全国民兵英雄代表大会，并参加国庆典礼。

——广元市地方志编纂委员会编：《广元县志》之《大事记》，第30页，四川辞书出版社，1994年

574

1956年秋，在朝天、元坝各成立一所初级中学校。朝天为广元第一初级中学，元坝为广元第二初级中学。

——广元市地方志编纂委员会编：《广元县志》之《大事记》，第32页，四川辞书出版社，1994年

575

1958年10月，朝天乡建成广元县第一座小型水力发电站，装机容量12千瓦。

——广元市地方志编纂委员会编：《广元县志》之《大事记》，第33页，四川辞书出版社，1994年

576

1959年10月，中共大滩区[①]委书记杨清林领导群众饲养柞蚕，成绩显著，出席全国农业社会主义建设先进单位代表会议。

——广元市地方志编纂委员会编：《广元县志》之《大事记》，第33页，四川辞书出版社，1994年

577

1966年3月4日，大滩乡农民（铁路民工）唐业成，在宝成铁路丁家湾段

维修护坡时，一列火车奔驰而来，他突然发现距他约5米远的铁道枕木上，压着一块190余斤的大石头，高出铁轨20公分，严重危及列车安全，在这千钧一发的时刻，他奋不顾身奔向前去将大石搬开，为保护列车的安全行驶献出了生命。铁道部特授予"欧阳海式的英雄"称号。广元县委与西安铁路局在大滩火车站修建了"欧阳海式的英雄唐业成烈士墓"。

——广元市地方志编纂委员会编：《广元县志》之《大事记》，第36页，四川辞书出版社，1994年

578

1984年7—8月，上海电影制片厂在明月峡拍摄《高山下的花环》部分镜头。

——广元市地方志编纂委员会编：《广元县志》之《大事记》，第41—42页，四川辞书出版社，1994年

579

1984年，大滩区马家坝乡柏林村被评为"全国文明村"。

——广元市地方志编纂委员会编：《广元县志》之《大事记》，第41—42页，四川辞书出版社，1994年

580

1984年，麻柳刺绣在北京展出，收到专家、学者、国际友人赞扬。40余件刺绣被收录为国家珍品。全国美协主席曹振锋专程到麻柳乡考察，并题词："可赞麻柳绣花女，装点蜀水巴山秀"。

——广元市地方志编纂委员会编：《广元县志》之《大事记》，第41—42页，四川辞书出版社，1994年

581

1985年5月4日，四川省省长蒋民宽到中子转斗、七盘关和宣河乡大理石厂考察。

——广元市地方志编纂委员会编：《广元县志》之《大事记》，第42页，四川辞书出版社，1994年

582

沙河乡古代文化村落　在县城北17公里的嘉陵江东岸。东南连威凤山、飞仙关，北连望云铺。蜀汉在此置昭欢县，晋置邵欢县，北魏置石亭县。刘宋侨置华阳郡于此。后为石亭戍、沙河驿（清康熙碑）。今为沙河乡所在地。其北和平村（今望云村）亦传为后魏时嘉川县。

——广元市地方志编纂委员会编：《广元县志》之《建置沿革卷》第三章《政区·附录（古代文化村落）》，第84页，四川辞书出版社，1994年

583

中子乡古代文化村落　古今人类密集村。经中国社会科学院考古研究所在高车村一组试点发掘，出土有大量石叶、石核、石镞、石刀、削刮器等细石器文化器物，最晚为细石器时代初期器物，距今约6000—7000年。

——广元市地方志编纂委员会编：《广元县志》之《建置沿革卷》第三章《政区·附录（古代文化村落）》，第84页，四川辞书出版社，1994年

584

1985年，中子区[②]被评为"全国计划生育工作先进单位"，羊模区计划生育专职干部张永芳被评为"全国计划生育工作先进个人"，受到国家计划生育委员会通报表扬。

——广元市地方志编纂委员会编：《广元县志》之《人口卷》第三章《计划生育·奖惩措施》，第153页，四川辞书出版社，1994年

585

1966年6月4日，沙河公社和平大队第三生产队（今沙河镇望云村三组）模范少先队员王建秀（女），在洪水中抢救集体的耕牛英勇献身，被批准为"革命烈士"，由广元县民政科拨款300元，在途经其家乡的川陕公路旁修建"王建秀烈士墓"，供人们瞻仰、缅怀。

——广元市地方志编纂委员会编：《广元县志》之《民政劳动人事卷》第一章《民政·烈士褒扬》，第246页，四川辞书出版社，1994年

586

解放广元 1949年，胡宗南③为"坚守西南、加强巴山防线"，将所有大巴山国民党部队编为16集团军，同时另调95军黄隐部驻广元、昭化、剑阁一线，在广元县城设置城防、警备司令和前线指挥部，城防部队在嘉陵江渡口架起浮桥和铁丝网，封锁渡口通道。并命广元县政府抽调区乡自卫队1680人、民工2600人组成广元铁肩队，修筑大巴山野战工事。9月，广元警备司令部第一总队在北起朝天驿（关）西至剑门关川陕公路一线防守，对来往嘉陵江渡口的人员进行严格盘查。9月15日晚，广元交警第一总队长朱兴汶兼城防司令、李勇烈（中共特派员）、交警5中队队长赵文轩（黄浦军校学生）在广元县城北门总队部秘密成立起义领导小组，决定由李勇烈负责和前线解放军取得联系。朱兴汶率总队主力占领剑门关断沟崖，利用有利地形，配合解放军切断胡宗南部退路，赵文轩率所属各队保护嘉陵江渡口浮桥、七所弹药仓库及发电厂的安全。解放军先遣部队与李勇烈取得联系后，敞开正面公路，让胡宗南部撤退。由于交警总队内的军统特务对起义行动有所发现，李勇烈等遂将一名知情特务处决。12月2日，军统特务见形势紧迫，妄图炸毁弹药库后逃跑，赵文轩便出示城防司令朱兴汶的"不到最后关头不得拉火线，谁炸谁负责"手令，特务们鉴于上司有令，谁也不敢妄自行动。12月3日下午，朱兴汶令广元县自卫总队副总队长陶德渊到总队部开会时，给陶的命令上写着："限自卫总队立即出城"。12月4日晚，陶德渊遂率全队人员撤到广元县王家、卫子等区乡。12月5日，朱兴汶率所属官兵向剑门关撤退。后在三台县上新桥镇与解放军50军149师取得联系，宣布起义编入解放军部队。12月13日，驻广元城内国民党第七兵团司令长官裴昌会，亦率部队向剑阁方向撤退（尔后，裴在德阳孝泉镇宣布起义）。同时，中国人民解放军18兵团60军沿川陕公路进入广元境。第一梯队180师占领朝天驿，第二梯队178师和179师也从勉县、褒城向西穿小路直插朝天驿，向广元县城推进。胡宗南一部在沙河乡飞仙关仓促设防，妄图阻止解放军解放广元。当夜，解放军分两路向飞仙关发起攻击。一路沿川陕公路直下，一路从嘉陵江西岸过河摸入敌阵。战斗中，敌伤亡甚大，便弃阵南逃。解放军亦有10余人英勇牺牲。180师540团沿川陕公路西进，至须家河一带又兵分两路，于12月14日凌晨一点左右，向广元县城守敌发起攻击。东路部队从碗厂进沟，向东行越过莲花池等地，在东坝与国民党后卫部队接火，很快占领东坝平桥一带。当天，中国人民解放军540团主力从北门攻入县城，广元宣告解放。

——广元市地方志编纂委员会编：《广元县志》之《军事卷》第六章《兵事》，第294—295页，四川辞书出版社，1994年

587

古柏　小安乡的大安寺（又名圆通寺）有古柏16株。寺前沙石梁上3株，寺后5株，寺僧称前"三皇"后"五帝"。这8株古柏生长地区虽差，但胸径均在110厘米左右。据有关资料记载，大安寺为唐贞观十三年（639）修建，明代重修。寺成植树，树龄当有1300余年。其余8株在四周，栽植稍晚。

——广元市地方志编纂委员会编：《广元县志》之《林业卷》第一章《山林资源·珍稀古树》，第391页，四川辞书出版社，1994年

588

枫杨　麻柳乡场上有古枫杨树（俗称麻柳树）一株，麻柳乡遂因树得名。树高近15米，胸径208厘米，根部部分已朽，树身中空，但枝叶皆茂。当地人说，这棵树已500余年，在树干距地一米处，生长一个木质菌灵芝，直径49厘米，厚7厘米。附近群众介绍：久雨后，菌灵芝冒出缕缕青烟，必然转晴；久旱中，菌灵芝冒出银雾，必然下雨。由于它能预报天气，群众对这株古树倍加爱惜。

——广元市地方志编纂委员会编：《广元县志》之《林业卷》第一章《山林资源·珍稀古树》，第391页，四川辞书出版社，1994年

589

宣河竹巴山的"墨玉"大理石，1984年经川西北地质大队勘探鉴定，为稀有建筑装饰材料，各项指标均达到国际标准。1970年，成都展览馆修建毛泽东雕像时，广元在大滩等地采"礼花"大理石赠作基座石料。

——广元市地方志编纂委员会编：《广元县志》之《工业卷》第四章《建筑建材·建筑材料》，第431页，四川辞书出版社，1994年

590

羊模土陶　宋明时，广元县羊模乡已生产土陶，产品有坛、罐、缸、

钵、壶等40多个品种。罐，可作为熬炼硫磺的器皿，用于炖肉，夏天隔日味道不变，且经久耐用；壶缸，能长期盛酒，不变原度。近年经过改革工艺，生产土陶管代替金属水管，并在管内外喷釉增加绝缘抗腐性能，畅销全省和陕甘地区。

——广元市地方志编纂委员会编：《广元县志》之《工业卷》第七章《食品工业·附录》，第450页，四川辞书出版社，1994年

591

陶瓷　民国《重修广元县志稿》之《食货志三》记："清之著名陶瓷，以羊模坝之瓮罐火盆为佳。瓮可一石，罐耐火炼，火盆味佳，世守其业。"说明明清时代，羊模坝由当地农民个体户或联户经营生产陶瓷，闻名于世。

——广元市地方志编纂委员会编：《广元县志》之《乡镇企业卷》第二章《企业门类·修造业》，第478页，四川辞书出版社，1994年

592

古道·北大道　亦即古蜀道（金牛道）。从县城北，经磁窑铺、沙河、望云驿、朝天驿、神宣驿、中子铺、转斗、七盘关，进入宁强县境，约170公里。即北上长安先秦蜀道广元北段。

东北道　从县城东，经大小漫天岭、麻柳、白羊栈、两河口、茅坝至宁强县境入汉中。这条道路，在南宋以后渐废，至元代时官道复走朝天先秦栈道，东北道即成为民间道路。

——广元市地方志编纂委员会编：《广元县志》之《交通邮电卷》第二章《公路·路道建设》，第499页，四川辞书出版社，1994年

593

国道108线·川陕路　县境内长110公里，民国二十四年（1935）9月兴建，按省政府指令，昭化县派民工2万人，广元县5万人，苍溪县1万人，设昭化、广南、广北三个工程段施工，次年6月基本竣工，路况质量极差。从七盘关入广元境，经中子、朝天、广元城、宝轮院，在剑溪口入剑阁境。新中国成立后，对川陕路部分地段切弯、降坡、加宽，表处沥青路面48.1公里，改木桥为永久桥，经过全面整治，列为108国道线。

——广元市地方志编纂委员会编：《广元县志》之《交通邮电卷》第二章《公

路·路道建设》，第500页，四川辞书出版社，1994年

594

省级干道·中李公路　　1955年兴建中子至曾家驮运道，1960年国家投资改建为简易公路，后又续修至李家乡林区。1982年经加宽改造，达到客货运畅通。从中子通平溪、曾家至李家乡，全长38.2公里。沿途连接4条乡村公路，通两河口、麻柳、临溪、汪家四乡。

省级干道·大羊路　　1964年冬民办公助兴建，在大巴口渡嘉陵江连接川陕路，全长12.51公里。沿途连接3条乡村公路，通金台、羊模、西北、东溪河、花石5乡。

——广元市地方志编纂委员会编：《广元县志》之《交通邮电卷》第二章《公路·路道建设》，第500—501页，四川辞书出版社，1994年

595

潜龙桥　　又名朝天大桥，位于潜水与嘉陵江汇合处，是古代由陕入蜀后的第一座大型石拱桥，清光绪初年民间集资，历两届县知事，于光绪十年（1884）峻工。桥全长83.3米，宽4.67米，高5米，由15孔组成。结构为蛋型拱，重力式墩石，桥面设有护栏，正中护栏两侧刻有龙头龙尾，雄伟壮观，可通行载重汽车，至今完好。

——广元市地方志编纂委员会编：《广元县志》之《交通邮电卷》第四章《桥梁渡口·公路桥梁》，第509页，四川辞书出版社，1994年

596

熊泉，1979年于朝天中学毕业，考入清华大学无线电系半导体器件及物理专业学习。1984年考入美国布朗大学物理系研究生部学习，1986年获取该校物理系硕士学位，同时取得攻读该校博士研究生资格。

——广元市地方志编纂委员会编：《广元县志》之《教育卷》第五章《学生·人才培育》，第705页，四川辞书出版社，1994年

597

红坪县苏维埃旧址　　中国工农红军第四方面军93师276团于1935年1月解放中子、转斗、石板河等地区后，当月25日在今朝天区青林乡庙垭村④李家

坪和后山头的八个农民院子,建立红坪县苏维埃政府,由王守杰任县苏维埃主席。下设保卫局、重子团、少共宣传部等机构。辖神宣驿、黄坝驿两区,纸房,中子、朝天等7乡,27个村苏政权。县苏维埃政府行使权力仅两个多月,于同年4月7日即奉命北上抗日撤离。旧址至今犹存。1984年,广元县人民政府将其公布为"县级文物保护单位"。

——广元市地方志编纂委员会编:《广元县志》之《文化卷》第二章《文物保护·县级文物》,第794页,四川辞书出版社,1994年

598

大安寺铁碑　广元市朝天区小安乡牛峰包山头的大安寺(又名圆通寺)内,存有明代所遗铁碑一通。碑文中有"大明国正统年间,禅僧古鉴率徒道贤、舆寿、隆定等数十人入山,重兴雄鹅鼻云雾山佛门崇林,重建殿宇,刊刻圣像,铸万千铁钟、云枝等,成化年间竣工,弘治十四年(1501)命吉松铸碑"等记载,说明大安寺重建于明代,铸碑距今已有500余年历史,庙宇及铁碑至今完好无损。1984年,广元县人民政府将其公布为"县级文物保护单位"。

——广元市地方志编纂委员会编:《广元县志》之《文化卷》第二章《文物保护·县级文物》,第794页,四川辞书出版社,1994年

599

筹笔乡烟灯村农民许连信,近年劳动富裕,主动捐款1200元,改造村小校门前的黄泥路和100米长的水泥梯步,受到邻里称赞。

沙河乡南华村运输专业户李井益,1985年2月捐款1000元资助学校。他说:"学校为四化培养人,我们都有责任。"

朝天乡明月村运输专业户方德光,1985年捐款1000元,为当地学校添置50套桌凳。

——广元市地方志编纂委员会编:《广元县志》之《社会风土卷》第四章《新风尚·造福社会》,第841页,四川辞书出版社,1994年

600

马家坝乡险峰村农妇谢秀英,1984年将本村年过古稀的五保老人贾扬接到家里供养。老人逢人便说:"谢秀英就是我的亲生女儿。"

曾家乡前卫村农民赵永胜，母亲双目失明，又有"饿痨病"，虽然缺粮，但赵永胜每天仍给母亲准备个馍馍放到枕头边。

——广元市地方志编纂委员会编：《广元县志》之《社会风土卷》第四章《新风尚·尊老爱幼》，第841页，四川辞书出版社，1994年

601

1984年6月，羊模乡源溪村小学生梁琴，在场上拾得人民币10元，立即交工商所转给失主。这样的例子在全县中小学生中屡见不鲜。

1984年12月某日，羊模乡金顶村54岁的大娘何应珍到粮站卖桐子，出纳员把钱付多了，何应珍发觉后向出纳员说："女同志，你把钱发错了。"但这个出纳员还矢口否认。这时，何应珍递去74元2角，并说："拿去，多了的我不要。"出纳员接过钱，低下头，小声说："谢谢你，老人家。"

——广元市地方志编纂委员会编：《广元县志》之《社会风土卷》第四章《新风尚·拾金不昧》，第841页，四川辞书出版社，1994年

602

唐业成，1920年9月生，广元县大滩乡太白村瓦房山人。1949年12月，瓦房山人民欢庆解放，村里组织自卫队（民兵）保卫翻身果实，唐业成首先报名参加，被选为民兵班长。在民主改革运动中，他带头斗匪首、恶霸。当其首先报名参加中国人民志愿军，因超龄未被批准时，他以"在后方保卫胜利果实也是卫国嘛"回答人们的提问，并带头参加夜课班，边扫盲，边学习毛主席《为人民服务》等著作，从不间断。修筑宝成铁路时，又参加筑路大军，当时工地建房急需黄荆条，他起早摸黑采集，所交全是优质，说："我决不让国家吃亏。"一天，他在铁路施工段劳动时，听到抓逃犯的喊声，便立即协助公安人员追捕，终于抓逃犯归案。他不是保管员，但每逢刮风下雨，总要去集体仓库查看有无雨漏等情况，发现问题，便及时和保管员一起修补。每年粮食征购期间，他总是宣传卖粮食给国家的好处。交公粮遇到天气不好，就用自己的衣服盖在粮食上，以免粮食受损。干部说他"平凡事见精神"，群众赞他"管得宽，勤快人"。

宝成铁路通车后，唐业成以护路为民兵应尽职责，凡过铁路看见枕木上有石渣，即用脚扫下枕木；发现有人在铁路边坡放牛，便劝告把牛牵走，并说："火车来了，牛被压死车滚岩，多危险！"自己不是基干民兵，每逢节日

却总要参加守路,村干部劝他"年龄大了不要去",唐业成却说:"守护铁路人人有份嘛!我年龄大有经验,好人坏人看得出。"一个大雪纷飞的春节晚上,有个基干民兵不想去守路,唐业成便自告奋勇,披上蓑衣,穿上草鞋,只身在"大滩三号隧道"守护一通夜。

1966年3月4日,唐业成等13位民工在宝成铁路293公里处燕子砭砌防洪坎护坡。下午一点,满载物资的2571次火车飞驰而来,机车汽笛猛鸣。正在拣石填缝的唐业成,瞬间发现距钢轨外侧三至四寸枕木上,放着一块大石头,眼看车祸就要发生,千钧一发之际,便奋不顾身,纵身向石头扑去,用尽全力将190多斤重的石头掀出枕木,使列车安全行驶,而唐业成却被风浪抛到8公尺远的排水沟,头部严重碰伤,光荣牺牲,年仅46岁。他用自己的身躯,保住了人民生命和国家财产不受损失。中华人民共和国铁道部授予他"欧阳海式的英雄"称号,中共广元县委追认他为"中共党员"。中共四川省委发出通知,号召全省人民向唐业成同志学习,学习他处处为人民利益着想的高尚品质。

——广元市地方志编纂委员会编:《广元县志》之《人物卷·人物传》,第897—898页,四川辞书出版社,1994年

603

朝天—大滩公路,是广元市朝天区接川陕公路线通往北部山区的公路。1986年11月兴建,1991年竣工通车,全长26.5公里,总投资300余万元。沿线悬岩峭壁,壑谷纵横,涵洞30余处,桥梁14座。其中,两座采用国际先进技术的竖转肋拱桥,单跨均为80米;一座石拱桥单跨85米。

——广元市地方志编纂委员会编:《广元县志》之《附录·营建》,第940页,四川辞书出版社,1994年

【作品提要】

《广元县志》是由广元市地方志编纂委员会编纂,梁永元总编的一部地方志,1994年由四川辞书出版社出版发行。该书由大事记、概述、专志、附录组成,采用编年体与纪事体相结合,记、志、传、图、表、考综合运用,全面记述了广元县的自然地理及政治、经济、文化、军事等26个方面的历史及现状,上限起于1911年,下限止于1985年12月。必须溯源的史事适当上溯;"七五"

期间，广元建市后的个别大事要事适当录入。全书指导思想明确，资料翔实，立足当代，着眼本地，突出了广元的地情特点。

【注释】

①大滩区　1952年5月5日，广元县人民政府建立第十区区公署（大滩区），区辖元吉、大滩、柏杨、文安4乡32村。1986年10月，撤销大滩区公所，原大滩区公所隶属朝天区公所，新建元吉镇。1992年，元吉镇更名大滩镇。

②中子区　1950年2月，广元县人民政府组建第六区区公署（羊木区）、第七区区公署（朝天区）、第九区区公署（曾家区）。同年9月，广元县人民政府第二次调整区划，将朝天区分划出7个乡，建立第八区区公署（中子区）。1986年10月，撤销中子区公所，原中子区公所隶属朝天区公所。另：1950年，成立中子乡；1958年，改名中子公社；1984年，中子公社改名中子乡；1992年，中子乡大部分与转斗乡合并建立中子镇。

③胡宗南　字寿山，汉族，1896年5月12日生，浙江镇海人，中华民国陆军一级上将。蒋介石的心腹，民国初期被时人称为蒋介石的"十三太保"之一。1933年，红军徐向前部西移入川，胡宗南率部入甘驻天水，以备阻截。1935年，中央红军长征至川北毛儿盖，胡率部阻截。1936年，胡升军长，率部威胁陕北红色根据地。1937年，胡参加淞沪战役，抵抗日军侵略，升至军团长。次年，移驻关中。此后，既参加兰封、信阳对日作战和入晋对日作战，又多方遏制中共和八路军的抗日活动，奉行蒋介石的"限共""反共"政策。1945年，升战区司令长官，在郑州主持171军受降仪式，领陆军上将衔，并当选为国民党中央执行委员。1947年指挥进攻占领中国共产党的首府延安，转战西北，官至第一战区司令长官、西安绥靖公署主任，成为手握几十万重兵、指挥几个兵团的二级上将与名震一时的"西北王"。历任"浙江省政府"主席、"总统府"战略顾问等。1962年2月14日，因心脏病病逝。

④青林乡庙垭村　即今四川省广元市朝天区水磨沟镇红坪村。

中共广元市委党史研究室编著

中国共产党广元市历史大事记

604

1985年2月8日　国务院根据四川省1984年12月8日《关于设立绵阳、广元、遂宁三个省市的请示》，以国函字〔1985〕20号文批准撤销广元县、设立广元市（地级）。原广元县的行政区域为广元市的行政区域，广元市设立市中区，并将原绵阳地区的旺苍、青川、剑阁三县划归广元市管辖。同年9月9日，国务院根据省人民政府《关于将苍溪县划归广元市的请示》，以国函字〔1985〕139号文，同意将南充地区的苍溪县划归广元市管辖。1989年8月15日，民政部〔1989〕9号文件批复："经国务院批准，同意缩小市中区①，设立元坝②、朝天两个郊区（县级）。元坝区人民政府驻元坝镇，管辖元坝、卫子等6个镇和35个乡。朝天区人民政府驻朝天镇，管辖朝天、元吉2个镇和27个乡。增设两个郊区所需编制和经费，由广元市自行解决。增设郊区后，原市中区所属的区公所即行撤销。"至此，广元市的行政区域分为四县三区，1.63万平方公里，总人口285万人。

——中共广元市委党史研究室编著：《中国共产党广元市历史大事记（1985—2015）》之《1985年》，第1页，中国社会出版社，2015年

605

1986年10月30日　省政府根据广府发〔1986〕175号文的请示，以川府民政〔1986〕93号文批复，同意广元撤销市中区所属的14个区，并为市属的3个大区。大区范围：市中区辖中部低山河谷地带的河西、大石、宝轮、三堆、竹园5个区所属的5镇、21乡和新建的3镇3办；卫子区③辖南部低山地带的昭化、虎跳、王家、卫子4个区所属的1镇、25乡；朝天区辖北部中山狭谷地带的朝天、羊木、中子、曾家、大滩5个区的2镇、26乡。机构设置：市中区作为一级政权，保留区人大、政协和"一府两院"，区政府各部门继续同市政府各部门对口合署办公。卫子区和朝天区作为市的派出机构，只设中心区委和区公所。三大区机关所需的行政工作人员，在市中区直属机关现有编制

和区公所的行政人员中统筹调配。

——中共广元市委党史研究室编著：《中国共产党广元市历史大事记》（1985—2015）之《1986年》，第12页，中国社会出版社，2015年

606

1986年11月8日　市委召开市级机关干部大会，宣布中心、朝天、卫子3个相似县级区成立。11日，中心、朝天、卫子3大区分别召开成立大会。

——中共广元市委党史研究室编著：《中国共产党广元市历史大事记》（1985—2015）之《1986年》，第12—13页，中国社会出版社，2015年

607

1987年2月13日　朝天城区潜溪河大桥破土动工。该桥全长123.648米，桥面净宽7+2×1.5米，净跨85米，桥高19.753米，净孔14.5米，总投资109万元，建设工期2年。

——中共广元市委党史研究室编著：《中国共产党广元市历史大事记》（1985—2015）之《1987年》，第15页，中国社会出版社，2015年

【作品提要】

中共广元市委党史研究室编著、2015年中国社会出版社出版的《中国共产党广元市历史大事记》（1985—2015），以广元市地方党组织的活动为主线，全面记录了广元市及各县区从1985年5月广元建市以来至2015年2月上旬发生在广元市境内的重大历史事件和重要人物的基本情况，内容涵盖政治、经济、文化、民生等领域，突出地反映了广元建市30年来的改革发展历程以及所取得的历史成就。该书是广大党员干部、群众、青少年学习了解中共广元市地方历史的工具性、资料性书籍，对于发挥党史资政育人作用，推动全市"美丽广元、幸福家园"建设具有重要的积极作用。

【注释】

①市中区　1985年2月，撤销广元县，设立地级四川省广元市，原广元县改设为广元市市中区。1989年8月15日，市中区析置元坝区、朝天区两个县级区。

2007年3月，经国务院批准，市中区更名为利州区。

②元坝　即元坝区，今四川省广元市昭化区。见下条"卫子区"注。

③卫子区　1986年11月，撤昭化、虎跳、王家区公所，所辖乡镇划归四川省广元市市中区卫子区公所（时称"卫子大区"）。1989年8月15日，经国务院批准，撤销广元市市中区卫子区公所，建元坝区，属广元市。2013年3月12日，经国务院批准，元坝区更名为昭化区。

附：

"筹笔驿"即"朝天驿"

——中国蜀道筹笔驿遗址新考

粟舜成

筹笔驿，位于素有"秦蜀锁钥、川北门户"的四川广元市朝天区境内，为中国剑门蜀道著名古驿。相传蜀汉丞相诸葛亮出师伐魏，曾驻此筹划军事运筹帷幄而得名。但筹笔驿遗址究竟在哪里，自宋至今，史学界一直争论不休，说法有三，即：筹笔驿即原筹笔乡（今朝天镇军师村），筹笔驿即神宣驿（今中子镇宣河村），筹笔驿即朝天驿（今朝天镇朝天村）。笔者拟从古籍、唐宋诗文入手，结合蜀道特别是金牛古道的演变史、中国古代驿站史，抽丝剥茧，去伪存真，找出其中答案。

金牛道的走向，准确凸显筹笔驿（朝天驿）的地理方位

金牛道又名石牛道，是古代关中、汉中通往巴蜀的道路之一。《华阳国志校注》（卷三）《蜀志》之"石牛道"一词后注："石牛道，指自今陕西眉县经斜谷、褒谷栈道入汉中，复自勉县而西，出阳平关（古阳安关），由山道抵白水关（今四川青川县白水镇），然后沿白龙江河谷至广元老昭化，再溯清江河西至沙溪坝，转而南，经剑阁道入剑门。此即秦、汉至南北朝间由关中入蜀的主道。"此道简称"白水关道"。

当然，自勉县、宁强大安、阳平关至燕子砭后可不渡嘉陵江西南行，而折南沿嘉陵江东岸至朝天驿，再经明月峡，过广元、益昌（今昭化古城），入剑门，去成都。此道简称"嘉陵江道"。朝天明月峡古栈道的开凿，就是最好的例证，也可从朝天区的建置沿革作证。

东汉建安二十二年（217），在嘉陵江岸、今四川广元市朝天区沙河镇南华村置昭欢县。晋武帝泰始元年（265），因避晋文帝司马昭之"昭"

讳，改昭欢县为邵欢县。梁武帝天监四年（505），为褒扬佛教，在今沙河镇南华村修建石亭寺，邵欢县亦更名石亭县。唐武德四年（621），于今朝天镇朝天村置三泉县；唐天宝元年（742），县址迁往以北120里的陕西阳平关擂鼓台，一直延续到南宋末。这些位于嘉陵江畔的行政建置的设置，说明这一带的地理位置非常重要，而南北行人过往经此应是其"重要"的主要因素。并且，三国两晋南北朝时，今四川成都、广元至陕西宁强、汉中一带战事频繁，必利用"嘉陵江道"。

金牛道循嘉陵江段的开辟，是三国时蜀汉开发的一大创举。"金牛道上筹笔驿的存在及其史传，说明诸葛亮曾尝试溯嘉陵江进兵汉中，以缩短路程。联系三国之前今朝天区境内没有县级以上行政建置，而蜀汉时置昭欢县于嘉陵江沿岸，县名昭欢，有告慰昭烈帝刘备之意，亦可能为诸葛亮主政时所置诸史实，诸葛亮开发循嘉陵江道应该可信，它在蜀道发展史上写下了浓墨重彩的一笔。"（孙启祥《金牛古道演变考》，《成都大学学报》〈社科版〉2008年第1期）

不过，在汉魏六朝时，"白水关道""嘉陵江道"并不是入蜀的主道，只是"七盘关道"的辅道，未大规模地被官方使用。朝天区朝天镇去阳平关的嘉陵江道上根本不存在驿站，历代典籍也未见点滴记载。

史为乐主编《中国历史地名大辞典》、戴均良等主编《中国古今地名大词典》以及《辞海》等工具书列有"石牛道"或"金牛道"词条，释文不尽相同，但关于金牛道的路线大体一致，即：自今陕西勉县西南行，经宁强县，越七盘岭入四川境，经朝天驿、广元趋剑门关至成都。按古地名来说，所经的主要地方有：西县、金牛驿、五丁关、宁羌州、七盘关、筹笔驿、利州、葭萌、剑门关、涪城、雒县，大体为现在川陕公路的路线。此道简称"七盘关道"。作为连接蜀中与汉中两地的交通线，石牛道实际上早在新石器时代初期就已经出现。位于朝天驿至七盘关之间、距今约7000年的中子铺细石器遗址的发掘，以及广元邓家坪、张家坡遗址等史前遗址考古资料的佐证，说明自古以来，石牛道循七盘关至广元、剑阁至成都的"七盘关道"应是其主要的路线。

中国现代著名历史学家白寿彝在《中国交通史》中这样认为："在隋唐和宋的690年中，在政治上出现了两次大统一。表现在交通上，一方面则由于国内的统一，唐宋州郡干路，往还交织；其他方面，则由于民族地位的优越，隋唐的域外交通大见昌盛。这两方面，无论就哪一方面说，隋唐宋盛时的情形都较秦汉时代为进步。"为此，金牛道的形成，就是这种"进步"的微小体现。

广明二年（881），在黄巢农民军已破长安的严峻形势下，已逃至兴元的唐僖宗如同自己的先祖玄宗，亦经此道奔蜀。唐代诗人李白作《上皇西巡南京歌十首》，以"秦开蜀道置金牛，……天子一行遗圣迹"歌咏之。唐代诗人大都有入蜀的经历，而骆宾王、卢照邻、王勃、杨炯、宋之问、沈佺期、陈子昂、张说、杜甫、白居易、岑参、韦应物、刘禹锡、元稹、贾岛、温庭筠、杜牧、李商隐、罗隐等，抑或经此道出入，可见"七盘关道"之"繁忙"。

同时，"白水关道""嘉陵江道"依然通行，它们只是"七盘关道"的辅道。

古籍文献的记载，雄辩地说明"筹笔驿"即"朝天驿"

筹笔驿设置的时间在中唐以后。"筹笔"之名最早即见于中唐诗人陆畅诗《筹笔店江亭》："九折岩边下马行，江亭暂歇听江声。白云绿树不关我，枉与樵人乐一生。"此后，陆续出现了晚唐诗人杜牧、殷潜之、李商隐、薛逢、薛能、罗隐，宋代诗人石延年、文彦博、张方平、文同、李新、陆游、孙应时，明代诗人傅振商，清代诗人王士禛、李调元、张问陶等题咏筹笔驿的诗词。

据晚唐李绰的《尚书故实》载，唐贞元间（785—805），陆畅为了报答西川节度使韦皋的知遇之恩，曾作《蜀道易》一诗相赠。在蜀有诗二首。其中《筹笔店江亭》一诗所指之"筹笔店"，当与后来李商隐《筹笔驿》诗所指之驿站为同一处。考之此诗，亦止云"筹笔店"而已，然则可断定驿站之设在陆畅之后。

据中国现代历史学家、香港中文大学教授、中央研究院院士严耕望《唐代交通图考》（第四卷）"山剑滇黔区·金牛成都驿道"所载，筹笔驿当为中唐以后设置。

唐贞元二十年（804），散文家柳宗元的《馆驿使壁记》描写了长安周围的几条驿道："自万年至于渭南，其驿六……自灞而南至于蓝田，其驿六，其蔽曰商州，其关口武关。自长安至于好畤，其驿十有一，其蔽曰洋州，其关曰华阳……"据其记述，唐时以首都长安为中心，有七条重要的放射状的驿道，通往全国各地。其中的一条是从长安到西南的金牛驿道，自长安经兴元（今汉中）、利州（今四川广元）、剑州（今四川剑阁）、成都、彭州（今四川彭县）、邛州（今四川邛崃）直达今川藏地区。而主要驿站筹笔驿正好处在从长安到西南的金牛道上。据此，可以推断，唐贞元二十年（804）左右，筹笔驿已纳入全国驿站规划建设，或已初步建成、投入使用。

另据唐代诗人刘禹锡《山南西道新修驿路记》所载："开成四年……于是因年有秋……自褒而南，逾利州至于剑门，次舍十有七，同节度副使石文颖董之。"文章记述：唐文宗开成四年（839）……从褒城往南，经过利州到达剑门，沿途有金牛、三泉、五盘、筹笔、嘉川（望云）、深渡、嘉陵、望喜、方期、汉源、上亭、奉济、巴西、万安、金雁、两女、天回17个驿站，由同节度副使石文颖负责这段工程。而筹笔驿正是17个驿站之一。七盘关金牛道应为此次所修之重点，不过此前该道已能通行，此后更为顺畅，成为一条政治、军事、文化之路。据此，可以判断，唐文宗开成四年（839），筹笔驿已全面建成，服务设施更加完善。

筹笔驿建成后的第二年隆冬，晚唐著名散文家孙樵经金牛道还秦，途经筹笔驿，写下了"眄山川而怀古，得筹笔于途说。指前峰之孤秀，传卧龙之余烈……"的名句（见孙樵《出蜀赋》）。

筹笔驿建成后17年，即唐宣宗大中十年（856），晚唐诗人李商隐辞去梓州幕府职务还京，途经筹笔驿，有感于诸葛亮雄才大略却功业未竟，写下了怀古诗《筹笔驿》："猿鸟犹疑畏简书，风云常为护储胥。徒令上将挥神笔，终见降王走传车。管乐有才真不忝，关张无命欲何如？他年锦里经祠庙，《梁父吟》成恨有余。"之后，诗人薛逢则咏叹《题筹笔驿》："天地三分魏蜀吴，武侯倔起赞訏谟。身依豪杰倾心术，目对云山演阵图。赤伏运衰功莫就，皇纲力振命先殂。《出师表》上留遗恨，犹自千年激壮夫。"薛逢不以成败论英雄，而是称颂了诸葛亮依附刘备倾心蜀汉的宏大谋略，惋惜他功业未竟身已先死的命运。

筹笔驿即朝天驿，遗址当在朝天区朝天镇朝天村一带，踞于明月峡景区北门与朝天城区小中坝之间。据南宋地理学家王象之编撰的地理总志《舆地纪胜》（卷一百八十四）载："筹笔驿，在绵谷县，去州北九十九里。旧传诸葛武侯出师尝驻此，唐人诗最多。"

明代杨瞻修、杨思震纂《保宁府志》（卷六·名胜纪·古迹）载："筹笔旧驿，县北九十里，即今朝天驿。昔诸葛出师运筹于此。"

清乾隆《钦定大清一统志》（卷二百九十八·保宁府二·关隘）载："筹笔古驿，在广元县北。相传诸葛亮出师，尝驻军筹划于此。唐李商隐、罗隐皆有诗。旧志：'今有朝天废驿，在广元县北八十里，即古筹笔驿也。'"

而清代历史军事地理学家顾祖禹的专著《读史方舆纪要》（卷六十八·四川三）所记更为明确："筹笔驿在县北八十里，诸葛武侯出师运筹于此。唐、宋皆因旧名，即今朝天驿也。《志》云：驿有朝天古渡，即潜水所经。"

清代著名学者阎若璩的考据著作《尚书古文疏证》（卷六下·第九十六）则云："惟广元县旧志云：潜水出县北一百三十余里木寨山，流经神宣驿，又南二十里经龙洞口至朝天驿北。朝天驿，古筹笔驿也。……去县八十里，恰与龙门之里数相符。"

清代杰出诗人、文学家王士禛的《蜀道驿程记》明确指出："朝天峡上有武侯筹笔驿。（唐）孙樵（《出蜀赋》）云'眄山川以怀古，得筹笔于途说。指前峰之孤秀，传卧龙之余烈'。"

1991年汉语大词典出版社出版的《汉语大词典》（第八册）"筹笔驿"词条："筹笔驿，古驿名。在四川省广元市北八十里。相传诸葛亮出师，尝驻军运筹于此。今朝天驿废址，即其地。"

此外，还有2016年中华书局出版的《唐诗三百首》对李商隐诗《筹笔驿》的注释："筹笔驿，又名朝天驿，在今四川广元县北。"1985年人民文学出版社出版的《李商隐诗集疏注》注释："筹笔驿，即'朝天驿'，在四川广元与陕西阳平关之间。诸葛亮伐魏，曾驻兵在此筹划军事。"复旦大学中国历史地理研究所副所长、历史系文献研究室主任杨正泰的专著《明代驿站考》注释："朝天驿，旧置广元县北筹笔。"

从以上典籍的记述中可以看出，筹笔驿在古利州（今广元）北80里或90里或99里处。里数有三种说法，而古籍所载驿站里数往往与实际情况多有误差。据唐史研究学者、暨南大学教授吴宏歧考证，唐大里1里约今531米，唐小里1里约今442.5米，宋1里约今560米，元明清1里约今576米。并且唐代规定30里1驿，在实际设置上，并不拘泥于30里的规定，而是以驿路冲僻驿事繁简之不同，因地制宜而设，近者10余里、20多里，远者60里、80里、100里不等；宋元时，60里置1驿；明清时一般60里或80里置1驿。古代驿站里数规定不一，这给史书记述造成误解。况且，在古代实测技术水平落后的情形下，要准确测量两地距离远非现在我们想象的那么简单，这在山高水险而经济落后的山区就更为突出。所以，宋代筹笔驿在（州）县北99里（约今110.88里）之说与清代筹笔驿在县北90里（约今103.68里）或80里（约今92.16里）之说看似有些出入，其实却大致吻合。按现代朝天人从朝天驿出发沿金牛道路线经九折岩、朝天岭、望云铺、飞仙关至广元将军桥的测量，朝天驿至广元里程应为93里，这就是清《读史方舆纪要》《尚书古文疏证》所记的"筹笔驿在县北80里（约今92.16里）"的里数，筹笔驿的位置当在今朝天区朝天镇朝天村。

筹笔驿改名朝天驿，源于唐玄宗幸蜀的传说。唐天宝十五载（756），唐玄宗为避"安史之乱"奔蜀，蜀中百官在筹笔驿接驾，朝拜天子，随后人们将"筹笔"改名"朝天"。"朝天"一词最早出现在晚唐散文家孙樵的《出蜀赋》："朝天双峙以亏蔽，中惨栗而阴翳。""朝天镇"一名最早出现在北宋王存的地理志《元丰九域志》（卷八）："绵谷。二十二乡。朝天、嘉川二镇。"而"朝天驿"一名则最早出现在南宋地理学家王象之的地理总志《舆地纪胜》（卷一百八十四）之《利州》："羊模洞在县北龙洞之西朝天驿七八里。"以及南宋诗人陆游的《梦行小益道中》："栈云零乱驮铃声，驿树轮囷桦烛明。清梦不知身万里，只言今夜宿葭萌。榉柳林边候吏迎，血涂草棘虎纵横。分明身在朝天驿，惟欠嘉陵江水声。"

结合历代诗文、古籍、方志所述以及中国现代著名画家张大千的画作《朝天驿》（1940）、吴一峰的画作《朝天驿》（1955），可以判定：筹笔驿的具体位置当在朝天区朝天镇朝天村一带，位于"全国重点文物保护单位""国家AAAA级旅游景区"明月峡北门与朝天城区小中坝之间。驿站设置于中唐以后，唐文宗开成四年（839）全面建成。驿站前有嘉陵江、潜溪河绕驿奔流，有朝天古渡——朝天渡（两河口渡），南面建有鸣玉亭，北面建有怀古亭，驿内设有武侯祠堂。正如《读史方舆纪要》载："驿有朝天古渡，即潜水所经。"《蜀道驿程记》记："朝天峡上有武侯筹笔驿。"宋代诗人文同《鸣玉亭筹笔之南》、张方平《雨中登筹笔驿后怀古亭》亦载，陆游《筹笔驿》诗题下注："有武侯祠堂。"筹笔驿踞地形之利，可谓水陆交通咽喉，为历代兵家必争之地。从驿站沿嘉陵江南下，出朝天关、飞仙关之雄关达广元；北上，可达陕西阳平关、略阳、凤县，再直抵秦岭，翻岭出散关。从阳平关右取陆路可达勉县、汉中；从略阳、凤县左取水路可达祁山

（今甘肃礼县东北）。凭雄关险隘、川北门户踞守，进退皆宜。在此地建立军事大本营，足见诸葛亮的远见卓识和超前的战略思维。

部分古籍、方志结论有误，筹笔驿即军师村之说、筹笔驿即神宣驿说，当寿终正寝。筹笔驿即原筹笔乡、今朝天镇军师村之说，源于今人编撰的《广元县志》（文化卷）所记："筹笔驿在广元城北45公里的筹笔乡东岸，嘉陵江水绕驿奔流，山川秀丽，地势险要。三国时，蜀汉丞相诸葛亮率师北伐曹魏，曾于此运筹帷幄而得名。"以及《朝天区志》（文化旅游卷）所记："筹笔驿遗址位于朝天镇北12公里的嘉陵江东岸军师村境内，梅家河与嘉陵江相汇处台地上……唐宋时有诸葛祠——军师庙。"

筹笔乡于1952年建立，1958年改筹笔乡为筹笔人民公社，1984年改筹笔人民公社为筹笔乡，1995年筹笔乡并入朝天镇。军师村原名筹笔人民公社先锋大队，于1984年改名，军师村一名沿用至今。军师庙一名，清代以前所有古籍均未记载。仅民国二十九年（1940）《重修广元县志稿》（第二编卷五·建置志二·寺观）载："军师庙，因武侯伐魏，于此驻节，后人钦之，为之立庙。滩有筹笔之名，亦其故也。"由此可知，该地名是现代的产物。1956年修建宝成铁路车站时，用"军师庙"命名了车站。殊不知，诸葛亮于建安十四年（209）被封为军师中郎将；建安十九年（214）任蜀军军师将军，署左将军，兼任大司马府事；蜀章武元年（221）被封为蜀国丞相；蜀建兴元年（223）被封为武乡侯，领益州牧。不用诸葛亮的高级职务"武乡侯""丞相"为车站命名，而用最初职务"军师"为车站命名，令人费解。

"南北朝后，自汉中入蜀之一段始改由宁羌州（今陕西汉中市宁强县）越七盘关经朝天驿至广元、昭化。"（《华阳国志校注》卷三·蜀志·石牛道）唐代时期，官道金牛道并未经过朝天区朝天镇至阳平关一线，以近现代出现的地名为依据，主观臆测，筹笔驿在此地设置，属无根之论。

神宣驿即古筹笔驿之说，则源于明代学者曹学佺的《蜀中广记》（卷二十四）所载："又二十里为神宣驿，即古筹笔驿也，相传武侯出师驻此。"

据清顾祖禹《读史方舆纪要》（卷六十八·四川三）记述："神宣马驿，在县北百三十里。正德十年，并置递运所于此。《志》云：此为秦蜀之要冲、西南朝贡之通道。"杨正泰《明代驿站考》所记："神宣马驿，又名神宣军站。属保宁府广元县。在今四川广元县东北宣河。"（另见《太平寰

宇记》卷六三、明万历《四川总志》卷二十）

据严耕望《唐代交通图考》（第四卷）"山剑滇黔区·金牛成都驿道"所载，唐代时期，朝天区中子镇宣河村并未置驿。宋元时，宣河村均未置驿。明代时，陕西省长城沿边的宁夏卫和川陕路上置有军站，宣河村始置神宣马驿（又名神宣军站）。明代嘉靖《汉中府志》（卷二）记："栈道原设夫马比别郡减少，因国初有充发安置甲军（罪军）……以供走递，故设立军站，与民驿协济公家者也。"清代时，神宣马驿（神宣军站）改名神宣驿。因此，神宣驿即古筹笔驿之说，属于明代曹学佺、清代学者陶澍及民国二十九年《重修广元县志稿》编修者的一种误解。

历代诗文的描述，生动演绎了筹笔驿（朝天驿）的历史变迁

唐代结束了数百年分裂割据的状态，开创了全国统一的新局面，邮驿的制度建设，驿站的修缮扩建，驿路的水陆相兼、四通八达，远远超过了以前任何一个朝代。但光阴荏苒，退出历史舞台的驿站建筑却消失在人们的视野中，仅留下一个发人幽思的名字而已。由于实体的消亡、资料的匮乏，让人们难以了解驿站的全貌。但我们可以通过历代诗文，了解驿站建设的点点滴滴。

"唐代驿馆一般设在大道要冲，或傍依江河。"（张晓军《驿骑星流——中国驿站新考》）"驿站修筑在驿道上，驿舍最好要视野开阔，地势敞亮。"（李德辉《唐宋时期馆驿制度及其与文学之关系研究》）筹笔驿选址亦然。"江畔百尺楼，楼前千里道"（白居易《望江楼上作》）；"惟余岩下多情水，犹解年年傍驿流"（罗隐《筹笔驿怀古》）；"驿前风景应如旧，江水无情日夜流"（孙应时《题筹笔驿武侯祠》），这些诗句记述了驿站与道路、江河的关系。杜甫在《舟中》一诗中"风餐江柳下，雨卧驿楼边"的描述，更是生动地说明了驿站离水之近。

唐朝的驿舍形制比较壮观，有些可谓华屋连片。其建筑布局，唐刘禹锡《管城新驿记》中有简要的描述："庭容牙节，庑卧囊橐，示礼而不愿也。内庖外厩，高仓邃库，积薪就阳……主史有第，役夫有区，师行者有飨亭，孥行者有别邸。"筹笔驿和其他唐代驿站一样，"设有公共活动区、住宿区、杂物堆放区、牲口饲养区四大功能区。建筑东西狭长，长度从数丈到十余丈不等；南北深阔，长约数丈。前为驿厅，后面和外围为食堂、仓库、驿

厩等。以驿厅为中心，各部分之间以轩廊相连，构成一个整体。驿站还有驿楼，与高大的围墙相连"（李德辉《唐宋时期馆驿制度及其与文学之关系研究》）。建筑外观雄伟、内部装修精致。整个驿站绿树成荫，景观亦不错。其中，最引人注目的是驿楼。驿楼可能是作为食宿的场所，如唐元稹《使东川·江楼月》云："嘉陵江岸驿楼中，江在楼前月在空。月色满床兼满地，江声如鼓复如风"；唐雍陶《宿嘉陵驿》云："今宵难作刀州梦，月色江声共一楼"。驿楼也可能是登高眺望、思古怀乡的佳处。例如，"山秀扶英气，川流入妙思"（唐殷潜之《题筹笔驿》）；"当年神笔走群灵，千载风云护驿亭。今日重过吊陈迹，只余愁外旧山青"（清王士禛《题筹笔驿》）等诗句，不仅生动地描述了唐时文人为功名所累离乡奔波的复杂心态，也说明驿楼在周围环境中高耸的形态。而唐杜牧《和野人殷潜之题筹笔驿十四韵》题出"邮亭世自换，白日事长垂"及《重题绝句一首》"邮亭寄人世，人世寄邮亭。何如自筹度，鸿路有冥冥"，则表现了诗人寄居邮亭的无奈。

为了取悦、奉承来往官员，很多驿馆建有楼台亭阁，或因山就水，或凿池植树，营建有四时美景的内部景观。筹笔驿的南边就建有"鸣玉亭"，北边建有"怀古亭"。如宋文同《鸣玉亭筹笔之南》诗云："层崖高百尺，亭即层崖下。飞泉若环佩，万缕当檐泻。坐可脱赤热，听宜彻清夜。亭前树肤剥，为系行人马。"宋张方平《雨中登筹笔驿后怀古亭》诗云："山寒雨急晓冥冥，更蹑苍崖上驿亭。深秀林峦都不见，白云堆里乱峰青。"而唐陆畅《筹笔店江亭》诗中的"江亭"就是指筹笔驿后的怀古亭。千里奔波的行旅之人，到达驿站，可以在驿站的林丛荫绿、水光爽气之中得到休整，一洗风尘，有宾至如归之感。

为保证驿站的正常运转，唐朝规定，"全国各地的邮驿机构，各有不等的驿产，以保证邮驿活动的正常开支。这些驿产，包括驿舍、驿田、驿马、驿船和有关邮驿工具、日常办公用品和馆舍的食宿所需等等"（臧嵘《中国古代驿站与邮传》）。据北宋王钦若编修的《册府元龟》（卷十八）载，唐朝上等驿，拥田达2400亩，下等驿也有720亩的田地。这些驿田主要用来种植苜蓿，解决驿马饲料问题，也种植粮食和其他经济作物来用做驿站的日常开支。唐李林甫编修的《唐六典》规定，陆驿上等者每驿配备马75至60匹不等，中等驿配45至18匹，下等驿配12匹至8匹。清朝学者顾炎武曾在《日知录》中评论说，唐朝的驿舍"丰屋美食"，比较"雄大"。唐元稹《使东川·江楼月》诗云："嘉陵江岸驿楼中，江在楼前月在空"；唐李远《送人入蜀》诗云:"碧藏云外树,红露驿边楼"。这些诗,都说明了唐时驿站的华丽、规模宏大。若按下等驿衡量,筹笔驿也应有720亩田地,配备8匹以上驿马,规模亦是不小。

此外,筹笔驿还设有武侯祠堂,如宋陆游《筹笔驿》诗下题注:"有武侯祠堂。"宋孙应时《题筹笔驿武侯祠》诗云:"北出当年此运筹,悠然欹卧与神谋。三军节制驯貔虎,千里糇粮捷马牛。汉业兴亡惟我在,蜀山重复遣人愁。驿前风景应如旧,江水无情日夜流。"

驿站除了交通与通信的功能外,其廊柱、墙壁亦是文人雅士题诗作画的好地方。南来北往之人到了驿站,沿途所见所闻和旅次的心境,大多要外化成诗歌,便在驿站的廊柱或墙壁上题诗留墨,颇似今人在旅游地随手写下"某某到此一游"。今天看来,这后者是乱写乱画,极不文明。但在古代,于驿站题诗留墨是一种时尚。唐代一些诗人至今流传的诗歌有一部分就是在驿站被过往的人看到后,或用笔转抄,或口头传播,逐渐才流布开来。在资讯相当闭塞、没有出版发表作品的机构与报刊的当时,驿站题诗和自己刻印诗(文)集及诗(文)在民间被人口头传播是保存和发表作品的最好办法,也是唯一的办法。披览古代诗人的作品,流传至今的有关"筹笔驿"的诗达33首。

作为国之血脉、国之脸面的邮驿系统,在政治昌明、经济繁荣时期,高效率地运转,发挥着积极的社会效应,正如唐柳宗元《馆驿使壁记》云:"告至告去之役,不绝于道;送往迎劳之礼,无旷于日。"而在政权衰弱、吏治腐败的时期,邮驿必然废弛,弊端丛生,驿馆的建设遭到破坏。清代诗人张问陶看到筹笔驿的凄凉景象感慨道:"古驿风云积,阴崖秘鬼神。荒祠啼望帝,遗象肃宗臣。老树知何代,青山似故人。重来筹笔地,立马荇溪萍。"(《题筹笔驿》)

——粟舜成:《"筹笔驿"即"朝天驿"——中国蜀道筹笔驿遗址新考》,《巴蜀史志》2018年第5期,第12—16页

征引文献目录

1. 方韬译注：《山海经》，中华书局，2011年
2. 顾迁译注：《尚书》，中华书局，2016年
3. 《二十四史》（简体字本）（全63册），中华书局，2000年
4. 〔清〕罗汝楠辑：《历代地理志汇编》（全16册），国家图书馆出版社，2011年
5. 〔东汉〕班固撰：《汉书》，中华书局，2007年
6. 〔南朝宋〕范晔撰：《后汉书》，中华书局，2007年
7. 〔晋〕陈寿撰，〔南朝宋〕裴松之注：《三国志》，中华书局，2006年
8. 〔晋〕常璩著，任乃强校注：《华阳国志校补图注》，上海古籍出版社，2007年
9. 〔晋〕常璩著，刘琳校注：《华阳国志新校注》，四川大学出版社，2015年
10. 谭其骧主编，孟刚、邹逸麟编著：《晋书地理志汇释》，2018年
11. 谭其骧主编，胡阿祥编著：《宋书州郡志汇释》，安徽教育出版社，2006年
12. 〔北魏〕郦道元注，陈桥驿译注、王东补注：《水经注》，中华书局，2009年
13. 〔唐〕李泰等著，贺次君辑校：《括地志辑校》，中华书局，1980年
14. 〔唐〕李吉甫撰：《元和郡县图志》，中华书局，1983年
15. 〔唐〕刘肃撰，许德楠、李鼎霞点校：《大唐新语》，中华书局，1984年
16. 〔唐〕杜光庭撰，王斌、崔凯、朱怀清校注：《录异记辑校》，巴蜀书社，2013年
17. 〔北宋〕李昉等编：《太平广记》，中华书局，2013年
18. 〔北宋〕王溥撰：《唐会要》，中华书局，2017年
19. 〔清〕王谟辑：《汉唐地理书钞》，中华书局，1961年
20. 严耕望撰：《唐代交通图考》（第5册），上海古籍出版社，2007年
21. 刘纬毅、郑梅玲、刘鹰辑校：《汉唐地理总志钩沉》，国家图书馆出版社，2016年
22. 〔北宋〕乐史撰，王文楚等点校：《太平寰宇记》（第6册），中华书局，2008年
23. 〔北宋〕王存撰，王文楚、魏嵩山点校：《元丰九域志》，中华书局，1984年

24. 〔北宋〕欧阳忞撰，李勇先、王小红校点：《舆地广记》，四川大学出版社，2003年

25. 〔北宋〕范镇撰：《东斋记事》，《永乐大典》（第7册），大众文艺出版社，2009年

26. 〔北宋〕文同撰：《利州绵谷县羊模谷仙洞记》，〔清〕常明、杨芳灿等纂修《四川通志》（第1册），巴蜀书社，1984年

27. 〔北宋〕苏元老撰《龙洞记》：《嘉庆汉中府志（校勘）》，三秦出版社，2012年

28. 〔南宋〕吴泳撰：《鹤林集》，清抄本

29. 〔南宋〕王象之撰：《舆地纪胜》（第8册），中华书局，1992年

30. 〔南宋〕祝穆撰、祝洙增订，施和金点校：《方舆胜览》，中华书局，2003年

31. 〔明〕陈邦瞻撰：《宋史纪事本末》（第2册），中华书局，2015年

32. 〔清〕徐松撰：《宋会要辑稿》（第8册），中华书局，1987年

33. 〔元〕刘应李原编、詹友谅改编，郭声波整理：《大元混一方舆胜览》，四川大学出版社，2003年

34. 〔元〕孛兰盻等撰，赵万里校辑：《元一统志》，中华书局，1966年

35. 〔元〕熊梦祥著，李之勤校释：《析津志·天下站名》，三秦出版社，2018年

36. 〔明〕李贤等撰：《大明一统志》，三秦出版社，1990年

37. 〔明〕官撰，杨正泰点校：《寰宇通衢》，杨正泰《明代驿站考》，上海古籍出版社，2006年

38. 〔明〕黄汴撰：《一统路程图记》，杨正泰《明代驿站考》，上海古籍出版社，2006年

39. 〔明〕程春宇辑：《士商类要》，杨正泰《明代驿站考》，上海古籍出版社，2006年

40. 〔明〕陈循等撰：《寰宇通志》（第6册），《玄览堂丛书续集》（第二辑第15册），台湾"国立中央图书馆"中正书局，1985年

41. 〔明〕王士性撰：《五岳游草》，清康熙三十一年影印本

42. 〔明〕程百二等撰：《方舆胜略》，明万历三十八年刻本

43. 〔明〕陆应旸撰，〔清〕蔡方炳增订：《广舆记》，清康熙增订本

44. 〔清〕谷应泰撰：《明史纪事本末》（第4册），中华书局，2015年

45. 〔明〕刘大谟、杨慎等纂修：（嘉靖）《四川总志》，《北京图书馆古籍珍本丛刊42·史部·地理类》，书目文献出版社，1998年

46. 〔明〕虞怀忠纂修：（万历九年）《四川总志》，两淮盐政采进本影印

47. 〔明〕曹学佺撰，刘知渐点校：《蜀中名胜记》，重庆出版社，1984年

48.〔明〕杨瞻修、杨思震纂：（嘉靖）《保宁府志》，明嘉靖二十二年刻本影印

49.〔清〕顾炎武撰：《天下郡国利病书》（四川），《四部丛刊三编》原编第19册，上海书店，1985年

50.〔清〕和珅等纂修：《四库全书》（史部）《钦定大清一统志》，杭州出版社，2015年

51.〔清〕穆彰阿、潘锡恩等纂修：（嘉庆）《大清一统志》（第九册），上海古籍出版社，2008年

52.〔清〕顾祖禹撰，贺次君、施和金点校：《读史方舆纪要》（第七册），中华书局，2005年

53.〔清〕阎若璩撰，黄怀信、吕翊欣校点：《尚书古文疏证》，上海古籍出版社，2013年

54.〔清〕彭遵泗撰：《蜀故》，《四川历代方志集成》（第四辑第15册），国家图书馆出版社，2017年

55.〔清〕洪亮吉撰：《乾隆府厅州县图志》，《续修四库全书》（史部地理类），上海古籍出版社，2003年

56.〔清〕黄廷桂等修、张晋生等纂：（雍正）《四川通志》，《四川历代方志集成》（第四辑第1至2册），国家图书馆出版社，2017年

57.〔清〕常明、杨芳灿等纂修：（嘉庆）《四川通志》，巴蜀书社，1984年

58.〔清〕黎学锦、徐双桂等修，史观等纂：（道光）《保宁府志》，《四川历代方志集成》（第三辑第6册），国家图书馆出版社，2016年

59.〔清〕张赓谟纂修：（乾隆）《四川保宁府广元县志》，《四川历代方志集成》（第四辑第16册），国家图书馆出版社，2017年

60.〔清〕方象瑛撰：《使蜀日记》，金生杨编《蜀道行纪类编》，广陵书社，2015年

61.〔清〕王士禛撰：《蜀道驿程记》，清康熙年间刻本，《中国西南地理史料丛刊》，巴蜀书社，2014年；《四川历代方志集成》（第四辑第25册），国家图书馆出版社，2017年

62.〔清〕王士禛撰：《秦蜀驿程后记》，清康熙年间刻本，《中国西南地理史料丛刊》，巴蜀书社，2014年

63.〔清〕王士禛撰：《渔洋精华录集释》（中），康熙十一年壬子《蜀道集》，上海古籍出版社，1999年

64.〔清〕陈奕禧撰：《益州于役记》，《中国游记散文大系》（四川卷），书海出版社，2004年

65．〔清〕孟超然撰：《使蜀日记》，清嘉庆二十七年刻本，《中国西南地理史料丛刊》，巴蜀书社，2014年

66．〔清〕张邦伸撰：《云栈纪程》，清乾隆五十九年敦彝堂刻本，《中国西南地理史料丛刊》，巴蜀书社，2014年

67．〔清〕李保泰撰：《入蜀记》，《古籍珍本游记丛刊》，线装书局，2003年

68．〔清〕李德淦撰：《蜀道纪游》，《巴蜀珍稀交通文献汇刊》，成都时代出版社，2014年

69．〔清〕陶澍撰：《蜀輶日记》，清道光五年刻本，《四川历代方志集成》（第四辑第25册），国家图书馆出版社，2017年

70．〔清〕郭尚先撰：《使蜀日记》，清同治七年刻本，《四川历代方志集成》（第四辑第25册），国家图书馆出版社，2017年

71．〔清〕张素含撰：《蜀程纪略》，政协枣庄市峄城区文史资料委员会编《峄城文史资料》（第四期），山东工人报社印刷，1991年

72．〔清〕许鸿磐撰：《方舆考证》，国家图书馆出版社，2013年

73．〔清〕沈炳垣撰：《星轺日记》，《近代中国史料丛刊》，文海出版社，1969年

74．〔清〕文祥撰：《蜀轺纪程》，《巴蜀珍稀交通文献汇刊》，成都时代出版社，2016年

75．〔清〕吴焘撰：《游蜀日记》，《四川历代方志集成》（第四辑第25册），国家图书馆出版社，2017年

76．〔清〕钟登甲撰：《蜀景汇览》，《巴蜀珍稀名胜古迹文献汇刊》，成都时代出版社，2015年

77．〔清〕王锡祺辑：《小方壶斋舆地丛钞》第一辑《驿站路程》，杭州古籍书店，1985年

78．〔清〕佚名撰：《栈程随笔》，《古籍珍本游记丛刊》，线装书局，2003年

79．〔清〕俞陛云著：《蜀輶诗记》，上海书店，1986年

80．〔民国〕赵尔巽等撰：《清史稿》，中华书局，1998年

81．〔民国〕陈涛撰：《入蜀日记》，《二十世纪日记知见录》，国家图书馆出版社，2014年

82．郑励俭编著：（民国）《四川新地志》，《四川历代方志集成》（第四辑第14册），国家图书馆出版社，2017年

83．宋育仁总纂修：（民国）《重修四川通志稿》（59—62册），国家图书馆出版社，2015年

84. 李肇甫、舒君实、陶元甘等编：《四川方志简编》（第8册），中华书局，2008年

85. 龚煕春纂，四川大学历史研究所四川地方史研究室、四川温江地区史志办公室校点：（民国）《四川郡县志》，成都古籍书店，1983年；《四川历代方志集成》（第四辑第14册），国家图书馆出版社，2017年

86. 谢开来等修，王克礼、罗映湘纂：（民国）《重修广元县志稿》，《中国地方志集成》（四川府县志辑19），巴蜀书社，1992年；《四川历代方志集成》（第二辑第30册），国家图书馆出版社，2015年

87. 王舫撰：（民国）《乙卯入蜀记》，《新游记会刊》，中华书局，1912年

88. 周传儒编：（民国）《四川省一瞥》，商务印书馆，1926年

89. 〔日本〕竹添进一郎撰：《栈云峡雨日记》，中华书局，2007年

90. 〔日本〕山川早水著：《巴蜀旧影》，四川人民出版社，2005年

91. 〔德国〕李希霍芬著：《李希霍芬中国旅行日记》，商务印书馆，2016年

92. 魏嵩山主编：《中国历史地名大辞典》，广东教育出版社，1995年

93. 戴均良等主编：《中国古今地名大词典》，上海辞书出版社，2005年

94. 史为乐主编：《中国历史地名大辞典》（增订本），中国社会科学出版社，2017年

95. 薛国屏编著：《中国地名沿革对照表》，上海辞书出版社，2017年

96. 张㧑之、沈起炜、刘德重主编：《中国历代人名大辞典》，上海古籍出版社，1999年

97. 《巴蜀历代文化名人辞典》编委会编著：《巴蜀历代文化名人辞典·古代卷》，四川人民出版社，2018年

98. 张国淦编著：《中国古方志考》，上海古籍出版社，2019年

后 记

本书从2011年开始编注，到最近得与读者见面，经历了近十年的时间。在本次阅校完成之际，尤多感慨。一是在经历了长期的发掘探索后，所得方志文献的数量，远远超出了最初的预期。同时，本书成功之艰巨，也远远超出了最初的想象。二是本书从初稿交出到正式出版，经历了三次较大规模的校订，虽然出版时间大为延后，但也因此得以利用了大量最新发表的珍稀文献，利用了大量当代杰出专家学者的研究成果，避免和纠正了因所见文本未能尽善、个人学识局限可能造成的错误。三是本书编注中得到众多师友、专家的倾力支持。中国茅盾文学奖评委、中国鲁迅文学奖评委、四川省作家协会名誉副主席、四川省文艺评论家协会原主席何开四拨冗为本书作序；西南大学历史地理研究所所长、教授蓝勇，广元市委常委、朝天区委书记蔡邦银对本书的编注提出了宝贵的意见；四川大学历史地理研究所所长、教授李勇先不遗余力斧正文稿，为本书学术质量的提高作出了可贵的努力；文友伊国华牺牲节假日，处理文稿清样。这些令我十分感激。虽然因所涉文献过于复杂，所见文本不能尽善，所涉专业知识远远超出了我的学识范围，书中的错误必然还有很多，在期待得到专家学者具体批评指正的同时，我也可以自信的表示：我已经尽力了。

无疑，本书是一部自不量力的著作。2011年，当我撰成论文

《"筹笔驿"即"朝天驿"——中国蜀道筹笔驿遗址新考》后，即着手本书的编注工作。最初的发现和积累很令人兴奋愉快，但随着工作的深入，越来越感到难以胜任。按照我的工作习惯，既然确定了选题和编例，就应该在此范围内作竭泽而渔式的网罗收录编注。但古籍旧书文献的内容已远远超出了文学、哲学社会科学的范围，大凡先秦至1989年经济社会生活的方方面面，都在其中有所反映。对于编注者的学术素养来说，则必须涵盖方志文献的几乎所有方面。这些是我所完全不具备的。尽管我为此阅读了至今能见到的各学科专家学者有关的研究论著，本书在编注中也时时处处注意吸收有关专家学者的研究成果，最初的许多失误后来也陆续得到了纠正，但到现在为止，我仍不敢说对本书所涉及的内容都已经读懂了。换句话说，本书中的错误恐仍有不少，只能期待专家学者给予指正。

粟舜成

2020年10月10日